U0566648

国家哲学社会科学成果文库

NATIONAL ACHIEVEMENTS LIBRARY
OF PHILOSOPHY AND SOCIAL SCIENCES

中国慈善捐赠机制研究

高鉴国 等著

社会科学文献出版社
SOCIAL SCIENCES ACADEMIC PRESS (CHINA)

高鉴国 山东大学哲学与社会发展学院社会工作系教授，中国社会学学会常务理事、中国社会工作教育协会常务理事、中国老年学学会理事、中国社会政策研究专业委员会理事，教育部社会学类专业教学指导委员会委员，美国富布莱特高级访问学者、中加学者交流项目 (CCSEP) 访问学者。近年来出版（主编）《中国社会工作的发展：加拿大华人学者的回顾与探讨》(2013)、《社区工作》(2013)、《社会工作价值与伦理》(2012)《海外社会工作》(2012)、《老龄生产性参与》(2011)、《社会福利研究》(2009—2012)、《中国农村公共物品的社区供给机制》(2009) 等著作、教材，发表《进一步完善慈善捐赠机制 推动中国慈善事业深入发展》《美国慈善捐赠的外部监督机制对中国的启示》《美国慈善捐赠的组织运行机制》《中国慈善捐赠机制的发展趋势分析》《中国农村社会养老权益的建构与保障》《中国农村五保救助制度的特征》等论文。

《国家哲学社会科学成果文库》
出版说明

　　为充分发挥哲学社会科学研究优秀成果和优秀人才的示范带动作用，促进我国哲学社会科学繁荣发展，全国哲学社会科学规划领导小组决定自2010年始，设立《国家哲学社会科学成果文库》，每年评审一次。入选成果经过了同行专家严格评审，代表当前相关领域学术研究的前沿水平，体现我国哲学社会科学界的学术创造力，按照"统一标识、统一封面、统一版式、统一标准"的总体要求组织出版。

全国哲学社会科学规划办公室
2011 年 3 月

目　　录

Contents

前　言

　　慈善捐赠作为一种综合性的社会活动，是慈善事业的资源基础，也是其发展水平的直接体现。一个社会的慈善捐赠水平是现代文明和公众参与程度的重要体现。现代慈善捐赠作为"第三部门"资源，具有市场机制和公共财政所不可替代的独特功能。在慈善事业领域中，慈善捐赠扮演着基础角色，对维护社会团结和社会互助，扩大社会服务范围，促进科学教育、医疗卫生、文化艺术发展，环境保护等，都发挥着极为重要的作用。如果没有慈善捐赠，慈善事业就成了无米之炊。

　　进入 21 世纪以来，伴随着经济与社会的飞速发展，中国慈善捐赠领域发生了诸多积极的变化。这主要表现在如下几个方面：首先，慈善捐赠数额大幅上升，个人与企业捐赠均呈快速增长趋势。2000—2012 年，社会捐赠额年度平均增长率约为 53.96%，如果扣除 2003—2004 年（"非典"疫情）、2008 年（汶川特大震灾）两个特殊时期的增长率（分别高达 115% 和 260%），平均年度增长率也达到了 29.5%。2005 年中国慈善捐款额超过 50 亿元，2007 年突破百亿元，2009 年则超过 500 亿元，2013 年中国各地共接收社会捐款 566.4 亿元。增长动力主要来源于个体慈善意识的觉醒以及慈善捐赠能力的提升。同时，企业捐赠也步入快速发展阶段，尤其是在 2008 年汶川震灾、2013 年雅安震灾等重大自然灾害期间，全国几乎所有的知名企业均有大额捐赠，超过千万元捐赠的企业不在少数。其次，慈善基金组织获得了较快发展，传统基金会格局开始被打破。中国的基金会从 2003 年的 954 家增长至 2013 年的 3549 家，增长了 2.7 倍。长期以来，中国慈善基金会格局主要是由公募基金会一统天下，公募基金会又以全国性基金会为主。

中国经济的崛起以及社会各领域的发育，为非公募基金会的快速崛起提供了外部条件。从 2005 年到 2013 年，全国非公募基金会的数量从 254 家增至 2132 家，成为慈善基金组织发展以及慈善捐赠领域中的突出亮点。在这个时期，非公募基金会平均年增长率为 30.5%，明显高于同期公募基金会平均 9.93% 的年增长率，同期非公募基金会占基金会总量的比重也从 26.05% 上升至 60.2%。在可预期的未来，慈善基金组织仍将处在数量与规模的快速扩张期。这种局面是近年来国家在慈善救助领域中大力推动制度建设以及扶植民间服务组织的结果。再次，中国特色慈善事业的运行和管理体系初步形成。包括民政部成立社会福利和慈善事业促进司，慈善捐赠管理由"条块分割"走向"综合协调"；《慈善事业法（草案）》经过多次研究论证，纳入国家立法规划；慈善志愿服务不断扩展，股权捐赠等筹资方式出现，慈善信托进入起步阶段；政府和民间的评估能力得到提升，慈善捐赠过程的规范性和透明度日益受到重视；慈善募捐事业逐渐向多元化、规范化以及专业化、职业化方向发展。

当前中国慈善捐赠事业仍然面临一些困境和挑战。在政府机关、事业单位、企业以及个人的捐赠过程中，行政化是捐赠主体动员机制的共同特征，各级民政部门和官办基金会接收了大部分慈善资金。政府机关及事业单位的捐赠一般直接给民政部门或慈善总会系统，企业捐赠也多被官办基金会接收。政府部门习惯延续计划经济体制下较强的宏观控制功能，较高的登记注册门槛也限制了许多规模较小的慈善基金组织的发展。2012 年美国有各类基金会 86192 家，资产总额 7150 亿美元，捐助金额 520 亿美元。目前，中国基金会数量只有美国基金会数量的 1/20 左右。[1] 近年来，与慈善捐赠相关的税收立法建议取得了不小的进展，逐步给予企业和个人更大的免税优惠；但现实中公益性捐赠减免税政策有待落实和完善，主要问题有公益性捐赠税前扣除资格认定标准不统一，公益性捐赠税收优惠政策覆盖的慈善组织范围有限，减免凭证获得及实现退税的难度大，缺乏"倒逼"效应机制，等等。屡屡发生并曝光的慈善捐赠丑闻进一步加重了社会对慈善捐赠组织公

---

[1]　基金会中心网统计，截至 2014 年 12 月 17 日中国基金会数量为 4134 家，参见 http://www.foundationcenter.org.cn（2014/12/17）。

信力的疑虑，对慈善基金与服务组织的评估已经成为迫切需要，慈善捐赠领域中的社会公信力的提高关键还在于慈善捐赠公开透明制度的建立与完善。在改革开放后相当长的时期内，由于制度的滞后、中产阶层数量较少以及现代慈善意识淡薄，中国慈善捐赠组织的运行具有强烈的行政主导色彩，形成了以企事业单位捐赠为主、个人（家庭）捐赠为辅的捐赠格局，几乎没有遗产捐赠。而现代慈善捐赠格局的突出特征是以个人（家庭）捐赠为主体，以遗赠、基金会捐赠和企业捐赠为辅。同时，中国慈善捐赠方式的专业化、职业化水平不高，中国慈善捐赠领域中的募捐方式较为单一。大量个人募捐依靠政府、企事业单位的内部动员；大多数慈善捐赠机构忽略了慈善募捐策略的开发，局限于传统的"等、靠、要"的被动方式。

　　进一步完善慈善捐赠机制，引导社会力量开展慈善帮扶，有助于弥补慈善事业和社会建设的"短板"。为此，需要采取的政策举措有：①在慈善基金组织管理体制上，进一步放权搞活。首先，逐步改变慈善组织的双重管理体制，广泛落实社会组织直接向民政部门申请登记的政策。其次，适度降低慈善基金组织的登记注册门槛，尤其是要进一步减少基金会的登记注册资金。再次，通过建立第三方的监督体系，培育自治精神，逐步将慈善基金会作为慈善捐赠基金的主要运作机构，形成以非公募基金会为主体的现代慈善基金会格局。②在税收激励机制上，加大慈善捐赠税收激励力度与范围。需要进一步改革和完善关于慈善捐赠免税的法规，尤其要增强税收优惠政策的可操作性，出台和落实捐赠免税的具体办法和细则，下放慈善服务组织的免税审查资格审批权，扩大享有免税资格的慈善组织范围，逐渐消除官办NGO与民间慈善组织的差别待遇。③在监督机制上，逐步构建第三方评估机制，建立与完善公开透明制度。在社会监督和行业自律领域，可以以中民慈善捐助信息中心网站、基金会中心网站为平台，使慈善捐助信息统计、年检与评估信息发布以及捐助信息查询日常化、定期化、制度化；以慈善法出台为契机，将慈善基金组织公开透明的刚性规定进一步细化、具体化，大幅提升监督问责程序的可操作性；在管理和技术手段应用领域，借鉴美国国家税务局要求慈善组织递交的财务和活动状况年度报表（990表和990-PF表）的内容形式，防止不适当享用免税资格和公众捐赠。基金会和慈善服务组织有义务每年发布一份年度报告，提供经过审计的财务数据和受资助情况报告。通过现代网络与软件技术系统，使绝大多数慈善组织建立起自身的信息发布网站，并统一置于行业自律组织的网络中，改变分散且不规范的网络公示制度，通过高度透明与方便快捷的公众查询系统，随时接受社会大众的查询与监督。④大力推动慈善劝募组织的专业化与职业化。主要体现在如下几个方面：其一，建立现代慈善筹款组织与机构，培养、使用具有专业化素养的专职工作人员队伍；其二，形成系统的职业技能与方法、职业伦理与规范，筹款人员需要参加相应的专业培训并取得资格认证；其三，设立专业教育培训系统以及专门的研究机构。⑤加快研究并适时推出遗产税与赠与税。开征遗产税与赠与税不仅有利于调节贫富分化、增加国家财政收入、完善并优化税收结构，而且对慈善捐赠事业具有巨大的推动作用，这一点在西方发达国家已经被证明。随着中国经济与社会的飞速发展，加快研究并适时推出遗产税与赠与税的时机已经到来。遗产税与赠与税的推出，必将推动中国慈善捐赠事业进入跨越式发展的新阶段。

十八届三中全会明确提出要创新社会治理、利用社会力量发展慈善事业，并强调要加强慈善捐赠领域的制度化与法治化建设。系统总结中国慈善捐赠机制的现状与困境，探讨进一步发展的趋势与路径，成为社会领域变革所提出的重要课题。对慈善捐赠机制的研究，在政策实务层面有助于推动慈善资源的开发，引导企业和公民捐赠向制度化、规范化方向发展；在理论建构的层面有助于丰富和充实非营利组织或第三部门理论。

本书共分八章，第一章为研究概述，第二章到第八章是互为系统的专题研究，分别探讨捐赠主体及其行为方式、捐赠中介机构及其行为特征、影响慈善捐赠的文化和社会因素、慈善募捐方式及创新、慈善救助方式及创新、慈善捐赠机制发展趋势、西方慈善捐赠机制的基本模式与特点。本研究把慈善捐赠机制划分为组织机制、制度机制和文化机制等基本的亚类型，把慈善捐赠主体的类型、捐赠行为的动力（促发与动机）、捐赠渠道与方式（形式）、捐赠水平及其具体影响因素、筹资渠道以及治理机制等，视为慈善捐赠机制的组织机制。实际上，慈善捐赠机制中的组织机制涉及捐赠方、受赠方、受益方三类基本主体。从捐赠方的角度来看，涉及捐赠方的类型、捐赠行为的动力（促发与动机）、捐赠渠道与方式（形式）、捐赠水平与影响因素；从受赠方的角度来看，涉及募捐方式与筹资渠道等；从受益方角度来看，涉及捐赠组织机制中的治理机制等。整体上来看，募捐、捐赠、受赠、资助服务、受益是一个捐赠机制的连续统，构成了慈善捐赠组织机制的基本内容。影响慈善捐赠主体与行为的法律法规和社会文化、惯习，构成了慈善捐赠机制研究的制度机制因素与文化机制因素。

本书在进一步确认学术界已有发现的基础上，提出了一些新的研究结论与认识，其突出特色和主要建构有以下几个方面。

第一，整合多重研究维度和理论视角，对捐赠主体行为方式和捐赠机制做出客观分析和系统归纳，着力概括其关键特征的变化。国内有关慈善捐赠机制的整体研究不多，涉及慈善捐赠机制转型的研究更少。本书具体挖掘和梳理了大量文献资料，围绕慈善捐赠组织行为以及与制度、文化之间的深层互动关系形成基本分析框架，对慈善捐赠事业在社会转型时期发展的社会历史背景和捐赠过程各类内外关系做出梳理，细致考察了捐赠的类型特征、活动内容、组织形式以及运行机制，拓展了慈善捐赠机制研究的深度与广度；围绕中外慈善事业的捐赠方、受赠方、受益方和慈善活动的组织、制度与文化机制，较完整地揭示了慈善捐赠的运行主体和机制构建。

第二，探讨了社区促进机制、机制发展趋势等学术界较少涉及的专题。这些研究初步建构了社区促进机制的理论框架与运作策略，形成了社区捐赠机制改进的新思路，为建立中国本土化的慈善捐赠体系提供了一定的学术和实践依据。本书总结了中国慈善捐赠组织管理体制由"偏紧"控制到"宽松"管理的走向、慈善捐赠管理机制的革新速度依赖于法律法规建设速度以及政府部门直接退出程度等观点，试图进一步揭示慈善捐赠事业发展的一般规律。

第三，通过中外比较研究，深入总结了国内外相关理论和实践经验。通过具体考察西方国家慈善捐赠的启动、动员、组织和资助过程，发现慈善捐赠机制的高水平运行与文化观念机制（社会价值基础）、税收机制、组织运行机制、管理监督机制等各种结构因素的发展和完善相关，如慈善捐赠水平和社会发展水平相平衡，基督教价值传统是捐赠行为的重要精神动力之一，合理科学的税收政策形成推动慈善捐赠的有效机理，慈善募捐组织过程社会化、职业化、人性化趋势，以及在现代管理监督机制下慈善组织自律水平的提高等。

第四，将学术性与应用性研究相结合，较多揭示了具有政策评估、政策倡导意义的现实问题。研究者将逻辑分析与经验概括相统一，注意选择有政策评估和倡导价值的分析对象，着重提炼有现实意义的学术知识，以突出研究课题在认识和解决现实问题中的应用性。在现实问题和发展趋势研究的基础上，本书提出了一系列对策设想，尤其是扩大享有免税资格的相关慈善组织范围，逐渐消除官办 NGO 与民间慈善组织的差别待遇，借鉴发达国家相关信息检索系统的经验，建立公正透明的慈善信息披露机制等对策措施，对目前慈善捐赠运行机制的优化具有积极的参考价值。

慈善捐赠事业的理论和政策研究始终存在一些矛盾与难题。理论上，慈善捐赠事业是来自民间资源并由民间组织运作的事业，但中国较长时间以来的基本国情是由政府部门主导社会捐赠资源的运作，这使得学术研究的理论前提和现实对象之间难免存在一定程度的断裂或游离。而且慈善捐赠过程与机制涉及的环节和因素很多，实务操作性强，对研究者经验能力的要求高。由于国内慈善捐赠事业还缺乏系统、翔实和口径统一的统计数据，要做出科学、客观的推论并非易事。

目前中国慈善事业处于上升发展阶段，但慈善事业的作用远没有与社会需求、社会体制以及经济发展水平相适应，慈善捐赠机制研究不可避免地受到现有社会实践水平的局限。然而，学术研究是政策和社会发展规划的先导，需要大力加强法规政策措施、慈善组织自身能力建设方面的研究，具体包括政府公共财政与民间慈善捐赠互动关系、慈善中介基金组织的法人性质、慈善组织和成员专业化、慈善信息统计与披露机制等方面的研究。参与慈善事业的各界同仁有责任通过深入和全面总结已有的经验、面临的问题和改革的措施，推动中国慈善捐赠事业的新发展。

高鉴国

2014 年 12 月

济南　山东大学

第 一 章
绪 论

慈善事业的发展水平反映了一个社会的发育程度以及自组织能力,是衡量现代社会文明程度的重要指标。慈善捐赠在慈善事业领域扮演核心角色,如果没有慈善捐赠,慈善事业就成了无米之炊。对慈善捐赠机制的研究有助于在理论上把握慈善捐赠事业发展的内在规律,在实践上深入理解中国慈善捐赠事业的发展现状与趋势。

第一节 研究背景与主题

从民政部发布《中国慈善事业发展指导纲要 (2006—2010 年)》以来,各类慈善组织得到较快发展,参加慈善活动更加踊跃,在灾害救助、贫困救济、医疗救助、教育救助、扶老助残和其他公益事业领域的作用进一步加强。《中国慈善事业发展指导纲要 (2011—2015 年)》明确指出,慈善事业是中国特色社会主义事业和社会保障体系的重要组成部分。《中国慈善事业发展指导纲要 (2011—2015 年)》在明确公开透明原则、完善社会监督、规范慈善捐助主体和行为、创新慈善募捐形式和载体等方面做出进一步规定,这对加快形成规范有序、作用显著的慈善事业发展格局具有重要指导意义。该指导纲要同时也指出了中国慈善捐赠总量与人均捐赠数量仍相对较少、慈善法规政策滞后、公益慈善组织自身能力与承担的社会责任不相适应、慈善事业专业人才与公益慈善组织发展需求不相适应的客观事实。[①] 在西方发达

---

① 民政部:《中国慈善事业发展指导纲要 (2011—2015 年)》,2011 年 7 月 15 日,http://www.mca.gov.cn (2014/10/11)。

国家，慈善捐赠已成为社会大众日常生活中的惯习，美国有超过 2/3 的家庭有经常性的捐赠行为。[①] 2002 年，美国非营利部门的经济总量占 GDP 的 10%，其中私人捐赠总量超过了 GDP 的 2%。[②] 2007 年，美国慈善捐赠总额更一度创历史新高，达到 3063.9 亿美元。虽然之后受经济危机影响，捐赠总额有所回落，但近年来，美国慈善捐赠总额又呈稳步上升趋势。2012 年，美国慈善捐赠数额达到 3162.3 亿美元，较 2011 年同比增长 3.5%，占该年 GDP 的 2%。[③] 相对于西方发达国家，中国慈善捐赠水平还较低，慈善捐赠总额远不到 GDP 的 1%。[④]

根据经济学"三次分配"的通常说法，第一次分配是通过市场机制进行的劳动收入和消费分配，强调的是效率；第二次分配是通过政府税收和财政进行再分配，强调的是公平；第三次分配是基于志愿或自愿基础上的捐赠行为，强调的是爱心或利他主义的价值。慈善捐赠作为社会资源的第三次分配形式，具有市场机制与政府调节所无法取代的功能，有利于优化资源配置、调节贫富分化程度、促进社会和谐和良性运行。慈善捐赠与社会结构及体制的转型有密切关系，涉及经济发展和税收政策，有关法律规定及人们的慈善理念与捐赠习惯，是一种集道德、法律和经济于一体的社会行为。慈善捐赠行为的演变反映了捐赠者的价值意向、社会组织的机制、社会选择过程和国家政策的演变。无偿性、非交易性、非行政性、自主决策性、社会收益性和社会目的性是慈善捐赠不同于一般社会现象的特征，它们决定了捐赠特有的活动方式与管理方式及其与相关者的关系。捐赠的个体需求和动机的取向与捐赠行为的社会关系考虑在中国人的捐赠行为中均有表现，但目前后者更为明显。

---

①　Hodgkinson, Virginia A. and Weitzman, Murray S., *Giving and Volunteering in the United States*, Washington, DC: Independent Sector, 1996.

②　Ross, Gittell and Edinaldo, Tebaldi, "Charitable Giving: Factors Influencing Giving in U.S.", *Nonprofit and Voluntary Sector Quarterly*, 35, 2006, p. 721.

③　Giving USA 2012, http://www.givingusareports.org (2014/11/20).

④　据民政部主管的中民慈善捐助信息中心发布的《2012 年度中国慈善捐助报告》显示，2012 年我国接受国内外社会各界的款物捐赠总额约为 817 亿元，占我国 GDP 的 0.16%，人均捐款 60.4 元。捐款总量较 2011 年相比下降 3.31%。此外，2012 年，我国筹集彩票公益金 739.55 亿元，志愿服务价值约 11 亿元。在款物捐赠的基础上，如果再加上这两项，那么 2012 年国内外社会各界向中国公益慈善事业的捐赠总价值为 1567.88 亿元，占我国 GDP 的 0.3%。

慈善捐赠是一种综合性的社会现象。在中国慈善事业发展的关键时期，有必要结合实际情况和国内外研究文献，对慈善捐赠机制进行深入系统的全面总结与探索。本研究具有相当多的意义和价值。在理论建构的层次上，捐赠机制研究是以往该领域研究的延伸发展。有关慈善捐赠的原因、动机、环境、政策、制度、文化理念等诸多因素均可通过对捐赠机制的研究得到更为透彻的解释，其成果可对慈善理论做出补充与拓展，并丰富非营利组织或第三部门理论。在政策目标追求和实务运作方面，通过探索捐赠机制，提出实现中国社会捐赠机制与组织管理、发展的新思路，有助于突破过去消极的捐赠方式和机制，为推动慈善资源的开发提供决策参照，引导企业和公民捐赠向制度化、规范化的方向发展。

围绕慈善捐赠机制这个核心议题，本章探讨了如下具体内容：中国慈善捐赠主体（捐赠者）以及捐赠中介组织（募捐者）的类型、行为方式及其特征，影响中国慈善捐赠事业发展的社会经济环境、政策法规因素以及文化因素和社区机制，中国慈善募捐与救助方式及其创新，中国慈善捐赠机制的现实发展趋势，西方慈善捐赠机制的基本模式、特点及其对中国慈善捐赠事业的主要启示。

第二节　主要概念界定

本项研究涉及的核心概念是慈善捐赠机制，与该概念相联系的另外几个关键概念有慈善、慈善组织、捐赠与捐赠方、受赠与捐赠对象以及受益与受益方等。

一　慈善与慈善组织

（一）"慈善"的定义

慈善或慈善事业通常指社会成员在志愿基础上所从事的救助活动。慈善有狭义和广义之分。一般而言，慈善事业专指私人或社会团体从事的救助活动，[①] 捐赠方属于独立于政府和企业之外的第三部门，其资产来源和运作都

---

① 潘屹：《慈善组织和政府，谁做了谁的事情》，《中国社会报》2007 年 1 月 16 日。

带有非政府、非营利性质。狭义的慈善指直接资助有需要者，以减轻其现实困苦；而广义的慈善指向更广的范围进行的捐赠和资助，以解决贫困根源、社会问题，普遍改善人类生活质量。因此，慈善事业也支持各种研究、健康、教育、艺术和文化活动，以及提供奖学金、研究金等。[①]本项研究中慈善的含义指向广义的概念内涵。

（二）慈善组织

在中国，慈善组织一般指以开展慈善活动为宗旨的非营利性组织，符合法定设立条件并在登记证书中载明慈善组织类型（基金会、社会团体或民办非企业单位）和慈善宗旨。在西方国家，慈善组织作为非营利部门中最有代表性的部分，被相关的法律所明确定义。[②]在美国，基本上是根据税法对慈善组织进行界定的。现代美国税法对慈善组织的界定是：收入无需交税，而且其捐助者因其捐款而获得税收减免的组织，[③]即慈善组织是指收入免税而且捐助者因其捐款可以获得税收减免的非营利性组织。美国《国内税收条令》501（c）（3）条款对慈善组织的免税资格规定了六个方面的要求且要求此六方面必须同时满足：必须以非营利为目的，即具有501（c）（3）项下列举的一项或多项目的，即宗教、慈善、科学、公共安全试验、文学、教育、促进国家间或国际业余体育竞赛和防止虐待儿童或动物；其成立完全出于非营利目的；其经营主要为达到规定的非营利目的；不得为个人谋取利益，即不给控制该慈善组织或能对该组织施加实质性影响的人提供任何不适当的利益；不得参与竞选，即不支持或反对任何公共职位候选人；不得参与实质性游说活动，即不对立法进行实质性的支持或反对。[④]事实上，"非营利"（non-profit）与"免税"（tax-exempt）这两个术语在实际应用中具有同义性，被法律界定的慈善组织必须具有非营利性目的，才能获得免税

---

① Boris, Elizabeth T., *Philanthropic Foundations in the United States: An Introduction*, Council on Foundations, 2000, p. 1.

② 有的国家存在专门的慈善法对慈善组织进行界定，有的国家不存在独立的慈善法律，而是散见于众多相关的法律体系中，如美国。参见李培林、徐崇温、李林《当代西方社会的非营利组织》，《河北学刊》2006 年第 2 期。

③ 〔美〕贝奇·布查特·阿德勒：《美国慈善法指南》，NPO 信息咨询中心译，中国社会科学出版社 2002 年版，第 4 页。

④ 〔美〕贝奇·布查特·阿德勒：《美国慈善法指南》，第 5 页。

的资格；但具有法律上的免税资格的组织并不一定都属于慈善组织，① 慈善组织必须具有法律所规定的"慈善"目的。传统上，美国把慈善组织的目的主要集中于扶贫、发展教育、传播宗教和其他公益目的，以区别于互助性非营利组织，强调普遍的公益性。中国公益事业捐赠法对非营利性目的的事业规定如下：救助灾害、救济贫困、扶助残疾人等困难的社会群体和个人的活动；发展教育、科学、文化、卫生、体育事业；环境保护、社会公共设施建设；促进社会发展和进步的其他社会公共和福利事业。慈善组织并没有一个明确的法律定位。一般来说，慈善组织被视为以上述规定的六条非营利性目的为宗旨而依法成立的享有免税资格的公益性社会团体。潘屹根据世界各国经验，提出慈善组织是独立于市场与国家体制之外的第三方力量，其第一特征是以提供社会服务而不是营利为目的，第二个特征是属于非政府部门，作为公民社会的力量而存在。② 在中国，慈善事业的资源主要来自民间，但政府部门在管理和运作慈善事业包括慈善组织中发挥着主要作用。

二　捐赠、受赠与受益

在慈善捐赠机制研究中，界定清楚捐赠与捐赠者、受赠与捐赠对象以及受益与受益方的具体含义是非常有必要的。

（一）捐赠与捐赠者

捐赠，指个人或团体、机构捐献给慈善基金会或慈善事业的款物。这种捐献没有任何物品或服务作为回报。《中华人民共和国公益事业捐赠法》对捐赠的定义是：自然人、法人或者其他组织可以选择符合其捐赠意愿的公益性社会团体和公益性非营利的事业单位进行捐赠。其强调的是向公益性社会团体和公益性非营利的事业单位捐赠的行为，强调的是对慈善组织（基金会）或公益项目的捐赠。何光喜提出个人慈善捐赠行为有两个层次："广义

---

① 获得免税资格的组织不仅仅限于慈善组织。事实上，美国的非营利组织可分为两大类：慈善及其他公共福利非营利组织和互助性非营利组织。互助性非营利组织一般是指为成员谋福利的一种组织，如社会俱乐部、工会、专业团体和农村合作社等，这类非营利组织根据美国相关税法也享有免税资格。

② 潘屹：《从社会政策的角度看慈善组织的发展——一个简单的中西比较》，载杨团等编《和谐社会与慈善中华——中华慈善文化论坛暨市长论坛文集（无锡·2006）》，中国劳动社会保障出版社 2008 年版。

的慈善行为包括了个体直接向个体的善行，而狭义的慈善捐赠行为则特指通过特定社会组织的、具有社会关联性的行为。""狭义层次上的界定，特指个人对慈善组织（基金会）或公益项目的捐赠。那些没有通过专门慈善组织的个体之间的互助、不具有'公益性'、不具有宏观社会关联意义的捐赠行为（包括通过媒体对个体突发事件受害者的捐赠以及单位内部针对其成员的捐赠救助活动）"，不符合这种狭义界定。① 捐赠的内容一般分为资金（货币、金融证券）捐赠、实物捐赠、时间和劳务贡献、器官捐献以及遗产捐赠等。捐赠的财产是捐赠者有权处分的合法财产。捐赠方是指自愿捐赠合法财产的个体、企业、社会团体以及其他组织等。捐赠根据捐赠者的目的可分为定向捐赠与非定向捐赠。另外，需要指出的是慈善捐赠作为一种社会捐助，主要利用民间捐赠（通过民间慈善基金会或政府慈善基金会）来实现慈善救助，区别于政府行为，即政府主导的社会救助（利用公共财政来实现社会救助）。

（二）受赠与捐赠对象

受赠是指接受捐赠的行为。受赠方是指接受捐赠方，即捐赠对象。《中华人民共和国公益事业捐赠法》中对受赠对象进行了界定，规定合法受赠对象为公益性社会团体和公益性非营利的事业单位。公益性社会团体和公益性非营利的事业单位可以依法接受捐赠。公益性社会团体是指依法成立的，以发展公益事业为宗旨的基金会、慈善组织等社会团体；公益性非营利的事业单位是指依法成立的，从事公益事业的不以营利为目的的教育机构、科学研究机构、医疗卫生机构、社会公共文化机构、社会公共体育机构和社会福利机构等。中国公益事业捐赠法还规定，在发生自然灾害时或者境外捐赠人要求县级以上人民政府及其部门作为受赠人时，县级以上人民政府及其部门可以接受捐赠，可以将受赠财产转交公益性社会团体或者公益性非营利的事业单位，也可以按照捐赠人的意愿分发或者兴办公益事业，但是不得以本机关为受益对象。因此，根据中国法律，合法的受赠者可以是公益性社会团体、公益性非营利事业单位以及县级以上人民政府与其相关部门。本研究所

---

① 何光喜：《被动的自愿：对四城市个人慈善捐赠行为的多因素分析》，载孙立平等编《北大清华人大社会学硕士论文选编》，山东人民出版社 2004 年版，第 6—7 页。

指的慈善捐赠对象侧重于民间慈善服务机构或组织及其公益项目。

（三）受益与受益方

慈善捐赠的受益是指捐赠所实现的社会效益与直接实现的捐赠目的。慈善捐赠的受益方是指捐赠款项直接或间接（经过服务机构）资助的对象。在非定向慈善捐赠中，捐赠的款项的受益方取决于慈善机构的独立运作；在定向慈善捐赠中，捐赠款项的受益方是受赠方按照捐赠者的目的意愿来具体运作。慈善救助是通过慈善机构使受助者摆脱困境、从中受益的过程，慈善救助的受益通常指慈善捐赠资源被分配到需要帮助的群体手中，受助者的利益得到改善，通过慈善救助，使救助对象成为受益方，最终实现慈善捐赠的目的。

三　慈善捐赠机制

一般来说，机制是指系统内各要素、各子系统的内在运动方式和相互作用形式。机制是一套结构化的规则，可以是人为的也可以是自然的。它的作用在于激励和规范，以保证宿主系统始终在临界范围内运转。机制的优劣可以用它对宿主系统发挥的作用来衡量，看其是否能产生和促成正面作用，并避免或减小负面作用。慈善捐赠机制包括捐助行为具体的促发机制、利益驱动机制、组织动员机制、社会信任机制、媒体引导机制、筹资机制、管理机制、监督机制、激励机制等。本研究从社会学的研究对象出发，将慈善捐赠机制划分为组织机制、制度机制和文化机制三种基本的亚类型。各种慈善机制都可相应归入这三种亚类型。从运作的层面看，这三种亚类型可被理解为微观机制、中观机制和宏观机制。具体来说，慈善捐赠组织机制涉及慈善捐赠主体的类型、捐赠行为的动力（促发与动机）、捐赠（包括募捐和捐助）渠道与方式（形式）、捐赠水平及其具体影响因素、筹资渠道以及治理机制等；慈善捐赠制度机制主要涉及慈善捐赠主体与行为的法律法规及其现实效应；慈善捐赠文化机制主要涉及影响慈善捐赠行为与意识的深层社会文化与惯习因素。

第三节　文献综述

近年来对慈善事业的研究论述增多，包含有关政治、经济、法律、历史的研究等，[①] 显示出慈善事业是目前学术界的一个重要研究领域。慈善捐赠是慈善事业的重要组成部分之一，国内外对慈善捐赠的研究文献也较为丰富，这为本研究提供了资料基础与研究起点。本节主要从慈善捐赠概况研究、中国慈善捐赠机制研究以及国外慈善捐赠机制研究三个方面进行相关文献综述。

一 慈善捐赠状况研究

对慈善捐赠基本状况的研究，主要集中在以下专题：慈善捐赠发展动态、捐赠主体与中介组织、慈善捐赠法规和管理、慈善捐赠文化等。

（一）慈善捐赠发展动态

与发达国家相比，中国的慈善捐赠起步较晚，自 20 世纪 90 年代才得以发展。此后十多年来社会捐赠在规模、形式、结构等方面有了一定的改善，但仍存在捐赠规模小、捐献主体错位、慈善主体不明确、管理体制落后、公众参与率低等多种问题。[②] 近几年来，由《公益时报》组织撰写的《中国慈善捐赠发展蓝皮书》系列丛书，作为国内最早的关于慈善捐赠的年度研究报告，通过对不同领域、不同灾害事件的慈善捐赠数据的分析，揭示了中国慈善捐赠现状和趋向。[③] 由民政部主管部门和中民慈善捐助信息中心自 2007 年以来按年度发布的系列中国慈善捐赠情况分析报告，[④] 是一个向社会各界公布的准官方或半官方性质报告，从中可以看到捐赠资源在各领域的分配情

---

① 陶海洋：《慈善研究及其不同学术观点述评》，《学术界》2008 年第 4 期；李芳：《慈善性公益法人研究》，法律出版社 2008 年版；周秋光、曾桂林：《中国慈善简史》，人民出版社 2006 年版；曾桂林：《中国古代慈善事业史研究概述》，《文化学刊》2009 年第 1 期；曾桂林：《近 20 年来中国近代慈善事业史研究述评》，《近代史研究》2008 年第 2 期。

② 房珊：《2006 年中国慈善事业研究综述》，《学海》2007 年第 3 期；孙岳兵、陈寒非：《困境与出路：对我国民间慈善捐赠现状的思考》，《长沙大学学报》2007 年第 1 期；赵永林：《中国慈善捐赠现状及其原因分析》，《黑龙江对外经贸》2008 年第 12 期。

③ 刘京主编《2003—2007 中国慈善捐赠发展蓝皮书》《2008 中国慈善捐赠发展蓝皮书》《2009 中国慈善捐赠发展蓝皮书》《2010 中国慈善捐赠发展蓝皮书》《2011 中国慈善捐赠发展蓝皮书》《2012 中国慈善捐赠发展蓝皮书》《2013 中国慈善捐赠发展蓝皮书》，中国社会出版社 2008—2014 年版。

④ 民政部慈善事业协调办公室、中民慈善捐助信息中心：《2007 年度中国慈善捐赠情况分析报告》；民政部社会福利和慈善事业促进司、中民慈善捐助信息中心：《2008 年度中国慈善捐助报告》《2009 年上半年全国慈善捐赠情况分析报告》；中民慈善捐助信息中心：《2009 年度中国慈善捐助报告》《2010 年度中国慈善捐助报告》《2011 年度中国慈善捐助报告》《2012 年度中国慈善捐助报告》。

况，以及对近期慈善捐赠趋势的预测。通过此报告也可以解读慈善捐赠政策的新动向，如中国慈善界的最新关注点之一是联合救助和联合劝募，强化慈善透明意识、加强监管力度也将是日后慈善管理部门的工作着力点。中民慈善捐助信息中心自 2009 年以来发布年度中国慈善透明报告，[①] 这是在全国范围内对各慈善组织进行信息披露情况评估的研究报告，从中可以看出中国各类慈善组织的信息公开度和透明度。各地一些综合性或专题性的调查研究，对了解慈善捐赠状况也具有重要的参考价值。[②]

（二）对慈善捐赠主体与中介机构的研究

从慈善捐赠过程所涉及的主体来看，其主要包括政府部门、个人或家庭、社区、宗教团体、企业和募捐组织等。对政府部门社会捐赠的研究，通常集中于政府部门的倡导、整合作用，以及将慈善事业作为社会保障事业组成部分的目标；[③] 对上海市慈善基金会资金来源的调查发现，政府部门（机构）的捐赠数量占到社会捐赠总数的 14.5%，而企业成为大额捐赠的最主要力量。[④] 虽然个人捐赠比企业捐赠具有更大的稳定性，但个人捐赠不是目前中国慈善事业的主要资金来源。清华大学 NGO 研究所通过对三个省份基金会的调查发现，近年来企业捐赠的比例呈迅速上升的趋势，而个人小额捐赠呈迅速下降的趋势。[⑤] 对个人捐赠的研究已经深入行为方式、内在动机等层面的数理或定量分析。[⑥] 一

①　中民慈善捐助信息中心：《全国性慈善组织信息披露检测报告》《2010 年度中国慈善透明报告》《2010 年度中国慈善透明报告》《2012 年度中国慈善透明报告》《2013 年度中国慈善透明报告》。

②　上海社会科学院社会学研究所：《2008 年上海企业慈善与公益活动》调查报告；上海市慈善基金会、复旦大学社会发展与公共政策学院：《市民与慈善》2008 大型社会调查报告；陈伦华、莫生红：《从问卷调查看我国公民的慈善价值观》，《现代经济》2007 年第 10 期。

③　徐麟主编《中国慈善事业发展研究》，中国社会出版社 2005 年版，第 186 页。

④　李骏：《慈善募捐与救助的一般数据特征——以上海市慈善基金会为例》，见上海市慈善基金会、上海慈善事业发展研究中心编《转型期慈善文化与社会救助》，上海社会科学院出版社 2006 年版，第 78—80 页。

⑤　邓国胜：《个人捐赠是慈善事业发展的基石》，《中州学刊》2007 年第 1 期，第 133 页。

⑥　刘能：《中国都市地区普通公众参加社会捐助活动的意愿和行为取向分析》，《社会学研究》2004 年第 2 期；杨高举、王征兵、杨斑：《慈善捐赠：实验调查的计量分析》，《中国科技论文在线》2007 年第 6 期；陈勤、陈毅：《慈善组织社会营销与个人公益消费动机研究综述》，《人类工效学》2007 年第 1 期；洪江、张磊：《私人慈善捐赠的经济学分析》，《上海市经济管理干部学院学报》2008 年第 3 期；龚明聪：《个人捐赠的模型与制度分析》，《社会科学家》2009 年第 2 期；陈天祥、姚明：《个人捐赠非营利组织的行为影响因素研究——基于广州市的问卷调查》，《浙江大学学报》（人文社会科学版）2012 年第 4 期。

项对北京、南京、深圳、武汉和西安五大城市居民进行的抽样调查发现，慈善认知、利他主义观念、税收减免、慈善组织影响力、社会信任度等因素对个人捐赠影响较大。[①]

　　近年来对企业或公司捐赠的研究日益增多，[②] 主题集中于内部机制、企业社会责任[③]、捐赠方式与策略[④]等。在慈善公益活动中企业的参与行为有很多种：①直接捐赠；②关联营销；③公益宣传；④社会营销；⑤社区志愿者活动。[⑤] 蔡勤禹、张家惠提出企业捐赠渠道可分为三种类型：①向受赠者定向捐赠；②向慈善组织捐赠（目前企业慈善捐赠的主要方式）；③设立慈善基金。[⑥] 若干实证调查发现，公司规模与捐赠支出呈显著正相关，国有控股公司比非国有控股公司更倾向于慈善捐赠，公司董事会成员平均受教育年限与公司捐赠呈显著正相关；企业通常出于经济动机来选择捐赠数量和方式，因此应该利用市场规律对公司捐赠行为进行引导和管理。[⑦]

　　杨团将慈善机构归纳为三类：①基层社区的慈善组织；②中介性慈善组

　　① 苏媛媛、石国亮：《居民慈善捐赠影响因素分析——基于全国五大城市的调查分析》，《社会科学研究》2014 年第 3 期，第 111 页。

　　② 罗公利、肖强：《企业公益捐赠研究的回顾与展望》，《青岛科技大学学报》（社会科学版）2006年第 4 期；田雪莹、叶明海：《企业慈善捐赠行为的研究综述：现实发展和理论演进》，《科技与经济》2009 年第 1 期。

　　③ 杨团、葛道顺主编《公司与社会公益 II》，社会科学文献出版社 2003 年版，第 101 页；王粤、黄浩明主编《跨国公司与公益事业》，社会科学文献出版社 2005 年版；单忠东主编《中国企业社会责任调查报告（2006）》，经济科学出版社 2007 年版；赵英彬、李玲：《公司社会责任的经济学分析》，《产业与科技论坛》2008 年第 2 期；赵英彬：《公司承担社会责任的理性分析》，《产业与科技论坛》2008 年第 4 期；蒋建湘：《企业社会责任的法律化》，《中国法学》2010 年第 5 期；李伟阳、肖红军：《企业社会责任的逻辑》，《中国工业经济》2011 年第 10 期。

　　④ 陈宏辉：《战略性慈善捐赠探析》，《现代管理科学》2007 年第 2 期；陈支武：《企业慈善捐赠的理论分析与策略探讨》，《当代财经》2008 年第 4 期；田利华、陈晓东：《企业策略性捐赠行为研究：慈善投入的视角》，《中央财经大学学报》2007 年第 2 期；田雪莹、蔡宁：《企业慈善捐赠行为研究——基于上海企业的实证分析》，《科技进步与对策》2009 年第 20 期；宋罡、江炎骏、徐勇：《企业捐赠行为的影响因素：社会资本视角下的实证研究》，《财经论丛》2013 年第 3 期。

　　⑤ 徐雪松、任浩：《企业公益行为与利益相关者管理的关系》，《现代经济探讨》2007 年第 1 期。

　　⑥ 蔡勤禹、张家惠：《我国企业慈善发展现状与前瞻》，《文化学刊》2008 年第 3 期。

　　⑦ 许婷：《上市公司慈善捐赠影响因素实证研究——以 2006 年上市公司慈善排行榜为例》，《市场周刊》（理论研究）2008 年第 12 期；山立威、甘犁、郑涛：《公司捐款与经济动机——基于汶川地震后中国上市公司捐款的实证研究》，《经济研究》2008 年第 11 期；陈烨、高淑敏：《企业捐赠行为的动机及财务影响》，《企业导报》2013 年第 3 期。

织，如中华慈善总会及地方慈善总会；③服务性慈善机构。① 其中各类慈善基金组织属于中介性组织。近年来中国各类慈善基金组织发展较快，有关基金会类型、性质、功能、作用、特点及评估的研究随之增多和深化。② 大部分学者承认，中国的慈善组织以官办 NGO 为主，并认为这些组织在很大程度上是从政府内部生长出来的，并不是纯粹的体制外事物。③ 但随着社会经济结构的转变，官办色彩浓厚的慈善基金组织正在努力实现市场化、社会化的转型。④ 对于慈善基金会的研究多是从基金会开展的项目入手进行实证研究，探索项目运作过程中的得失成败。

教育机构是社会捐赠的重要载体，近年来国内大学教育基金会数量迅速增长，高等教育捐赠也引起了学术界的关注。⑤ 关于大学教育基金会筹资的研究集中在教育学、管理学和社会学领域，在主题上涉及对大学教育基金会筹资渠道、运行机制、激励机制和筹款策略的研究。大部分研究认为，大学教育基金会获得社会捐赠的来源主要包括校友、个人、企业和私人基金会，其中校友是大学教育基金会的主要筹资来源。⑥ 大学教育基金会的劝募机制主要是与利益相关者之间的互构，包括大学教育基金会与企业分享社会责任、与捐赠者相互信任和与志愿者的精神互助。⑦ 政府加强对基金会的监

---

① 杨团：《中国慈善机构一瞥》，《中国社会工作》1998 年第 1 期。

② 〔美〕乔尔·J. 奥罗兹：《基金会工作权威指南：基金会如何发掘、资助和管理重点项目》，孙韵译，机械工业出版社 2002 年版；资中筠：《散财之道——美国现代公益基金会述评》，上海人民出版社 2003 年版；陈旭清主编《公益模式创新与挑战：非公募基金会社会参与》，中国社会出版社 2009 年版；〔美〕马克·T. 布雷弗曼、诺曼·A. 康斯坦丁：《慈善基金会和评估学：有效慈善行为的环境和实践》，陈津竹、刘佳、姚宇译，中国劳动社会保障出版社 2013 年版；邓国胜：《非营利组织评估》，社会科学文献出版社 2001 年版；邓国胜等：《民间组织评估体系：理论、方法与指标体系》，北京大学出版社 2007 年版。

③ 田凯：《非协调约束与组织运作——中国慈善组织与政府关系的个案研究》，商务印书馆 2004 年版，第 89—92 页。

④ 徐宇珊：《论基金会——中国基金会转型研究》，中国社会出版社 2010 年版；赵海林：《从行政化到多元化：慈善组织运作研究》，中国社会科学出版社 2013 年版。

⑤ 朱洁义：《我国高等教育经费结构现状与高校社会捐赠》，《高教研究与实践》2010 年第 3 期；王文龙、万颖：《中国高校社会捐赠问题研究》，《高教探索》2012 年第 5 期；张小萍、周志凯：《中国高校捐赠收入现状、问题及对策》，《教育发展研究》2012 年第 23 期；张磊：《新制度经济学视角下我国高校社会捐赠制度之建构》，《江苏高教》2013 年第 4 期。

⑥ 戴志敏、石毅铭、蒋绍忠等：《大学教育基金会管理研究》，浙江大学出版社 2010 年版。

⑦ 陈秀峰、付锐平：《社会互构视野中的大学教育基金会发展研究》，《理论与实践》2010 年第 12 期。

管，尽快建立基金会信息披露制度，完善减免税制度；提高基金会人员素
质，培养专业化的筹资人员，吸引社会贤达和知名校友加入基金会；转变筹
资观念，培养大学基金会公信力是提高大学教育基金会筹资能力的重要策
略。[①]

（三） 对慈善捐赠法规与政策的研究

关于慈善捐赠的法律大多针对规范捐赠行为与捐赠财产管理、慈善组织
设立与运行、慈善组织信息公开以及捐赠税收减免等方面。[②] 相关研究通常
结合国内已有的涉及慈善捐赠的法规和司法实践，对规范慈善的性质、运行
机制、税收制度、行政和社会监督的法规条文及立法技术问题进行分析，并
提出建议。[③] 总体来说，现有的与慈善相关的法律法规还很不完善，法律位
阶低，约束力不强，难以形成完整有效的法律体系。[④] 近十年来，国家社科
基金项目课题指南比较重视慈善捐赠发展机理和政策研究，立项选题包括鼓
励慈善事业发展研究、中国慈善事业发展的社会政策研究、慈善事业法律制
度研究、规范和保障民间慈善事业发展法律制度研究、遗产税和赠与税问题
研究、公益性捐助的税收问题研究、中国慈善事业成长与发展研究、巨灾捐
赠财产使用与分配的社会学研究、我国慈善公益事业现状及未来发展的社会
学研究、慈善事业的社会认同研究、我国慈善事业的监管体制研究、慈善事
业与社会救助的衔接模式与推进路径研究、慈善捐赠及其决定因素研究等。[⑤]

---

① 刘春生、王任达：《发展大学教育基金会，促进大学教育捐赠》，《北京科技大学学报》（社会科
学版）2005 年第 10 期。

② 中国法制出版社编《赠与合同文本及相关法律规定》，中国法制出版社 2003 年版；NPO 信息咨询
中心：《中国关于慈善捐赠的税收优惠政策汇编（1994—2004 年）》，《NPO 纵横》，http://
www.12361.org.cn/fg4.htm（2006/03/03）；龚韵、陈纲：《浅析我国当代慈善事业的法律构建》，《法与实
践》2008 年第 3 期；杨思斌：《我国慈善事业发展的法制困境及路径选择》，《法学杂志》2010 年第 3 期。

③ 佟丽华、白羽：《和谐社会与公益法：中美公益法比较研究》，法律出版社 2005 年版；李芳：
《慈善性公益法人研究》，法律出版社 2008 年版；刘太刚：《非营利组织及其法律规制》，中国法制出版
社 2009 年版；金慧：《慈善捐赠法律关系研究》，《现代商贸工业》2008 年第 11 期；师璇、朱明雯：《改
革税法制度促进我国慈善事业健康发展》，《中国商界》2010 年第 1 期。

④ 李晓丽、杨帅：《〈公益事业捐赠法〉在中国实施陷入困境原因探析》，《法制与社会》2007 年
第 11 期；陈恩美：《〈公益事业捐赠法〉缺陷评析》，《西南民族学院学报》（哲学社会科学版）2000 年
第 5 期；阴猛：《当代中国慈善事业的立法状况述评》，《新余高专学报》2009 年第 1 期。

⑤ 参见 2006—2015 年度"国家社会科学基金项目课题指南"，全国哲学社会科学规划办公室网站，
http://www.npopss-cn.gov.cn（2014/12/30）。

这些选题涉及社会学、法学、管理学、应用经济学等学科，大大丰富和深化了中国慈善捐赠及慈善事业的研究内容。

（四）对慈善捐赠文化的研究

慈善文化研究包括传统慈善文化研究，慈善文化的内涵与道德意蕴、慈善文化与慈善事业、中西慈善文化比较研究，慈善文化与和谐社会的关系研究等，其中一些文章涉及慈善捐赠文化。[①] 周秋光、孙中民指出中国传统慈善理念由古代以"仁"为核心的慈善理念和近现代"教养并重"的慈善理念构成，但也存在缺失，市场经济下的损人利己思想不利于增强慈善意识。[②] 中国的捐赠文化极不发达，具体表现在捐赠理念存在误区和捐赠机制不完善。[③] 学者们也注意到志愿者精神是慈善捐赠文化的思想基础，是慈善捐赠文化的发展动力，为慈善捐赠文化进步提供了有力的人力保障。[④]

慈善意识研究是慈善捐赠文化研究的一个十分重要的内容。杨方方给慈善意识下的定义是"慈善意识是人在实践中形成的对慈善的认识、判断、了解和感知能力以及由此带来的参与积极性"。[⑤] 谢遐龄认为慈善文化之内核和根基就是每个人、每个公司（或企业）都有"社会责任"这种共通感。在中国传统文化中存在的慈善文化基础有四种：儒家的、墨家的、佛教的、基督教的，其中参照儒家文化创造当代慈善文化是比较合适的。[⑥]

---

① 殷洁、张伟：《试论志愿者精神对慈善捐赠文化的影响》，《前沿》2007 年第 1 期；程介明：《大学筹款与捐赠文化》，《上海教育》2005 年第 7A 期；张宇峰：《大学应当引领我国的捐赠文化》，《江苏高教》2007 年第 1 期；郭霞：《捐赠文化缺失的社会环境创生》，《山东师范大学学报》（人文社会科学版）2009 年第 3 期；邱洪斌、周文翠：《论高校捐赠文化建设中的价值认同》，《教育理论与实践》2013 年第 11 期。

② 周秋光、孙中民：《政府在培育社会慈善理念方面的作用与责任研究》，载上海市慈善基金会、上海慈善事业发展研究中心编《慈善理念与社会责任》，上海社会科学院出版社 2008 年版，第 3 页。

③ 陈玥、唐靖：《中国捐赠文化的现状及对策》，《云南财贸学院学报》（社会科学版）2008 年第 2 期。

④ 殷洁、张伟：《试论志愿者精神对慈善捐赠文化的影响》，《前沿》2007 年第 1 期。

⑤ 杨方方：《发展现代慈善事业应该认识的几个基础性问题》，《社会科学》2004 年第 3 期。

⑥ 谢遐龄：《复兴慈善事业及其文化基础分析》，载上海市慈善基金会、上海慈善事业发展研究中心编《转型期慈善文化与社会救助》，第 94 页。

二　慈善捐赠机制研究

慈善捐赠机制研究是慈善事业或慈善捐赠事业研究的主题之一，不同的研究对于慈善捐赠机制的分类与研究视角有所不同。相对集中的研究专题有慈善捐赠机制的研究对象、社会文化机制、政策与制度机制、组织运作机制、激励机制等。

1. 慈善捐赠机制的研究对象

一般认为，慈善捐赠机制指"慈善捐赠过程中各个环节之间相互作用的过程和方式，它包括捐赠动员、激励和监督几个因子"。[①] "社会公益捐赠机制"是一系列关于社会公益捐赠活动的机体和制度的总称，是有关社会公益捐赠之社会信用体系和法律规章制度等相互运作的完备系统，[②] 包括外部机制与内部机制、间接机制和直接机制等不同组成部分。[③]

2. 社会文化机制

人的慈善意识从根本上决定了人的慈善行为，是影响慈善事业发展的最深层因素。作为慈善文化的重要组成部分，捐赠文化是促进慈善事业健康发展的重要推动力。施昌奎认为慈善文化属于中国慈善动力机制的范畴，中国慈善动力机制是由慈善的原动力、助动力和配置构成，原动力即指中国慈善文化，中国慈善的原动力并非匮乏，而是需要激活和改造。[④] 李朝阳则指出，受中国现代慈善事业起步晚、传统慈善文化缺失及尊重劳动观念等因素的影响，中国尚未建构起有中国特色的慈善文化体系，需要加以建构。[⑤] 郭霞、迟爱敏提出在正确定位捐赠文化主体角色的前提下，可以通过积极创设捐赠文化的合适载体，有机整合多种慈善捐赠文化资源等途径，搭建起捐赠

---

① 蔡勤禹、江宏春、叶立国：《慈善捐赠机制述论》，《苏州科技学院学报》（社会科学版）2009年第1期，第32页。

② 胡卫萍、刘婷婷：《保障我国社会公益捐赠机制顺利运行的思考》，《老区建设》2008年第12期。

③ 黄丹、姚俭建：《当代中国慈善事业发展的战略路径探讨》，《社会科学》2003年第8期；叶立国：《试论我国慈善捐赠激励机制的构建》，《内蒙古大学学报》（哲学社会科学版）2008年第5期。

④ 施昌奎：《北京慈善事业运营管理模式》，中国经济出版社2008年版，第29页；郭建：《社会捐赠运行机制及其影响因素的经济学分析》，《经济学家》2009年第7期。

⑤ 李朝阳：《繁重社会主义文化中的慈善文化问题研究》，《河北师范大学学报》（哲学社会科学版）2012年第3期。

文化运行的现实平台。① 祝西冰认为志愿精神作为慈善文化的重要精神力量，在汲取中国传统慈善文化精髓的基础上，结合自身优势赋予当代慈善文化新的内涵，志愿精神与传统慈善文化的融合与超越是中国慈善事业发展的精神动力机制的主要内容。②

3. 政策与制度机制

慈善捐赠的政策与制度机制主要指与此相关的管理与监督机制及税收政策，被称为慈善捐赠的"外部机制"。政府对慈善 NGO 实行的同样是双重管理体制，即由登记管理机关和业务主管单位分别行使监督管理职能。这种管理体制的弊端在于限制发展和分散责任，在实践中往往被简化为一种政治把关和责任共担。③ 近年来，慈善捐赠发展的政策环境有所改善，社会管理改革为社会捐赠模式的创新提供了有利条件。④

田利华、陈晓东指出中国现行税制结构是以流转税和所得税为两大主要税种的结构体系，在这两大税种中又以增值税和企业所得税对企业慈善捐赠行为影响最大。⑤ 一项调查研究发现，公司对捐赠免税的需求并不迫切，在所有捐赠过的公司中真正利用捐款抵扣过税款的公司仅占 13%，其主要原因是捐赠价值较小、抵扣手续繁杂、捐物抵扣不好处理等，减税是捐赠事后行为，申请与否受交易成本左右。⑥ 葛道顺指出，虽然绝大多数公务员在单位或社区参加过各种捐款、捐物活动，但由于目前对于企业和个人的捐赠税收减免的程序非常复杂，需要的时间也很长，几乎没有人捐款后会去税务局申请个人所得免税。⑦ 据相关调查研究，税收政策对个人捐赠的影响并不明显；税收政策对促进企业捐赠发挥了一定的作用，但有待进一步改善和强化。⑧ 税收政策是政府促进慈善捐赠的重要手段，新《企业所得税法》及

---

① 郭霞、迟爱敏：《我国捐赠文化运行的平台分析》，《全国商情》（经济理论研究）2009 年第 11 期。

② 祝西冰：《中国慈善事业发展的精神动力机制——志愿精神与传统文化的融合与超越》，《社会工作》2009 年第 3 期下，第 43 页。

③ 王名：《中国 NGO 的发展现状及其政策分析》，《公共管理评论》2007 年第 1 期，第 143 页。

④ 王振耀主编《现代慈善与社会治理》，社会科学文献出版社 2014 年版。

⑤ 田利华、陈晓东：《企业策略性捐赠行为研究：慈善投入的视角》，《中央财经大学学报》2007 年第 2 期，第 58 页。

⑥ 杨团、葛道顺：《公司与社会公益 II》，社会科学文献出版社 2003 年版，第 54 页。

⑦ 葛道顺：《我国企业捐赠的现状和政策选择》，《学习与实践》2007 年第 3 期，第 120 页。

⑧ 郭健：《社会捐赠及其税收激励研究》，经济科学出版社 2009 年版。

危机事件和紧急自然灾害期间施行的捐赠税前全额扣除政策①将对企业和个人捐赠产生一定的积极作用。但一般认为，现行税法关于捐赠税收制度的规定还存在着不少缺陷，税收激励政策比较分散，不同部门制定的措施有冲突，② 这些都阻碍了公益捐赠事业的正常发展，有待进一步调整、完善。③

4. 组织运行机制

对组织运作机制的研究包括两个方面：一是对捐赠主体的动员机制的研究，二是对慈善组织的运营机制的研究。

学者们运用法团主义理论解释中国慈善或非营利组织兴起的制度背景，并且最早选取官方色彩比较浓厚的慈善组织进行实证研究。孙立平研究了基金会的募捐机制，认为希望工程采用"准组织化动员"的方式对体制内资源进行了社会运作。④ 周志忍等研究了监督机制，认为组织内部自律机制与外部他律机制共同监督组织的运行。⑤ 苏力等研究了第三部门的法律环境，对第三部门进行了国际比较，对希望工程的效益进行了评估。⑥ "官民二重性"是绝大多数慈善组织在实际运作中所呈现的基本特性，慈善组织与国家体制有着制度化联结，更多反映的是社会对国家的依附。⑦ 目前中国慈善捐赠的动员机制被有的学者称为"半体制化"动员；行政事业单位的动员方式存在强制捐赠现象；个人主要通过单位或居委会参与慈善捐赠，很少有直接捐赠给慈善中介组织的；农村社区居民捐款更多地受制于乡村基层政权

---

① 财政部国家税务总局：《关于纳税人向防治非典型肺炎事业捐赠税前扣除问题的通知》（财税〔2003〕106 号），2003 年 4 月 29 日；财政部、海关总署、国家税务总局：《关于支持汶川地震灾后恢复重建有关税收政策问题的通知》（财税〔2008〕104 号），2008 年 7 月 30 日，执行至 2008 年 12 月 31 日；《关于支持玉树地震灾后恢复重建有关税收政策问题的通知》（财税〔2010〕59 号），2010 年 7 月 23 日，执行至 2012 年 12 月 31 日；《关于支持舟曲灾后恢复重建有关税收政策问题的通知》（财税〔2010〕107 号），2010 年 12 月 29 日，执行至 2012 年 12 月 31 日。

② 曲顺兰、张莉：《税收调节收入分配：对个人慈善捐赠的激励》，《税务研究》2011 年第 3 期，第 34 页。

③ 史正保：《我国捐赠税收制度研究》，《兰州大学学报》（社会科学版）2009 年第 3 期；谢娜：《我国慈善捐赠税收优惠政策现状、问题及调整》，《中国经贸导刊》2012 年第 26 期；史正保、陈卫林：《我国企业公益性捐赠税收优惠制度研究》，《经济研究参考》2012 年第 65 期。

④ 孙立平：《动员与参与——第三部门募捐机制个案研究》，浙江人民出版社 2000 年版。

⑤ 周志忍、陈庆云主编《自律与他律——第三部门监督机制个案研究》，浙江人民出版社 2000 年版。

⑥ 苏力、葛云松等：《规制与发展——第三部门的法律环境》，浙江人民出版社 2000 年版。

⑦ 徐永光：《中国第三部门的现实处境及我们的任务》，载中国青少年发展基金会编《处于十字路口的中国社团》，天津人民出版社 2001 年版。

组织，其中村干部扮演重要角色。① 与此同时，相对独立的民办慈善组织则需要通过激发捐赠者的内在需求，并使慈善资源得到高效配置来获得信任而聚集资源，然而这一路径因为官办慈善对资源的垄断而得不到充分有效的循环，因此多数面临生存危机。②

慈善组织的运作机制属于慈善捐赠的内部机制，包括慈善捐赠机构的管理机制，慈善机构人员的职业化、专业化建设，慈善资金的管理与投资。③ 中国慈善基金组织运营存在较多的计划经济因素。马昕指出中国 1000 多家基金会以公募基金会为主，这些基金会基本上由政府部门或与政府关系密切的组织、个人发起，往往依靠行政力量获得资助，同时也根据政府部门的需要使用募集的资金。④ 谢宝富指出但凡基金会运作的较有影响的公益项目一般都是在政府的大力推动下完成的。⑤

慈善募捐机制是从慈善组织的主动性视角出发，探讨募捐策略和募捐方式对慈善捐赠机制的影响。研究者针对不同群体慈善行为的特点，探讨了慈善募捐方式和手段及其创新机制，如公募基金会的筹资模式，项目导向型的慈善筹资机制，应急性募捐与经常性小额募捐的形式与机制，名人与公募基金会合作设立专项基金的主导型、参与型和代管型三类合作模式，数据库直邮的筹款方式等;⑥ 针对不同地方、不同人群的特点，开展的有特色的慈善募捐活动，如城镇"慈善一日捐"、慈善义演、慈善拍卖等活动，农村"一

---

① 何忠洲：《地方政府的爱心之困》，《中国新闻周刊》2007 年 8 月 20 日；许琳、张晖：《关于我国公民慈善意识的调查》，《南京社会科学》2004 年第 5 期；李芹：《慈善捐赠的社区促进机制——基于一个村庄捐赠活动的考察》，《学习与实践》2007 年第 3 期。

② 朱力、龙永红：《我国慈善资源的动员机制》，《南京社会科学》2012 年第 1 期。

③ 王锡源：《论社会转型时期慈善捐赠机制的完善——以上海慈善捐赠事业为例》，《中共杭州市委党校学报》2007 年第 5 期，第 33 页。

④ 马昕：《非公募基金会及其管理体制研究》，《中国民政》2004 年第 6 期，第 40 页。

⑤ 谢宝富：《当代中国公益基金会与政府的关系分析》，《中国社会科学院研究生院学报》2003 年第 4 期，第 64 页。

⑥ 刘选国：《中国公募基金会筹资模式的发展和创新探析》，《中国非营利评论》第九卷，社会科学文献出版社 2013 年版；赵海林：《论项目导向型的慈善筹资机制》，《学术论丛》2009 年第 40 期；李跃：《应急性募捐与经常性小额募捐的机制分析与完善策略》，《陕西理工学院学报》（社会科学版）2010 年第 1 期；徐海屏：《小额募捐在中国》，《新闻周刊》2004 年第 6 期；张忻忻：《中国公募基金会名人专项基金合作模式探讨》，《中国非营利评论》第十二卷，社会科学文献出版社 2013 年版；高瑞立：《未来的新型公益筹款模式——数据库（直邮）筹款》，《社会与公共福利》2012 年第 6 期；卢咏：《公益筹款》，社会科学文献出版社 2014 年版。

袋米""一袋面捐助"等活动。①

5. 激励机制

慈善捐赠的激励机制指的是激励、促进公众进行慈善捐赠的制度化措施和其他社会因素。由于中国慈善捐赠事业处于起步阶段,面临各种局限,因此社会各界十分重视和倡导给慈善捐赠提供各种激励政策和措施。②其中包括文化意识因素③、税收激励机制④、社区促进机制⑤等。郭于华等探讨了组织内部的激励机制,认为中国青少年发展基金会的激励措施造就了事业共同体,除了运用政府权力动机和物质动机,还采取了成就事业动机激励机制。⑥与激励机制相近的概念是社会捐赠的回报机制——保证实施社会捐赠行为的个人或企业可以获得一定报偿。⑦有些经济学探讨常把捐赠行为视作个人理性选择的结果,在"理性人"和"效用最大化"的基本前提假设下,把慈善捐赠视作消费行为的一种,并多利用经济学模型推导慈善行为的激励因素。

三 对国外慈善捐赠的研究

对国外慈善捐赠的研究通常针对已积累了丰富和成熟经验的西方国家,

---

① 陈新春:《开发我国个人慈善的途径初探》,《当代经济》2009 年第 19 期;刘武、杨晓飞、张进美:《城市居民慈善行为的群体差异——以辽宁省为例》,《东北大学学报》(社会科学版)2010 年第 5 期;张进美、刘武:《城市居民慈善认知状况及应对策略分析——以辽宁省 14 市数据为例》,《社会保障研究》2010 年第 6 期。

② 刘美萍:《当前我国慈善捐赠不足的原因及对策研究》,《行政与法》2007 年第 3 期;向常水、杨志军:《我国慈善事业发展的几个关键问题》,《求索》2008 年第 10 期。

③ 罗竖元、李萍:《论慈善意识的培育与慈善事业的发展》,《湖北社会科学》2009 年第 2 期;朱志刚:《以慈善意识为原动力推动慈善事业发展》,《学理论》2011 年第 1 期;陈东利、邵龙宝:《当下中国慈善文化困境与原因探析》,《兰州学刊》2011 年第 11 期。

④ 王锐:《慈善捐赠的财税激励政策缺陷探究——兼论民间慈善组织面临的"四大困局"》,《审计与经济研究》2009 年第 3 期;丁美东:《个人慈善捐赠的税收激励分析与政策思考》,《当代财经》2008 年第 7 期;李莉、梁栋:《浅议公益捐赠的税收激励机制》,《中国乡镇企业会计》2007 年第 8 期;何汇江:《慈善捐赠的动机与行为激励》,《商丘师范学院学报》2006 年第 3 期;罗静:《鼓励慈善捐赠的税收优惠政策建议》,《法制与经济》2008 年第 7 期;王丽辉:《关于慈善捐赠激励的税收政策研究》,《北方经济》2013 年第 12 期。

⑤ 李芹:《慈善捐赠的社区促进机制——基于一个村庄捐赠活动的考察》,《学习与实践》2007 年第 3 期。

⑥ 郭于华等:《事业共同体——第三部门激励机制个案探索》,浙江人民出版社 2000 年版。

⑦ 夏子坚:《中国现行社会捐赠机制的制度困境与政策选择》,《中国青年研究》2006 年第 10 期。

可分为最新慈善捐赠动态趋势，捐赠主体、领域与行为方式，慈善捐赠的社会文化与制度机制，以及慈善捐赠比较研究等几个方面。

美国在西方国家中的慈善捐赠规模最大，因此近年来美国国内有关慈善捐赠的权威性统计信息和年度研究报告概要很快见诸中文媒体，① 给中国慈善捐赠事业提供了最重要的参照。② 同时，对西方慈善事业的研究大部分也涉及慈善捐赠事业的状况与机理。③ 西方国家的慈善捐赠主体主要是个人、企业和基金会。④ 慈善捐赠的领域主要包括教育、医学。教育捐赠已经成为美国高校主要经费来源之一，对教育捐赠的管理已经步入市场化、制度化运作阶段。⑤ 有些研究借助西方最新文献成果，构建了一个分析捐赠—绩效关

① Spector，Mike：《美国慈善捐赠额创新高》，《华尔街日报》中文网络版 2008 年 6 月 25 日；韩建军：《美 2006 年慈善捐助创纪录》，新华网，2007 年 6 月 26 日，http：//news. xinhuanet. com/world/2007 - 06/26/content_ 6289796. htm（2014/2/10）；《财经》综合报道：《2010 年美国人均慈善捐款 706 美元，总额 2909 亿美元》，财经网，2011 年 9 月 27 日，http：//overseas. caijing. com. cn/2011 - 09 - 27/110875992. html（2013/11/22）；董煜坤：《美国 2013 年大额捐款达 34 亿美元　脸谱老板最慷慨》，中国新闻网，2014 年 1 月 2 日，http：//www. chinanews. com（2014/2/20）。

② 张淳：《美国赈灾捐赠财产运用的信托法考量及对我国的启示》，《甘肃社会科学》2013 年第 2 期；高鉴国：《美国慈善捐赠的组织运行机制》，《学习与实践》2010 年第 4 期；安晓露：《美国的文化与慈善业》，《学习月刊》2014 年第 11 期；王名等编《美国非营利组织》，社会科学文献出版社 2012 年版；李春燕：《美国慈善捐赠意图实现的法律保障演进及其启示》，《河北大学学报》（哲学社会科学版）2014 年第 5 期；阮兴文：《现代西方慈善捐赠的法理基础及其中国意义》，《汕头大学学报》（人文社会科学版）2012 年第 6 期。

③ 李怡心：《关于国外慈善事业的研究综述》，《道德与文明》2006 年第 2 期；姚俭建、Janet Collins：《美国慈善事业的现状分析——一种比较视角》，《上海交通大学学报》2003 年第 1 期；张奇林、黄晓瑞：《国外企业慈善研究述评》，《社会保障研究》2013 年第 4 期；高卉：《嵌入性制度：美国慈善基金会的运行机制探析》，《浙江师范大学学报》（社会科学版）2013 年第 4 期；霍淑红：《20 世纪以来美国慈善基金会对外援助的特征与动因分析》，《当代世界与社会主义》2013 年第 2 期。

④ 谢永超、杨忠直：《国际视角下的个人捐赠研究》，《东南亚纵横》2009 年第 5 期；朱宪辰、宋妍：《国外捐赠行为研究述评》，《理论学刊》2008 年第 11 期；徐兰君：《企业战略性慈善研究综述》，《科技经济市场》2008 年第 10 期；〔美〕菲利普·科特勒、南希·李：《企业的社会责任：通过公益事业拓展更多的商业机会》，姜文波等译，机械工业出版社 2006 年版；李韬：《沉默的伙伴——美国现代慈善基金会研究》，中国社会出版社 2008 年版。

⑤ 陆根书、陈丽：《美国高校社会捐赠特点探析》，《国家教育行政学院学报》2006 年第 11 期；陆根书等：《美国研究型大学开展社会捐赠的实践及其启示》，《高等教育研究》2006 年第 12 期；蒙有华、徐辉：《美国高校教育捐赠制度探析》，《高教探索》2006 年第 6 期；蒙有华：《民间慈善基金会组织对美国高等教育的影响》，《教育学报》2007 年第 6 期；常思亮：《美国高校社会捐赠制度的路径依赖分析》，《教育与经济》2010 年第 1 期；贾留谦、任一明：《美国高等教育捐赠影响因素、主体分析与启示》，《重庆电子工程职业学院学报》2012 年第 2 期。

系的新范式，比较完整地解释了企业捐赠—绩效的作用机制。①

　　一般认为西方国家慈善文化起源于基督教文化，《圣经》包含了基督教慈善捐赠的基本理念和规范。② 不少研究对慈善组织，尤其是基金组织的法律制度、税收激励机制、分类运行与管理、公信力建设做了具体介绍，提出了慈善基金组织运作机制的五个方面：①法律保证；②政府监管；③社会监督；④内部监控；⑤服务体系。③ 有些研究附录相关税务表格，为读者提供了丰富的慈善实践资料；④ 从公共选择经济、公益信托、公共管理学视角进行的相关探讨大大深化了人们对慈善捐赠行为的科学理解。⑤ 税收制度、企业捐赠、教育捐赠等在目前中国的慈善捐赠中居于相对重要的地位，因此相关比较研究也集中于这些专题。⑥

　　以上研究成果标志着十几年来围绕慈善捐赠性质、途径和功能的学术研

---

① 钟宏武：《慈善捐赠与企业绩效》，经济管理出版社 2007 年版。

② 徐新：《追求公义——论犹太人的捐赠思想》，《福建论坛》2006 年第 6 期；耿云：《西方国家慈善理念的嬗变》，《中国宗教》2011 年第 12 期。

③ 樊丽明、郭健：《国外社会捐赠税收政策效应研究述评》，《经济理论与经济管理》2008 年第 7 期；陈成文、谭娟：《税收政策与慈善事业：美国经验及其启示》，《湖南师范大学社会科学学报》2007 年第 6 期；陈瑜：《试论美国慈善组织监管机制》，《兰州学刊》2012 年第 11 期；潘乾、尹奎杰：《英国慈善组织监管法律制度及其借鉴》，《行政论坛》2014 年第 1 期；王雯：《美国公益基金会兴盛原因的制度经济学分析》，《美国研究》2009 年第 2 期。

④ 〔美〕贝希·布查尔特·艾德勒、大卫·艾维特、英格里德·米特梅尔：《通行规则：美国慈善法指南》（2007 年第二版），金锦萍等译，中国社会出版社 2007 年版；黄西谊：《英国慈善及其创新》，《中国慈善发展报告（2013）》，社会科学文献出版社 2013 年版。

⑤ 〔美〕图洛克：《收入再分配的经济学》，范飞、刘琨译，上海人民出版社 2008 年版；赵磊：《公益信托法律制度研究》，法律出版社 2008 年版；〔美〕彼得·德鲁克：《非营利组织的管理》，吴振阳译，机械工业出版社 2007 年版；解锟：《英国慈善信托制度研究》，法律出版社 2011 年版。

⑥ 江希和：《有关慈善捐赠税收优惠政策的国际比较》，《财会月刊》（综合版）2007 年第 7 期；郑淑臻：《中美捐赠税收优惠政策比较研究》，《中国集体经济》2008 年第 25 期；张传良：《中外企业慈善捐赠状况对比调查》，《中国企业家》2005 年第 17 期；钟宏武：《中、日企业社会贡献比较研究》，《中国发展简报》2008 年夏季刊第 38 期；由莉颖：《中美企业履行慈善责任状况分析》，《生产力研究》2007 年第 8 期；姚建平：《中美慈善组织政府管理比较研究》，《理论与现代化》2006 年第 2 期；陈志琴、俞光虹、周玲：《影响中美高校募捐的社会因素比较》，《高教探索》2005 年第 5 期；汪开寿、唐祥来：《美国高等教育捐赠与我国的政策建议》，《比较教育研究》2006 年第 6 期；袁静、高红：《企业社会责任视阈下中美企业慈善捐赠比较》，《中共青岛市委党校青岛行政学院学报》2009 年第 11 期；尤婧宏：《中美慈善税收立法比较研究》，《现代商贸工业》2012 年第 18 期；金荣学、张迪、张小萍：《中美高等教育捐赠税收制度比较》，《教育研究》2013 年第 7 期；郭婉君、刘恩允：《中美高校社会捐赠制度环境比较研究》，《临沂大学学报》2014 年第 1 期；付园园、关叶萍：《美国高等学校捐赠资金管理体制探究及启示》，《牡丹江教育学院学报》2014 年第 2 期。

究有了更为明确的结论和新的探索基础，反映了学术界探索中国慈善捐赠事业的学术努力。由于慈善捐赠本身的多样性和复杂性，无论是一般性专题文献研究，还是个案方面的探讨，都不能充分反映该领域的状况。尤其关于中国慈善捐赠机制的综合研究并不多，涉及慈善捐赠机制转型的研究更少，国外大量的理论和实践经验有待深入挖掘。因此，本研究将在继续挖掘国内外文献资料基础上进行具体探讨，通过对慈善捐赠事业在社会转型时期发展的社会历史背景和捐赠过程各类内外关系的梳理，细致考察捐赠的类型特征、活动内容、组织形式以及运行机制，进一步确认已有发现，并试图提出新的研究结论与认识。

第四节 理论基础与研究途径

本书根据慈善捐赠的理论基础和实践研究需要，提出了慈善捐赠机制分析的一般性结构框架，所采取的研究方法主要集中于文献法与实地研究法。

一 慈善捐赠研究的理论基础

慈善捐赠的理论基础涉及道义理论和实证理论两大类。有关人道主义、利他主义、理性主义和宗教价值观等道义理论观点，将在本书第四章和第八章相关小节进行介绍，以下介绍一些可用于解释慈善捐赠行为的实证理论观点。

（一）社会交换理论

社会交换理论认为人类行为在能带来潜在奖励和报酬的交换活动的支配下进行，主张人类所有的社会活动都建立在交换关系的基础之上，人们在此基础上结成的社会关系也是交换形式的一种。霍曼斯是社会交换理论的创始人，其他主要代表人物还有布劳、埃莫森等。根据彼得·布劳的代表性观点，"社会交换是个体之间的关系与群体之间的关系、权力分化与伙伴群体关系、对抗力量之间的冲突与合作，是社区成员之间间接的联系与亲密依恋关系等的基础。个体之所以相互交往，是因为他们在相互交往中通过交换得到了某些需要的东西"。[①] 彼得·布劳将社会交换归结为两种社会性报酬，

---

① 〔美〕彼得·M. 布劳：《社会生活中的交换与权力》，李国武译，商务印书馆 2008 年版。

即内在性和外在性两种报酬。其中内在性报酬是指从社会交换过程中直接获取到的乐趣、社会认同、感情、互动等；而外在性报酬是指诸如物质、商品、帮助、服从等社会交往关系之外的东西。布劳在此基础上将社会交换划分为三种形式：①内在性报酬的社会交换。参加这种交换的行动者把交往过程本身作为目的。②外在性报酬的社会交换。这种交换的行动者把交往过程看作实现更远目标的手段。外在性报酬为一个人合理选择伙伴，提供了客观独立的标准。③混合性的社会交换。这种交换既具有内在报酬性也具有外在报酬性。[1]

慈善是人类一种"双向"的互动交换行为，是市场经济的自主交换。捐赠者通过慈善捐赠获取精神上或心灵上的满足感，或者出于某种信仰的完成，本质上都是完成一种交换。根据社会交换理论，慈善组织提供捐赠环境或捐赠条件，满足捐赠者的捐赠需求，从而达到慈善的社会服务目的。布劳有关社会交换的三种形式理论揭示了慈善捐赠行为需求的多种类型，同时也成为慈善组织募捐活动注重实现的目标，即满足捐赠者的捐赠需求，给予精神慰藉，或给予其他形式的补偿回馈，提高捐赠效率。

（二）资源依赖理论

资源依赖理论是指组织为降低对外部资源的依赖程度，试图寻求或建立能够稳定掌握这些关键资源的方法。普费弗和萨兰奇克（Pfeffer and Salancik）在1978年出版的《组织的外部控制：对组织资源依赖的分析》[2]一书中，对资源依赖理论做了较为详细系统的论述。资源依赖理论强调组织和外部生存环境的互动关系，主张组织需要从周围环境中获取资源，并与之相互依存、相互作用。组织应调整对外部环境的依赖程度，不应单纯地顺从，而要进行主动的选择。为获取更多的资源从而保障组织的利益，组织在认识到环境的不确定性和资源供应的有限性的基础上，应尽量控制或者避免由于资源环境变化而给组织带来的冲击。此外，资源依赖理论提倡组织的能动性，关注组织策略性的行为方式，认为组织对资源环境的认识是一个行为的过程。此理论不同于其他环境决定论，它认为组织能够回应外部资源压

---

① 〔美〕彼得·M. 布劳：《社会生活中的交换与权力》。

② Pfeffer, Jeffrey and Salancik, Gerald R., *The External Control of Organizations: A Resource Dependence Perspective*, New York: Haiper MYM Row, 1978.

力，从而形成适应性策略；通过能动性的内部结构调整或者政治性自主行为，组织能够采取策略改变，选择并适应环境，从而达到实现自身利益的目的。资源依赖理论构建了组织和环境的依赖关系，认为组织环境不仅客观存在，而且可以通过组织或组织管理者自主的选择、理解、参与、设定等产生出来，是组织和环境交互作用的结果。

在慈善捐赠机制研究中，慈善组织不是独立的存在个体，而是与社会慈善资源、慈善服务对象以及慈善募捐方式等多个变量交互作用的整体中的一部分。慈善组织采取怎样的募捐方式某种程度上决定着对慈善资源，也就是捐赠者的影响程度，同时对慈善服务产生影响。根据资源依赖理论，慈善组织需要根据环境变化做出选择，即采取不同的募捐策略或募捐方式，能动地回应外部资源带来的压力，从而保证慈善组织的社会服务宗旨。完善的慈善捐赠机制和募捐机制的建设是慈善组织为适应外部生存环境而建立的策略机制，是慈善组织为适应慈善环境的变化而主动选择的结果，体现了资源依赖理论中组织采取策略选择环境和适应环境的核心价值。

（三）"国家—社会"理论

在现代社会条件下，公民按照相关的法律法规和活动准则，在自愿的基础上进行经济、社会、政治等活动，从而实现公民与国家的协调与互动。公民社会理论的主要观点分为两层含义：公民社会独立于政治国家之外，公民参与社会事务的治理。[①] 它为第三部门存在的合法性和必要性提供了理论支持。将公民社会理论应用于第三部门的研究是理论与实践相结合的具体表现。

慈善组织取得真正的独立地位是当前迫切需要解决的问题。[②] 它的显著特征是非政府性和非营利性。公民参与慈善活动是公民社会走向成熟的基本条件。运用公民社会理论可以解释慈善捐赠与救助行为存在的必要性，慈善捐赠与救助属于社会力量在公民社会中进行自治的重要方式，慈善捐赠活动体现了公民作为社会主体有权利与自由对其他弱者提供援助。慈善救助作为慈善捐赠目的实现的关键环节，是捐赠者、慈善组织等社会力量自主参与社会治理的重要手段。建立完善的慈善捐赠与救助机制，动用广泛的民间力量

[①]　姜士伟：《从公民社会理论看第三部门的合法性》，《湖北社会科学》2006 年第 9 期。

[②]　靳环宇：《论慈善事业的管理方式及其转型》，《社会保障研究》2013 年第 3 期。

进行社会资源的再次分配，是公民在社会生活中参与社会治理、进行社会互动的重要表现。因此，进行慈善捐赠与救助活动体现了公民社会理论的实践意蕴。

(四) 市场失灵与政府失灵理论

市场机制本身固有的缺陷或外部环境的某些局限使得单纯的市场机制无法实现有效率的分配商品和劳务，无法生产和分配具有非竞争性和排他性的公共物品，从而产生市场失灵。政府在提供统一的公共物品与服务的过程中，无法满足所有人在需求方面的差别，则出现政府失灵，即政府干预经济不力，未能有效克服市场失灵，却阻碍和限制了市场功能的正常发挥，以致社会资源最优配置难以实现。

市场失灵与政府失灵的产生是第三部门存在的重要原因，即萨拉蒙提出的"第三方治理"体系[①]，甚至"非营利部门是为了解决'市场失灵'或'政府失灵'问题而存在的"[②]。慈善组织作为非营利部门的重要组成部分，其完备的慈善捐赠机制和社会救助体系所具有的灵活性和多样性，与政府在提供公共物品与服务方面是一种相互补充、相互渗透的关系。慈善组织通过对弱者的救济与援助实现对社会资源的第三次分配，以弥补市场的首次分配及政府第二次分配的不足，促进社会公平。因此，慈善捐赠机制的发展是第三部门弥补政府与市场不足的具体实践与表现，对促进社会资源的公平分配具有重要的推动作用。

二　分析框架

本研究把慈善捐赠机制划分为组织机制、制度机制和文化机制等基本的亚类型。慈善捐赠机制中的组织机制涉及捐赠方、受赠方、受益方三类基本主体。从捐赠方的角度来看，涉及捐赠方的类型、捐赠行为的动力（促发与动机）、捐赠渠道与方式（形式）、捐赠水平与影响因素；从受赠方的角度来看，涉及募捐方式与筹资渠道、捐助或救助实施方式与创新等；从受益

---

① Salamon, Lester M., Abramson, Alan J., *The Federal Government and the Nonprofit Sector: Implications of the Reagan Budget Proposals*, Washington, D. C.: Urban Institute, 1981.

② 〔美〕莱斯特·M. 萨拉蒙：《公共服务中的伙伴——现代福利国家中政府与非营利组织的关系》，田凯译，商务印书馆 2008 年版。

方角度来看，涉及捐赠组织机制中的治理机制等。整体上来看，募捐、捐赠、受赠、资助服务、受益是一个捐赠机制的连续统，构成了慈善捐赠组织机制的基本内容。影响慈善捐赠主体与行为的法律法规和社会文化、惯习构成了慈善捐赠机制研究的制度机制因素与文化机制因素。在慈善捐赠组织行为、制度、文化之间，发生着复杂的深层互动，这种互动关系网络形成了本研究的一般性分析框架（参见图 1 - 1）。

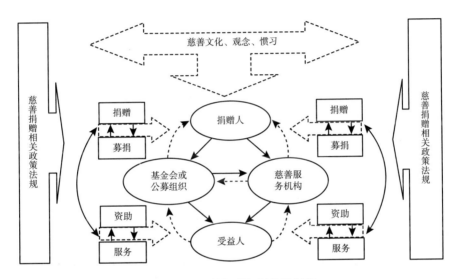

图 1 - 1　慈善捐赠机制分析框架

三　研究方法

本研究主要采用文献研究、调查研究与实地研究相结合的方法，通过对国内外相关研究文献、统计资料的梳理分析，总结归纳出可能影响捐赠行为的变量，对慈善捐赠机制的现状、特点及其发展趋势进行描述与分析，对不同捐赠主体行为做出比较，归纳解释慈善捐赠的不同内在机制。本研究注重慈善捐赠领域发生的个案经验，选取 SD 慈善总会、SD 大学教育基金会、远近闻名的"慈善社区"——XZ 村三个典型个案进行深入访谈和实地观察，并针对地方"慈心一日捐"广场劝募活动中的居民进行问卷调查（发放问卷 900 份，收回有效样本 797 份，回收率为 88.6%），获得了丰富的第一手资料。在对此资料分析的基础上，对慈善捐赠机制的现实经验与发展障碍进行总结与探讨，检验已有实地调查研究对解释捐赠行为的适用性，以达到发现慈善捐赠过程中的诸多影响因素及其关系、解释其运行机制、寻求行动对策的研究目的。

第五节　主要研究内容与结论

本研究的重点是中国慈善捐赠事业的捐赠主体、中介组织与行为特征，影响捐赠主体行为的文化因素、税收因素、内外监督因素、社区促进因素，慈善募捐与救助方式，以及中国慈善捐赠机制发展趋势，并对西方国家的慈善捐赠机制做出全面探讨。

一　捐赠主体及其行为特征

本项研究确认了三类捐赠主体的社会作用——企业捐赠是中国慈善事业资金来源的主体，民族企业的捐赠在社会捐赠总额中占主要部分，国有大型企业在大额捐赠方面处于领先地位，民营企业逐渐成为慈善捐赠的中坚力量；政府机关捐赠虽然额度有限，但在中国慈善捐赠领域仍发挥重要的引领示范作用；个人捐赠目前不构成慈善资金的主要来源，但正发生一些积极变化，个人捐赠的数量和所占比重将稳步增长。政府、企业、个人三类捐赠主体行为方式的共同特征是：动员机制行政化、单位化，捐赠途径集中化。企业捐赠和个人捐赠的表现形式多样化，出现了现金捐赠、物资捐赠、志愿服务、股权捐赠和福利彩票等多种形式，捐赠指向领域集中在救灾、扶贫和教育等几个主要方面。这也是由中国的基本国情决定的，2008 年以来，地震、雪灾、台风等自然灾害频发，扶贫开发工程逐渐深入推进，吸引了较多的慈善资源。企业捐赠以往受政府动员、官办慈善组织劝募和公益营销需要等多种外部因素影响较大，但近年来捐赠动机出现了由外力推动向内生动力转变的良好趋势，企业开始将慈善事业纳入公司战略的层面组织实施。政府部门表现出逐渐淡出慈善募捐市场的趋势，而将慈善事业的运作交给社会，更重视引导作用，这也是政府推动、民间实施原则的体现。个人捐赠方面，同国外相比，中国个人捐赠所占比例较小，主要受捐赠途径有限、税收激励机制不足等因素影响，但随着慈善文化影响不断深入，慈善组织对个人捐赠资源的重视程度逐渐提高，社会正能量积聚扩散，个人慈善意识越来越强，个人捐赠事业正向着良性方向发展。

二 捐赠中介组织与行为特征

近年来，慈善中介组织类型复杂，发展各具特色。慈善总会系统自上而下建立起庞大的组织体系和救助体系，正在谋求从行政化运作到社会化、市场化运作的转型。基金会发展迅猛，各种形态的基金会出现。公募基金会普遍成立时间较长，规模较大，以社会捐赠和政府补助为主要收入来源，无论在资金总量还是在收入额度上都具有优势。非公募基金会异军突起，自2011年起其增长数量和速度均超过了公募基金会，且形态多样，运作灵活，以社会捐赠和基金的保值增值为主要收入来源。随着中国社会经济结构的转变和社会制度的革新，慈善基金会的组织运作不断丰富和成熟，呈现某些特定的方式。在资金筹募机制上表现为：一是多方联动、以基金制为依托的大额募捐机制，二是以行政化手段为主导、与市场化力量相结合的劝募方式，三是有限的经营收入与基金增值；在转支流向机制上表现为：一是以行政意志为主导到以社会需求为主导的使用机制，二是教育优先的常态化机制与救灾为主的应急性机制，三是以项目运作为载体的救助流向机制。由于存在慈善基金会依附政府资源的惰性和政府侵蚀慈善基金会权力的惯性，慈善基金会与政府的边界并不清晰和明确，甚至还会出现一些反复，直接反映到慈善基金会的实际运作中，呈现行政运作机制、市场化运作手段、社会化运作方式交叉出现，在不同性质的基金会和同一基金会的不同历史时段三种力量机制单独或者组合发生作用。

本研究通过对 SD 慈善总会的个案研究，发现其实际运作机制与非营利组织形态存在不一致。在慈善组织发育的早期阶段，慈善基金组织与政府存在密切的关系。政府同时具有获取社会资源和进行社会控制两方面的需求，所以在制度安排上，会尽可能地对慈善组织的内部运作加以控制。在特定的政治体制和社会结构下，自上而下的行政化方式无疑能够有效地提高活动效率，所以其也成为官办慈善组织在冲突性制度约束下的理性选择。目前，准行政化的运作机制可以看作基金会发展初期对现行制度的一种适应性反应，但这并不是两者关系建构的终极形态。双方力量的动态博弈推动了慈善组织运行机制的发展与转变。完善捐赠中介组织运行机制的主要方向应当集中在：第一，改革管理体制，放宽准入标准，促进不同类型的慈善基金会全面协调发展；第二，去行政化，赋予慈善基金会更多自主权；第三，开拓慈善资源，增加慈善资金收入。

本研究通过对 SD 大学教育基金会筹资机制的个案研究，发现个人、企业、私人基金会是目前大学教育基金会的主要筹资来源。信任、社会网络和互惠规范是影响大学教育基金会筹资的核心因素，其中信任是大学教育基金会筹集资金的基础，社会网络是筹集资金的平台，互惠规范是筹集资金的保障。大学教育基金会的筹资机制实质上是一个由非校友个人、校友、企业、合作单位等捐赠方和学校、二级院系、校领导、筹资队伍等筹资方以及捐赠对象通过信任、互惠规范、网络等要素联系而成的一个资源集合体，涉及组织与个人、组织与组织之间的多重关系。完善大学教育基金会筹资路径应该致力于加强基金会自身建设，培育社会信任特别是基金会的公信力；增进基金会与社会的联系，拓展筹资网络；强化基金会内部管理，完善与捐赠方的互惠规范。

三　影响慈善捐赠的文化和社会因素

社会文化机制　本研究探讨了慈善捐赠社会文化机制的两个方面：传统文化因素对慈善捐赠的影响和当代社会意识对慈善捐赠的影响，发现中国民众的慈善捐赠行为，除了受传统文化价值的影响，更多的是受当代社会慈善意识的支配。公民慈善捐赠意识发育水平偏低主要归因于个人缺乏强烈的慈善捐赠动机，对慈善事业的理解存在偏差，慈善组织的宣传不到位以及运作机制不健全。公民慈善捐赠意识培育应建立在公众对慈善事业的充分了解和信任的基础上。因此，慈善组织必须主动加强组织知名度和公信力建设，自觉提高组织信息透明度。同时，国家应完善相关立法，推动慈善捐赠相关法规政策建设，使慈善捐赠各个环节有法可依、高效规范，保障公众对慈善事业的公平参与。

税收机制　税收政策是政府促进慈善捐赠的重要手段，近年来，与慈善捐赠相关的税收立法建设取得了不小的进展，逐步给予企业和个人更大的免税优惠。现实中不同税种对不同捐赠主体的影响不同，中国以流转税和所得税为两大主体，增值税和企业所得税对企业慈善捐赠行为影响重大。总体上税收政策的激励机制不够充分和完善，企业慈善捐赠获得减免凭证难度大，退税程序复杂，缺乏"倒逼"效应机制。因此，需要进一步完善关于慈善捐赠税收优惠政策的法律法规，落实税收优惠政策，出台实施慈善捐赠税收减免的具体办法和细则。另外，需要扩大享有免税资格和公益性捐赠税前扣除资格的慈善组织的范围，缩小并消除税收优惠政策在官办 NGO 与民间慈善组织之间的待遇差距，改变税前全额扣除仅适用于向特定公募基金会或特殊领域捐赠的局限，赋予更多民间慈善组织捐赠收入的免税资格。

监督机制　对慈善组织的监督主要包括政府监督、社会监督和慈善组织自律等方面。在中国，对慈善组织的监督管理，政府行政监督多，社会监督和组织自律少，缺乏独立的第三方评估机制。因此完善慈善捐赠事业的监督机制，需要继续完善慈善事业法规制度建设，制定综合性法律，明确对慈善事业监督管理的具体措施；加强各监管环节衔接，增进各监督主体合作，建立政府、公众和新闻舆论共同参与的慈善组织监督制度和慈善组织自律章程；借鉴发达国家相关信息披露经验，建立公正透明的慈善信息公开机制。

社区促进因素　本研究通过实地个案研究发现，社区存在着有利于慈善事业发展的参与机制、激励机制、约束机制以及宣传机制，在捐赠活动中发挥着重要作用。其中社区领导人倡导以及社区人文传统往往占据更重要的位置。村庄社区慈善捐赠并非像许多城市社区所表现出的那样依靠众多的专业化慈善组织尤其是基金会组织进行，而是紧密依靠乡村基层政权组织，社区领导人在社区捐赠活动中起核心与表率作用。

四　慈善募捐与救助方式

随着慈善事业的发展和社会的进步，募捐市场发生了较多的变化，并已成了促进慈善事业发展、提高慈善组织的社会服务水平、改进募捐方式、推动慈善组织获取更多慈善资源的关键。借鉴现代营销理念，对捐赠市场进行区隔，开展有针对性的募捐方式，实施有效的分众募捐，有助于提高慈善组织的募捐效率。创新募捐机制，实现募捐工作的高效开展，需从多个方面进行改进，包括慈善资金管理形式、募捐财产类型、募捐信息公开化、捐赠者管理和专业募捐队伍建设等。现阶段，慈善救助主要通过开展项目的形式进行。由于慈善机构运行模式和政府定位等存在不合理之处，所以慈善救助局限在传统方式之中，缺乏一定的灵活性与多样性。近年来，慈善救助的民间性逐步增强，并出现了公益创投等新的项目开展方式，这些为慈善救助创新机制的建立与完善提供了重要的条件。进行慈善救助方式的优化与创新，需要转变慈善救助理念，增加发展型救助的资金支出比例，促进受助者自身能力的发展，通过慈善救助的信息化建设，促进救助资源的公平合理分配。同时，要不断调整与优化慈善项目的结构与范围，使之与人们不断变化的社会需求相适应。

五　中国慈善捐赠机制发展趋势

近年来，中国慈善捐赠机制在捐赠格局、捐赠组织管理体制、监督透明机制以及募捐筹资机制等方面表现出一系列积极的发展趋势。在慈善捐赠格局方面，中国慈善捐赠数量快速增长，捐赠网络不断完善，虽然总体上还与经济社会发展水平不相适应，但与发达国家的差距逐渐缩小。现代慈善捐赠主体格局正处在发育阶段，个体和企业捐赠发展迅速，传统基金会格局被打破，私募基金会开始崛起，捐赠领域开始趋向多元化，发展型捐赠增多。在捐赠组织管理体制方面，中国慈善捐赠组织管理体制逐渐由"偏紧"的控制走向"宽松"的管理，由"条块分割"逐步走向"综合协调"，并开始注重慈善捐赠组织管理在不同政府部门以及相关领域内的综合协调治理。在监督透明机制方面，中国将初步建立以政府为主体、民间评估力量参与的中国慈善捐赠组织评估机制；强调全过程监管，搭建信息公共平台，注重社会力量参与监督。独立的民间慈善捐赠组织评估力量将得到实质性发展，评估竞争市场将得到发育。在募捐筹资机制方面，中国慈善募捐机制逐渐向多元化、市场化以及专业化、职业化方向发展。股权捐赠等现代证券化公益性筹资方式将快速发展，慈善信托进入起步阶段。其快速发展一方面依赖于政府通过税法、慈善法等相关法律法规的间接调控、监管与促进，另一方面取决于政府从直接的慈善捐赠活动中退出，进一步放宽控制，积极构建一个相对宽松的民间慈善组织发育环境。

六 西方国家慈善捐赠机制

通过考察西方国家慈善捐赠的启动、动员、组织和资助过程，研究发现在慈善捐赠过程中存在着一系列重要的规律特点，且一些重要的制度或社会因素将对慈善捐赠事业的发展产生较大的作用与影响：①慈善捐赠水平和社会发展水平相平衡；②基督教价值传统是捐赠行为普及的重要精神动力之一；③合理科学的税收政策能形成推动慈善捐赠的有效机理；④慈善募捐组织过程中存在社会化、职业化、人性化的趋势；⑤在现代管理监督机制下，慈善组织将达到高水平的自律标准。有了科学和公开的慈善捐赠制度，就容易保证社会捐赠的稳定发展，从整体上提升全社会动员和运用慈善资源的能力。

第　二　章

捐赠主体及其行为方式

捐赠主体，指以资金或物资的形式支持慈善组织及其公益项目发展的个人或机构。根据《中华人民共和国公益事业捐赠法释义》第二章对《捐赠法》第九条的解释，捐赠主体包括公民、法人或者其他组织，境内的捐赠主体主要是公民、法人和其他组织，境外的捐赠主体主要有国际组织、外国民间组织、海外华侨华人以及港澳台同胞。[①] 在中国，捐赠主体主要包括政府机关、企业、个人和其他社会组织。本章主要探讨了政府机关、企业、个人三类主体，内容包括对捐赠主体类型和捐赠现状的描述，以及对不同捐赠主体行为方式特征的总结。

第一节　政府机关捐赠

政府机关作为捐赠人有相应的权利义务。《中华人民共和国公益事业捐赠法》第一章第二条规定："自然人、法人或者其他组织自愿无偿向依法成立的公益性社会团体和公益性非营利的事业单位捐赠财产，用于公益事业的，适用本法。"[②]

一　政府机关捐赠现状

政府机构及事业机构属于法人，有进行慈善捐赠的资格，而在机关工作

---

① 全国人民代表大会常务委员会法制工作委员会编《中华人民共和国公益事业捐赠法释义》，法律出版社 2000 年版，第 46 页。

② 全国人民代表大会常务委员会法制工作委员会编《中华人民共和国公益事业捐赠法释义》。

的领导和员工属于自然人，也属于捐赠主体。因此，政府部门的捐赠主要由部门财政转支和职员集体捐赠两部分组成。

（一）部门财政转支

中国的政府机关和事业单位参与慈善事业的一种独特方式是动用本部门财政以财政转支的方式将物资捐赠给慈善事业。这种方式具有动员迅速、捐赠金额大等特点。根据中民慈善捐助信息中心统计的 2011 年全国各类捐赠主体包括政府机关的捐赠情况（见表 2 - 1），可以发现企业和个人是捐赠的主要力量，政府和事业单位捐赠金额只占 4.18% 和 0.50%，但仍是不可忽视的力量。2013 年四川芦山地震期间，不少省市地方政府也进行了捐赠（见表 2 - 2）。

表 2 - 1　2011 年全国各类捐赠主体捐赠情况统计

捐赠者类别	境内	境外	合计	占比（%）
	捐赠额（万元）	捐赠额（万元）	捐赠额（万元）	
政　　府	123479	7795	131274	4.18
事业单位	15777	10	15787	0.50
企　　业	1621939	185064	1807003	57.48
个　　人	928458	65515	993973	31.62
人民团体	43077	170	43247	1.38
社会组织	66815	85340	152155	4.84
合　　计	2799545	343894	3143439	100

资料来源：孟志强、彭建梅、刘佑平主编《2011 年度中国慈善捐助报告》，中国社会出版社 2012 年版，第 97 页。

表 2 - 2　2013 年各省市政府向四川芦山地震捐款统计

捐款日期	捐赠方	受赠方	捐款金额（万元）
4 月 20 日	云南省委省政府	四川省灾区	1000
4 月 20 日	海南省委省政府	四川省灾区	600
4 月 20 日	北京市委市政府	四川省灾区	500
4 月 20 日	天津市委市政府	四川省灾区	500
4 月 20 日	福建省委省政府	四川省灾区	500
4 月 20 日	江苏省委省政府	四川省灾区	500
4 月 20 日	上海市委市政府	四川省灾区	500

捐款日期	捐赠方	受赠方	捐款金额(万元)
4 月 20 日	深圳市委市政府	四川省灾区	500
4 月 20 日	湖北省委省政府	四川省灾区	500
4 月 20 日	江西省委省政府	四川省灾区	500
4 月 21 日	青岛市委市政府	四川省灾区	500
4 月 21 日	广州市委市政府	四川省灾区	500
4 月 21 日	黑龙江省委省政府	四川省灾区	600

资料来源：四川芦山地震捐款捐物援建汇总表，人民网，http：//society. people. com. cn/n/2013/0420/c86800 – 21212116. html（2014/11/10）。

目前，学术界对于此种捐赠方式及其实质尚存争议。有人认为这种名义上的政府捐赠其实花的是纳税人的钱。李亦亮认为国家机关、事业单位及国有企业的捐赠实质上是一种公款捐赠，公款捐赠和私人捐赠性质完全不同，私人捐赠捐出的纯属私人财富，公款捐赠捐出的是国家财富，是没有列入国家预算和预算外的钱财。必须看到以公款捐赠的方式解决社会问题成本太高，得不偿失。公款捐赠运作过程会夹带着某些单位领导的"政绩"思想和行为，使捐赠成为为特定利益服务的工具，而且公款捐赠利用效率差，"也会导致小金库大量存在"。[①]

一些地方的行政事业单位是在没有经过上级政府和财政部门同意下自行决定捐赠，有些地方的行政事业单位捐赠须经上级政府和财政部门审批，如《广州市市属行政事业单位国有资产处置办法》中第五条规定"报废（淘汰）仍有使用价值的固定资产，可委托有资质的拍卖机构公开拍卖或交市接收社会捐赠工作站处置"，第九条规定"市属行政事业单位对外捐赠资产由单位主管部门审核后报市财政部门审批，其中资产单位价值在 500 万元以上的，由市财政部门审核后报市政府审批"。[②]

（二）个体成员的集体捐赠

个体成员的集体捐赠指政府机关工作人员先以个人名义捐款，再由单位

---

① 李亦亮：《公款捐赠之我见》，《北京观察》2004 年第 7 期，第 48 页。
② 广州市财政局：《关于印发〈广州市市属行政事业单位国有资产处置办法〉的通知》（穗财资〔2007〕104 号），2012 年 9 月 27 日，执行至 2017 年 9 月 26 日。

集体汇总并上交给指定部门。这是政府部门最为普遍的一种捐款方式。"官民二重性"被认为是绝大多数慈善组织在实际运作中呈现的基本特性，慈善组织与国家体制有着制度化联结，更多地反映出社会对国家的依附。[①] 因此，目前国内慈善捐赠的动员机制被有的学者称为半体制化动员，[②] 而且行政事业单位的动员方式存在强制劝募现象。从 2005 年起，每年 11 月，中央部门、单位和军队机关都要开展为灾区群众"送温暖、献爱心"的社会捐助活动，全国各省、市、县政府机关及事业单位也在本系统内开展捐助活动。一项对上海市慈善基金会资金来源进行的调查发现，政府（部门）组织已经成为组织捐赠的一支奇军，参与捐赠的组织数量占到总数的 14.5%。这里的政府组织主要是各级地方政府部门，如区（县）教育局、公安局以及街道、镇政府等，还包括一定数量的部门党委。政府部门能够以单位（组织）的名义向慈善组织捐款，这也是转型时期出现的新现象，需要认真对待。[③]

研究发现，政府部门捐赠也具有地区差异性，不同发展水平和人员规模的地区政府部门捐赠水平有明显差异。如表 2-3 所示，2007 年 4 月，江苏省、浙江省的政府部门捐赠额度分别达到 11256.2 万元和 5290.9 万元，而西藏自治区、青海省政府机关同期捐赠只有 1.3 万元和 1.0 万元。

表 2-3 全国各省、区、市政府部门 2007 年 4 月份捐款明细

单位：万元

单位名称	金额	单位名称	金额	单位名称	金额
中央直属	807.49	吉 林 省	10.10	广 西	18.83
军队系统	34.69	黑龙江省	109.4	山西省	202.1
北 京 市	211.7	山 东 省	1940.9	四川省	3387.83
天 津 市	37.0	安 徽 省	226.9	贵州省	254.6

① 徐永光：《中国第三部门的现实处境及我们的任务》，载中国青少年发展基金会编《处于十字路口的中国社团》，天津人民出版社 2001 年版。

② 蔡勤禹、江宏春、叶立国：《慈善捐赠机制述论》，《苏州科技学院学报》（社会科学版）2009 年第 1 期，第 32 页。

③ 李骏：《慈善募捐与救助的一般数据特征——以上海市慈善基金会为例》，上海市慈善基金会、上海慈善事业发展研究中心编《转型期慈善文化与社会救助》，上海社会科学院出版社 2006 年版，第 79—80 页。

单位名称	金额	单位名称	金额	单位名称	金额
上 海 市	738.0	海 南 省	0.50	云 南 省	70.8
江 苏 省	11256.2	福 建 省	8.70	甘 肃 省	99.0
重 庆 市	859.7	江 西 省	50.0	陕 西 省	177.9
河 北 省	469.8	河 南 省	406.4	宁 夏	597.3
浙 江 省	5290.9	湖 北 省	715.2	青 海 省	1.0
内 蒙 古	203.9	湖 南 省	1197.4	新 疆	229.5
辽 宁 省	704.0	广 东 省	2896.3	西 藏	1.3

资料来源：中国公益慈善网，http：//www.charity.gov.cn/（2008/11/10）。

二 政府机关捐赠特征

政府机关的慈善捐赠活动基于上传下达的命令展开，行政化色彩浓厚，带有一定强制性，捐赠途径也比较集中。

（一）捐赠转送途径

政府机关的捐赠途径集中在民政部门和官办慈善机构。选择民政部门是因为该部门是主管慈善事业的政府机关，其他部门与其同属政府序列，不但联系上比较方便，而且捐赠给主管部门也可以起到捐赠和出政绩并行的效果。官办慈善机构则包括各地慈善总会，如中华慈善总会、各省市慈善总会或协会等。虽然这些机构名为民间非营利组织，但实际上是由政府创建，与政府机关关系密切，捐赠给这些机构会起到类似于捐赠给民政部门的效果。而其他小型慈善机构和民间组织影响力小，捐赠给这些机构无法起到以上效果，况且这些机构本就受制于政府，几乎不会向政府部门劝募。

世界上能够支配民间捐赠的政府目前为数不多，中国是其中之一。根据清华大学 NGO 研究中心主任邓国胜的观点："政府直接受捐的钱毫无悬念地由政府部门来使用；中国红十字会等全国性的公募基金会，基本可以做到自己的钱自己花；而其他的民间组织则很难做到。"[1] 2008 年汶川地震发生

---

[1] 杨继武、张英等：《李连杰撞墙——难以突围的壹基金与民间慈善》，《南方周末》2010 年 9 月 23 日。

以后，中国出现了"特殊党费"的捐款形式。特殊党费要求各级党员按照"自愿"原则缴纳党费，作为对灾区的捐款，接收单位不是民政部门或慈善组织，而是各地党委组织部。党委组织部门成为接收捐赠机构，当年共交纳97.3亿元"特殊党费"。[①] 这种在党组织内部开展的捐献，在中国虽不多见，但也集中反映出中国社会捐赠机制高度组织化的特征。

（二）动员机制

政府机关和事业单位的动员及捐赠方式有如下特征。

第一，行政命令式的组织动员。政府部门往往将慈善捐赠动员与日常工作相结合，通过召开专题会议或在某些会议日程中加入募捐环节，以领导布置工作、传达指示的方式动员或号召工作人员开展捐赠活动，个别地方甚至将捐赠任务纳入对下级部门和单位的绩效考核中，以至于形成了层层下达目标任务的现象。这样的捐赠动员难免产生强行摊派的嫌疑。如2007年6月某市开展"慈善月"活动，党委和政府动用行政手段开展募捐活动，以绩效考核方式考量各单位工作成绩，引起媒体的广泛关注和广大群众的非议，不少媒体批评其为家长制作风。据《新京报》报道，月收入1500元的市财政局大厦物业管理服务中心水电维修工人张某也被要求捐赠500元。[②] 又如2006年11月河南某市以维护袁世凯旧居须投资6500万元为由，要求全市机关单位组织捐款，普通工作人员以及副科级、正科级、副处级不同级别干部职工被明确要求分别捐款100元、200元、500元和1000元不等。之前媒体还有报道，山西省某县为了实现村村通油路，向所有吃财政饭的干部征收一个月的工资作为修路资金。[③] 还有的单位在春节来临前扣发每个公务员100元工资作为救济困难户的资金。对于生活并不宽裕的基层公务员和普通工作人员来说，以行政命令明确捐赠金额的募捐做法近乎残酷，慈善募捐也由自愿演变为强行摊派，背离了慈善的本义。显然，以上做法均已违背了国务院办公厅《关于加强救灾捐赠管理工作的通知》中所要求的"任何系统开展

---

① 孟志强、彭建梅、刘佑平主编《2011年度中国慈善捐助报告》，中国社会出版社2012年版，第126页。

② 李素丽、付春愔：《山东威海将单位募捐成绩纳入绩效考核引争议》，《新京报》2007年6月13日。

③ 何忠洲：《地方政府的爱心之困》，《中国新闻周刊》2007年8月20日，第29页。

救灾捐赠工作，都必须坚持自愿原则，不得搞行政命令、硬性摊派"的规定。

第二，捐赠时间、地点集中，带有突击性，而非日常行为。政府机关开展捐赠活动一般都会在特定时间，如"慈善月""一日捐"活动期间及每年春节前，且同一城市各级机关上下步调一致。这种现象一方面是由于政府机关除了特殊活动缺乏经常性捐赠途径外（这也是中国慈善事业存在的普遍问题），另一方面是由于选择在特殊活动中集中捐赠更能体现政府领导和机关工作人员在慈善捐赠活动中的表率和带头作用。如有些地方政府部门会选择每年 11 月或 12 月以不同行政机构为单位统一募捐，这恰好体现了在节日期间政府对困难群体的关爱。

第三，以领导带头示范的方式号召捐赠，对不同级别人员有不同捐献数额预期，通常按单位最高行政领导人的捐献数额依次递减。单位员工的捐赠行为一般受效仿或从众心理影响。

第四，重视捐赠的连锁效应和政绩形象。一般各地政府机关开展捐赠活动均会通过电视、广播、报纸等媒体广泛宣传报道，特别是将地方领导人和部门负责人捐赠的画面安排在电视节目主要时段和报纸头版头条，以放大示范带头效应，形成连锁反应。

随着慈善事业的发展和慈善文化的进步，政府部门的捐赠转送途径和行政式动员机制正在遭受质疑，无论是社会公众还是政府更加认识到慈善的民间性，政府部门也在慈善捐赠过程中逐步向推动和鼓励捐赠的方向发展。各级政府部门不断向社会传达对慈善事业重视的信号，营造慈善捐赠氛围，提高社会各界慈善捐赠的积极性，如出台相关行政法规、召开慈善大会、进行慈善表彰等。对于企业捐赠者来说，政府动员更是捐赠行为的直接动因。根据对 18 家曾获"中华慈善奖"企业的调查，15 家认为"响应政府号召"和"企业发展战略所需"是其捐赠的主要动力，比例高达 83.3%。随着民政部对慈善事业宏观指导、协调管理职能的加强，政府对慈善事业的推动作用将更加凸显。①

---

①　民政部社会福利和慈善事业促进司、中民慈善捐助信息中心：《2009 年上半年全国慈善捐赠情况分析报告》，2012 年 2 月。

第二节 企业捐赠

企业捐赠是企业向需要帮助的社会群体、特定领域或灾难事件提供资金、劳务或实物援助的行为，是企业承担社会责任的重要体现形式。《财政部关于加强企业对外捐赠财务管理的通知》中对企业捐赠的定义是："企业对外捐赠是指企业自愿无偿将其有权处分的合法财产赠送给合法的受赠人用于与生产经营活动没有直接关系的公益事业的行为。"[①] 卢汉龙认为现代企业不是单纯的经济动物，而是登记的企业法人，是存在于社会之中的。经济市场的、行政再分配的以及社会互惠的各种机制交互在一起，形成了中国企业在捐赠社会公益事业方面的众象图。[②]

一 企业捐赠现状

企业捐赠是慈善事业资金来源的一个重要方面。中国目前慈善事业的资金主要来源于企业捐赠，尤其是民族企业的捐赠。这与美国以个人捐赠为主要来源的情况不同。

（一）企业是社会捐赠的主体

企业一直参与慈善事业，在社会捐赠中处于领军者的地位。根据《2011年度中国慈善捐助报告》，2011 年度中国各类捐赠主体的社会捐赠总额为314 亿元，其中各类企业捐赠 180.7 亿元，占社会捐赠额的一半以上（57.48%），无论是境内还是境外，在捐赠额度方面企业都处于领先地位（详见表 2 - 1）。

（二）表现形式与指向领域

1. 表现形式多样化

20 世纪末，企业捐赠的最主要方式是资金，其次是产品。捐赠资金最简单直接，因而绝大部分企业选择这一捐赠形式。捐赠的产品包括本企业的产品和其他非本企业生产的物品。近年来，企业捐赠方式发生了较大变

---

① 财政部：《关于加强企业对外捐赠财务管理的通知》（财企〔2003〕95 号），2003 年 3 月 14 日。
② 马伊里、杨团主编《公司与社会公益》，华夏出版社 2002 年版，第 42 页。

化，这与中国频繁遭遇的各类灾难和风险关系密切，主要表现在以下几个方面：一是保险捐赠成为一种新兴捐助形式，发展潜力巨大。二是捐赠服务成为捐赠方式的一个新增长点。[①] 另外，2013 年以来，股权捐赠成为大额捐赠的新亮点；小额捐赠领域中网络捐赠增长明显，为救灾扶贫做出了重要贡献。[②]

中国企业家杂志社 2005 年对部分国内企业及跨国公司进行的专题调查发现，国内企业的捐赠最主要是现金，捐赠产品设备、图书资料的企业比例均不超过 50%，但跨国公司中有超过 50% 的企业捐赠过产品设备和图书资料，还有 22.2% 的企业参与过志愿活动。这种与捐赠对象面对面交流的捐赠方式能够在更大程度上扩大捐赠的影响力，并且可以提高志愿者对慈善事业的认识，相比之下只有 5% 的国内企业参与过志愿活动。[③]

在 2008 年地震中，许多企业除了捐赠物资还奉献了无偿服务。仅在汶川地震紧急救援和恢复阶段，各类企业就提供了交通运输、通信、保险等方面的价值约 44.36 亿元的免费服务（见表 2-4）。

表 2-4 2008 年企业捐赠地震灾区服务内容及价值一览

公司名称	服务内容	服务价值
中国移动和联通	减免灾区 20 天通信费	约 3 亿元
银行系统	减免捐赠汇费	0.82 亿元
邮局系统	减免捐赠汇费	46 万元
航空公司	运送救援队伍、人员与物资	约 30 亿元
重工企业	提供救援设备与人员	8.34 亿元
保险公司	向救援人员捐赠保险	1422 万元
房地产企业	向灾区捐赠住房	约 2.5 亿元

资料来源：中民慈善捐助信息中心：《2008 年度中国慈善捐助报告》，中国捐助网，http://www.juanzhu.gov.cn（2008/12/20）。

①　黄家瑶：《社会责任视野下的企业慈善捐赠分析》，《东方论坛》2011 年第 1 期。
②　王振耀主编《现代慈善与社会治理》，社会科学文献出版社 2014 年版，第 31 页。
③　张传良：《中外企业慈善捐赠状况对比调查——在争做企业公民的道路上国内企业与跨国公司的差异何在?》，《中国企业家》2005 年第 17 期，第 28 页。

2. 指向领域

根据一项对 1199 家企业 2008—2011 年捐赠情况进行的调查统计，从企业开展慈善公益活动的主要领域或对象来分析，排在前几位的是：救灾，2008—2011 年平均金额为 248.06 万元；其次是教育、医疗，分别是 80.13 万元、19.72 万元（见表 2-5）。[①] 而据《2011 年度中国慈善捐助报告》统计，2011 年扶贫与社会发展领域捐赠资金占总额的 28.99%。[②] 这说明救灾、扶贫、教育是企业最为关注，并积极给予资金上、物质上支持的慈善公益领域：救灾成为企业首选的领域，体现了企业所具有的社会责任和人道主义精神；扶贫成为位居前列的捐赠领域，与中国仍然是发展中国家、贫困人口众多的国情有关；教育成为位居前列的捐助领域，则与中国人传统上对教育的重视有很大的关系。

表 2-5　2008—2011 年公司捐赠金额年度分布

单位：万元

年度	样本量	总捐赠金额	社区捐赠金额	灾难捐赠金额	教育捐赠金额	医疗捐赠金额	残疾人捐赠金额	其他
2008	362	757.98	3.36	592.01	40.37	17.62	0.10	104.52
2009	214	465.75	25.43	105.59	129.16	40.45	1.60	163.52
2010	330	539.25	14.96	173.06	80.74	15.95	8.15	246.39
2011	293	586.60	20.22	11.65	92.76	11.45	3.47	449.17
平均		603.74	14.61	248.06	80.13	19.72	3.41	238.32

资料来源：陈胜蓝、吕丹、刘玮娜：《激烈竞争下的公司捐赠"慈善行为"抑或"战略行为"——来自公司社会责任报告的经验数据》，《证券市场导报》2014 年第 5 期。

（三）不同类型企业的捐赠水平

1. 民族企业的捐赠在社会捐赠总额中占主要部分

相关的研究和统计数据表明，民族企业的捐赠表现优于外资企业：其一，民族企业的捐赠比例高于外资企业；其二，民族企业的捐赠水平高于外

---

①　陈胜蓝、吕丹、刘玮娜：《激烈竞争下的公司捐赠"慈善行为"抑或"战略行为"——来自公司社会责任报告的经验数据》，《证券市场导报》2014 年第 5 期。

②　孟志强、彭建梅、刘佑平主编《2011 年度中国慈善捐助报告》，第 170 页。

资企业。

《2011 年度中国慈善捐助报告》慈善捐赠排行榜再次验证了这个事实：2011 年捐赠金额排名前 25 位的外资企业（含港澳台资企业）在华捐赠总额为 201940 万元，而同样排名前 25 位的中国民营企业的捐赠总额为 335618 万元。[①] 根据对 2011 年 162 亿元境内企业捐赠数据样本的分析，国有企业捐赠 418694 万元，占企业捐赠的 25.83%；民营企业捐赠 1040622 万元，占企业捐赠的 64.19%；外资、合资企业捐赠 105818 万元，占企业捐赠的 6.53%（见表 2 - 6）。[②] 2008 年汶川地震发生后，民族企业踊跃捐赠款物，捐赠款物数额明显高于外资企业。作为救灾捐赠的主力，民族企业在慈善领域的贡献应该得到公正的认识和评价。

表 2 - 6 2011 年境内各类企业捐赠统计

单位：万元，%

企业性质	捐赠额	占比
国有企业	418694	25.83
民营企业	1040622	64.19
港澳台资企业	55982	3.45
外资、合资企业	105818	6.53
合　计	1621116	100

资料来源：孟志强、彭建梅、刘佑平主编《2011 年度中国慈善捐助报告》，第 100 页。

2. 国有大型企业在大额捐赠方面处于领军者的地位

从 2010 年企业慈善捐赠排行榜中可以发现，巨额捐赠的国有企业个数明显多于民营企业。据统计，2010 年神华集团捐赠 103830 万元，夺得国有企业慈善排行榜冠军，而民营企业的捐赠冠军人保健康集团捐款总额仅仅为 45000 万元。年捐赠额在 2 亿元以上的企业，国有企业占有 8 个名额，而民营企业只有 3 家。[③]

---

①　孟志强等主编《2011 年度中国慈善捐助报告》，第 25—35 页。
②　孟志强等主编《2011 年度中国慈善捐助报告》，第 100 页。
③　中民慈善捐助信息中心：《2010 年企业捐赠排行》，中国公益慈善网，http://www.charity.gov.cn（2011/6/10）。

目前，就国有企业是否有捐赠权、是否应该捐赠更多的问题，学术界仍存在争议。一方认为，国企捐赠也是企业履行社会责任的一个重要方面，国有企业捐赠是树立自身形象的客观需要，也是国家法律赋予的权利。另一方观点则认为，国企捐赠超过一定数目需要向董事会报批，需要通过很多程序，不能是一个简单行为；国企如果能够多向国家缴税，然后再由国家进行再分配，实际上已经为社会做了很大贡献。钟宏武认为，国企捐赠的问题不在于合法性而在于科学性。在市场竞争中，跨国公司大打责任竞争牌，如果国企不捐赠就会在与跨国公司的竞争中毫无优势可言，但客观上，国企捐赠仍存在理念落后和管理水平不高等问题，致使公众误读国有企业捐赠。[①]

3. 民营企业逐渐成为中国慈善捐赠的中坚力量

近年来，民营企业一直都是中国捐赠事业的中坚力量。尤其是 2005 年之后，随着各类慈善捐赠奖项的出台，很多民营企业家更加重视慈善捐赠，每年捐赠金额达数百万、上千万甚至上亿元。据中民慈善捐助信息中心的统计，2007 年以来民营企业一直都是中国慈善捐赠的主要力量；2008 年，在抗震救灾捐赠中，民营企业捐款总额占企业捐款总额的 64%；2009 年，民营企业捐赠在境内企业捐赠中所占比例最大，达 55.82%；2010 年，民营企业捐赠占境内企业捐赠的 64.55%；2011 年，民营企业捐赠总额 279.73 亿元，占企业捐赠总额的 64.19%，占社会捐赠总额的33.14%。[②]

无论是上榜数量还是捐赠总量，民营企业都遥遥领先。相较而言，国有企业的每笔捐赠额都较大，但捐赠数额占企业利润的比例相对较小；外资企业捐赠通常与其营销策略紧密相关，针对困难群体需要的捐赠额较少。[③] 据分析，随着民营经济的逐步发展壮大，民营企业的市场平等意识也逐步增强，开始通过慈善事业等社会参与途径，响应人民群众对企业履行社会责任的要求。[④] 2008 年由于汶川地震的爆发，民营企业捐赠热情空前高涨，据《5·12 抗震救灾民营企业捐赠报告》显示，百富榜前 100 位企业

① 刘京主编《2003—2007 中国慈善捐赠发展蓝皮书》，中国社会出版社 2008 年版，第 71 页。
② 孟志强等主编《2011 年度中国慈善捐助报告》，第 114 页。
③ 刘京主编《2012 中国慈善捐赠发展蓝皮书》，中国社会出版社 2013 年版，第 47 页。
④ 刘京主编《2012 中国慈善捐赠发展蓝皮书》，第 47 页。

家中有 80 位参与捐款，其中雅居乐、日照钢铁、荣程钢铁等企业捐赠均过亿元。[1]

4. 外资企业更注重从参与和管理角度进行慈善捐助

外资企业在捐赠企业数量与捐赠总额上都不占优势，不是中国企业捐赠资金的主要来源，但也是一支不可忽视的力量。通过参与中国的慈善公益事业，跨国公司进一步推广了自己的市场营销理念。参与和支持慈善公益事业在公司经营战略中的位置得到了提升，并为最终达到预期的经营目标创造了条件，实现了跨国公司与东道国的双赢。更多的外企在中国广泛深入地开展企业社会责任活动，并设计出一些有品牌、创新度高、可持续性强、参与广泛的公益项目。如 2010 年中国三星与中国残疾人福利基金会共同开展"集善三星爱之光行动"，每年捐赠 1000 万元，连续 5 年支持中国残疾人福利基金会开展脑瘫儿童康复和聋儿语训等一系列公益项目。[2] 总体上看，跨国公司在国内素有"热心公益"的美誉，在中国参与公益事业也树立了一些典型（如可口可乐、冠群公司等）。

外资企业较热衷于对慈善事业的参与和管理，企业管理层和员工通过慈善项目全程参与到慈善事业中，对慈善资金的流向和用途有明确要求并给予密切关注和追踪。因此，外资企业捐赠较易于引起媒体和公众的关注，企业本身也热衷于宣传自身的善行和慈善理念。盖洛普公司曾就有关跨国公司在华参与慈善活动的情况进行过问卷调查，这项针对普通民众、跨国公司员工、慈善机构和政府官员的调查表明，跨国公司的"慈善捐赠不容乐观"。[3] 近年来，外资公司在中国慈善捐赠方面的表现也时有波动。2007 年 1—11 月，外商投资企业进出口总值达 11381.93 亿美元，占全国进出口总值的 57.80%，但 2007 年下半年，捐款超过 1000 万元的跨国公司仅有 3 家。在数十万家外资和跨国企业中，年捐赠额超过 100 万元人民币的企业不到 100 家。相比之下，捐款超过 1000 万元的民营企业则有 22 家之多。[4]

---

① 胡润研究院：《5·12 抗震救灾民营企业捐赠报告》，2008 年 5 月 20 日。

② 刘京主编《2012 中国慈善捐赠发展蓝皮书》，第 48 页。

③ 李小健、白晓威：《2008 年外资企业在华捐赠期待升温》，《公益时报》2008 年 1 月 15 日。

④ 李小健、白晓威：《2008 年外资企业在华捐赠期待升温》，《公益时报》2008 年 1 月 15 日。

二　企业捐赠特征

（一）　捐赠动机由外力推动向内生动力转变

企业开展慈善捐赠活动的传统目的不外乎以下两点：其一，树立品牌形象，实现公益营销。无论有关研究还是事实情况均表明，在慈善事业中做出较大贡献的企业在消费者心目中享有较高声望，销售业绩明显好于其他企业。企业慈善行为被认为"是向公众传递企业价值观和企业实力的一种信号，尤其是在不完全信息条件下，消费者对企业的认知更多的是靠这类信息来判断企业的价值取向"。[①]　其二，公关需要，即促进与政府部门的关系。企业一般都与政府部门存在某种联系，公关的目的是强化这种联系以"购买"政府的政策优惠或照顾。中国长期实行中央集权式计划经济模式，虽然已经进行了深度改革，但并没有割断企业与政府之间建立的各种依存关系。对于不少民营企业和外国企业来说，"不得不面对这种不公平的竞争态势，花大量时间和金钱建立与政府部门之间的良好合作关系"。[②]

近些年由于企业公民的理念逐渐深入人心，慈善文化的影响力不断扩大，加之政府逐渐淡出慈善募捐市场，汶川地震、青海玉树地震等特大灾难救援募捐过程也激发了企业和民众的捐赠热情，企业捐赠动机逐渐显现出由外力推动向内生动力转变的趋势，越来越多的企业主动投入慈善事业中，真正出于回报社会、造福桑梓、教育员工的目的开展慈善捐赠活动，获得社会和民众的一致好评。

（二）　捐赠途径

捐赠途径是联系捐赠资源和捐赠领域的纽带，在很大程度上决定了企业慈善的效率和效果。企业主要选择哪种组织机构进行捐赠？中国企业家杂志社的调查结果表明，国内企业选择比例最高的三种组织机构分别为中华慈善总会及其分会（60%）、红十字会（40%）和非营利性福利机构（28%）；跨国公司选择比例最高的三种组织机构分别为红十字会（63.6%）、中华慈善总

---

① 卢正文、刘春林：《慈善捐赠对企业绩效影响的研究——基于消费者视角》，《山西财经大学学报》2012年第34卷第2期。

② 张梦中、马克·霍哲、胡象明、董克用主编《中国公共管理评论——公共管理的机遇与挑战》，中山大学出版社2004年版，第204页。

会（45.5%）、青少年发展基金会（36.4%）。① 可见，红十字会和各级慈善总会是国内企业最为熟悉的捐赠机构，青少年发展基金会及政府福利机构也享有较高的知名度。

根据企业捐赠机构的类型，企业捐赠途径可分为两种形式：间接捐赠与直接捐赠。间接捐赠是指企业通过政府或慈善中介组织捐赠，直接捐赠是指企业直接操纵慈善项目而不通过中介组织。目前企业捐赠途径以间接捐赠为主。

1. 间接捐赠

（1）政府部门

政府部门（主要指各级民政部门）作为善款受赠单位接收来自企业的捐赠是中国慈善事业的一种独特的现象。郑功成指出："政府部门的募捐赈灾活动在中国现阶段是一种普遍现象，在发达国家政府部门是不可以通过向民间募捐来实施救助行为的，中国的这种现象或许与政府救灾的财力不足有关，或许还与民营慈善事业发展有限以及与国家对慈善事业缺乏相应的法律规范、约束有关。"②

（2）官办 NGO

官办 NGO 主要指政府举办的慈善组织，以慈善总会和红十字会为主。改革开放以来，最早的慈善组织与慈善事业主要是在各级民政部门鼓励支持下建立的，多数经历了由民政部门"内部机构"转为相对独立 NGO 的过程。而民间慈善组织发展缓慢，影响力也小，企业更愿意选择官办慈善组织捐赠。目前在中国，官办 NGO 主要有中华慈善总会及各地慈善总会、中国红十字会及各地红会、中国扶贫基金会等。官办 NGO 是对企业募捐能力最强的组织，企业捐赠绝大部分被这些组织接收。主要原因在于官办慈善组织是政府的代言人，而且中国民间慈善组织在实力、声望方面根本无法同官办慈善组织相比，许多企业自然也不愿意向民间慈善组织捐赠。企业向官办 NGO 捐赠是响应政府募捐最有效的方式，通过向官办 NGO 捐款，许多企业容易同政府机构建立关系。

---

① 张传良：《中外企业慈善捐赠状况对比调查——在争做企业公民的道路上国内企业与跨国公司的差异何在?》，《中国企业家》2005 年第 17 期，第 28 页。

② 郑功成、张奇林、许飞琼：《中华慈善事业》，广东经济出版社 1999 年版，第 280—281 页。

（3）民间慈善组织

包括草根 NGO 在内的民间慈善组织在中国也得到一定程度的发展，但由于发展缓慢且影响力小，很少成为企业选择合作的对象。

2. 直接捐赠

直接捐赠是指企业不通过慈善中介组织而是由企业内部某职能部门专职负责慈善事务，直接向受助对象提供捐赠，其中直接操作项目捐赠是一种发展成熟的企业偏好的方式。目前，直接捐赠在企业捐赠方式中仅占很小的比例。

公司基金会是由公司或企业捐资设立的，其基金来源于发起公司或企业，形式可以是捐款、年度捐献或两者兼具。它们与发起公司一般在管理和财务上是相互独立的，其理事会成员可以是其发起公司的职员，也可以是与发起公司无关的人员。在国外，这种公司型基金会非常普遍；而中国的公司型基金会虽有一定的发展空间和机会，但是目前正式注册的不多。

企业选择捐赠途径受到捐赠策略、捐赠收益、慈善组织劝募机制和 NGO 公信力的影响，在综合考虑这些相关因素后企业做出捐赠决定，主要包括捐款、捐物、劳务三种形式。而捐赠途径主要是间接捐赠和直接捐赠两种，其中又以间接捐赠为主。间接捐赠是指企业将慈善资金或物品捐赠给政府部门或慈善组织，通过第三方实现慈善捐赠的行为，直接捐赠是指企业将慈善资金或物品直接捐赠给收益人或成立公司慈善基金自行运作、直接分配慈善资源的捐赠行为。企业选择捐赠途径的整个过程如图 2 - 1 所示。

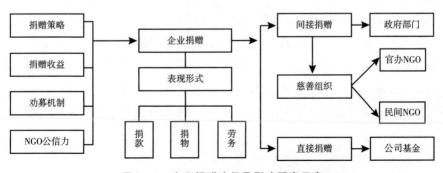

图 2 - 1　企业捐赠途径及影响因素示意

（三）动员与组织机制

1. 政府动员

中国企业捐赠动员机制的一个最重要特征是政府作为动员企业捐赠的强力推手发挥显著作用。作为中国慈善事业的主要资金来源，民营企业在生产经营各个方面都受到政府的强力管制，响应政府的劝募，是民营企业拉近同政府的关系、参与政治的一条有效途径。2007 年中国刮起的城市慈善风暴就是政府强力作用的结果。例如，江苏省常州市市委市政府分管领导到企业募捐造就了常州慈善风暴；山东省威海市慈善月期间，政府以行政方式推进募捐行动，创造了企业认捐基金 11. 26 亿元的奇迹。① 但这种政府强力推动的慈善动员机制并不具备持久性，被形象地描述为"脉冲式发展""爆炸式增长"，如常州市慈善总会在成立之初创造了年捐赠额达 10 亿元的神话，但2008 年之后年接受捐赠额仅 1 亿元左右。②

目前中国企业捐赠的动员尚未形成一种稳定的长效机制。一方面，政府与慈善机构缺乏联合劝募机制的持续性与计划性；另一方面，企业捐赠是一种被动式响应，企业很难建立自己的基金管理部门，因此未能将捐赠作为一项长期制度予以坚持，捐赠决策随机性强。

（1）政府劝募的层次

杨团和葛道顺将政府对企业的劝募行为按照所含行政力的强弱不同分成三个层次：社会性动员所含行政力最弱，一般通过大众传媒发布，对公司没有任何行政影响；行政性劝募通过行业协会等政府监控的渠道发布，对公司有一定的影响；指令性摊派通过相关的行政管理部门发布，对公司的行政影响较大。③

（2）政府劝募对不同类型企业的影响

政府动员对公司实施公益捐赠的作用很明显，但对不同的公司影响不同；而针对政府动员不同类型的公司又会采取不同的应对策略。随着政府行政动员能力的加强，公司自行选择的自由度降低。外资公司由于受到一定的政策保护，能够远离行政性劝募和指令性摊派，对政府的社会性动员可以从容地

---

①　刘京主编《2003—2007 中国慈善捐赠发展蓝皮书》，第 124 页。

②　高力克、杨琳：《慈善中的社会与政府：温州与常州慈善模式比较》，《浙江学刊》2014 年第 5 期。

③　杨团、葛道顺主编《公司与社会公益 Ⅱ》，社会科学文献出版社 2003 年版，第 42 页。

做出主动选择，自行决定捐赠与否及如何捐赠。但外资公司也将政府动员作为重要信息，作为决策参考纳入自己的选择范围。对于跨国公司来说，"通过提供各种公益性捐款和赞助中国的教育事业从而赢得政府的好感与信任，进而与政府部门建立良好的合作关系，应该是一条间接参与政治的不错途径"。①

中资公司也可以主动选择政府动员的社会项目，但面临政府的行政性动员时只能被动选择。中资公司又分为国有公司和民营公司。有些国有公司感到政府动员是一大负担，难以逃脱指令性摊派或强行摊派而只能从命。民营公司对政府动员的态度尽管接近外资公司，但缺乏明确的自我选择和规划公司捐赠的意识，具有随政府动员而一事一议的倾向。一项调查发现，在30个案例的统计结果中，外资公司捐赠决策来自政府动员的比例占总体的11%—12%，中资公司则占到总体的25%—27%，也就是说，尽管外资公司和中资公司都响应政府动员，但对政府动员的认识和应对策略不同。②

中国慈善捐赠过程中的政府动员机制对企业捐赠影响很大，但对不同的公司影响不同。外资公司由于受到一定的政策保护，它们能够远离行政性劝募和指令性摊派；中资公司也可以自主选择政府倡导的社会项目，但面临政府的行政性动员时只能被动选择，因此容易更多地选择捐赠给民政部门或官办慈善组织。不同中介组织的劝募对企业的影响也不同。在中国，各级慈善总会等官办NGO的影响力最大，大型企业和当地企业多响应它们的号召。那些草根NGO的劝募则很难奏效，尽管通过多次反复劝募也能争取到少量捐赠，但多是通过与NGO组织有合作关系或与组织领导人有私人关系的企业所获得的。

2. 慈善组织劝募

慈善组织劝募的企业一般都是有希望捐款的企业。一个慈善组织可能会面对很多企业，但是对于特定的非营利组织来说，通常只有有限的几个企业可以合作。③ 具体而言，容易获得捐赠的公司包括以下几种：当地公司、开展和慈善组织相关活动的公司、宣布了支持领域的公司、有私人关系的公

---

① 张梦中、马克·霍哲、胡象明、董克用主编《中国公共管理评论——公共管理的机遇与挑战》，第205页。

② 杨团、葛道顺主编《公司与社会公益Ⅱ》，第42—43页。

③ 王名编著《非营利组织管理概论》，中国人民大学出版社2002年版，第207页。

司、大型公司。

中国慈善公益机构的发展尚处于初级阶段，其对企业慈善的功能引导不够；慈善公益机构的数量在逐年增加，但总体上运作成功的公信力不高，而且其行政化色彩在很大程度上制约了企业的慈善行为。在实践中，企业更倾向于向有影响力有名望的慈善组织捐赠。这些组织不但公信力高，而且与政府关系密切，企业的捐赠不但放心而且有利于提高企业知名度、改善与政府部门的关系。慈善组织与企业的关系对于劝募也很重要。慈善组织一般都以重点企业为重点劝募对象，重点企业在当地都是很有影响的、效益较好的、有一定公众形象的知名企业，而且都是纳税大户。慈善机构将它们作为典型来带动周围的中小企业积极参与慈善捐赠是很有效的方法。这些重点企业，实际上是慈善资金的主要来源。但目前针对企业的劝募，仍然存在多头募捐、重复募捐等混乱现象，企业也不可能满足每个组织的劝募要求。因此，国内企业对于一般的募捐要求通常表示反感并予以拒绝。

3. 企业捐赠战略化与内部动员

以往中国企业的捐赠理念是"回报社会、造福桑梓"，但随着市场经济的发展，企业捐赠理念开始走向战略化，捐赠行为正在由简单走向复杂、由随机性捐赠走向持续性捐赠。除民族企业出现了捐赠管理制度化的趋势外，一些大型国有企业也专门成立了负责管理捐赠事务的部门或创办慈善基金会，通过亲自操纵慈善项目倡导员工参与慈善事业。

员工捐赠是企业慈善捐赠的重要组成部分，其最高境界是将慈善理念内化为员工个人的价值，以帮助员工去实现这一价值理想（不过在实践中更多的企业是把慈善参与作为提升企业凝聚力的手段而纳入企业文化建设中）。员工捐赠在企业慈善捐赠中的作用不可忽视，有些大型企业专门成立了员工捐赠资金管理委员会负责动员及管理使用员工的捐款，如中国电信集团为参与慈善事业专门成立了员工捐赠资金管理委员会，2003 年集团工会组织向西藏边坝县大骨节病区人民献爱心捐赠活动，得到各级工会积极响应，共募集捐款 1015 万元。[1]

---

① 中国电信集团员工捐赠资金管理委员会：《援藏捐赠资金使用情况及专题报告》，中国电信网，http：//www.chinatelecom.com.cn（2009/1/10）。

第三节　个人捐赠

在国外，捐赠者被区分为个人捐赠者和法人捐赠者。个人捐赠者一般是以个人名义直接向慈善组织捐赠的捐赠者，法人捐赠者则是以法人单位名义向慈善组织捐赠的捐赠者。在此讨论的私人捐赠或个人捐赠属于自然人捐赠。

一　个人捐赠现状

（一）基本状况

中国的个人捐赠向来不是慈善事业的主要资金来源。尽管近年来个人捐赠有逐渐增长的迹象，但仍非均衡稳定增长。据统计，2013 年，个人捐赠总额约为 263.36 亿元，占现金捐赠的 32.7%，比 2011 年略有增长。[①] 当前，中国社会由市场主导的第一次分配和政府主导的第二次分配都存在不足。据财政部公布的数据，中国 20% 的高收入阶层控制着 80% 的银行存款，但由于税收政策调节不力，个人所得税主要来自普通工薪阶层。2005 年全国个人所得税收入中 65% 来自工薪阶层，只有 10% 来自富人阶层。[②] 这样，基于个人或社会捐赠所带来的第三次分配本应大有可为，但现实情况并非如此。由于税收制度缺少对个人收支的合理调节功能，中国的个人捐赠趋势并不乐观。根据现行的慈善捐赠税收激励政策，个人只有在对国家规定的几个公益性慈善组织进行捐赠时，才准许从应纳税所得额中全额扣除。显然，税收政策对个人捐赠行为的激励效果不足。[③]

另一方面，中国的普通民众，参与慈善事业的热情并不高。2005 年美国私人捐款 2410 亿美元，人均 828.7 美元，中国和美国的人均收入相差 38 倍，而人均慈善捐款相差 7300 多倍。[④] 从这个意义上说，中国的"慈善困

---

① 杨团主编《中国慈善发展报告（2014）》，社会科学文献出版社 2014 年版，第 19 页。

② 谢静：《论中国贫富差距的现状、原因及对策》，《首都师范大学学报》2006 年第 S1 期，第 170 页。

③ 郭佩霞：《推动慈善捐赠的税收激励与政策完善》，《税收经济研究》2014 年第 2 期。

④ 尼克：《什么阻碍中国富豪行善》，《南方人物周刊》2007 年第 7 期，第 50 页。

境"不仅仅是企业或富豪的问题，而且是社会整体的问题。调查结果显示，86.0%的个人捐赠者是在大灾难（如"非典"、洪灾、地震）发生时，觉得灾民很可怜才想到捐赠，只有6.0%的捐赠者表示平时就经常向慈善组织捐赠。[1] 从慈善捐赠来源看，美国慈善捐赠中75%以上来自个人，而中国在2008年以前来自个人的慈善捐赠一般不到20%，大部分慈善捐赠来自企事业单位。[2] 中国的私人捐赠资金主要通过非政府组织流向了扶贫领域，但由于其总体数额不大，扶贫资金来源中的比例只占1%（根据中国"八七扶贫攻坚计划"扶贫资金来源构成数据计算），远低于社会团体8%的比例。[3] 对上海市慈善基金会资金来源的分析也发现，在非定向捐款收入中，单位捐款收入占26.4%，个人捐款收入仅占8.1%，另外65.6%为混合型的区县办事处收入，组织捐赠大大多于个人捐赠。[4]

导致个人捐赠落后的原因可以总结为以下几个方面：第一，中国经济发展的整体水平尚待提高，大多数人收入不多，捐献能力有限；第二，社会分层结构加大了慈善理念错位，慈善捐赠常被认为是富人的事情；第三，慈善信息不透明，慈善组织公信力不高；第四，缺乏能够激发个人慈善捐赠活力的组织体制、舆论环境。

（二）个人捐赠的积极变化

世界各国的经验证明，社会大众的参与是慈善事业的生命力所在，个人是国外非营利组织筹款最主要的市场。美国个人捐款占到所有慈善捐款的80%左右，几乎全美国每个人每年都要向一个或几个组织捐款。[5] 个人捐赠对中国慈善事业的未来发展必将具有愈发重要的作用，尤其对培养公众的高尚道德与爱心、实现平民慈善意义重大。

中国个人捐赠形势也正在发生一些积极的变化。首先是个人捐赠的参与者越来越多，捐赠资金总量越来越大。据《2011年度中国慈善捐赠报告》，

---

① 俞李莉：《中美个人捐赠的比较研究》，《华商》2008年第20期，第129页。

② 陈玉梅：《中美慈善事业比较研究》，《长沙民政职业技术学院学报》2012年第3期，第24页。

③ 叶波、裴利芳：《中国大陆的个人慈善捐赠问题：一个制度分析框架》，中国经济学教育科研网，http://www.cenet.org.cn（2009/1/21）。

④ 李骏：《慈善募捐与救助的一般数据特征——以上海市慈善基金会为例》，第77页。

⑤ 王名编著《非营利组织管理概论》，第205页。

2011 年境内外各界人士捐赠总额约 267.20 亿元，占整个社会捐赠的 31.62%，同比增长了约 3%。[①] 中国慈善领域出现了个人捐赠与企业慈善交相映衬的局面。2008 年初中国南方发生了特大雪灾，社会各界踊跃捐赠，其中来自平民的捐赠高达 4.21 亿元，占国内捐赠总额的 27.3%。[②] 2008 年 5 月汶川发生特大地震，几乎所有的中国人都参与了地震捐款。2008 年全国个人捐赠首次超过企业捐赠，这是一个特定的变化。

表 2 - 7　2008 年国内个人捐赠情况统计

捐款用途	捐款额（亿元）
南方低温雨雪冰冻灾害	4.21
5·12 汶川地震（含特殊党费）	408
慈善一日捐、春风行动等大型募捐活动	32
慈善组织接收个人捐赠（地震捐赠除外）	5
其他日常性个人捐赠	9.09
合　计	458.3

资料来源：民政部慈善事业协调办公室、中民慈善捐助信息中心，中国捐助网，http://www.juanzhu.gov.cn（2009/1/22）。

（三）　参与形式与指向领域

1. 参与形式多元化

除捐赠款物外，捐赠时间或服务也成为日益流行的新方式。汶川地震和奥运会引发了中国志愿服务高潮，2008 年中国志愿者队伍至少增加了 1472 万人。其中深入地震灾区的国内外志愿者总量在 300 万人以上，后方志愿者人数在 1000 万以上，其经济贡献约 185 亿元。另一方面，170 万名奥运志愿者累计服务超过 2 亿小时。[③]

股权捐赠是指自然人、非国有的法人及其他经济组织投资控股的企业经内部决策程序将其持有的股权用于公益性捐赠。[④] 相对于现金和实物等传统

[①]　孟志强等主编《2011 年度中国慈善捐助报告》，第 118 页。

[②]　王俊秀：《灾难将平民慈善推向高潮》，《中国减灾》2008 年第 6 期，第 38 页。

[③]　民政部慈善事业协调办公室、中民慈善捐助信息中心，中国捐助网，http://www.juanzhu.gov.cn（2009/1/22）。

[④]　财政部：《关于企业公益性捐赠股权有关财务问题的通知》（财企〔2009〕213 号），2009 年 10 月 20 日。

捐赠形式，股权捐赠不影响企业现金流，即捐赠之后企业现金流不会减少，不直接妨碍企业的正常投资运行。股权运作有利于慈善资金的保值增值，并将市场机制引入了慈善捐赠领域。"中国捐股第一人"牛根生于2004年底成立了中国第一家由个人捐资设立的家族式非公募基金会——老牛基金会，并与家人一同捐出所持全部公司股份及大部分红利。河仁慈善基金会、新华都基金会等也都是以捐赠股票形式支持社会公益的著名基金会。至2013年，中国股权捐赠的发展取得了新突破，多笔个人股权捐赠的市值超过1亿元。[①] 目前，股权捐赠途径包括捐赠给慈善组织、设立公司基金会自行管理或通过信托公司管理、捐赠给其他非营利事业单位等。其中公益信托将是未来公司股权捐赠管理运行模式的较好选择。

民众购买福利彩票、体育彩票也是参与慈善捐赠的重要方式之一。2008年中国慈善排行榜在京揭晓，首次增设的"中国慈善特别大奖"授予"中国彩民"。2011年全国彩票销售势头良好，共筹集彩票公益金约688.7亿元。其中，福利彩票年销售1277.93亿元，筹集公益金388.7亿元；体育彩票发行903亿元，筹集公益金300亿元。[②] 中国彩民为中国的社会福利和慈善公益事业做出了巨大贡献，一定程度反映出彩民群体参与慈善事业的动机。如图2-2所示，彩民对福彩公益性的评价要高于非彩民，被调查者对福彩的公益性评价为一般及以上，大多数彩民认为福彩的公益成分较高。

而图2-3显示彩民购买彩票的主要目的已不仅是中奖，其中作为奉献福利事业的比例已超过15%，这说明民众购买福利彩票已经成为一种参与慈善事业的新兴形式。

另外，随着社会网络化进程的推进，小额的网络捐赠也发挥着越来越重要的作用，各类公益慈善组织开始探索慈善捐赠的多种途径，鼓励个人进行捐赠，截至2013年9月，中国网络捐赠平台共筹得善款5.2亿元，参与人次已达到5.6亿。[③]

---

① 王振耀主编《现代慈善与社会治理》，第32页。
② 孟志强等主编《2011年度中国慈善捐助报告》，第86页。
③ 王振耀主编《现代慈善与社会治理》，第43页。

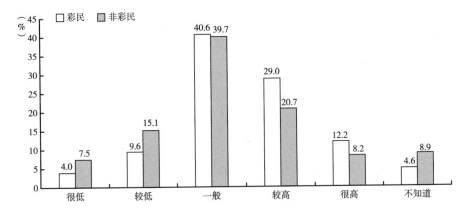

图 2-2 公众对福彩的公益性评价

资料来源：山东省福利彩票发行中心、齐鲁广告调查有限公司：《山东福彩全省调查项目调查报告（青岛市）》，2007 年 7 月。

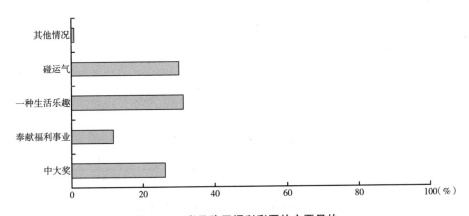

图 2-3 彩民购买福利彩票的主要目的

资料来源：山东省福利彩票发行中心、齐鲁广告调查有限公司：《山东福彩全省调查项目调查报告（青岛市）》，2007 年 7 月。

2. 指向领域以救灾为主

2008 年上海《市民与慈善——2008 大型社会调查》报告[1]表明个人捐赠指向领域以救灾为主。在除汶川地震之外的其他几个捐款对象选择上，每

---

① 佚名：《上海公布市民与慈善万人问卷调查结果》，《社会福利》2009 年第 1 期。

一项的人数都大大低于汶川地震的捐赠人数。可见居民捐款力度是和国家宣传力度及灾难的严重程度成正比的，只有像汶川地震这样的突发事件才能引起所有人的普遍关注，同时国家和当地政府对待某个慈善事件的宣传力度也是关键的影响因素。

在汶川地震之外的其他几个选项中，得到最多人关注的依然是"救灾"，占25.8%。这个趋势和2002年的慈善调查结果保持一致。在2002年的调查中，表示愿意捐款给贫困灾区的人数也明显高于愿意捐助残疾人、重病患者、孤残儿童、贫困学生的人数。可见，对于那些影响范围较大、一次性死伤人数较多的灾难一直最易引发人们的捐助意愿。

参与到其他捐款事项的人数从高到低依次是助困20.3%、助学13.6%、助残8.6%、医疗救助7.9%（见图2-4）。

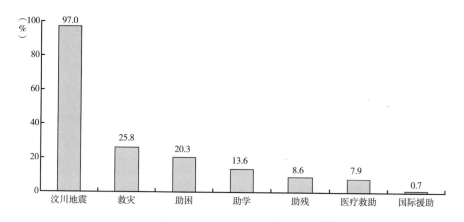

图2-4 上海市民捐赠意愿与指向领域

资料来源：佚名：《上海公布市民与慈善万人问卷调查结果》，《社会福利》2009年第1期。

值得一提的是，得到最少关注的是国际救助，仅占0.7%，可见市民对发生在国外的灾难性事件基本不会想到救助。对这0.7%的人进行分析，可以发现职业与是否参与国际援助息息相关。数据表明，离退休人员和专业人员占参与国际救助人员的大部分，相较而言，一般员工、企事业干部等其他人员都呈现漠不关心的状态。

二　个人捐赠特征

（一）捐赠转送途径相对集中

各地慈善总会的"慈善一日捐"或"慈心一日捐"活动不仅动员企业捐赠，而且更为重视个人小额捐赠。一个明显的现象是政府部门成为推动"慈善月""慈心一日捐"活动的主要力量。个人捐赠的途径是与组织动员机制紧密相关的。由于个人捐赠的组织动员由所在单位和社区承担，所以个人捐赠的最初对象是所在单位或社区居委会，而很少有直接捐赠给慈善基金或服务机构的。采用现场捐赠这种传统方式捐赠给单位的个人占绝大多数，尽管也有通过手机、网络、银行等新兴捐赠手段和途径的，但比例很小。造成这种情况的原因，一是动员机制所致，二是对慈善组织不信任，三是其他途径不方便。个人捐赠通过所在单位或社区最终都集中转送到慈善总会和民政部门，而很少直接捐赠给民间慈善组织（参见图2-5）。

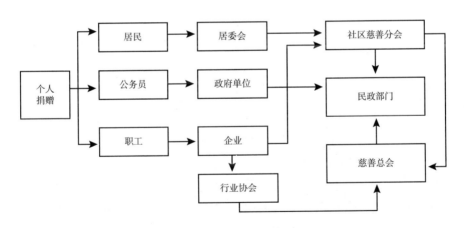

图2-5　个人捐赠转送过程示意

（二）组织动员过程的单位化、社区化

个人慈善捐赠组织动员机制的主要特征是：以单位和居委会为组织中介，对募捐动员被动响应。个人捐赠的动员方式属于一种集中动员，表现为捐赠时间的集中化和捐赠地点的集中化，每年的"慈善月"和"慈善一日捐"活动是各地慈善组织募集慈善资金的主要方式，几乎一个慈善组织全

年的个人捐赠收入都集中在这两次活动和这一段时间。慈善组织缺乏日常性个人捐赠的接收方式，而普通民众也缺乏经常性、持续性捐赠的动机和行为。

改革开放之后，城市社会管理体制经历了从"单位制、街居制到社区制"的变革，这一时期被有的学者称为"后单位制时期"，即单位制对城市社会的影响趋于弱化但又尚未完全消失的过渡时期。① 人们仍然生活在单位之中，单位对人们的价值观念和行为方式仍有重要影响。在此社会背景下，个人捐赠主要通过单位或居委会实现，很少有直接捐赠给慈善中介组织的。2003 年的一项关于公民慈善意识的调查结果表明：社会公众更多地参与单位及工会组织的捐赠活动，这已成为中国慈善公益事业的一大特色，九成的受访者表示自己任职的单位组织过捐助活动，87.9% 的受访者表示自己参加过单位组织的捐助活动。② 2008 年上海的一项大型社会调查表明，65.7% 的人通过单位、学校捐款，47.3% 的人通过居委会捐款。这些也是目前最普遍的募集捐款"主渠道"。另外，28.1% 的市民认为街头募捐箱是最方便的捐款方式。③

由于动员单位捐赠的成本较低，慈善基金机构越来越倾向于动员单位性集体捐赠而不是个人直接捐赠。慈善基金组织在开发个人直接捐赠市场方面还有很长的路要走。另外从客观上讲，除了一两家如红十字会、慈善总会等慈善基金机构，公众对于其他慈善组织并不熟悉。给红十字会或慈善总会捐款，不如通过单位或居委会方便易行。

（三）个人捐赠的激励机制不足

很显然，税收是鼓励个人进行慈善捐赠的重要方式之一，因此，建立健全税收激励机制，通过改进个人所得税关于慈善捐赠的相关激励政策，不仅能增强个人进行慈善捐赠的经济动机，而且可以增强社会公民的慈善意识，使慈善捐赠逐步扩大范围，进一步实现慈善捐赠的社会化。

---

① 何艳玲：《街区组织与街区事件——后单位制时期中国街区权力结构分析框架的建立》，《中山大学学报》2007 年第 4 期，第 66 页。

② 许琳、张晖：《关于我国公民慈善意识的调查》，《南京社会科学》2004 年第 5 期，第 89 页。

③ 周俊：《上海调查显示：96.5% 市民捐过善款 2 年人均 3.9 次》，中国新闻网，http://www.chinanews.com（2009/3/20）。

第四节 个体捐赠活动调查——以"慈心一日捐" 广场活动为例

"慈心一日捐"是由 SD 省慈善总会发起、实施的一种"政府号召、领导带头、上下联动、全民参与"的募捐方法，自 2004 年以来，每年 5 月中旬在全省集中开展，鼓励个人捐出一天的收入，盈利企业捐出一天的利润，用于救助困难群体。2004 年、2005 年，全省各级慈善组织分别募集资金 2.3 亿元、5.6 亿元。在 2006 年的"慈心一日捐"活动中，本课题组对参加相关广场活动的捐款者与非捐款者进行了问卷调查，以了解人们对募捐活动的认知、捐款行为以及有关影响捐款的因素。

一 调查背景与样本情况

2006 年 6 月 10 日，为配合全省"慈心一日捐"活动的开展，SD 省慈善总会与 JN 慈善总会联合举行了"爱心涌动齐鲁——2006 年省暨 JN 市'慈心一日捐'志愿者活动"，组织 SD 建筑大学、SD 外事翻译学院、SD 艺术学院、JN 职业学院的 1000 名大学生志愿者走上街头进行慈善宣传、劝募善款。活动分别在 JN 市内五个区的 6 个广场及商业街同时展开。志愿者每 3 人一组，身披绶带，手捧募捐箱，在指定区域进行宣传劝募。慈善募捐活动结束后，志愿者把募捐箱移交到省慈善总会办公室。据统计，当日参加活动的群众有 2 万多人，共接收民众捐款 5982.64 元。

本次调查采取偶遇调查方式，调查员为 SD 大学社会学专业学生，他们在 QC、HL 两个广场发放问卷 900 份，收回有效问卷 796 份，回收率为 88.44%，研究人员采用 SPSS13.0 统计分析软件对问卷数据进行统计。被调查者中，男性 444 人（55.78%），女性 352 人（44.22%），相关年龄、教育、单位、月收入信息见表 2-8。

二 慈善捐赠者的认知与行为特征

"慈心一日捐"志愿者活动是一种面对大众的匿名慈善筹资活动，动员者没有对被动员者进行直接的组织控制。被动员的参与者之所以选择参与，

表 2-8　调查样本的描述性统计

变量	类别	比例(%)	变量	类别	比例(%)
年龄(岁)	24 岁及以下	30.53	所属单位	机关、事业单位	19.47
	25—35	21.48		学校	24.12
	36—45	21.10		国有企业	26.01
	46—60	24.75		私有企业	9.92
	60 岁以上	2.14		合资外企	2.39
				其他	18.09
	小　计	100		小　计	100
文化程度	小学以下	0.25	月收入(元)	400 元及以下	22.61
	小学	1.76		401—800	24.31
	初中	10.55		801—1200	21.11
	高中	31.41		1201—1600	16.33
	大学	52.89		1601—2000	9.67
	研究生	3.14		2001 元以上	5.91
	小　计	100		小　计	100

主要是因为他们认同动员者所提供的某种意识形态或理念。在决定是否参与时，被动员者有相当大的自由度，他们不会因为拒绝参与而遭受声誉或政治损失。通过对调查数据的分析，可以发现以下几点。

（一）社会公众中蕴藏着慈善公益意识和热情

不少行人能够参与到街头募集善款活动中来，表现出民众身上蕴藏着慈善公益意识和热情。在本次调查人群中，60.1%的调查对象参与了捐款，表达了对慈善事业的支持和对受救助群体的关爱。从捐款数量来看，捐款人的捐款数量大都在 500 元以下（50 元以下的捐款占绝对多数），捐款 500 元以上的仅有 3 人。根据现场观察，大多数捐款人往往是从口袋中拿出一张 10 元或 5 元的人民币，也有不少人拿出 1 元或 2 元。一些到广场游玩的家长为了教育孩子，给孩子几元钱让其放入捐款箱，让孩子感受一下捐款经历。

调查显示，相当比例的公众愿意和能够参与慈善捐助。数据显示，56.6%的被调查者参与过一次以上"慈心一日捐"活动。① 即使在日常生活

---

① 2004—2006 年，SD 省慈善总会通过行政渠道在各部门、行业连续组织过三次"慈心一日捐"活动。

而非各类组织募捐活动中，民众对于一些需要帮助的人群依然也是伸出热情的手给予力所能及的支持与帮助。在本次调查中，71.4%的人明确回答他们对媒体报道的有关失学、孤寡、残幼、重疾等请求捐助的事例进行过捐助。当问到"当您在路上遇到伸手向自己求援的陌生人时是否会给他们捐助"这个问题时，有54.8%的人回答"给予帮助"，而回答"绕过去，不理睬"的人占18.8%。这在一定程度上表现出中国人助人解困的可贵精神。

另外，针对捐助对象的选择，问卷中设置了这样的问题："如果您周围的同事、同乡、同学、朋友需要帮助，您是否会给他们捐助？"98.1%的人做了肯定回答。这反映了在中国社会"差序格局"文化特征下的慈善捐赠也同样遵循着熟悉人与陌生人有别、更侧重帮助熟悉人的行为原则。

（二）民众对慈善事业的认知存在较大差异

数据显示，民众对开展了三年的"慈心一日捐"活动有所了解，其中46.6%的调查对象回答他们了解"慈心一日捐"活动，53.3%的人回答缺乏了解。对善款的使用去向，绝大多数人表现出高度关心的态度：87.2%的调查对象回答"关心善款的使用去向"。97.5%的对象认为慈善捐助对解决受助群体生活困难有帮助，其中选择"帮助很大"的占24.2%，选择"有一些帮助"的占73.3%，而认为"没有什么帮助"的只占2.5%。

本次调查显示，第一，民众对公益事业捐赠法律以及相关的税收优惠政策缺少了解，有关捐赠税收优惠政策的宣传远不到位。81%的人回答他们不知道国家在捐赠领域有关税收优惠的政策，只有19%的人回答他们知道税收优惠政策。第二，索要捐款收据以及要求抵扣税款目前还没有成为人们的明确意识和行为习惯。在了解税收优惠政策的人群中，进一步问："如您捐款了会不会索要收据并且要求抵扣税款？"结果仅有5.7%的人回答"会"，13%的人回答"不会"，81.3%的人干脆没有回答。第三，工作制度细则不明确、手续办理不便使得税收优惠难落实，直接影响捐款人的热情与行为。那么为什么捐款者不要求抵扣税款？问卷统计发现，认为"捐款数额有限，真正抵扣也没有多少"的占2.5%，感到"手续繁琐，不愿麻烦"的占2.8%，"不知道如何进行抵扣"的占1%，认为"无所谓，捐款是做贡献，不要求回报"的占到4.9%，绝大多数被调查者（87.1%）选择放弃回答这个问题。

　　1999 年通过的《中华人民共和国公益事业捐赠法》就已经制定了关于善款捐赠可以抵扣税款的政策,《中华人民共和国企业所得税条例》和《中华人民共和国个人所得税法》的实施细则也对捐赠在所得税额中予以相应的抵扣做了鼓励,但这些政策并没有广泛地为广大群众所了解。可见,如何进一步完善税收优惠政策,简化办理税收优惠的手续和程序,营造更好的社会氛围和鼓励捐赠的政策条件,保护公众参与慈善捐赠的积极性,是亟待解决的问题。

(三) 单位传达依然是捐款信息的主要来源

　　让更多的人获取捐款信息是捐款活动取得成效的前提条件,而捐款人又是通过何种渠道获取捐款途径与信息的呢?本次调查表明,选择单位传达信息的人数最多。通过工作单位传达捐款信息和组织捐款历来是单位制文化下的普遍做法。单位制影响下的工作人员不仅在工作上依赖单位,在生活、交往甚至是社会参与上也大多通过单位获得信息与资源。也有的人回答"偶遇",其中广场是慈善机构发布募捐信息最常选择的地点。另外,慈善机构的财务报告与人们的捐款行为有直接的关系,因为人们只有在了解了慈善机构的财务报告后才可能对慈善机构产生信任,并发生慈善行为。调查结果发现,知道慈善机构的财务报告并去查看的占 7.7%,知道但不去查看的占 31.4%,不知道的占 60.9%。这表明在当代社会,广大民众对慈善机构的财务报告并不知情也不了解。在公众对慈善捐赠信息缺乏充分了解的情况下,指望他们信任慈善机构、愿意给慈善事业捐款是不太现实的。

(四) 捐款指向更多侧重灾害或突发性事件、扶贫、残疾以及教育等领域

　　对捐赠领域指向,调查对象表现出明显差异。人们对灾害或突发性事件(50.9%)、扶贫(45.4%)、残疾(36.8%)、教育(36.2%)领域捐赠的比例较高,而对环保(9.7%)、体育事业(4.5%)、医疗卫生健康(9%)、养老(7.6%)以及失业(5.8%)领域的捐赠率比较低。这表明在目前的中国社会中,救灾济贫仍然是慈善捐助活动的主要领域。社会和政府在根据个人能力和贡献进行第一次分配以及国家通过税收和财政经济杠杆进行再分配的基础上,应该大力促进第三次分配——民间慈善救助,通过第三次分配,使广大困难群体分享社会经济发展成果,获得基本的生活保障和发展机

遇，构建平安和谐社会。

（五）捐款人更愿意把钱直接捐给受助人或倾向于选择慈善机构作为募捐中介组织

当今社会，普通民众的捐款方式主要有两种：一是把钱直接捐给受助人；二是向某一组织捐款，然后由组织转交或分配。那么民众更愿意选择哪种方式？调查显示，大多数捐款人（62.1%）更愿意把钱直接捐给受助人，而回答更愿意把钱捐给基金会或慈善组织的仅占 28.2%。这说明当没有一种制度使人们了解自己的捐助是否真正帮助了受助人时，捐款人更希望把钱直接送到受助人手中。这个结果对慈善组织提出了挑战和要求，即如何提高组织公信力和信息透明度，让公众真正相信在现有慈善制度和组织条件下能够基本实现捐民的意愿。担心善款无法合理使用或无法到达需求者手中是人们倾向于直接捐助受助人的重要原因，如果捐款者对捐赠转支去向和捐赠使用效率没有信心，那么必然会影响其参与慈善事业的积极性。

此次调查还问及这样一个问题："当政府、慈善机构、工作单位、社区组织、新闻媒体以及其他组织搞捐赠活动时，您更愿意向哪类组织捐款？"数据结果显示：人们最愿意选择的组织是慈善机构（55.9%），对其他组织的选择比例较低（政府部门占 7.4%，工作单位占 7.1%，社区组织占 4.4%，新闻媒体占 4.5%）。人们之所以比较信任慈善机构，主要是因为慈善机构的本职功能和专业性使其获得了比其他组织更多的社会信任。

三　影响个体捐赠的因素

统计当天募捐数量，动员千名志愿者开展广场与街头"慈心一日捐"劝募活动仅收到不足 6000 元善款，这与主办方预期有较大差距。那么到底是什么因素影响了人们的捐款行为？

（一）慈善机构公信力的高低对公众捐赠行为有重要影响

问卷数据显示，在回答"哪些因素不利于人们的捐款行为"时，选择"慈善机构公众信任力缺乏"的最多，占调查对象的 47%，"经济收入有限，想捐但力不从心"的占 19%，"捐赠途径不便利"的占 8.3%，"慈善机构知名度不高"的占 8.2%，"受助对象不是自己最为关注的群体"占 5.5%。由此可以看出，在民众那里，影响捐赠的主要制约因素是慈善机构缺乏公众信任。

（二）捐款数量与收入水平密切相关

尽管人们常说"慈善无大小，人人可为之"，但收入水平显然会影响捐款数量。从表 2-9 可以看出，捐款数量与月收入存在密切关系，月收入少的人捐款数量也少。捐款在 50 元以下的人大部分收入不足 400 元；捐款在 50 元以上的人，几乎都属于那些月入 400 元以上的人群。这说明，不同收入水平的人群均可能产生捐款行为，但捐款数量与收入水平仍密切相关。目前中国的经济结构存在"居民收入占国民收入的比重偏低，劳动报酬在初次分配中的比重偏低"的不合理现象,① 这实际上对普通市民捐赠的经济能力造成了不利影响。

表 2-9　月收入与捐款数量

月收入（元）	捐款数量						
	50 元及以下	51—100	101—200	201—300	301—500	500 元以上	缺省
无收入及 400 元以下	178	2		2		1	
401—800	31		2	1		1	
801—1200	55	8			2		
1201—1600	41	8	3	1	1		
1601—2000	34	17	3				
2001 元以上	30	34	12	3	4	1	
合　计	369	69	20	7	7	3	321

（三）不同募捐场所和劝募方式适合不同对象

与一般的捐款组织形式不同，此次广场"慈心一日捐"活动属广场或街头劝募，主要捐款者是以市民身份出现的个人，而非部门、企业及其职工。从现场观察来看，大部分捐款人属于大中专学生②和中老年退休者，这些人的月收入比较低或没有收入。由此看来，不同的募捐组织和劝募方法适

---

① 发达国家职工劳动报酬在国民收入中所占比重一般在 55% 以上，而在中国，2007 年这一比重已从 1997 年的 53.4% 降至 39.7%（杜海涛：《专家指国民收入分配不合理根源在经济结构》，《人民日报》2009 年 12 月 31 日）。相对较低和不均衡的劳动报酬水平是制约普通公民慈善捐赠能力的重要因素之一。

② 分职业统计看，此次活动的捐款者中学生参与率最高，这与当天活动由学生义务担当募捐工作人员有直接关系。来自不同高校的大学生，在执行志愿募捐任务过程中，认为自己有责任拿出一点善款，表现爱心。

合不同的捐款人。广场或街头募捐对平时没有参与过单位捐献的人和小额捐款者更为有效。

总之，参与慈善捐献是公民的一项义务，然而如何提高公众的捐赠意识和募捐的组织效率，需要人们做出更深入的思考。目前严格意义上的民间慈善捐赠行为远未形成自身的规范，慈善资源的募集依然高度依赖于行政力量。慈善事业的发展有待于良好民间慈善氛围的形成、普通公民"初次分配"水平的提高和相关具体制度措施的配套完善，同时还要为民众个人捐赠提供可靠、便捷的途径与手段。

第五节　SARS 危机中慈善捐赠的特点与动机

在 2003 年抗击"非典"（SARS）疫情期间，中国诸多企事业单位、社会团体和个人积极行动起来，慈善公益活动随处可见。在媒体上几乎每天都可以看到关于慈善捐赠的信息，其中既有来自国内各类企业、事业单位、社会团体的慷慨捐赠，也有来自众多群体、家庭和个人爱心的表达，既有境外华侨、留学人员的倾心相助，也有国外政府、企业与友好人士的热情相帮。SARS 是一场灾害，但 SARS 危机也给整个国家和民族提供了一个慈善救助的契机，使人们在这个危难时刻，对许多问题进行深入思考。

一　SARS 危机中的慈善救助特点

非常时期的慈善捐赠与日常的捐赠相比具有不同的特点和形态，政府在慈善捐赠的规范化与组织协调方面具有十分突出的作用。

（一）明确社会捐赠的接收渠道

"国家有难，匹夫有责"，抗击 SARS 期间社会各界掀起了捐赠热潮。然而在疫病暴发初期，人们不知道捐赠的渠道，出现了一些混乱局面。如在北京防治 SARS 的高峰时期，各地区、行业、企业和个人对北京防治 SARS 的"战争"进行了多种形式的捐赠，受赠单位五花八门——既有北京市防治 SARS 领导小组办公室，也有北京市接受救灾捐赠事务管理办公室；既有北京市疾控中心，也有各主要医院；既有卫生局系统各单位，也有民政社会救助中心、中华慈善总会、青基会、希望工程捐助中心等社会救助机构和慈善公益机构；甚至一些服务行业，如航空、交通等部门也会接受来自医疗企业的捐赠。针对危急时刻开展捐赠可能引发的混乱，2003 年 5 月 3 日，国务院办公厅及时下发了《关于加强防治非典型肺炎社会捐赠款物管理工作的通知》，通知明确规定，此次非典型肺炎社会捐赠款物由民政部门、卫生部门负责接收，中国红十字会总会、中华慈善总会也可接收，其他部门和社会组织一律不得接受社会捐赠，已接收的捐赠款物应尽快移交民政部门或卫生部门，不符合上述规定的，均属违规行为。同时要求接收部门必须依据《中华人民共和国公益事业捐赠法》，做好接收和分配使用工作，通过媒体和网络及时公布有关信息，接受社会监督。捐赠接受部门资格的明确认定在很大程度上避免了危机发生时许多热心的企事业单位、社团、群众不知把资金捐赠到何处，甚至捐赠到那些在法律上并不具备接受捐赠资格的机构，从而造成物流的混乱和浪费，影响了把最重要的物品送到最需要的地方的情况。

捐赠渠道的畅通无疑是慈善救助工作中非常重要的部分。从 SARS 暴发后的捐赠来看，需要救助的人与部门最方便快捷地获得救助款物等，都有赖于捐赠渠道的畅通。近年来，随着社会慈善救助事业的发展，政府制定的慈善捐赠政策日渐完善，献爱心者的数量呈快速增长的势头，但整个慈善救助事业仍处于比较原始、零散的状态，社会慈善救助因为渠道不畅通而陷入进退两难窘境的情况时有发生，在危机到来时这种情况更为突出。这充分说明，在应对灾害、凝聚爱心方面，国家需要建立一套较为完善的捐赠运行制度，开辟日常性与紧急条件下有区别但同样畅通的捐赠渠道。

（二）制定抗击 SARS 危机的特定捐赠条例

SARS 是中国从未遇到过的传染疾病，至今尚未研制出特效治疗药物和有效预防疫苗。强烈的传染性和不确定性决定了捐赠方式以及捐赠内容等方面的特殊性，为此中国政府及时制定了危机时期的特定捐赠条例。

在捐赠方式上，为避免 SARS 疫情在人群聚集时的传播，加强群众的自我保护，国务院办公厅以及民政部、卫生部等在下达的通知中严格要求：此次社会捐赠不在全国范围内组织发动，不搞义演、义卖、义赛等活动，不举办集会性捐赠活动和捐赠仪式，对资金的捐赠提倡通过本地银行、邮局汇款方式进行，捐赠活动一般不举行任何仪式，对大额款项的捐赠者，可以根据要求举办简短的交接仪式。这些特殊时期的特殊捐赠方式均基于一个原则：保护捐赠者利益，避免 SARS 疫情传播。原先经常使用的捐赠方式在此受到限制，选择新的符合要求的捐赠方式成为必然。

在捐赠内容上，不同于以往灾难如水灾、地震发生时对捐赠物品鲜有专门指定，本次抗击 SARS 灾难的捐赠内容政府做出了具体而专门的安排与指定。根据 SARS 防治工作实际，接收的社会捐赠除资金外，指定捐赠物品包括与防治 SARS 有关的消毒、防护等用品，抗菌抗病毒等药品、试剂，X 光机等诊断设备，呼吸机等治疗监护设备，医疗救护防疫等运输设备。不同的危机事件，有不同的处理办法，为防治 SARS，本次中央政府及地方政府对社会捐赠物品做出这种明确、有条件的规定，是以往任何一次社会捐赠所不曾出现的，这样做的目的，是最大限度地整合社会资源，把最有用的东西用于危机事件的救助中，以最快的速度和最高的效率抗击 SARS，保护人民群众的身体健康和生命安全。

在使用范围上也有严格规定，按照专款专用、重点使用、统筹安排的原则分配使用社会捐赠款物。SARS 疫情暴发不久，国务院办公厅、民政部等部门强调接受防治 SARS 社会捐赠的部门和单位应当依据《中华人民共和国公益事业捐赠法》及有关规定，按照捐赠者的意愿，保证社会捐赠款物全部用于 SARS 的防治和救助，不得挪作他用。同时，还对定向捐赠和非定向捐赠的资金与物资做了明确规定：捐赠者有明确捐赠意向的捐赠资金和物资，必须按照捐赠者的意愿及时拨付使用，由有关部门直接移交给受赠者；对捐赠者无明确捐赠意向的资金即非定向捐赠资金，只能用于 SARS 患者的救助、诊断、治疗和医疗设备的购置以及卫生医务工作者的补助等方面；捐赠物资只能用于医疗卫生机构进行 SARS 防治工作。社会捐赠使用范围的限定为集中力量抗击 SARS 提供了有力的保证，避免了资源的浪费与消耗，也满足了广大捐赠者的良好心愿。

（三）促使捐赠工作的规范化与制度化

在这次抗击 SARS 过程中，国内的慈善捐赠管理的确出现了一系列变化，最重要的变化之一就是捐赠工作的规范化与制度化得到较大程度的加强。

（1）完善信息发布与公示制度。为了抗击 SARS，使社会捐赠资源得到最大限度的利用，满足企业和群众捐赠的愿望，政府不仅明确了具有接受捐赠资格的部门，还确定了一整套的信息发布与公示制度，设立信息咨询电话，开通捐赠热线，通过媒体公布社会捐赠接收部门的电话号码、传真号码、账户等，以方便社会各界奉献爱心。北京市在 SARS 疫情最严重的时候，即 2003 年 4 月 27 日前后，就在市、县（区）民政部门开通了"防治非典，奉献爱心"24 小时社会捐助热线，并设立北京市接受救灾捐赠事务管理中心，随时接收单位和个人的捐助。[①] 其他地方也同样开通了捐助热线。另外，及时制定了社会捐赠的公示制度，充分利用各类媒体及时公布捐赠款物接收分配使用情况，让全社会清楚慈善捐助的来源，捐助的过程（包括捐助者、捐助对象、捐助款物数额、接收部门）以及捐助款物的管理、分配与使用，力图让所有社会捐赠都展示在透明的蓝天下。正如民政部救灾处的同志所表达的："社会各界捐赠的款物都是救命的款物，'非典'当前，全国都在抗击疫病，我们对每一笔社会捐赠款物不论多少，使用和分配都要进行公示，这样做是让捐赠者捐得放心，也让受益者明白是谁捐赠的，同时也是增加捐赠的透明度，接受社会的监督。"[②]

笔者从民政部网站上查阅到，截至 2003 年 6 月 26 日，民政部已连续发布了 16 次捐赠接收最新统计，从 5 月 7 日以来几乎每隔 3—4 天，就会更换社会捐赠的统计信息。

（2）严格规范工作程序。为了最大限度地开展抗击 SARS 的社会捐赠行动，政府制定了一套严格的工作程序：按照规定渠道接收、登记、造册、分类；对每一笔捐赠款物向捐赠者出具合法有效的收据，接收部门统一使用财政部监制、核发的接受社会捐赠票据；严格按照使用范围管理使用捐赠款物；及时下拨社会捐赠款物；严格做好捐赠款物的监督、检查、公示、审计。以灾情最严重的北京市为例，市政府为规范捐赠和受赠行为，颁发了《关于加强防治非典型肺炎社会捐赠款物管理工作的通知》，其中特别要求：各级民政部门对捐赠款物的管理和使用，必须制定严格的工作程序，建立责任制度；接收的每一笔捐赠款物，都要当面点清，并向捐赠人出具合法、有

---

① 杨青：《北京开通"防治非典、奉献爱心"社会捐助热线》，新华网，http：//news. xinhuanet. com/newscenter/2003 – 04/27/content_851145. htm（2003/4/27）。

② 季云岗：《非典捐赠如何分配使用和管理》，《中国社会报》2003 年 5 月 31 日第 1 版。

效的接收凭据和感谢信；捐赠款物必须登记造册，保证捐赠款物全部用于SARS的防治和救助，不得克扣或挪作他用；捐赠的药品和医疗器械，由药品监督管理部门检验并存入专用库房；卫生防疫用品、保健用品、食品等，由卫生部门负责确认和检验，民政部门负责接收入库，并为捐赠单位办理接收手续。① 工作程序的规范化，不仅使捐赠资源得到了最有效、最及时的使用，还获得了社会的高度信任，从而掀起人们更高的捐赠热情和更广泛的捐赠行动。

（3）强化检查与监督制度。加强对社会捐赠款物管理使用的监督、检查和公示，向捐赠者开展信息反馈，加强对捐赠款物管理使用的审计等工作，是政府进一步规范和加强接收防治"非典"社会捐赠工作的重要举措。社会捐赠的款物，数量不等、品种不一，但有一点是相同的，即都表达着人们对防治疾病、抗击SARS、救助患者、支援公共卫生事业的心愿。如何有效地保障捐赠者的权益，保障捐赠对象的权益，把全社会美好的心愿变成现实，把爱心化作行动，维护慈善事业的声望？仅仅靠有关部门的宣传、动员、倡导是不够的，严格规范的检查与监督制度的确立才是其充分的保证。为此，国务院、民政部、卫生部等反复强调要对抗击"非典"的捐赠严格采取检查、监督、审计等措施。一是要求民政部门建立举报制度，公布举报电话，以加大对社会捐赠工作的监管力度；二是明确规定对于各种形式的非法募捐活动，民政部门要会同有关部门及时查处和取缔，对于借募捐名义从事诈骗活动等违法犯罪行为的予以坚决打击；三是要求接受社会监督和舆论监督，通过公布有关捐赠信息，保证慈善捐赠接收、分配、使用的公开性、透明性；四是加强审计工作，要求捐赠工作结束后，接收捐赠部门应接受同级审计部门的审计。这些措施的制定与执行，在很大程度上为社会捐赠的有效持续进行，为实施危机救助提供了条件和保证。

（4）建立有效的激励制度。像所有社会捐赠一样，危机时期的社会捐赠要求执行自愿捐赠的原则，各地不得组织任何形式的劝捐、募捐活动，不得采取行政命令或硬性摊派手段等。自愿捐赠体现了慈善事业的本义，这也

---

① 北京市人民政府办公厅：《关于加强防治非典型肺炎社会捐赠款物管理工作的通知》（京政办发〔2003〕17号），2003年5月8日。

是慈善事业赖以生存的基本条件。然而，自愿捐赠并不意味着不需要政府和社会的鼓励，相反，各种激励制度的设立与执行更有助于慈善事业的健康发展。抗击 SARS 过程中的社会捐赠非常明显地体现了这一点。

SARS 暴发后，来自企业方面的捐款捐物日益增加，调整税前扣除政策起了关键作用。2003 年 4 月 30 日，财政部和国家税务总局发出通知，对社会各界向防治非典型肺炎事业捐赠，允许在缴纳所得税前全额扣除。① 这一新规一经公布，全国收到的捐赠资金便大幅度增长，仅北京市在 SARS 暴发后一个多月的时间，就接收社会捐款 3.8 亿元，超过 1998 年夏天洪水灾害的捐款总额。在 SARS 疫情发生之前，按照《企业所得税暂行条例》的规定，纳税人用于公益、救济性的捐赠在年度应纳税所得额 3% 以内的部分准予税前扣除。也就是说，企业捐赠款物的金额如果超过企业当年税前利润的 3%，超额部分仍需缴纳企业所得税，结果形成企业捐赠越多纳税越多的矛盾，自然抑制企业捐赠的积极性。而调整税前扣除比例则极大地激发了企业捐赠的热情。可见当时常规性捐款纳税规定抑制了企业进行慈善捐助的积极性，而针对防治"非典"的特殊捐赠税收优惠，则成为鼓励国内企业捐赠的重要机制。②

善款筹集为社会救助发挥了重要作用。SARS 疫情暴发期间，中国政府在常规的救助政策中及时纳入 SARS 专项救助项目，在生活和医疗救助两个方面确保应保尽保。而可观的慈善捐赠则在一定程度上弥补了政府财力的不足，降低了政府治理危机的成本，并同政府投入的资金一起为抗击 SARS 提供了坚强有力的保障。当然，目前应对 SARS 的许多捐赠政策与措施，尽管得到了社会的高度评价，为有效抗击 SARS 提供了支持，但毕竟还属于"急事急办""特事特办"的行政行为或政策，并非现代法规政策。能否将防治 SARS 时期出现的一些积极的捐赠政策或准政策，变为持续性的公共政策和法规，并建立民主化的政策制定程序和有效的政策执行机制，通过制定处理公共危机社会捐赠的相关政策，把社会的捐赠化零为整，及时转

---

① 财政部、国家税务总局：《关于纳税人向防治非典型肺炎事业捐赠税前扣除问题的通知》（财税〔2003〕106 号），2003 年 4 月 29 日。

② 钟国栋：《调整税前扣除——鼓励国内企业捐赠的重要机制》，《中国社会报》2003 年 5 月 22 日第 1 版。

化为一种规范的、长效的社会援助行为，将是 SARS 危机之后需要加紧考虑的问题。

二　SARS 危机中的捐赠动机分析

在任何社会、任何人群中，慈善捐赠的动机历来都是五花八门、多种多样的。有学者把国内外捐献者的动机归纳为无私奉献型、互助友爱型、同情弱者型、塑造形象型、经济谋划型、政治需要型、沽名钓誉型、最终利己型等。[①] 联系防治 SARS 过程中的捐赠行为，我们把危机中捐赠者的捐赠动机总结为以下几类。

（一）同情与善爱

对弱势群体的同情与善爱是日常生活中人们进行慈善捐赠最普遍的心理动机。近年来，中国慈善工作的主要对象是那些生活遭遇严重困难的失学青少年、残疾人、下岗职工、孤寡老人、农民工以及遭受自然灾害的灾民，许多集中型和经常型的善款筹集活动即是根据他们的需要与困难发动的。同情与善爱之心是社会捐赠的基础，中华民族一直保留着同情弱者、济世为怀的传统美德，当突如其来的 SARS 危机冲击人们的生活，给社会带来严重的灾难和恐慌时，每个人都难免成为受害者，特别是那些没有医疗保障的人们以及那些父母不幸死亡的孤儿，一旦新闻媒体报道有关不幸者所遭遇的困境，便可迅速使人们产生巨大的同情、怜悯和关怀，从而激发出极大的捐献热情。SARS 事件中大量的慈善捐赠即是在这种心理的影响下出现的。

（二）崇敬与钦佩

本次抗击 SARS 的社会捐赠活动，突出的一个特点表现为对医务人员的大量捐赠，许许多多的款物属于针对医治 SARS 疾病的一线医护人员的定向捐赠。医务工作者不属于弱势群体，他们一般享受着政府提供的工资与补贴，享有医疗保险和特定的福利待遇。人们之所以通过捐赠款物的方式把爱心奉献给他们，一方面是因为在 SARS 危机到来时医护人员从事着一种最危险、最艰苦、别人无法替代而病患者又迫切需要的救命工作，需要给医务人员提供最好的工作和生活保障；另一方面，也是更重要的，是因为人们被众

---

① 郑功成、张奇林、许飞琼：《中华慈善事业》，广东经济出版社 1999 年版。

多的医务工作者无私忘我、牺牲奉献的精神所感染与感动，他们从内心深处敬佩其业绩、仰慕其人格，希望为他们捐赠钱物来表达自己的赞扬、崇敬、关爱之情。这种意义上的捐赠实际上不完全具备对某个群体或个人救助的意义，而更多的是对一线医务人员的鼓舞、激励和赞美，是表达人们对医务人员无私无畏精神的敬意，也是对整个抗击 SARS 行动的支持。

（三）责任与支持

与地震、洪水等灾害有别，SARS 危机不仅关系老人和孩子，也关系成年人；不仅关系本地人口，也关系外来人口；不仅关系政府、企事业单位的利益，也直接关系每个人的切身利益，关系整个社会乃至生活在地球上的所有成员的利益。因此，抗击 SARS 应是全社会的责任，需要所有社会成员团结一心、共同努力。大量的国内外企业、众多的家庭和个人正是凭借这种强烈的社会责任感和使命感开展捐赠活动的。著名篮球运动员姚明和上海电视台发起的"超级明星超级爱心——抗击非典直播节目"，3 小时募得善款 50 多万元人民币和 28 万美元，姚明本人捐助了 50 万元人民币。[①] 公民的社会责任意识是推动社会互助的基础，是抗拒艰难险阻的强大力量。在抗击 SARS 的斗争中，企业家、民众，甚至居住在国外的留学生、华侨以及关心、热爱中国的外国人，他们没有其他途径参与防治 SARS 的工作，只想通过捐赠这种力所能及的方式加入支持中国抗击 SARS 的行动中来。

（四）利益与公关

要求所有的捐赠者都具有强烈的社会责任感和崇高的公而忘私的精神，在现阶段的中国社会，是不现实的。当社会发生危机时，一般情况下，企业和个人为受难群体的遭遇心焦，为前线救助者的勇敢奉献精神感动，但同时也难以摆脱自身利益包括部门利益的需要，复杂的心理同样会形成捐赠的强大动机与行动。有的通信公司将自身业务的推广与捐赠活动结为一体，既满足抗击"非典"的通信业务需求，也趁势扩大其在行业市场的占有率。中国联通公司宣布，向抗击 SARS 第一线的卫生部及各省、市、自治区下属的卫生厅、局捐赠价值约 500 万元人民币的中国联通"宝视通"宽带视频会议系统及可视电话系统各一套，并免费为上述两套系统的开通提供光缆或无

---

① 王兴梅：《感受非典募捐》，《时代潮》2003 年第 15 期。

线手段的接入及相应设备。① 北京移动和诺基亚公司合作，向北京市卫生局和一线医务工作者捐赠 100 部移动电话和 SIM 卡，同时向医务人员捐赠 100 万元中国移动通信手机充值卡。② 鉴于越来越多的学生在家上网学习，中国网通不失时机地捐赠学生"上网学习卡"，使学生免费登录中国网通宽带家园的门户网站；而以往，该网站的网络教育以收费的形式进行。另外，有些国内外企业的捐赠活动尽管是为了满足治病救人的急迫需要，但也包含企业的公关动机和步骤。这种利己又利人的捐赠在境界上可能与完全利他主义的捐赠不同，但对于支援与救助处于危机中的人们，对于形成互助博爱的理念和万众一心的社会氛围，仍具有珍贵的价值。值得一提的是，在市场经济条件下，资本总是追求利润最大化，想让公众将财物从口袋中掏出来投向社会慈善事业，光靠道德的说教显然不够。这就需要制定一系列的优惠政策，如免税待遇和遗产税、个人所得税中的累进税率制等，向慈善事业倾斜，使捐赠者有利可图，从而将一部分社会财富投向公益慈善事业。

（五）从众与服从

一般来说，凡是个人捐赠必须由个人自主决定即完全遵循自愿的原则，但在危机时期，这种自愿原则有时会打折扣。SARS 疫情暴发后，随着社会捐赠的逐渐增多，各级政府一再强调自愿原则，不许摊派与强迫捐赠，不许克扣工资。然而，鉴于捐赠场所的有限性和捐赠方式的限制性，个人捐赠更多依靠单位组织的形式进行。其做法往往是单位领导首先提出倡议，鼓励大家为抗击 SARS 捐款。有的单位还制作了捐款箱，领导者以及积极响应者带头排队分别把一定数量的善款放入箱内；或者在办公室安排专人，负责收集善款。当看到部门领导以及周围同事纷纷捐款的时候，单位中的每一位在场人员，尽管不是都心甘情愿，可场景压力使得从众型捐款行为频频出现。值得一提的是，即便捐款数量有时也是根据领导者或最先捐款者的多少而自发调整的：被领导者一般不超过领导者，收入少的人一般不超过收入多的人。还有的时候，是否捐款与捐款的数量干脆就是大家协商或发起人决定，单位成员服从。当然，这里并没有人强迫捐赠，也没有上级组织规定捐多少，单

① 　张雪琳：《"非典"时期的运营商》，《通信产业报》2003 年 5 月 14 日第 15 版。

② 　郭鸿：《诺基亚与北京移动联手抗非典》，《国际商报》2003 年 5 月 26 日第 8 版。

位成员的感染和影响、不愿成为人们议论对象的压力或者想留给他人好印象的想法的共同作用，转变为捐款的驱动力。

除了上述几种普遍的捐赠动机，知恩图报式捐赠、商业合作式捐赠、借机送礼式捐赠、巧取名誉式捐赠、广告效应式捐赠、避税式捐赠，甚至钻空子捐赠等，同样也在 SARS 危机期间时有表现。如何认识不同的捐赠动机，如何引导捐赠事业的健康发展，需要人们通过不断的探索，以认识其内在规律和途径。当然，慈善事业不能以动机来界定，而需要以效果作为评价的标准。"捐赠行为不论何种形式、不论处于什么动机，只要参与了慈善事业，便说明他已经开始了道德的积累。"[①] 社会应当大力提倡具有较高道德境界、不图回报的慈善捐赠，但对利己利人甚至由某种利益驱使所产生的社会捐赠同样应持理解和欢迎的态度。

第六节　总结与讨论

以上主要探讨了政府机关、企业、个人三类主体的行为方式，其中企业捐赠是中国慈善事业的主要资金来源，但政府与个人捐赠也正发挥着越来越重要的作用。通过对这三类主体的概念、捐赠现状、行为方式的研究，本章发现其行为方式存在如下共性特征。

第一，动员机制行政化。政府在中国慈善事业发展中具有独特的作用，尤其在慈善事业动员机制上的作用更为明显。在上述三类主体的捐赠过程中，到处都有政府行政力量的作用，行政化是它们动员机制的共同特征：行政部门的捐赠行为如处理日常事务一般自上而下动员、层层分解任务，甚至带有强制募捐的嫌疑；企业捐赠动员机制中政府的强力作用也很明显，无论是国有企业还是民营企业在生产经营等各个方面都受到政府的强力管制；其他行业与部门（包括社区基层政权组织）也是在上级政府部门的领导下开展工作。因此，各类捐赠动员都带有行政化色彩。

第二，动员机制单位化。受计划经济惯性的影响，单位制在中国社会仍然有独特的作用，慈善捐赠的动员自然也离不开单位的影响。个人参与慈善

---

① 郑功成：《关于慈善事业的理论与政策思考》，全国第三次慈善工作经验交流学术报告，1997。

事业主要通过响应单位号召，个人所在单位和社区的组织动员十分有效。而政府机关、事业单位、企业内部的捐赠也同样是在本单位的号召和组织下进行的。不同的单位动员能力不一样，政府机关的动员能力最强，其次是国有企业、民营企业、社区居委会等。

第三，捐赠途径集中化。总结捐赠主体的捐赠途径可以发现，各级民政部门和官办 NGO 接收了绝大部分慈善资金。政府机关及事业单位的捐赠直接给民政部门或慈善总会系统自不必说，企业捐赠也多被官办 NGO 接收，原因在于官办慈善组织是政府的代言人，而中国民间慈善组织在实力、声望方面根本无法同官办慈善组织相比，企业自然也不愿意向民间慈善组织捐赠。另外，个人捐赠钱物给单位或社区居委会后，单位或居委会也将善款上交给民政部门或慈善总会。

第四，捐赠表现形式多样化，指向领域集中。捐赠形式多样化尤以企业捐赠和个人捐赠最为明显。除传统的现金捐赠、物资捐赠以外，还出现了志愿服务、股权捐赠和购买福利彩票等多种形式，捐赠指向领域集中在救灾、扶贫和教育等几个主要方面，以救灾领域吸收慈善资源最多，而医疗救助、残疾人事业、社区发展等领域吸收慈善资金较少。

第五，捐赠动员去行政化的趋势。根据《中国慈善事业发展指导纲要（2006—2010 年）》，发展慈善事业的工作原则之一是坚持政府推动、民间实施原则，这是在国家层面的政策文件中对慈善事业中政府角色定位的描述。2013 年 7 月 18 日，民政部和云南省政府联合举办推进社会建设创新社会组织座谈会，云南省政府公开宣布政府退出公益慈善募捐市场，除发生重大灾害外，不再参与社会募捐，[①] 并印发了《云南省慈善事业促进条例》对有关事项予以明确，规定发展慈善事业坚持政府引导、民间运作、社会参与、规范透明的原则。这是政府机关首次公开表示退出慈善募捐市场，是其从运动员和裁判员的双重角色中跳出来的良好征兆。慈善捐赠动员去行政化可以避免强制募捐的嫌疑，有利于消除政府向企业和社会索捐的不良倾向，使慈善捐赠理念回归到自愿的基础上，依靠慈善文化和民间力量推动慈善事业发展。

---

① 王传涛：《政府退出慈善是常识回归》，《新西部》2013 年第 8 期。

　　中国慈善事业的捐赠主体是处于发展变化之中的，捐赠主体的构成、各个主体在慈善事业中发挥的作用及其行为方式都处于不断变化中。以往企业是主要捐赠主体，个人捐赠作用很小。但 2007 年平民捐赠额高达 32 亿元，2008 年受地震影响，个人捐赠首次超过企业和其他社会组织达 458 亿元。随着中国普通民众参与慈善事业的热情越来越高，个人捐赠作用将越来越大。以往中国企业的捐赠理念是"回报社会，造福桑梓"，随着市场经济的发展，企业捐赠理念开始走向战略化，捐赠动机表现出由外力推动逐渐向内生自发动力转化的良好趋势。企业捐赠行为正在由简单走向复杂，由随机性捐赠走向持续性捐赠，企业对捐赠的管理也逐渐重视起来。政府部门表现出逐渐淡出慈善募捐市场的趋势，更重视引导推动作用，而不是直接参与，将慈善事业的运作交给社会，这也是政府推动、民间实施原则的体现。中国慈善捐赠事业的发展关键还是开拓慈善资源、鼓励捐赠主体多元化。企业捐赠目前是中国慈善资金来源的主体，因此需要继续鼓励企业树立企业公民的理念，并给予税收优惠。个人是慈善捐赠的重要主体之一，政府部门和慈善组织需要扩大个人捐赠的实现渠道，以鼓励个人捐赠的进一步发展。在募捐环节，要创新捐赠方式，树立"募捐市场"的观念，采用多种形式挖掘慈善资源。目前影响个体捐款行为的重要因素包括慈善机构公信力的高低、平均收入水平，以及募捐和劝募方式等。慈善事业的发展有待于良好的民间慈善氛围的形成、普通公民初次分配水平的提高和相关具体制度措施的配套完善。由此才能提高慈善中介机构的公信力，提高公民参与慈善捐赠的经济能力，为个人捐赠提供可靠、方便的途径与手段。

第 三 章
捐赠中介机构及其行为特征

慈善事业实施主体是非营利性组织。慈善捐赠事业的着眼点之一也应当是中介组织的培育与发展。本章将围绕慈善基金会的运行机制进行详细阐述，并以 SD 慈善总会、SD 大学教育基金会为个案，通过实地调查分析慈善基金会的运作机制。

第一节　慈善捐赠中介组织类型与发展状况

慈善中介组织是介于政府、企业、社会团体及个人之间从事联系、协调、评估等专业性服务活动的非营利组织，其在慈善捐赠中发挥信息沟通、协调代理、咨询策划、法律服务、广告传媒等中介作用。

一　慈善中介组织的类型

杨团将慈善机构归纳为三类：第一，基层社区慈善组织；第二，中介性慈善组织；第三，服务性慈善机构。① 基层社区慈善组织以满足本社区困难群体的特殊需要为目的，是中国慈善机构中最活跃并且与老百姓直接结合的慈善组织；中介性慈善组织主要是慈善基金会，其筹款范围广泛，有些工作范围很大甚至扩展到全国，如中华慈善总会及地方慈善总会；服务性慈善机构针对特定人群（如老人、孤儿和残疾人）从事直接服务，这些机构一般规模较小但数目较多，有固定工作人员、场所和设施，如邢台东方希望儿童

---

① 杨团：《中国慈善机构一瞥》，《中国社会工作》1998 年第 1 期。

村、吉林育林孤儿院等。①

郑功成从慈善事业的实践环节出发，认为慈善组织可以分为募捐机构、实施机构与协调机构三种。从所承担的任务或职责出发，慈善组织则又可以分为如下五种：第一，混合型公益组织；第二，综合型慈善组织，其慈善服务项目及内容可以是多方面的；第三，专一型慈善组织，其特点是肩负的职责和任务较单一、援助对象较单一、目标很明确；第四，协调型组织，其职能主要是协调慈善组织与政府的关系、募捐机构与实施机构的关系以及各慈善组织之间的关系，自身不开展具体慈善工作；第五，附属型组织，多数企业对慈善事业的支持主要通过捐献来体现，但也有少数企业设立附属型慈善或公益组织来融入慈善事业并发挥作用，如一些企业出资设立的基金会。②

慈善组织按照运作模式又可分为三类：一是资助型，主要任务是筹集和整合社会资源，然后分配到其他公益机构；二是运作型，主要任务是进行项目运作，提供社会服务，通过与资助型机构及政府订立合约获得资金；三是混合型，它同时涉及资源筹集和项目运作两大领域。③ 目前国内的绝大多数慈善组织，无论规模大小，基本都是兼做资源筹集和项目运作的混合型机构，资助型、运作型慈善机构比较少。

本研究中捐赠中介组织的界定主要结合中国目前慈善组织的运作主体及其在慈善事业中的主要作用，主要针对各类基金会、慈善总会，④ 这里将其统称为慈善基金会。这类慈善中介机构从企业和社会筹集资金，赠送给服务组织或有需要的群体，充当了捐献人和受益人之间的桥梁和纽带。

二　慈善基金会类型及发展现状

基金会是指以公益事业为目的，利用自然人、法人或者其他组织捐赠的财产，依法成立的非营利性法人。根据 2004 年《基金会管理条例》，基金

---

① 杨团：《中国慈善机构一瞥》，《中国社会工作》1998 年第 1 期。
② 郑功成：《现代慈善事业及其在中国的发展》，《学海》2005 年第 2 期，第 36 页。
③ 北京师范大学中国慈善事业研究中心：《2001—2011 中国慈善发展指数报告》，北京师范大学出版社 2012 年版，第 73—74 页。
④ 以中华慈善总会和各个省市地区的慈善总会、慈善协会为主体的慈善会系统参照"公募基金会"进行管理，并进行年度工作报告和信息披露，在此将慈善会也纳入慈善基金会范畴。

会被分为面向公众募捐的基金会（以下简称为公募基金会）和不得面向公众募捐的基金会（以下简称为私募基金会或非公募基金会）。公募基金会与私募基金会最主要的区别在于是否有资格向公众开展募捐活动。另外，根据中国《基金会管理条例》，二者在注册原始基金规定、治理结构规定、财产管理规定以及信息披露义务等方面均存在差别。在注册原始基金上，全国性公募基金会的原始基金不低于 800 万元人民币，地方性公募基金会的原始基金不低于 400 万元人民币，非公募基金会的原始基金不低于 200 万元人民币。在治理结构规定上，用私人财产设立的非公募基金会，相互间有近亲属关系的基金会理事，总数不得超过理事总人数的 1/3；其他基金会，具有近亲属关系的不得同时在理事会任职。在财产管理规定上，公募基金会每年用于从事章程规定的公益事业支出，不得低于上一年总收入的70%；非公募基金会每年用于从事章程规定的公益事业支出，不得低于上一年基金余额的 8%。在信息披露义务上，公募基金会在组织募捐活动持续期间以及募捐活动结束后，有义务公布募捐活动计划、资金使用以及流向等；而非公募基金会由于不存在募捐活动，则没有公开披露募捐活动过程信息的义务。

按照公募基金会募捐的地域范围可分为全国性公募基金会和地方性公募基金会；按照基金会的运作机制和结构可分为独立基金会、运作基金会、公司基金会和社区基金会；按照活动领域可分为慈善类、教育类、文化艺术类、科技类和其他类，其中，慈善类约占 31.88%，在基金会组织中占的比例最大。从基金会与政府的关系角度看，中国基金会可以分为四类：一类是纯官办基金会，这类基金会本身就是政府的一个部门，比如国家自然科学基金会；一类是官办民助型基金会，这类基金会运作资金从社会募集，但机构性质是事业单位，比如宋庆龄基金会；一类是民办官助型基金会，这类基金会不属于国家事业单位，可以自我运作与管理，但与业务主管部门联系密切，不可避免地带有不同程度的官方色彩，比如中国青少年发展基金会、中华慈善总会等；一类是纯民办基金会，基金会的运作、管理及工作模式由基金会本身决定，基金会由民间举办。此外，在中国还活跃着一大批在海外注册的基金会，他们在中国设立办事处从事慈善活动，比如比尔和梅琳达·盖茨基金会。

中国慈善基金组织经过多年发展，已经形成多种形态。徐永光总结中国目前存在八种形态的基金会：一是社区基金会，比如广东省千禾社区公益基金会；二是家族基金会，以富豪家族为创办者；三是独立基金会，像壹基金、南都基金会、增爱基金会等；四是有企业背景的基金会，如腾讯公益慈善基金会；五是有政府背景的基金会，比如中国扶贫基金会、中国社会福利基金会、中华社会救助基金会等；六是有宗教背景的基金会，比如爱德基金会、仁爱基金会；七是专业运作基金会，像爱佑慈善基金会、阿拉善生态基金会、上海真爱梦想公益基金会等；八是大学基金会，2014年有 437 家，占基金会总数的 10% 多一点，资产 211 亿，占全国所有基金会的 22%。[①]

在中国，基金会作为一种社会组织形式属于舶来品。基金会原属社会团体的范畴，1988 年《基金会管理办法》第 2 条规定："本办法所称的基金会是指对国内外社会团体和其他组织以及个人自愿捐赠资金进行管理的民间非营利组织，是社会团体法人。"[②] 中国基金会最早出现于 1981 年，当年全国成立了 7 家基金会。2004 年中国政府发布的《基金会管理条例》第一章第二条规定："本条例所称基金会是指利用自然人、法人或者其他组织捐赠的财产，以从事公益事业为目的，按照本条例的规定成立的非营利性法人。"[③] 在该条例中，基金会从社会团体中独立了出来。根据《基金会管理条例》，基金会被分为面向公众募捐的基金会和不得面向公众募捐的基金会。2004年以前，全国以公募基金会为主，占基金会总数的 80% 以上。随着《基金会管理条例》的颁布，非公募基金会快速增长，2005 年以后非公募基金会的年增长率都在 20% 以上，而同期公募基金会的年增长率在 10% 左右。截止到 2014 年 12 月，基金会总数达 4134 家，其中公募基金会 1476 家，非公募基金会 2658 家。[④]

---

① 徐永光：《八种形态基金会在中国》，基金会中心网，http：//www. foundationcenter. org. cn（2014/11/25）。

② 王建芹：《非政府组织的理论阐释：兼论我国现行非政府组织法律的冲突与选择》，中央纪委中国方正出版社 2005 年版，第 5 页。

③ 中华人民共和国民政部：《基金会管理条例》，2004 年 6 月 1 日起施行。

④ 基金会中心网：《基金会数量（家）》，http：//www. foundationcenter. org. cn（2014/12/17）。

表 3 - 1 2012 年各地区基金会数量及类型分布

单位：个，%

地域分布	基金会数量	比例	公募	比例	非公募	比例	民政部注册
江 苏	424	13.4	184	43	240	57	3
北 京	395	12.5	130	33	265	67	147
广 东	372	11.7	109	29	263	71	12
浙 江	287	9.1	126	44	161	56	3
湖 南	151	4.8	94	62	57	38	1
福 建	148	4.7	24	16	124	84	3
上 海	147	4.6	50	34	97	66	3
四 川	96	3.0	58	60	38	40	1
内蒙古	87	2.7	41	47	46	53	0
河 南	84	2.6	37	44	47	56	2
山 东	78	2.5	35	45	43	55	1
陕 西	73	2.3	31	42	42	58	1
辽 宁	69	2.2	42	61	27	39	1
湖 北	69	2.2	24	35	45	65	2
吉 林	63	2.0	23	37	40	63	0
安 徽	62	2.0	19	31	43	69	0
黑龙江	59	1.9	35	59	24	41	0
天 津	54	1.7	22	41	32	59	0
山 西	48	1.5	22	46	26	54	0
河 北	44	1.4	16	36	28	64	1
云 南	44	1.4	33	75	11	25	0
海 南	43	1.4	20	47	23	53	0
宁 夏	41	1.3	22	54	19	46	0
重 庆	41	1.3	25	61	16	39	1
江 西	34	1.1	16	47	18	53	0
甘 肃	33	1.0	25	76	8	24	2
新 疆	33	1.0	22	67	11	33	1
广 西	30	0.9	15	50	15	50	0
贵 州	28	0.9	27	96	1	4	0
青 海	21	0.7	11	52	10	48	0
西 藏	12	0.4	10	83	2	17	1
合 计	3170	100	1348	43	1822	57	186

资料来源：基金会中心网：《全国基金会发展趋势分析——数量与分布概括》，http://crm. foundationcenter. org. cn/html/2013 - 09/659. html（2014/12/17）。

（一）公募基金会

在美国的各类基金会中，独立的私人基金会约占 85%，公司基金会约占5%，两项在数量和总资产上占全部基金会的90%以上，它们均属于非公募基金会；而面向公众筹款的社区基金会和运作型基金会的总数和资产加起来还不及10%，大的基金会几乎都是私人基金会。[①] 在中国也呈现类似的发展趋势，虽然公募基金会的数量每年都在增加，但相对比重在下降，截止到2011年底，公募基金会占基金会总数的比例已下降到47%。公募基金会普遍成立时间较长，规模较大，无论在资金基数和收入的额度上都具有一定优势，2011年末公募基金会的总资产比非公募基金会多100多亿元，这可能与公募基金会具有更广泛的资金来源有关。[②] 多数公募基金会的收入来源主要是财政拨款、补贴和社会捐赠，另外，资金运行的保值增值收入也成为收入来源的一部分。公募基金会和私募基金会的收入结构不同（参见表3-2），公募基金会以社会捐赠和政府补助为主，私募基金会以捐赠和资金的保值增值为主。公募基金会比非公募基金会更依赖政府力量，而非公募基金会则更遵循市场规则，以便补充资源。

表 3 - 2　2010 年公募、非公募基金会收入构成

单位：万元，%

收入结构＼基金会类型	公募基金会		非公募基金会	
	收入	比例	收入	比例
捐赠	1504200	84	942501	92.4
政府补助	176659	9.9	5927	0.6
投资收益	42207	2.4	43428	4.3
会费	1600	0.1	661	0.1
提供服务	8657	0.5	1020	0.1
商品销售	12421	0.7	2388	0.2
其他	43868	2.5	24576	2.4
合　计	1789711	100	1020491	100

资料来源：杨团主编《中国慈善发展报告（2012）》，社会科学文献出版社2013年版，第56页。

2007年11月，首届中国基金会筹资信息发布会发布了《中国慈善劝募市场报告》，该报告抽样调查了204家基金会。报告指出，204家基金会

[①]　徐永光：《非公募基金会迎来春天》，《中国青基会通讯》2004年第20期，2004年12月3日。
[②]　刘忠祥主编《中国基金会发展报告（2012）》，社会科学文献出版社2013年版，第24—28页。

2006 年度共募集善款 33.23 亿元，其中超亿元的有 13 个，主要是上海市慈善基金会、北京大学教育基金会、中国青少年发展基金会、中国残疾人福利基金会、中国扶贫基金会等。这些基金会多数是全国性公募基金会，但其中也不乏非公募基金会和地方性基金会。这 13 个基金会募款总额高达 22.21 亿元，占全国基金会募款总额的 1/4 强。[①] 到 2010 年公募基金会捐赠收入达到 151.7 亿元，公益事业支出为 127.4 亿。[②]

表 3-3　2010 年两类基金会的主要财务数据

单位：元

指标	公募基金会	非公募基金会
总资产	32458057389.11	22485078032.23
净资产	30987643720.29	20198390357.18
总收入	17854639290.66	10234261914.29
捐赠收入	15171778585.45	9467364244.34
总支出	13546503032.18	5217320226.35
公益事业支出	12745629492.00	4913897251.16

资料来源：刘燕梅、周咏梅、田青：《中国公募与非公募基金会财务特征比较》，《学会》2013 年第 7 期，第 15 页。

据中民慈善捐助信息中心公布的《2013 年度中国慈善捐助报告》，2013 年全国接收国内外社会各界的款物捐赠总额约 989.42 亿元，捐赠者主要选择基金会和慈善总会作为捐赠的主要对象和重要渠道，这两类组织的捐赠总和超过全国捐赠总额的七成，慈善总会系统 2013 年接收到的捐赠达到 339 亿元，各类基金会接收到的捐赠为 373.45 亿元。[③]

在中国所有慈善基金会中，组织规模最庞大、募捐能力最强大、社会影响力最大的当属中华慈善总会及各地方的省、市、县级慈善总会或慈善协会

---

① 中民慈善捐助信息中心：《中国慈善迎来快速发展时代》，中国捐助网，http://www.juanzhu.gov.cn（2007/11/5）。

② 徐永光：《公募基金会改革转型：困境与创新》，载杨团主编《中国慈善发展报告（2012）》，社会科学文献出版社 2012 年版，第 125 页。

③ 中民慈善捐助信息中心：《2013 年度中国慈善捐助报告》，中国公益慈善网，http://www.charity.gov.cn（2013/10/8）。

所构成的慈善总会系统。在省级慈善总会中，浙江省发展得较快，到 2006
年，全省 101 个市、县（市、区）已有 95% 建立慈善组织，历年筹募善款
累计已达 25 亿元，筹募企业留本冠名基金 15 亿元。[①] 福建省晋江市慈善总
会是全国首家筹募资金超过 1 亿元的县级慈善组织。

表 3 - 4　各级慈善总会 2007—2013 年捐赠情况一览

单位：亿元，%

年份	款物捐赠总额	年增长率	年份	款物捐赠总额	年增长率
2007	41.4	- 2.22	2011	203.89	- 15.9
2008	187.9	353.58	2012	268.65	20.94
2009	90.6	- 51.78	2013	339.11	—
2010	242	—			

数据来源：中民慈善捐助信息中心：《2013 年度中国慈善捐助报告》《2012 年度中国慈善捐助报告》《2011 年度中国慈善捐助报告》《2010 年度中国慈善捐助报告》《2009 年度中国慈善捐助报告》《2008 年度中国慈善捐助报告》《2007 年度中国慈善捐助报告》。

　　中国红十字会系统也是规模庞大的慈善团体系统，中国红十字会总会由
国务院领导，省、市、县三级分别建立各级红十字会。目前，中国红十字会
有 31 个省级分会和香港、澳门两个特别行政区分会，7 万多个基层组织，
近 2000 万会员。2013 年红十字会接受社会捐赠超过 32.02 亿。[②] 中国红十
字基金会（简称中国红基会）是中国红十字总会发起并主管、经民政部登
记注册的具有独立法人地位的全国性公募基金会。

　　中国公募基金会的捐赠来源值得关注。在慈善事业发达的国家，捐款多
来自个人，在美国个人捐款多达捐赠总量的 80%，企业只占 5%，其余则主
要来自基金会。[③] 中国公募基金会捐款主体是企业，以 9 家全国性公募基金
会为例（见表 3 - 5）。

---

　　① 吴桂英、李刚：《慈善事业发展机制研究报告》，浙江民政网，http：//www.zjmz.com（2006/
10/24）。

　　② 中民慈善捐助信息中心：《2013 年度中国慈善捐助报告》，中国社会出版社 2014 年版，第 100
页。

　　③ 徐永光：《公募基金会改革转型：困境与创新》，载杨团主编《中国慈善发展报告（2012）》，社
会科学文献出版社 2012 年版。

表 3 – 5 2010—2011 年 9 家全国性公募基金会国内
自然人捐赠收入占其捐赠总额的比重

机构	成立时间	国内自然人捐赠占捐赠总额的比重
中国儿童少年基金会	1981	20%（2010）
中国残疾人福利基金会	1984	2%（2010）
中国人口福利基金会	1987	18%（2011）
中国妇女发展基金会	1988	24%（2011）
中国青少年发展基金会	1989	10%（2011）
中国扶贫基金会	1989	21%（2011）
中国红十字基金会	1994	12%（2011）
中国社会福利基金会	2005	54%（2011）
中华少年儿童慈善救助基金会	2009	54%（2011）

资料来源：杨团主编《中国慈善发展报告（2012）》，第80页。

从 9 家公募基金会国内自然人捐款比重看，在两家成立最晚的基金会（中国社会福利基金会和中华少年儿童慈善救助基金会）中，自然人捐款比例明显高于其他基金会。对其运作项目深入分析后，笔者发现其资金明显流向草根组织，所支持的项目更贴近公众和富于创新性，易得到公众的支持。一项调查显示，2011 年中国扶贫基金会自然人捐款数量高居榜首，达到1340.5 万人，而其他基金会自然人捐款人数很少超过 10 万。中国扶贫基金会通过与银行合作，建立了银行卡、信用卡用户月捐制度，通过小额募捐和及时的信息反馈，基金会与越来越多的捐款人建立了信任关系，这种信任是公募基金会可持续发展的根本基础。

20 世纪八九十年代的慈善基金会是在政府的推动和支持下诞生的，这些基金会多数由与政府业务主管部门关系密切的组织、个人发起，所实施的项目与主管部门的业务范围高度重合，行政色彩比较浓厚，后来多发展成大型公募基金会或慈善总会。在改革开放初期，各项社会事业百废待兴，政府的财政资金优先进入第二产业，科教文卫等社会事业资金投入却很有限，无法满足社会多元化的需求。政府试图获取社会资源，但受到合法性的限制，而社会组织尤其是慈善基金会具有接收捐赠和开展募捐活动的合法性，同时基于社会控制的考虑，政府积极推动双重管理体制之下的慈善基金会成立和发展。起初，一些新兴的社会组织公信力较低，募捐对象财富积累不足，具有现实的运作难度，另外社会的财富多集中在政府部门和国有经济领域，因此依靠行政力量的号召和影响力无疑是最有效的资源动员和组织方式。早期慈善基金会是应政府社会控制和社会资源获取的需求而生，政府依赖它们获得社会资源，解决社会问题，缓解合法性危机，它们则借助政府强大的政治资源和组织、协调、动员能力建立自己的组织系统并有效地动员社会资源。[①]正是基于这样的社会形势和制度背景，公募基金会往往和政府之间有着千丝万缕的联系。随着中国市场经济的发育和完善，公募基金会面临的社会经济环境发生了极大变化。一方面民间财富积累越来越多，私募基金会异军突起，并在慈善领域发挥着越来越大的作用，在慈善市场中冲击着公募基金会的地位；另一方面，通过"小政府，大社会"的社会改革，政府让渡出一部分社会空间，促进了公民社会的发育，公民意识增强，对官方色彩浓厚的公募基金会使用社会财富的合法性提出了质疑，迫使公募基金会寻求转型，加强自身在资金来源、决策治理、人员选聘、项目实施等方面的独立化和社会化，逐渐淡化行政色彩，转变与政府的关系，由以往的依附关系转向合作关系。基金会进行社会化改革的时间越早，步伐越大，基金会在社会上的影响力就越大，发挥的公益作用也就越大。[②] 像中国扶贫基金会、中国青少年发展基金会目前在人事、财务、筹募、项目运作等方面都实现了独立化和社会化。

（二）私募基金会

中国非公募基金会数量早期较少，这主要受三方面因素的限制：一是中国过去的经济发展水平较低，无论是个人还是企业的财力都十分有限；二是个人和企业的公益意识比较淡薄；三是政府对非公募基金会的支持不足。[③] 但近几年非公募基金会发展迅速，大量涌现，《基金会管理条例》的公布标示着非公募基金会"准入"的开始。2005 年 6 月，在民政部注册的第一个全国性私募基金会——香江社会救助基金会以 5000 万元的创始基金开始运营。[④]

---

① 李莉、陈杰峰：《协同治理：中国公募基金会与政府之间的现实博弈与关系走向》，《学会》2009 年第 11 期。

② 徐宇珊：《论基金会：中国基金会转型研究》，中国社会出版社 2010 年版，第 117 页。

③ 马昕：《非公募基金会及其管理体制研究》，《中国民政》2004 年第 6 期，第 40 页。

④ 张立洁：《翟美卿香江社会救助基金会——编号 001 做中国的 NO.1》，《三月风》2006 年第 8 期，第 14 页。

据基金会中心网统计，2010年末，非公募基金会达到1098家，公募基金会为1077家，非公募基金会数量首次超过公募基金会数量。2011年中国非公募基金会实现了首次联合捐助海外。当年3月，日本遭受9级地震及巨大海啸的袭击，中国非公募基金会发展论坛发起联合救灾行动，11家非公募基金会对日本灾区捐款142万元人民币，捐助建设"环保复兴集体住宅"，支持"RQ市民灾害救援中心"实施救灾行动。整体而言，地方登记的非公募基金会较民政部登记的非公募基金会发展迅速，其中典型的代表便是江苏、北京、广东、福建等地。以北京为例，2005年在民政局登记的非公募基金会首次超过10家，到2010年，一年之内在北京市登记的非公募基金会就达到了33家，几乎为北京市登记的公募基金会的总和。① 地方非公募基金会发展迅速的一个主要原因是非公募基金会在地方登记比在民政部登记的门槛要低。②

非公募基金会主要有四种类型：第一种是由企业出资，聘请公益组织专业操盘手运营的公司化基金会。其典型是成立于2007年5月的南都公益基金会，这是一家经民政部批准成立的全国性非公募基金会，业务主管单位为民政部，原始基金1亿元人民币，来源于上海南都集团有限公司。它以项目招标的方式，资助其他民间组织开展农民工子女教育、心灵关怀的志愿服务和公益创新项目，捐建民办非营利的新公民学校。第二种是高校基金会，随着社会力量对教育事业的关注日益加重，高校基金会获得社会捐赠也在逐年增加，典型的如浙江大学教育基金会等。第三种是企业基金会，"北京光华慈善基金会"是这一类的典型，它由北京光华控股有限公司主要出资成立，资助项目包括光华公益创业培训、教育支持、孤儿关爱、疾病防治和扶贫赈灾五类。③ 第四种为个人基金会，如冯骥才民间文化基金会、梅兰芳艺术基

① 刘洲鸿：《非公募基金会：使命与责任》，南都公益基金会网，http：//www.naradafoundation.org/html/2012-07/15197.html（2012/7/25）。

② 孙伟林、刘忠祥主编《中国基金会发展报告（2011）》，社会科学文献出版社2011年版，第20页。

③ 徐宇珊：《非公募基金会发展刍议——以北京光华慈善基金会为例》，《学会》2006年第7期，第20页。

金会等。① 目前大部分私募基金会为私企或私人基金会，少数为国企或高校基金会。

　　随着 2004 年《基金会管理条例》的颁布实施，慈善基金会发展的社会背景和制度环境发生了巨大的变化。一方面，经过改革开放 30 多年的快速发展，民间积累了大量的物质财富，这是私募基金会发展的最根本的物质基础。多种所有制成分并存，民营经济蓬勃发展，民营企业和富人的捐赠成为私募基金会最主要的资金来源。另一方面，中国的社会结构也发生了剧烈的变化，由同质性较强的社会向异质性不断增强的方向发展，城乡之间、地区之间发展不平衡，等级分化严重，经过国民经济的初次和二次分配之后，社会各阶层的贫富差距依然很大，亟须通过社会化的方式进行第三次分配来缩小日益扩大的差距，满足社会需求。此外，中国新兴的企业家们在完成了一定的财富积累后开始关注社会责任，用财富回报社会，捐资成立基金会并按照自己的慈善偏好或者公益理念从事慈善活动。综上所述，2004 年之后私募基金会的快速发展与经济结构的多元化、社会结构的变化和企业家责任这三个方面密切相关。自 2009 年起，私募基金会的年度总收入增长率就超过了公募基金会（参见表 3-6）。不过，截止到 2012 年公募基金会的收入总量和支出总量还是多于非公募基金会的。

表 3-6　基金会历年总收入及增长率

单位：亿元

时间＼类型	公募基金会		私募基金会	
	年收入总量	总量增长率（%）	年收入总量	总量增长率（%）
2008 年	169	—	46	—
2009 年	124	-27	65	40
2010 年	179	44	102	58
2011 年	159.67	-10	100.54	-1.4
2012 年	180	—	—	—

资料来源：基金会中心网：《公募基金会概况》，http：//news. foundationcenter. org. cn（2012/06/29）。

---

① 南都公益基金会：《中国非公募基金会调查》，南都公益基金会网，http：//www. naradafoundation. org（2007/7/30）。

虽然中国的慈善基金会无论从数量上还是能力建设上都在迅猛发展，但目前慈善基金会仍然存在明显的省域分布不均衡的现象，总体上呈现阶梯分布特征。东部慈善基金会发展规模和数量远远高于西部，其中尤以京、津、苏、浙、沪等地发展迅猛，无论数量还是能力建设方面均居全国前列。[①] 西部略高于中部，其中青海、新疆、甘肃、四川等地的慈善基金会发展的规模和数量要高于广西、云南、贵州等中部省份。慈善基金会发展不均衡加剧了慈善运作机制的多样化，能力建设越强的慈善基金组织，其组织运作模式越符合非营利组织的运作要求，而能力建设相对较弱的慈善基金组织运作机制则更多的受到原来政府场域下的惯习效应的影响。

第二节　慈善基金会的组织运行机制

2004 年实行的《基金会管理条例》标志着现代基金会在中国的正式起步。2004 年党的十六届四中全会强调要"健全社会保险、社会救助、社会福利和慈善事业相衔接的社会保障体系"，第一次明确将"慈善事业"写进党的重要文献；十六届五中全会更加明确地提出了"支持社会慈善、社会捐赠、群众互助等社会扶助活动"的要求。2005 年 3 月，国务院将"支持慈善事业发展"第一次写入政府工作报告；2006 年政府工作报告重申要"积极发展社会福利事业和慈善事业"。十八届三中全会通过了《中共中央关于全面深化改革若干重大问题的决定》，提出要创新社会治理，激发社会组织活力，积极利用社会力量发展慈善。慈善基金组织的发展迎来了新的契机。实践证明，慈善基金组织运作机制与政府政策和社会制度密切相关。随着当下政策的推动和制度的革新，慈善基金会的组织运行不断丰富和成熟，呈现某些特定的方式。慈善事业是一种资源配置方式，慈善事业的生命线就是各种资源的获得和制度内的流转，资金筹募机制是否完善有效直接决定了组织是否能够生存，善款的转支流向机制是否合理有效会直接影响慈善基金组织是否能够获得公信力与可持续发展。下面主要从资金筹募以及资金流向两个方面探讨慈善基金会的组织运行机制。

---

① 王名、贾西津：《中国 NGO 的发展分析》，《管理世界》2002 年第 8 期，第 30—31 页。

一　资金筹募机制特征

慈善基金组织的生存发展离不开经济资源，经济资源直接决定慈善活动的范围和深度，尤其是公募基金会对于外部经济资源的依赖程度更高，获取充足、稳定和可持续的经济资源成为组织运作的首要任务。慈善基金会的资金来源是多方面的，主要包括财政支持、福利彩票划转收入、社会捐赠、经营收入与基金增值等几种方式。总体上，中国的慈善捐赠总量不断增加，慈善基金的资源渠道不断拓展，募集方式越来越多样化，募集活动越来越注重效益，募集机制正在从行政化向多元化、市场化转变，在此过程中，慈善组织遵从理性生存原则，多种方式的劝募机制并存。

（一）多方联动、以基金制为依托的大额捐赠机制

中国慈善组织慈善劝募的一般特征是，通过与政府、企业、其他社会组织以及个人的积极合作，寻求与社会各界建立广泛而稳定的合作，协调统筹多方力量共同致力于慈善资源的开发和利用。其中，以基金会为依托进行大额募捐是目前慈善组织普遍采用的劝募方式，有企业设立的基金和个人设立的基金两种形式，其中以企业在慈善组织设立的基金为主。按照美国的标准，单笔捐赠占到募捐总额 2% 以上的捐赠即为大额捐赠，比如中国青少年发展基金会 2010 年募款总额为 2.67 亿，按照 2% 的比例计算，单笔捐赠在 500 万元以上的就属于大额捐赠。中国青少年发展基金会募集的 500 万元以上的大额捐赠基本上都是法人捐赠。2010 年中国扶贫基金会接受了两笔大额捐赠，分别是曹德旺、曹晖父子捐给西南旱区的 2 亿元捐赠，占到募款总额的 37%，以及加多宝集团捐出的 1.37 亿元，占到捐赠总额的 25%，这两笔加起来就占到了捐赠总额的 62%。① 基金筹款主要有三种形式：一是筹募"创始基金"，慈善机构成立初期，以经济效益较好且有认捐意向的企业为主要对象，以授予荣誉作为回报，进行集中劝募；政府也会根据组织类型给予一定的财政支持，作为慈善组织开展活动的启动资金，形成一定规模的创始基金。二是筹募"项目基金"，以救助项目的名义向企业和社会开展劝

① 徐辉、杜志莹、王烨：《大额捐款：公募基金会"傍大款"时代或将终结》，《公益时报》，http：//www.chinadevelopmentbrief.org.cn/news-3314.html（2011/4/8）。

募，以筹集专项慈善基金，基金既可冠名单列又可集约式设定，既可一次性捐赠又可分年到账。三是"留本冠名基金"，以援助项目为载体，慈善机构和企业签订慈善协议，确定资助总额，但不必一次性全部拿出，基金由企业投资运作，收益捐给慈善机构定向用于慈善救助项目。[1]

以基金会为依托、整合主要力量、大规模的集中劝募，能够增强资源的集束效应，建立起稳定的长效募集机制，实现慈善筹款效益的最大化。其本质是一种准市场化的筹款策略，这种筹资策略既受到国外募捐经验的启发，也是结合国情做出的现实选择，其在促进慈善捐赠总量持续增加的同时，也为慈善募捐机制的可持续发展带来了一些挑战。

由政府拨款形成创始基金，是政府支持的慈善组织的重要特征，也是政府支持的慈善组织区别于其他慈善组织的标志之一。尤其是在慈善总会或红十字基金会等公募慈善基金会刚刚成立且缺乏启动资金的情况下，财政拨款无疑给慈善组织的发展注入了一针强心剂。如 1996 年中国红十字基金会成立时，国家财政拨款 5000 万元人民币作为启动资金；[2] 山东省济南市慈善总会成立时，济南市委、市政府为总会设立了 500 万元的慈善基金，解决了总会办公室人员编制、办公用房等困难；[3] 福建省晋江市慈善总会成立时，晋江市政府专门拨款 1000 万元作为启动资金。[4] 而多数的私募基金会则只能依靠企业或个人出资建立创始基金。比如《基金会管理条例》颁布后，2005 年由香江集团出资 5000 万元人民币成立了香江社会救助基金会，2006 年由王振滔出资 2000 万成立了第一个以个人姓名设立的基金会——王振滔慈善基金会。基于政府拨款对于公募基金会和非公募基金会的差别对待，《基金会管理条例》中明确规定了公募基金会的原始基金不得低于 400 万元人民币，而非公募基金会的原始基金不低于 200 万元人民币，降低了非公募基金会的成立门槛，从政策和制度设计上极大地促进了非公募基金会的发展。到 2008 年底，39 家在民政部登记的非公募基金会原始基金总额达到 15.2 亿，

---

① 吴桂英、李刚、黄元龙、陶澄滨：《慈善事业发展机制研究报告》，《浙江民政》2006 年第 10 期。

② 王汝鹏：《复兴中国红十字基金会》，《公益时报》2007 年 10 月 16 日。

③ 杜红波、高鉴国主编《慈善事业与和谐社会》，济南出版社 2006 年版，第 3 页。

④ 杨团、葛道顺主编《和谐社会与慈善事业》，社会科学文献出版社 2007 年版，第 30 页。

平均原始基金 3905 万元，是同期公募基金会平均原始基金的 2 倍多。①

中国慈善排行榜办公室调查发现：几乎所有的公募基金会至少 70% 的善款来自企业的大额捐赠。由于管理成本低、募集金额大，公募基金会偏好实施"大客户"战略，重点开展针对企业和社会组织的募集活动。同时调查也发现大多数进行大额捐赠的企业（企业家）选择将款项主要捐给公募基金会，企业捐款人最喜欢项目的政府背景和硬件投入。政府背景有助于企业同政府关系的建构，而投资硬件由捐赠企业命名，能有效提升企业的知名度和美誉度。政府背景、企业青睐和基金会"傍大款"策略形成的利益"铁三角"，不断强化捐赠资金的硬件导向和体制内流向。② 这在增加捐赠总量的同时，也导致民间捐款难以回归民间的巨大问题。

留本冠名基金是慈善组织大力倡导的一种劝募方式，这种基金模式为企业提供了较大的选择余地，既可以同时捐赠本金及其增值部分，也可以将本金留在企业运作而只捐赠增值部分，企业负担比较轻，不会影响日常的经营生产。同时慈善组织可以据此获得大笔捐赠，保证了善款的持续来源。这种方式还有利于解决慈善组织善款的保值、增值问题。

江苏省常州市慈善总会的做法是企业捐赠本金仍留在企业合法运作，企业每年将本金 7% 的利息交付给市慈善总会，对重点企业尤其是捐资 1000 万元以上企业会根据其捐赠意愿定向冠名救助以方便企业了解捐赠资金的流向。但这种模式也带来了一个问题，相对于庞大的捐赠数额，慈善组织实际可使用的资金相对有限。虽然企业与慈善协会签订的合同中通常写明企业法定代表人的变更不影响合同的效力，但一旦企业真的发生法人代表变更或是企业被收购、兼并抑或是破产，捐赠承诺就不一定会顺利实现。

（二）以行政化手段为主导、市场化力量相结合的劝募方式

中国的慈善组织在发展过程中出现了一个新的现象："慈善组织在强化行政化的同时，市场化运作也得到了同样的发展。"③ 这种"行政化悖论"

---

① 艾若：《关于公募非公募基金会比较》，http：//wenku. baidu. com（2014/12/10）。
② 徐永光：《公募基金会改革转型：困境与创新》，载杨团主编《中国慈善发展报告（2012）》，社会科学文献出版社 2012 年版。
③ 赵海林：《从行政化到多元化——慈善组织运作研究》，中国社会科学出版社 2013 年版，第 5 页。

使得慈善组织在社会转型过程中的运作更加复杂。中国慈善基金组织一产生就是在政府的领导之下，与政府有着密切的关系，但这并不是一种成熟的合作关系。慈善组织发展初期组织结构普遍比较简单，组织功能基本等同于政府机构职能。中国对慈善基金会的管理，尤其是对公募基金会的管理类似于政府部门的行政管理。依托党政部门建立的公募基金会在成立初期因其政府背景和体制影响，具有了公开募捐的合法性，并借助政府影响获取社会支持，获得了较稳定的财源。纵观全国各地的情况，绝大多数慈善总会是在民政部门支持下建立的，许多地方慈善总会的工作人员、办公场所、经费来源、服务活动都来自民政部门，甚至与民政部门是"两块牌子，一班人马"，只是民政部门内部的一个"科室"。① 至今政府主办的慈善基金组织包括各种公募基金会，仍主要行使政府上级部门直接委托的职能。慈善公募基金会的资金多来源于财政支持或政府领导人向企业的劝募，这是一种行政力量主导的启动方式。一项个案研究证明了这一点：陕西省某省级老龄事业社团，成立之初的基金来源主要是靠该省领导人出面向有关部门和企业劝募，最初由省各银行及保险公司八个单位共捐款 38 万元，1988 年 6 月筹集基金即达百万元，1996 年 9 月筹集基金超过千万元。②

　　从慈善基金组织角度来看，行政化的资源启动方式是在现有制度约束下采取的一种理性生存策略。在早期双重管理体制之下，它是保证组织取得行政合法性并获取行政资源的有效手段。如果政府领导或者与政府关系密切的退休官员担任了慈善基金组织的领导，那么组织就具有了不言而喻的行政合法性。他们具体参与到组织的活动与决策当中，借助他们的行政职权为慈善基金会的发展提供了重要的体制内资源。③ 同时，政府控制了组织人事的任免权，这样就能保证慈善基金组织的实际运作与政府意志的一贯性。所以，

---

① 刘继同：《转型期中国政府与慈善机构关系的战略转变》，《甘肃理论学刊》2007 年第 1 期，第 14 页。

② 丁元竹主编《问责性、绩效与治理——中国非政府公共部门治理状况研究》，中国经济出版社 2005 年版，第 156—157 页。

③ 何卫卫：《准行政化——我国慈善组织运作的策略选择》，《学习与实践》2012 年第 4 期，第 50 页。

慈善基金会在建立之初，可以积极运用行政领导的符号意义为组织顺利开展活动创造条件。通过行政领导参与仪式等具有象征性的行为表达既可以提高组织的声望、知名度和合法性，又能促进筹款能力和活动效率的提高。国家对于慈善基金组织在善款筹募和资金运作中免税政策的获取是有选择的，这可以看作政府对于这类慈善基金组织的财政支持。在政府与慈善基金组织的互动过程中，虽然可以发挥政府部门整合资源的作用，但资源整合方式往往是以行政干预和自我利益的实现为代价的，这最终不利于社会自发调解功能的发挥。后果之一是政府部门的干预损害了 NPO 的自主性，而自主性是组织激励的重要力量之一，也是 NPO 相对于公共组织的优势所在；其二是 NPO 为政府部门所做的工作不能与获得相应的报酬或资助联系起来，否则就失去了提高工作效率的动力。① 随着国民经济持续发展，民营企业和中产阶层不断壮大，在慈善组织劝募市场中的作用越来越突出，行政化劝募手段对于这类群体的有效性明显下降，这促使慈善组织不得不通过创新募捐方式和提升服务水平来获取慈善资源。此外行政化运作本身会带来财务不透明引发的"公信力危机"、行政化劝募引起的捐赠者反感和抵触等困境，甚至威胁慈善事业的长期可持续发展，这也将迫使慈善组织通过改革寻找新的出路。自 2001 年起，一批走在前列的慈善组织，如中国扶贫基金会、中国红十字基金会、中国青少年发展基金会、上海市慈善基金会和浙江省慈善总会等，已经开始淡化和消除行政化运作烙印，向市场化操作模式转型。② 2014 年 5 月扬州市慈善总会开展"慈善一日捐"活动，以 1020 万元拍卖瘦西湖隧道的冠名权，而过去开展的电视动员讲话、募捐动员大会、广场集中捐赠及向机关企事业单位职工个人劝募等活动一律取消。这不仅开了扬州市重大市政工程冠名权慈善拍卖的先河，更是慈善总会转变善款募集方式、推动慈善事业做大做强的创新之举。③

市场化运作表现在慈善组织以项目为先导进行筹资，按照营销理念开

① 陶传进：《社会公益供给——NPO、公共部门与市场》，清华大学出版社 2005 年版，第 240 页。
② 北京师范大学中国慈善事业研究中心：《2001—2011 中国慈善发展指数报告》，北京师范大学出版社 2012 年版，第 68—69 页。
③ 潘勤、姜涛：《扬州敲响全国市政工程冠名权慈善拍卖第一槌》，《扬州晚报》2014 年 5 月 29 日。

发、推广慈善项目。项目运作主要建立在项目调查的基础上，根据企业和个人的慈善需求来设计项目计划书，通过大众媒体、上门宣传等途径推销慈善项目，取得捐赠者的认可，双方签订捐赠协议规范彼此的权利和义务。在这个过程中，慈善项目更具有针对性，增加了筹资成功的概率。

市场化运作还表现在筹募活动的社会化动员上，尤其注重对个体捐赠资源和渠道的积极开发，使之常态化和普遍化。例如，运用名人效应对富豪群体进行劝募；慈善总会系统从 2008 年开始着力开展 "一元捐" "月捐" 活动，推动平民慈善的开展；腾讯慈善公益基金会运用网络平台开通月捐计划，方便网民随时进行捐赠。这些举措都推动了 "以个人捐赠为主体，遗赠与基金会捐赠为辅助，企业捐赠为补充" 的现代慈善捐赠格局的形成。

相对于公募基金会的被动转型，私募基金会在成立之初就实施了市场化的筹资运作机制。资金主要来源于个人、企业所投入的创始基金，以及通过市场运作保值增值的部分。

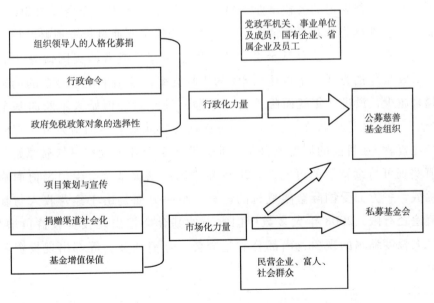

图 3-1 慈善基金会劝募方式示意

（三）有限的经营收入与基金增值

经营收益是民间组织从事投资或经营行为所带来的收益，既包括短期的投资收益，也包括长期的投资收益，既包括实际的产业投资、股票投资所带来的收益，也包括债券、保险等投资所带来的收益。非营利组织经营收入占总收入的比例最多不得超过50%，实体性的非营利组织经营收入比重比会员性的非营利组织经营性收入会高一些。[①] 目前，基金会慈善基金的增值保值一般有两种方式：一种方式是将资金完全委托给专业的投资机构去运作；另外一种方式是组织自己的投资团队，直接去投资。这两种操作方式都需要理事会进行决策。[②] 项目基金的投资收入会带来基金的增值，但投资动向是受限制的。根据民政部印发的《社会团体设立专项基金管理机构暂行规定》的要求，社团专项基金应当专款专用，不得用于其他任何形式的经营性投资。可以将资金存入金融机构收取利息，也可以购买国债，但不得用于购买企业债券、股票、投资基金。[③] 在这种制度安排下，基金会的经营收入与增值保值非常有限，不足以保证基金会的正常运转。公募基金会尤其是官办NGO由于其独特的背景，投资方式选择比其他基金会少。非公募基金会每年用于从事章程规定的公益事业支出，不得低于上一年基金余额的8%，在不能向社会进行公开劝募的情况下，其资金增值主要通过投资理财进行，投资渠道非常有限。非公募基金会主要采用定期存款或者购买国债等"低风险、低收益"的方式，很难达到8%的年收益率，其结果是基金会的创始基金越来越少，没过几年就面临夭折的危险，只能通过创始人不断向基金会"输血"的方法达到收支平衡，比如香江社会救助基金会创始人每年都向基金会注资。[④] 在目前的制度条件下，非公募基金会几乎没有只依靠原始资金增值实现可持续发展的可能性。2008年中国的慈善基金会保值增值面临严峻挑战，一方面受国际金融危机的影响，另一方面是由于经营收入与基金增值途径有限。2008年大多数中国本土的基金会都出现投资收益负增长、资产大幅度缩水的现象，南都公益基金会、宝钢基金会等都出现投资收益负增长。

---

① 王名、刘培峰等：《民间组织通论》，时事出版社2004年版，第91页。

② 徐辉：《慈善基金增值迎来成人礼》，《公益时报》2009年6月30日。

③ 齐炳文主编：《民间组织：管理·建设·发展》，山东大学出版社2001年版，第264页。

④ 北京师范大学中国慈善事业研究中心：《2001—2011中国慈善发展指数报告》，北京师范大学出版社2012年版，第39页。

由于银行利率较低，一些基金会尝试介入资本市场，合理投资—获取回报—部分收益用于慈善—剩余收益和本金继续投资，是海外基金会的基本运作模式。[1] 中国慈善基金会通过市场化道路取得经营收入不乏成功的例子，如福建省晋江市慈善总会在经营方面就取得了突出的成绩。2003 年晋江慈善日的"爱在手心"晚会收入 164.29 万元，殡仪馆经营商的年承包费用 510 万元，随着拟议中的老年公寓投入使用、公墓区的正常运营，总会的资金将更充裕。[2] 2010 年 H 市慈善总会将 4000 万元善款用于投资，每年净收益为 400 万元。[3] 基于合法、安全、有效的原则，可对慈善组织的财产进行分类管理。对于基金会的创始财产和其他合法收入（比如会费、服务收入等）允许进入资本市场进行投资，获得较高的投资收入，而社会捐赠和政府资助的专项基金则不能用于投资，但在实际运作中，有的基金会利用捐款收支时间差获得一定的投资收益，从短时间来看，确实能够缓解资金紧张状况，但并不利于慈善事业的长远发展。我们需要创新投资理念，减少慈善机构对募款的依赖，鼓励金融机构根据慈善事业的特点和需求创新金融产品和服务方式，积极促进金融资本支持慈善事业的发展。

二 支出流向特征

慈善救助和服务是慈善工作的落脚点。慈善基金会主要依托公益项目开展业务活动，经过多年的发展，基金会在公益项目的设计和运作上更加成熟，已经形成了一些特色鲜明、影响力广泛的品牌项目。慈善基金会的救助机制可用图 3 - 2 来描述：一种是慈善基金会直接运作慈善项目，直接救助受助对象；另外一种是慈善基金会对慈善项目进行招标，由其他慈善服务机构或民间组织来具体运作慈善项目，进而救助受助对象。

慈善基金会的慈善资金转支流向呈现以下特征：以行政意志为主导到以社会需求为主导的使用机制、教育优先的常态化机制与救灾为主的应急性机制、以项目运作为载体的救助流向机制。

---

[1] 赵海林：《从行政化到多元化：慈善组织运作研究》，第 146 页。
[2] 杨团、葛道顺主编《和谐社会与慈善事业》，第 30 页。
[3] 赵海林：《从行政化到多元化：慈善组织运作研究》，第 146 页。

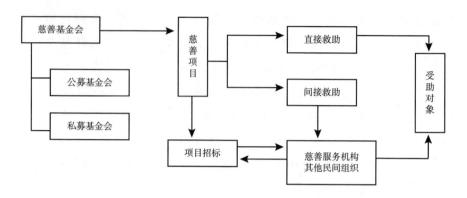

图 3 - 2　慈善基金会救助机制示意

（一）以行政意志为主导到以社会需求为主导的使用机制

早期慈善组织与政府之间的关系和慈善基金会的管理体制行政化导致慈善资金的转支流向也是以行政意志为主导，业务主管部门决定着慈善资金的主要用途。事实上，公募基金会的项目开发与实施采取了与政府及行政官员同步的策略，比如中国青基会在 2004 年开展的"希望工程助学计划"，就把政府领导人对农民工子女就学问题的关心作为项目实施的背景。但凡基金会运作的较有影响的公益项目一般都是在政府的大力推动下完成的。以行政意志为主导，是因其在慈善资源的获取上高度依赖政府，同时可以借助政府安排获得社会信任，从而拥有更大的行动权力和行动空间，还能够借助行政力量获取准确信息并有效减少信息获得成本。信息对慈善组织意义重大。首先，由于早期慈善基金会缺乏制度化的项目评估机制，救助信息的获得尤为重要，信息的准确性和有效性能够有效保证项目的实施效果。其次，慈善基金会的救助范围相当广泛，掌握项目实施情况的信息需要付出较多的人力和物力，依托民政系统来获取信息能够有效减少成本。[①] 在慈善基金会发展早期，由于受到自身运作能力和运作成本的限制，基金会多实施与政府业务主管部门的业务需求高度重合的资金使用导向机制。

---

① 何卫卫：《准行政化——我国慈善组织运作的策略选择》，《学习与实践》2010 年第 4 期，第 50 页。

随着公募基金会运作机制的日益完善以及非公募基金会的异军突起，以行政意志为主导的资金使用机制正在向以社会需求为主导转变。非公募基金会的经济资源和社会资源具有独立性，能够不依赖政府而开展活动，其救助项目更具自主性和草根性，不再仅仅投入能够引起政府关注的扶危济困、救灾等民生项目，而且关注一些特殊人群、特殊领域和公益组织，比如"瓷娃娃""渐冻人"等，此外，还致力于慈善组织专业人才培养的能力开发项目，比如南都公益基金会的银杏伙伴成长计划、机构伙伴景行计划等也在不断增多。这些都说明慈善资金的使用机制正在从体制内需求向社会性需求转变。

（二）教育优先的常态化机制与救灾为主的应急性机制

根据社会对慈善资源的需求，慈善捐赠的流向表现出多样化的特点。根据民政部慈善事业协调办公室、中民慈善捐助信息中心共同发布的《2007年度中国慈善捐赠情况分析报告》统计，总体上看，2007年度中国慈善资金主要流向十二个领域，依照所占比例大小前三名为：①教育救助；②贫困救济；③灾害救助。从比例上看，教育救助、扶贫济困与灾害救助三项用度约占善款总额的58%。[①] 这体现了目前中国的慈善事业主要致力于社会救助，其中重点之一是贫困地区的基础教育。2008年，灾害救助、教育救助、贫困救济依然是最主要的善款流向，其中以救灾捐赠为主，除去冰雪灾害、抗震救灾外，日常捐赠总量309.7亿元，其中47%用于教育领域，18%用于奥运及发展体育事业，22%用于扶贫济困等综合慈善领域，6%用于发展文化艺术事业和医疗卫生事业。

从慈善服务投入资金的金额进行分析，在2009—2011年三年的项目样本中，减灾救灾领域投入资金最多，占到总投资额的32%；其次是教育、健康医疗、弱势群体领域，分别占到总额的28%、17%、15%。

至2011年，全国基金会的总资产达604.2亿元，年度捐赠总收入337亿元，年度公益总支出256亿元。[②] 公益总支出占到捐赠收入的75.96%。同时，项目运作更加成熟，社会贡献不断增加。中国基金会在教育、社会福

---

① 民政部慈善事业协调办公室、中民慈善捐助信息中心：《2007年度中国慈善捐赠情况分析报告》，http：//www.mca.gov.cn（2008/1/30）。

② 张雪弢：《民政部将制定出台基金会行为规范和活动准则》，《公益时报》2012年3月6日。

利、灾害救助、卫生健康、环保、法律、学术研讨和文化体育等多个领域开展公益项目和活动，其中多数用于民生领域，在救灾扶贫、社会福利、教育、医疗四个领域的支出约占公益总支出的 70% 以上，受益对象主要是贫困的母亲、儿童、学生、失业者、残疾人、疾病患者等。

根据专项调查，113 家公益慈善组织 2009 年和 2010 年公益支出占总收入的比重分别高达 82.57% 和 98.01%。抽样数据显示，善款分配在直接发放现金资助、基建、能力建设、宣传倡导四个大类上的数量分别占善款支出的 89.4%、4.9%、4.7%、1.0%。这表明，一方面中国慈善资源的年度支出比例平均水平在 85% 左右，另一方面善款使用主要集中在资金的直接转移方面，即把社会捐款直接送达受益人手中，而在真正体现慈善服务专业性的"授人以渔"或赋能方面投入过低。

从慈善服务的对象来看，社会和行业对不同群体的关注程度存在差别。分析 2011 年度的项目数据可以发现，各个领域之间的资源投入存在差异，其中青年人吸引服务资源最多，达到 16%，其次是儿童群体，占 15%，再次是残疾人、农民、老人、妇女，分别占到 13%、12%、11% 和 9%。

常态化机制下教育成为第一大捐赠领域，这反映了中国慈善最根本的关注点在于人的可持续发展，可以说，慈善救助正确把握了国家的发展方向，对于民族和个人的进步发挥了积极作用。[1] 而文化体育、环境保护及其他领域相关项目较少，主要是因为这些领域慈善投资的效果需要经过长期的累积才能显现，其紧迫性和需求度相对较小，不易引起社会的迫切关注。而当国家遭遇自然灾害或者碰到突发事件时，灾害救助就成了慈善救助的重点领域，这体现了中国慈善救助的快速反应机制较为健全。

慈善基金组织不是以利润和权力为取向的，而是以社会为本的，终极目的是通过募集社会资源来直接提供准公共物品服务社会，使它的活动能够得到社会公众和群体的承认、支持和参与。那么，社会救助理所当然就成为慈善组织的主业，不仅如此，社会救助行为的实施还使慈善组织获得了公众信任，获得了社会合法性，这也是组织运作和发展最根本的资源依赖。

---

[1]　北京师范大学中国慈善事业研究中心：《2001—2011 中国慈善发展指数报告》，北京师范大学出版社 2012 年版，第 59 页。

（三）以项目运作为载体的救助流向机制

慈善基金会对受益群体的救助是以项目运作为载体的，不同性质的基金会分别在不同领域开展公益项目。

乔尔·J. 奥罗兹将美国慈善基金会选择捐助项目的方式分成四种类型：第一，被动型。被动型基金会主要对那些未经同意的要求做出反应，他们的箴言是："我们为那些找上门的人提供资助。"第二，主动型。它们有目标明确的优先项目，并把它们的项目官员派出去寻找最佳受捐者。第三，规定型。它们将自己的利益和取向明确定义下来，要求自己的项目官员狭隘地定义活动领域，然后在自己感兴趣的领域内集中精力工作。第四，强制型。这类基金会完全是依照日程行事的，它们选择自己的托管人，通过托管人提交严格定义的正式方案，几乎不接受未提出要求的项目。[①] 国外慈善基金会有严格的项目运作规范，国内基金会的救助机制相对来说随意性较大，但以项目运作为载体的救助方式正逐渐被多数基金会采纳。

中华慈善总会及各地方慈善总会属于综合性的基金会，开展的项目较广泛；而红十字会系统则专门针对灾害救济和在医疗方面救死扶伤；中国青少年发展基金会则主要针对青少年的发展教育问题开展项目，著名的"希望工程""圆梦行动"就是很有影响力的项目；中国儿童少年基金会针对儿童开展项目，SOS 儿童村、"春蕾计划"都是著名的公益项目；中国残疾人福利基金会则主要针对残疾人的康复、教育、就业、文化等方面开展项目；中国扶贫基金会主要开展农村扶贫项目；此外，中国妇女发展基金会开展的"母亲水窖"项目、中国人口福利基金会开展的"幸福工程"项目都是著名的公益品牌；而宋庆龄基金会则在加强国际交往、促进国家统一、扶贫助教等方面贡献突出。

除项目本身具有特殊性之外，不同的慈善基金会在项目运作和救助受益群体的过程中也具有特殊性。

作为与民政部同级的中央募捐机构，中国红十字会和中华慈善总会独立运作。这种独立性更多体现在资金的独立运作上，筹集的善款自行管理，物资与民政部协调后送往灾区。中国红十字会与中华慈善总会可以和灾区建立

---

① 〔美〕乔尔·J. 奥罗兹：《基金会工作权威指南：基金会如何发掘、资助和管理重点项目》，孙韵译，机械工业出版社 2002 年版，第 26 页。

"定点接收"的救助项目，可以把特定项目募集的资金直接输送到目的地。在善款的使用上，一是根据捐赠者的意愿直接捐赠给受助人群；二是没有具体捐赠意愿的资金，按照定原则、定方向、定项目的标准来确定受助对象。

中国扶贫基金会旨在扶持贫困社区和人口，改善其生产、生活、健康状况并提高其素质和能力，实现脱贫致富和持续发展。它以项目为依托重在培育救助对象的自我发展能力，开展的项目有爱心包裹项目、筑巢行动、小额信贷等。南都公益基金会是一家由企业出资的非公募基金会，其以项目招标的方式，资助其他民间组织开展农民工子女教育、心灵关怀的志愿服务和公益创新项目，捐建民办非营利的"新公民学校"。① 2008 年四川 5·12 地震灾害后，南都公益基金会围绕教育重建和其他服务提供了一系列资助项目（参见表 3 - 7）。

表 3 - 7　南都公益基金会 2008 年 5·12 灾后重建资助项目一览

单位：元

项目名称	总资助资金	已拨	待拨
一般项目(13 个)	1842080.00	1573872.00	268208.00
"心＋芯"震后心理支持计划	200000.00	96000.00	104000.00
灾后生态文明重建中心	153200.00	137880.00	15320.00
"手拉手安居工程"——灾民互助搭建过渡安置房	88880.00	79992.00	8888.00
震后救灾实用建筑技术解析推广	60900.00	54810.00	6090.00
灾后生产生态恢复及羌文化保护技能培训	193760.00	174384.00	19376.00
赈灾公益电影放映	52540.00	47286.00	5254.00
灾后重建与健康促进	76000.00	68400.00	7600.00
推广灾民互助过渡安置房项目	200000.00	180000.00	20000.00
可持续性乡村重建试点计划	198000.00	178200.00	19800.00
阳光扶贫创业就业技能培训	197000.00	177300.00	19700.00
民间公益组织参与灾后重建信息平台	100000.00	90000.00	10000.00
高埂儿童青少年及家庭服务	168900.00	152010.00	16890.00
乐和家园与灾后社区重建服务平台	152900.00	137610.00	15290.00

资料来源：南都公益基金会 5·12 灾后重建资助项目办公室：《南都公益基金会 5·12 灾后重建资助项目工作报告》，南都公益基金会网，http：//www.naradafoundation.org（2013/12/18）。

---

① 南都公益基金会：《关于我们》，南都公益基金会网，http：//www.naradafoundation.org（2007/12/10）。

慈善项目是慈善基金会对受助对象进行救助的载体，也是对社会财富再分配的载体，慈善项目的实施结果直接关系社会资源的使用效果和慈善组织的形象。国外慈善组织热衷于操作慈善项目，随着社会慈善意识的不断增强和基金会运作能力的逐渐提高，国内的慈善基金会尤其是一些大型基金会也普遍采用这种方式实施救助。不同性质的慈善基金会开展的慈善项目也具有各自的特殊性，中华慈善总会、中国青少年发展基金会、南都公益基金会等都是成功运作慈善项目的典型。以下将选取具有代表性的慈善总会作为个案研究的对象，通过对其组织机制、管理机制、筹募机制、资源分配和使用机制的具体分析，探求中国慈善中介组织的运作特征。

第三节　SD 慈善总会运作机制的个案分析

本研究选取了 SD 省具有典型代表性的 SD 慈善总会作为研究对象进行个案调查。规模庞大的慈善总会系统是中国慈善组织中最重要的力量之一，尤其是在中国慈善事业发展的早期，其依托政府的支持开展了许多行之有效的慈善募捐活动和社会救助项目，自身带有较浓厚的官办色彩。2007 年 SD 慈善总会刚刚成立 4 年，但发展迅速，形成了省市县乡村五级慈善组织网络，在组织运作上深受政府的影响。课题组成员于 2007 年在该慈善总会 6 个月的实习期间采取结构式访谈法和实地观察法收集资料，就组织的管理、筹资、资源分配等实际运作机制对 SD 慈善总会的主要负责人、各部门负责人、专职工作人员、志愿者等共 5 人进行了结构式访谈；[①] 同时辅以文献法收集基金会的发展情况以及 SD 慈善总会历年来的工作总结、财务公开报告、宣传资料、领导讲话材料等与研究个案相关的各种文献资料。

一　SD 慈善总会组织机制

（一）组织性质和使命描述

SD 慈善总会成立于 2003 年，是"由热心慈善事业的公民、法人及其他

---

① 访谈样本编码说明：首字母 A 表示主要负责人，B 表示各部门负责人，C 表示专职工作人员，D 表示志愿者；第二位分别用 M、F 表示男、女；第三位用数字表示受访人顺序。

社会组织自愿参加的全省性非营利公益社会团体"。① 协会的章程表明了 SD 慈善总会的基本性质：一是由社会力量志愿组成；二是非营利组织；三是民间慈善机构，而非政府机构。其宗旨是贡献社会，通过筹集社会资源来帮助陷入困境的人群。由此体现了慈善组织的公益性、独立性、志愿性等非营利组织特征。

截至 2013 年 5 月，SD 慈善总会共有会员 197 个，理事 142 个，常务理事 52 个。作为独立法人，其宗旨是：发扬人道主义精神，弘扬中华民族传统美德，动员社会力量，筹募慈善资金，扶助弱势群体，发展慈善事业，促进社会文明。主要业务范围有：筹募善款，赈灾救济，扶贫济困，慈善救助，公益援助，与国内外慈善组织合作交流，经省民政厅批准而兴办与宗旨、业务相关的实体和非营利事业单位，组织慈善宣传，指导会员单位的工作 9 大内容。自 2004 年以来开展的活动主要是"五大工程"和 20 多个项目，即为特别贫困家庭提供生活帮助的情暖万家工程，为资助贫困家庭学生完成学业的朝阳助学工程，为资助老年人供养机构改善服务条件的夕阳扶老工程，为资助贫困大病患者就医的康复助医工程，免费为残疾人提供医疗救助的爱心助残工程。截至 2013 年，SD 省慈善总会系统共募集善款 96.49 亿元，其中 SD 慈善总会接收善款 14.63 亿元，全省设立的慈善基金每年可用于救助的金额约 4 亿元，受益的困难群众达 550 万人次。

SD 慈善总会在章程中对自身组织性质在法律和社会上的定义是很清晰的；但在实际运作过程中，他们把自身定位为"半官方组织"。SD 慈善总会工作人员 AM1 认为：

> 我们和中华慈善总会以及各个市的慈善总会都是社会团体，是民间组织，按照法律来说，我们都是民间组织，但是目前按照我们的国情，慈善事业的发展还离不开行政和政府的推动。目前我们的这个行政推动力的力度比较大，要是离开了行政推动，完全靠民间组织自我发展，目前来说，还很难发展起来……虽然慈善总会基本上是半官方的，我给它下了个定义，叫官办民助，实际上国外的慈善组织是民办官助，我们叫

---

① 　山东慈善总会：《山东省慈善总会章程》，2012 年 5 月 21 日。

官办民助。这个（SD慈善总会）都是由政府机关来管理。

有的学者认为，如果慈善组织对于自身性质的定位倾向于依附政府，就容易变成政府利益的代言人，模糊政府与非营利组织的界限，把政府的行政任务当成自己的工作。[①]

SD慈善总会认为慈善事业是社会保障体系的一部分，并且能从国家政策的高度去理解慈善事业。

> 党的四中全会才刚刚提到慈善事业，五中全会把慈善事业作为社会保障体系的一个补充，六中全会把慈善事业作为社会保障体系的四大组成部分之一。（AM1）

调查显示，SD慈善总会对于自身社会功能的把握是准确的，能够在国家政策的指导下不断修正自己的认识。

尽管SD慈善总会对于组织性质的现实认识与章程中的书面规定并不一致，甚至可以说是矛盾的，但其对于组织的社会功能的认知是明确的。

（二）组织结构——双重属性

其实SD慈善总会的诞生与政府部门，尤其是其母体组织——民政部门有着极其紧密的联系。

> 当初成立的时候，我们有一个专门的筹委会，当时XYT是分管民政的副省长，政法处给他汇报，他表示愿意亲自担当会长职务，领导慈善发展事业……我们的常务副会长是YJJ——省民政厅厅长……现在房子是民政厅的（机关房子，不是我们的房子），免费给我们用，下一步我们搬家搬到民政厅招待所，那个是对外营业，我们要拿房租。民政厅的办公房子比较紧，不够用的，我们就搬到民政厅招待所。（AM1）

SD慈善总会的工作人员和办公场所都来源于民政部门，其似乎变成了

---

① 陈滢：《非营利组织战略管理问题研究》，黑龙江人民出版社2003年版，第5页。

政府部门的另一个下属单位。中华慈善总会的负责人也认为慈善组织与民政部门是"一个部门，两块牌子"，没有独立的人事任免权，[①] 这在 SD 慈善总会的组织结构和人员构成上表现得尤为明显。

世界范围的经验证明，非营利组织的组织结构应采取理事会制度，它可以使非营利组织的治理制度化、社会化和民主化。SD 慈善总会同样也建立了理事会制度，设立章程，明确职责。从章程上看，会员代表大会是最高权力机构，每届任期五年；理事会是会员代表大会的执行机构，每年召开一次；常务理事会由理事会选举产生，在理事会闭会期间行使职权，半年召开一次。常务理事会闭会期间，重要工作由会长办公室来研究决定，会长办公室由会长、副会长、秘书长和副秘书长组成，会议由会长或会长委托副会长主持。监事会为总会的监事机构，监督整个慈善工作的进展情况。

SD 慈善总会的工作人员认为：

> SD 慈善总会和 SD 慈善总会办公室是两个不同的组织，前者是非营利组织，而后者是由省编制委员会根据省政府第 73 次省长办公会议研究批准设立，承担 SD 慈善总会日常工作的事业编制单位。（DM3）

由此可见，SD 慈善总会的组织结构带有非营利组织和政府组织的双重属性，外表上具有非营利组织形式，而实际上却是行政色彩强烈的事业单位。它通过对组织内部结构的分离实现了政府对非营利组织介入的合法性，并且维持了组织的非营利形式。

组织的决策方式反映了组织的治理机制与民主化管理的程度。从章程上看，会员代表大会—理事会—常务理事会—会长办公室是自上而下的决策与执行结构，但 SD 慈善总会有一百多个理事，多为政府部门领导或进行捐助的企事业单位负责人，对很多人而言，基金会理事是一种荣誉称号，而不代表一份责任。在组织发展初期，这类理事往往发挥着自己的名人效应和广告效应，没有明显的独立决策作用。在实际运作中，SD 慈善总会的会长发挥

---

① 田凯：《非协调约束与组织运作——中国慈善组织与政府关系的个案研究》，商务印书馆 2004 年版，第 50 页。

了重要作用，是整个组织的代言人和实际领导人，[①] 日常事务是由会长办公室的组成人员来决定和执行的。来看一下这些成员的背景，会长曾任副省长，现任省政协副主席，常务副会长是省民政厅厅长，其他六位副会长皆是省民政厅、财政厅、省政府、省统战部及工商联的相关负责人，日常工作事务实际上是由政府高级官员来主持的。他们基本上把原先政府部门的决策模式直接移植到了 SD 慈善总会，会长办公会议依据具体情况而随机性地召开，有关事情的决策有一套较为正式的审批程序。一般说来，大事是由会长办公室召开会议研究拿出意见，然后由理事会通过，并不经过会员大会（AM1）。从运作过程来看，SD 慈善总会基本上仍然是遵循自上而下推动的程序，在具体项目上往往也是由会长办公室的人员想出某个认为可行的项目，再交给下面的各个部门去执行。相对国际上非营利组织分散决策的特点，SD 慈善总会在其决策程序上是过度科层化的，这使得本来应该在组织特点上比政府部门具有弹性和灵活性的慈善组织不可避免地带有政府运作的行政化特点。

二　管理机制

在慈善组织中，对人的管理主要包括对工作人员的职责管理、激励管理、能力管理及对志愿者的管理。萨拉蒙认为慈善组织往往由于资金的限制，无法提供足够的报酬来吸引专业人员的加入，慈善工作只好由富有爱心的业余人员来做，从而影响服务的质量，导致慈善的业余主义。[②]

（一）对组织成员的职责管理和激励管理

在调查中笔者发现，日常大量繁琐的事务具体是由办公室主任来处理的。在会长办公室下面有五个职能部门，即综合部、筹募部、救助部、基金部和宣传部，分别由三位办公室主任负责，各部门分工比较明确，配有专职的工作人员。在访谈中，AM1 多次强调 SD 慈善总会的组织职能分化尚未建全，人员缺少，尤其是缺少部长一级的专职人员，他自己承担了三个部门的

---

①　SD 慈善基金会的一个重要组织特点是会长负责制，会长不仅仅是组织的形象代言人，更深入组织内部参与决策，在组织活动中沟通协调，在整个组织的运作中发挥非常重要的作用。

②　〔美〕莱斯特·萨拉蒙等：《全球公民社会——非营利部门视角》，贾西津等译，社会科学文献出版社 2002 年版，第 20—23 页。

领导工作，常常感觉忙不过来，缺乏优秀的管理人才。

SD 慈善总会的组织成员来源比较复杂，其待遇也随着编制的不同差别较大。现有 18 位工作人员，其中 8 位有正式编制，即事业单位编制；其中 4 位工作人员的编制是在慈善总会，4 位是从其他事业单位借调过来的；其余人员为聘用人员，他们有的是退休干部，有的是现役军人，有的是大学生。据 CF4 介绍这是在精简财务支出的原则下做出的人员调整。具有事业编制的工作人员的待遇参照公务员的工资管理办法执行，这意味着这部分人的工资与其行政职务挂钩。

SD 慈善总会认为自己承担了一个厅级部门的工作，因此需要提高行政级别。目前他们对工作人员的管理按照政府机关工作人员的管理办法，确立待遇的最主要标准是工龄、行政级别、职称和学历，而与他们的办事效率、工作努力程度和对组织所做的贡献没有直接联系，提高待遇的办法是申请提高组织行政级别，对于那些非正式员工来说，他们的工资水平并不会因此而提高。目前这种人员管理办法与政府部门严格控制 SD 慈善总会的组织人事关系密切相关。

对于个体成员的精神激励主要包括给予社会声望、荣誉等，在这方面 SD 慈善总会的工作人员并没有感到强烈的组织归属感和荣誉感。国际慈善组织经验表明，在某种意义上，慈善组织的激励问题比政府组织更为重要，因为这类组织生存所必需的资源很大程度上依赖于能够通过自身努力获取资源的能力，在组织获得资源的过程中，成员的积极性和创造性是非常重要的，同时对于组织成员的激励也与慈善组织的符号形象维持密切相关，慈善组织员工的工作积极性与工作态度，直接影响公众对慈善组织的评价，进而影响组织获取资源的能力。[①] 无论是在物质激励层面还是在精神激励层面，SD 慈善总会尚需建立一套能够提高组织成员工作积极性的激励制度。

（二）由政府场域到慈善场域转化带来的角色转变

由于 SD 慈善总会的工作人员是由原政府人员担任的，面临着与以往行政工作截然不同的内外部环境，他们的观念转变和专业能力建设对于组织的生存和发展具有至关重要的影响，SD 慈善总会的领导也意识到了这个问题。

---

① 田凯：《非协调约束与组织运作——中国慈善组织与政府关系的个案研究》，第 78 页。

　　像我还有几个负责人，在政府工作一辈子，我都 50 多岁了，我们的思想观念都要有一个转变的过程。以前政府官员是管理者，我们的职责职能是如何加强管理；但是现在作为慈善工作者，更多的是服务，我们对服务对象、困难群体、弱势群众，发放救助金、物品，不是去给他们施舍，而是为他们服务，把社会上的爱心转达给他们。我们这个观念有个转变的过程……我们把社会上的人的爱心和我们的付出转达给他们，我们本单位的人也有一个转变的过程，由一个政府官员转变为一个慈善工作者。（AM1）

　　角色是社会对具有特定身份的人的行为期待，角色体现着与人们的某种社会地位、身份相一致的一系列的权利义务和基本职责。SD 慈善总会的领导人意识到身份的转变带来职责的转变，自身应由原来的社会管理者转变为社会服务者，并且将爱心理念内化到行为当中，工作方式变得平民化和亲民化。在慈善"场域"当中，工作人员的观念和行为发生了转变。但这种转变一开始并不是顺理成章的，而是经常发生矛盾和冲突的，如在对运作方式的理解上，慈善组织要依靠组织自身的努力去筹集资金，这种工作方式让有些人不适应。

　　我经常对员工说，我们接受社会上的捐款，我们只接受爱心，不接受施舍。假如哪个老板捐钱像是打发叫花子一样，甚至让坐冷板凳，我遇到过这种情况，我说我们只接受爱心，不接受施舍。拿着我们慈善总会的人当叫花子打发，我们不要，捐多少我们也不要。（AM1）

　　SD 慈善总会发展十年后，自我奉献的公益精神已内化到工作人员的行为中，一位慈善总会的工作人员说："作为一名慈善工作者，需要拿出'硬着头皮、厚着脸皮、磨破嘴皮'的勇气来劝募，更需要用慈善的精神和自身的敬业去打动劝募对象。"[1] 慈善工作者已经认同了在慈善场域中的角色扮演，这种角色认同提高了慈善工作的专业化和职业化水平。

---

　　[1]　张玲玲：《感恩生活，敬业工作》，山东慈善网，http：//www.sdcs.org.cn/eap（2013/12/4）。

冲突还表现在对职业化建设的投入上。在具体工作过程中，必须掌握的慈善场域的知识结构是工作顺利开展的前提，是 SD 慈善总会在政府和社会公众面前的非营利组织形象的一个表现。慈善工作者必须具备良好的道德观念，需要专业的慈善知识，并具备一定的组织管理和运作能力。慈善组织首先具有很强的道德性，成员需要有较强的道德观念和利他主义意识。对于慈善工作者的特殊性，SD 慈善总会的领导有着明确的认识。

> 干这个工作，讲的是良心。这个良心有的是天生的，本性很恶劣的干不了。天生的善人才能干慈善，比如说同情心，对待弱者一定要有同情心，没有这种基本的同情心不行。（AM1）

但 SD 慈善总会对于组织员工的道德教育并没有制度化。

> 根据慈善的工作性质和工作特点，对职工进行职业道德教育，在日常工作当中是有的。但是这个职业道德教育并不是很系统的，编个教材，大家学习学习什么的，这也是我们工作中要改进的地方。我们对职工应该有个系统的教育，作为一个慈善工作者，如何从理念上、从职业道德上做好工作，需要进行系统的学习和培训，我们目前缺少这个。（CF4）

在谈到有没有对工作人员进行过系统的专业培训时，SD 慈善总会有关人士这样说：

> 我们开展过培训，不过目前高校还没有慈善这个专业，针对慈善的基本知识、慈善理论没有搞过这方面的培训。我们搞过这样的培训，比如微笑列车项目，美国的专家过来培训过。还有今年的慈善超市管理人员培训，美国的人过来给我们培训讲课，他们讲课讲得很活跃，先讲美国慈善超市的情况，然后现场提问，那我们这些慈善超市的经理和管理人员根据他们的经验，提出了一些问题，效果非常好。再一个就是中华慈善总会举办的研讨会，我们的办公室主任都去参加了，我们没有写论

文，就是过去旁听，也发言，如国际慈善法理论研讨会，讨论民间慈善组织的法律地位等。（AM1）

访谈发现，SD 慈善总会的领导热心参加相关的学术研讨会，并且会积极准备，参与讨论发言；但对员工并没有系统的培训，员工多是进行自主学习。SD 慈善总会的领导对于慈善工作的特殊性是有明确认识的，但在具体运作中并没有实施有效系统的培训和教育。这说明现有的行动路线还是能够维持慈善组织正常运作的，现有的这种行动路线依然深受政府场域规则的影响；但现代慈善事业需要专业化的运作，需要有执行团队的职业化投入，工作人员既要有公益精神，还要有很强的专业能力，加强专业人才的培养也是慈善事业发展的内在要求。

三　筹资机制

（一）善款结构

慈善基金会的资金运作关乎组织的生存和发展，慈善组织主要有四个资金来源：政府拨款、社会捐赠、基金增值以及服务收入。无论是国内还是国外，政府拨款都是非营利组织的主要收入来源。1998 年世界非营利组织的平均收入中，政府提供的财政拨款和补贴占了 49.97%，位居第一。1980年，美国联邦政府对非营利部门的直接资助高达 410 亿美元，相当于后者总收入的 35%；在英国，非营利部门总收入的 40% 来自政府拨款；而法国和德国则更高，分别达到 60% 和 70%，在慈善事业领域，政府公共部门的支持在收入来源中占 12%。[①] 1993 年美国慈善性非营利组织的收入来源中，服务收入的比重占 71.3%，私人捐赠占 9.9%，政府捐赠占 8.2%，其中私人捐赠当中，85% 来自国民的自愿捐赠。清华大学的问卷调查显示：在非政府组织的收入中，政府的财政拨款和补贴占了全部收入的一半。对于还处于"幼年期"的当代中国公益慈善事业，政府的资助主要体现在创始资金和政策的支持上。当组织运转起来以后，政府对于多数公益组织直接的资金支持会越来越少，甚至没有资金支持。慈善基金会的持续发展很大程度上要依靠

---

① 郭国庆：《现代非营利组织研究》，首都师范大学出版社 2001 年版，第 50 页。

组织基于政策支持之上的筹款运作能力。

在 SD 慈善总会中，政府的资助表现在启动资金上，"省财政在我们成立的时候，给过我们一定资助，几百万，但是现在我们所有的善款都来自社会"（AM1）。在社会捐赠中，主要来源是"慈心一日捐"活动中的在职职工捐款和企业捐助，日常捐款占了非常小的比重。虽然中国与西方国家的慈善捐赠在数量上还存在较大差距，但中国的社会捐赠总量也在不断增长，2005 年成都慈善捐款首次超过 1000 万，其中捐款的 90% 来自普通市民。[①]从访谈中笔者得知，目前 SD 慈善总会的善款主要来自社会捐款。

第一部分是企业捐款。企业捐款的形式包括捐出一天的利润和建立慈善专项基金。截至 2006 年，SD 慈善总会与 11 家（类）企业联合设立了 11 项 SD 省慈善专项基金，共计 2.22 亿元，其中多为留本冠名基金。留本冠名基金是在企业自我选择救助对象或充分尊重企业意愿的前提下，向慈善组织认捐一定数额的善款作为基金的本金，本金仍然留在捐款的企业内部归企业所有，企业根据与慈善组织签订的协议每年以商定的增值率向慈善组织提供救助金，由慈善组织代表企业开展定向慈善救助活动。这是慈善基金会在长期运作中形成的一种建立长效稳固筹募机制的有效方法。

第二部分是公民个人捐款。据 AM1 介绍，在慈心一日捐活动中，公民捐款这一部分主要来自在职职工，"党政军机关、事业单位、省属企业单位的职工，破产企业、开不出工资的企业职工就不捐了，能发出工资的企业职工都捐，农民不捐，个人有钱的是否捐，那是个人的事，慈心一日捐不包括农民、学生、孤寡老人……慈心一日捐中的在职职工捐款，能接收2000 多万（一年）"。

此外，慈善物品和书画捐助、国际募捐也是 SD 慈善总会重要的募捐渠道。据文献资料统计，SD 慈善总会接收中华慈善总会医疗阳光救助医疗器械 244 台，价值 850 万元；接收天士力公司捐赠药品价值 25 万元；接收中华慈善总会轮椅 90 辆，价值 4.5 万元；等等。在 2005 年开展的书画捐助活动中，SD 慈善总会共接收 3745 幅作品。截至 2005 年，SD 慈善总会接收来

---

① 余卫强：《奉献爱心成都慈善一日捐首破千万元》，《成都晚报》2005 年 11 月 1 日。

自海外的捐款 2300 余万元,[①] 其他经常性捐赠累计超 75 万元,没有服务性及营业性收入。

(二) 筹款方式

从 SD 慈善总会的善款结构来看,似乎与国际上慈善组织的募捐结构类似,在资金上脱离了政府的控制,但在实际运作中,我们还要看筹款方式是否也是独立自主的,这将关系到慈善组织的实际属性。SD 慈善总会的善款来源主要包括企业捐款、在职职工捐款、日常捐赠以及基金增值四部分。不同的来源有着不同的筹款方式。

企业捐款是善款的主要来源。企业捐赠形式多样,有的是直接拿出一天的利润,有的是建立企业专项基金。对于企业捐赠,SD 慈善总会多采取行政命令式动员。

> 每年"慈心一日捐"给省直各企业发通知,原来是由省委一个管工业的联合会 (发),后来撤销了,跟国资委合并了,由国资委给他们下文件。教工捐钱,由高校工委来发通知,不用我们慈善总会发通知。捐的钱都送到我们这里来。省属企业都要捐钱,不捐不行。(BM2)

在职员工的捐款是公民捐款的最主要来源。在职员工作为一名社会成员,其基于自愿献爱心基础上的捐赠充分体现了市民社会的力量,但在组织和动员他们捐钱的过程中,SD 慈善总会运用了行政手段,全省"上下联动",动员个人拿出一天的工资进行捐赠。具体表现在首先上级主管部门采取行政命令式的通知来进行慈善捐赠信息的发布。其次是自上而下的行政发动。

> 慈心一日捐,在每年 5 月份进行,省慈善总会统一组织活动;各个

---

① 这些海外捐赠主要有:美国联合电脑公司总裁、美籍华人王家廉先生捐资赞助的"微笑列车"项目,善款达 191 万元人民币,目前已为 813 名唇腭裂患者成功实施了矫治手术;瑞士慈善组织资助的格列卫治疗白血病项目,善款有 860 多万元;美国南加州山东同乡会捐助 140 万元,用以救助 125 名特困儿童完成九年制义务教育;台湾企业家林荣德先生捐款 100 万元,资助在校特困大学生;等等。资料来源于《山东慈善总会年鉴 (2005)》。

市都从这一天开始，作为慈心一日捐的开始，上下联动，分级管理。但是我们慈心一日捐不会要下面的钱，我们省慈善总会只收省直党政军机关、中央驻鲁企业、驻鲁部队的捐款。（BM2）

日常捐赠是指经常性的小额捐款。SD 慈善总会采取了多种形式和渠道来募集社会捐款。"社会性的慈心一日捐"是指不通过企事业单位而直接面向社会公众募捐的一种筹款形式，它由 SD 慈善总会发动，由志愿者来筹款。这种筹款方式真正体现了慈善自愿捐赠的本质，慈善音乐会、书画捐赠、国际捐赠、捐助热线等日常捐赠方式也同样体现了这种原则。但这种筹款方式所获得的善款相对有限，根据访谈粗略估计，2006 年的社会性慈心一日捐活动，收到善款不足万元。慈心一日捐活动的负责人这样认为：这种方式的募捐首要任务是宣传，其次才是筹集善款（BM2）。这样的筹资效果对于 SD 慈善总会的救助对象来说是杯水车薪，但这种体现自愿原则的募款方式应该是以后慈善组织努力的方向。因为它不仅仅是种筹款方式，更重要的是体现了慈善事业的真正内涵，积少成多，集腋成裘，而且达到了良好的社会宣传效果。美国的经验值得借鉴，美国每年 8 月的联合募捐（United Way）活动所募集的善款绝大部分来自个人，它的志愿者立足于每一个社区，为大家讲解哪些困难需要解决，哪些人需要帮助并提出不同的项目。

SD 慈善总会的行政化动员和组织模式使得本来体现慈善本质的筹款方式带有强烈的政府运作痕迹，主要表现在不注重成本—收益计算，在社会性慈心一日捐活动中付出的成本远远超出其募捐的资金。首先是开幕式的礼仪经费，其次是上千名志愿者每人 10 元的补助，一次活动的成本上万元。在美国，每筹集 1 美元平均成本为 16 美分，其中成本中间值为 11 美分。慈善组织的筹资目标不在于筹资，而在于使筹资收益最大化，即用最少的成本去筹集最多的善款，从这个意义上说，慈善组织的筹募运作要像企业一样进行成本—收益运算。[1]

（三）资金的保值和增值

资金的保值和增值是慈善基金会发展的物质基础。一般来说，法律对于

---

[1] 田凯：《非协调约束与组织运作——中国慈善组织与政府关系的个案研究》，第 178 页。

基金会实现保值、增值的方式不做任何具体限定，投资决策由基金会理事会把握，并鼓励基金会按照合法、安全、有效的原则积极实现基金的增值、保值，严格禁止私分、侵占、挪用基金会财产。SD 慈善总会设立了资产管理办法，对于基金的投资经营也是按照这个原则来实施的。

> 这个资金管理，我们的善款根据国家的规定可以存银行或者买国债，这些善款我们不能用于经营性投资，我们是严格按照国家的慈善组织有关的资金管理办法来执行的……我们基金的运作一个是买国债，一个是银行存款。我们的利息是免税的，慈善组织的存款利息是免税的，利息作为善款使用。另外我们基金的运作增长不低于 6%。我们有两部分，一部分的基金母本是在企业内部，虽然基金打到我们账户上来了，我们再打回去，由企业进行运作。他们的运作可以用到生产上去，但是要用到保险的上面去。所谓的基金的保值增值就是保证每年的增长不低于百分之多少，不至于把钱丢了，每年提取的部分交到我们这里来做项目。再一部分是由我们来运作的，比如烟草集团的，我们有理财项目，本来理财是投资经营的，但是由银行担保的理财我们才敢做，没有银行担保的理财不管增值多少我们也不管它。凡是由银行作为担保的理财可以做，这样本丢不了。（AM1）

慈善组织并不是不允许经营，只是所得利润不得用于成员利益分配，而是要用到与组织宗旨和使命相关的项目中去。如何增强基金的保值增值是世界慈善组织共同面临的一个问题。由于中国慈善事业刚刚起步，慈善基金会普遍缺乏资本运作的能力，因此往往采取较为保守的办法，对于基金的增值保值也是采取谨慎的态度。一般来说，获取利息、购买国债等是通用的保值增值手段。

综上所述，SD 慈善总会主要的募捐方式是行政推动，真正体现慈善捐赠自愿性的募捐方式只是一种宣传手段和辅助渠道。如果一个慈善组织借用政府的权力进行募捐动员，那么实际上募捐就变成了一种强行摊派，于是捐赠人原本带有道德满足感的高尚行为也就被降低成强制性义务了。久而久之，公众自然会丧失对慈善的热情。如果这种行政化募捐方式进一步制度化，那么慈善组织对政府的依赖将日益加深，慈善组织的独立性与自治性将更难以实现。

四　资源分配和使用机制

（一）支出比例

慈善组织的资源分配和使用情况直接影响组织的公信力，专款专用和透明的财务制度是确保高公信力的必要手段。慈善组织的支出包括公益事业支出和管理成本，管理成本包括行政办公支出和工作人员工资福利。

> 按照《基金会管理条例》以及《捐赠法》的规定，我们每年（项目）支出的善款是70%，留下的钱其中10%是我们的工作经费，包括我们人员的工资、通信费、电费、交通费，这是国家规定的。另外还有20%作为机动费用，预备着大灾大难，比如印度洋海啸我们拿出100万。（AM1）

2006年民政部民间组织管理局根据《基金会管理条例》，对在民政部登记的基金会的年检当中所采取的标准为：是否开展公益活动，基金会资产是否为负，公募基金会公益支出是否低于上年总收入的70%，行政办公支出、工作人员工资福利是否超过当年总支出的10%。[1] 笔者根据2004年和2005年SD慈善总会的审计报告发现，2004年SD慈善总会的总收入为5248.36万元，2005年的总支出为6349.5795万元，占上一年总收入的121%，2005年工作人员行政开支与工资福利支出为546.1729万元，占当年总支出的8.6%。可见，SD慈善总会的财务状况符合国家的年检标准，只是2005年的总支出大大超过了2004年的总收入，这样下去不利于基金会的长期发展。因此，在救助基金的使用上还需进一步制度化和规范化。

中国的慈善基金会一直低成本运作，在管理成本占总支出的比例上，中国青少年发展基金会为6%左右，中国扶贫基金会为6%—7%，中国社会福利基金会为5%左右，中国残疾人福利基金会为4.51%，中国检察官教育基

---

① 民政部：《基金会年度检查办法》，2006年1月12日。

金会为 1.8%，有的基金会甚至"零成本"① 管理。境外公益组织收取管理费的比例高于国内公益机构，有的甚至高达 30%。从善款中提取较低的管理经费固然可以取得公众的信任，但一味的低成本不利于基金会的发展，因为适当的成本是执行一个项目的根本性前提。随着基金会运作专业化和社会化要求的不断提高，基金会对专业人才的需求增强，但低水平的薪资无法招聘到高水平的专业人员；有些救助方式不再是传统的资金的直接转移，而是向赋能方面转变，管理成本势必增加；规模较小、需要精细化管理的项目管理费用会高于大规模的、具有规模化效应的项目，国际上很多精细化项目的管理费甚至在 20%—30%。② 此外，不同类型的基金会管理成本存在差异，美国运作型基金会的管理成本一般都高于资助型基金会，运作型基金会中工作人员发工资的成本高达 80%。随着中国基金会形态的多样化，"一刀切"式的管理成本规定显然不再合适，应针对不同类型的基金会和不同类型的项目制定更加细化具体的规定。

（二）财务报告

非营利组织的财务报告必须做到公开透明，慈善事业的口袋越大越好，但前提是这个口袋必须是透明的，唯有透明才能赢得公众的认可，获得更多的资源。

在问到是否有财务报告时，AM1 说道：

> 有，而且这个财务报告是要登报公布的。每年收到多少善款，做的项目，哪些项目用多少钱，提取的利息是多少，每年都有财务报告。这个财务报告经过审批，还要公布。一般是在《大众日报》或《齐鲁晚报》，在 SD 省慈善网上也要公布。我们的原则是公开公正公平透明，让社会知道善款怎么用的。

---

① 采用"零成本"模式的机构是梁树新的"微基金"。在其与贵州省青少年发展基金会签订的合作协议中规定，贵州省青基会不从"微基金"所募款项中提取任何管理费，其必需的办公运营费用全部由企业赞助和管理费专项募资解决，以保证公众捐款百分之百用于项目本身。

② 徐辉、杜志莹、王烨：《中外基金会管理费对比破解公益机构支出费用误解》，基金会中心网，http：//news. foundationcenter. org. cn（2011/7/27）。

财务人员 CM5 也同样表示财务的管理和监督是相当规范和严格的。

> SD 慈善总会目前采取的是双重审计。每年审计师事务所对财务情况进行审计，审计厅会不定期地过来审查账目，财政厅的计财处也会不定期地审查，每年往财政厅报结算预表。审计完了以后，这个报告要拿到会长办公会通过，财务报告和审计报告将在次年的 1 月份或 2 月份在《齐鲁晚报》或《大众日报》几大报纸上公布于众。

由此可见，由于善款的规范透明关系到组织的生存，SD 慈善总会和财务主管部门对于善款的审计严格规范，财务报告利用多种渠道进行透明的信息公示。

（三）项目运作过程中的资源分配方式

在救助项目实施过程中，对于救助对象的审批必须严格把关，使真正需要救助的人得到救助，这关系组织实际的资助效果。在访谈中笔者发现 SD 慈善总会在资源分配中运用了行政化的方式来确保救助效果。对于救助对象资格的严格把关是 SD 慈善总会确保救助效果的最主要的手段，对于救助对象的审批依托民政系统进行，具有一套完备的审批程序。

> 我们要是核实的话，哪个地方要进行救助，很简单，就跟各个县的民政局打个电话；他们低保中心的人再打电话给乡镇，镇上都有民政办公室，民政办公室对自己乡镇里有多少贫困户，每个村里有多少，甚至名字都知道；乡镇都有民政办公室，打个电话问问哪个村叫什么名字，家里是不是困难户，马上就知道了，有的连查都不用查，名字都在脑子里装着呢。（AM1）

项目救助物资的发放方式能够体现一个慈善组织的社会化程度。在访谈中笔者发现，SD 慈善总会最具有特点的是"上下联动、分级管理"的项目运作方式，一个项目从省到县一起运作，在救助物资发放上实行逐级配额制。在项目统一运作过程中，同时给予各个地市充分的自主性，结合当地实际情况实施灵活的救助项目。

我们准备了 500 多万的资金，发放到各个市里。市里再配套拿资金，我们给他们钱，他们再拿更多的钱，两倍，配套资金。我们拿 10 块钱，他们最少得拿 20 块钱，实际上更多，甚至达到 30、50……更多。我们是分到市，他们再分到各个县，县里再拿出配套资金，来帮助困难群众过好"两节"，要求每人给 200—600 元，最少 200，最多 600。每个地方不一样，像青岛、烟台、威海等发达地区，困难户少，他们救助的幅度也大一些；像临沂、聊城困难户多，他们可能给 200 元、300 元。（AM1）

BM2 在谈到这个问题时说道：

我们给下边拨 50% 的善款，他们自己拿另外的 50%，他们剩余的 50% 根据自己各地的情况开展自己的救助项目和活动。

SD 慈善总会依靠对民政系统的依托获得垄断性的地位。其实在中国类似 SD 慈善总会的组织几乎都是自上而下建立的，所以这类组织在慈善组织中比较典型，只是不同级别的组织对政府的依赖程度不同，级别越低，对政府的依赖性越强，组织的行政性色彩越强，组织自主性也就越低，也越容易被上级的慈善组织所控制，上级慈善组织越能对之形成权威。SD 慈善总会与全省的慈善组织在业务上是指导与被指导的关系，但在实际运作中，是上下级的领导关系。这种关系能够更有效地统筹安排全省的慈善工作。慈善基金会依托行政化的运作建构组织"上下联动，分级管理"的活动网络，提高了组织的行动效率。

五　小结

通过对 SD 省 SD 慈善总会的个案调查，可以发现慈善基金会的实际运作机制体现出"准行政化"的特点。

（1）在组织使命上，章程中宣称其宗旨是扶助弱势群体，促进社会文明，这反映了慈善组织服务社会的宗旨；同时在实际运作中，SD 慈善总会开展了大量的慈善救助活动，组织实施"情暖万家""朝阳助学""夕阳扶老""爱心助残""康复助医"五大救助工程,二十余个救助项目,帮助了大批的社会困难群体,体现了慈善总会活动与宗旨的一致性。在组织性质上,基金会本身是非营利社团组织,但处理日常事务的办公室是事业单位。

(2)在组织结构上,建立了理事会制度,决策层与管理层分开,这符合国际上非营利组织机构的一般经验。但其组织办事机构是民政系统下属的事业单位,由政府官员来主持日常办公,易致使决策机制过度科层化,在组织结构上自治程度低。经过7年的发展,如今SD慈善总会有了自己独立的办公场所和专职的秘书长,在组织结构和决策上逐渐独立化。

(3)在管理体制上,组织没有建立制度化的激励机制,办事效率不高;专职工作人员多来自民政部门,容易把政府惯习继续运用到慈善场域中;同时职业教育和培训没有系统化、制度化,缺乏专业人才,尤其是管理人才;志愿者在组织的事务管理中参与程度很低。现在SD慈善总会人员主要由三部分组成:事业编制人员、社会招聘人员和志愿者,从社会招聘的专业人员增多,占到了总数的50%。

(4)在筹资机制上,善款结构以社会性的捐款为主,体现了慈善事业的民间性。但在筹资方式上以行政手段为主,募捐主要依靠行政动员,与国际慈善组织独立性、社会性的筹款方式相差较大。

(5)在资源分配和使用机制上,SD慈善总会对善款规范使用,70%以上的善款用到了慈善事业中去,资金分配规范,财务报告比较透明。这些都是符合国际慈善组织运作要求的,体现了非营利组织的非营利特性。但保证其救助效果所采取的途径是一种行政化的路线,"上下联动,分级管理"的筹资和项目运作模式体现了浓厚的行政色彩。

1994年,中华慈善总会成立,随后各省地市县慈善分会相继成立,发展成了今天庞大的慈善总会系统。本个案调查进行之时,正是慈善总会系统蓬勃发展的阶段,当时私募基金会力量尚小,公募基金会主要承担着筹集善款进行慈善救助的公益任务。慈善总会作为政府推动的产物,在中国的特殊背景和制度环境下难免带有体制因素的影响,尤其是全国性和地方性的慈善总会依托政府背景自上而下建立起来,有着独特的运作逻辑。显而易见,"准行政化"的实际运作机制使得这类基金会无论是从合法性上、行动绩效上，还是从社会影响上成果都比较显著，这是慈善组织在冲突性的制度环境下所做出的适应性反应。从另一方面来说，"准行政化"的运作模式实际上是政府通过正式和非正式的手段介入慈善组织运作的一个过程，当然在这个过程中，慈善组织并不是完全被政府所控制，行政化的介入程度是随着政府与慈善组织的博弈不断变化的，可以把它看作中国慈善基金会处于初期发展阶段的一个过渡性形态。

根据中国《社会团体登记管理条例》的规定，慈善总会是社团法人，接受"登记管理机关"和"业务主管单位"的双重管理，即各级民政部门的管理。但在2004年颁布了《基金会管理条例》后，慈善总会参照"公募基金会"管理，开展公开募捐活动，这成为慈善总会广受诟病的地方。它注册的是一个社团，但做的是公募基金会的事情，又可以不执行《基金会管理条例》，因此在内部治理上自由度很大；公开透明的要求也不严格，不如基金会要求那么高，资源流向总体上是由民间流向政府，这是慈善资源的逆向流动，专业化水平比较低。[①] 慈善总会最大的问题是对慈善资源的垄断和掠夺，2011年全国县以上慈善总会有1923家，吸收了25%的社会捐款，极大地影响了草根慈善组织的生存。十八大提出行政体制改革，要求简政放权、政社分离，慈善总会体制必须进行改革，去行政化和去垄断化，国家和各个省市正在做出相应的制度设计。

在破除双重管理体制方面，2011年11月22日，广州印发了《关于进一步深化社会组织登记改革助推社会组织发展的通知》，明确规定从2012年1月1日起，除依据国家法律法规需前置行政审批外，行业协会、异地商会、公益服务类、社会服务类、经济类、科技类、体育类、文化类八类社会组织可以直接向登记管理机关申请登记。[②]

在人事管理方面，1998年中共中央与国务院联合发布了《关于党政机关领导干部不兼任社会团体领导职务的通知》，2014年12月，广东省制定公布了《社会组织管理办法》规定现职国家公务员不得在行业协会、异地商会、民办非企业单位、基金会中兼职，离退休后确需兼任的应当严格按照

①　徐永光：《徐永光十问慈善会》，《中国财富》2013年第7期。
②　陈正新、周祚：《八类社会组织可直接申请登记》，《广州日报》2011年11月24日。

有关规定审批。①

2008 年以后税收优惠实现了由"特批制"向"普惠制"的转型。2008 年财政部、国家税务总局、民政部联合发布《关于公益性捐赠税前扣除有关问题的通知》，对慈善组织获得免税资格的条件以及申请流程加以明确规定。截止到 2010 年，已经有 104 家全国性慈善组织获得捐赠免税资格，同时各省市也公布了地方性慈善组织的捐赠免税资格。

第四节　大学教育基金会筹资机制探究
——以 SD 大学教育基金会为例

本研究选取大学教育基金会中具有典型代表性的 SD 大学教育基金会作为研究对象进行个案研究。课题组成员于 2012 年在该大学教育基金会开展了为期 5 个月的调研，运用结构式访谈和参与式观察方法收集资料，就大学教育基金会的运行状况和筹资机制对 SD 大学参与筹资工作的校领导、SD 大学教育基金会主要负责人、专职工作人员以及 SD 大学校友会、校董会工作人员等 8 人进行了深度访谈；② 同时运用文献研究法收集该大学教育基金会历年接受社会捐赠的统计数据、年度工作报告、调研报告、筹资新闻和内部报刊、捐赠协议、会议纪要等与个案研究相关的各类文献材料，为分析和论证提供依据。

一　组织机制

（一）组织性质与指向领域

SD 大学教育基金会属于民政部门批准成立的非公募基金会，成立于 2007 年 10 月 11 日，是 SD 大学"全方位、开放式"办学背景下成立的募集、管理和运作社会捐赠基金的非营利组织，其宗旨是通过吸收、接纳国内外企业、社会团体和个人的捐助，全面支持和推动 SD 大学教育事业的发展。SD 大学教育基金会原始基金数额为 600 万元，其是 SD 大学面向社会筹

---

① 黄少宏：《公务员将不得在社会组织中兼职》，《南方日报》2014 年 12 月 3 日。
② 访谈样本编码说明：首字母 C 表示参与筹资工作的校领导，J 表示基金会工作人员，A 表示校友会工作人员，B 表示校董会工作人员；第二位分别用 M、F 表示男、女；第三位用数字表示受访人顺序。

集资金、运作资金的重要平台。

SD 大学教育基金会接受社会各界的捐赠主要用于：支持 SD 大学教学与研究设施的改善（包括仪器设备、图书资料和除职工宿舍外的建筑物等）；资助教学与科学研究项目的开展及专著出版；支持人才引进，资助聘请世界知名学者来校讲学；资助有关的国际合作项目的开展和国际学术会议；设立奖学金、助学金及奖教金；资助有益于学生综合素质拓展的各项活动；资助其他有利于促进 SD 大学教育事业发展的项目。

（二）组织结构

SD 大学教育基金会最高权力机关是理事会，由 14 名理事组成，理事每届任期 4 年，可以连任；理事会下设理事长、副理事长和秘书长各 1 名，从理事中选举产生，主要负责基金会日常工作；基金会设监事 2 名，由主要捐赠人、业务主管单位分别选派。

SD 大学教育基金会与 SD 大学合作发展委员会、校董会、校友会共同组成 SD 大学合作发展平台，在 SD 大学合作发展部的统一组织、协调和指导下开展全校的对外联络与筹融资工作，合作发展部之下的四个部门是一个信息共享的系统，共同支持学校的对外联络和筹资工作。这种半独立的组织结构与 SD 大学教育基金会成立的背景有关，在访谈中，基金会的负责人提道：

2004 年基金会条例出台以后很多大学的教育基金会开始陆续地成立，像浙江大学竺可桢基金会等，2004 年 SD 大学开始重视合作办学，有了争取社会资源的意识。2006 年成立校董会，2007 年就成立了教育基金会。我们感觉 SD 大学发展过程中在联络项目、沟通之外还需要一个筹资平台，于是就成立了校董会，后来又成立了教育基金会。我们是很自然地走出来的，就是在与社会合作办学过程中根据需要不断发展起来的。（JM2）

最初有这个思路是在 1997 年，当时 SD 大学接受社会捐赠资金是直接进学校财政管理。随着学校筹资规模的扩大，学校开始想成立一个专门的机构来负责这个工作，最初是参考一些兄弟院校，比如南京大学、上海交大、清华、北大等的做法在学校内部成立了合作发展委员会这样一个校内部门，通过这个部门把学校的资源整合起来进行筹资，包括国际处、计财处、国内合作办公室、校友办、校董会等几家（组成了）这样一个筹资的机构，随着后来的发展，我们发现学校里的钱是不能投资运作的，所以一些基金项目里边留本的这一部分不能进行规范的管理与运作，而且直接进财务也不能体现捐赠、公益的精神，从这个角度出发我们又在合作发展部下面增加了教育基金会这样一个部门。（JM2）

由访谈资料可以看出，SD 大学教育基金会是随着大学合作办学思路的实施、筹资工作的跟进以及资金管理、运作的需要应运而生的一个非营利组织。其从成立设想到筹资渠道和筹资信息的获得都离不开学校行政部门的参与和支持，这就决定了 SD 大学教育基金会对学校行政部门有强烈的依附性。

二 筹资来源

SD 大学教育基金会成立以来，得到了广大校友和社会各界的广泛支持，筹集了可观的资金，在学校发展中发挥着越来越重要的作用。截至 2012 年底，仅五年的时间里，教育基金会接受来自海内外校友、知名企业家和社会贤达捐赠的各类奖助学金、奖教金、科学研究基金、教育基金等 100 余项，捐赠的各类款物折合人民币价值 4 亿多元，其中接受社会捐赠资金 2 亿余元。这些捐赠极大地改善了学校的教学设施和科研环境，为大学的快速发展提供了巨大支持。[1]

教育基金会是非公募基金会，其筹资工作主要面向特定的个人和组织，其中个人部分主要面向校友和非校友，面向组织的筹资包括向企业、基金会等法人单位筹集资金。

（一）个人

个人捐赠是指以个人名义向教育基金会捐赠的以支持高校建设和发展为目的的指定或非指定用途的各类物质、智力和精神财富等。根据个人与学校

---

[1]　来源于 SD 大学教育基金会 2009—2011 年捐赠收入统计。

的联系又可分为校友个人捐赠和非校友个人捐赠。

　　校友个人捐赠是指校友以个人名义或者通过班级、校友会等校友组织做出的旨在支持学校发展的各类捐赠。校友与母校有着特殊的感情，对母校的发展一般都表现出积极的关注，因此成为大学教育基金会的重要筹资来源。校友捐赠占重要地位是大学教育基金会筹资的一个显著特点，在世界主流大学的评价体系中，校友捐赠已成为评价指标之一，同时校友捐赠也从另一个层面反映着大学的办学水平。在 SD 大学教育基金会的筹资来源中，校友的资助一直是最稳定的，据统计，2009—2011 年 SD 大学共接受校友个人捐赠3577.34 万元，占社会捐赠总额的 24.27%。其中，校友个人及班级捐赠3275.74 万元，占 91.57%，校友会捐赠 301.6 万元，占 8.43%。[①]

　　非校友个人捐赠指的是个人捐赠中除校友之外的其他个人捐赠部分。在慈善氛围比较浓的社会，个人通过捐赠这种利他行为为高等教育事业发展及高校贫困生提供资助，是个人价值的重要实现形式。SD 大学教育基金会2009—2011 年非校友个人捐赠部分占社会捐赠总额的 2.55%，其中来自港澳台及海外的部分占 79.85%。[②] 这一方面与学校的社会影响力及大学教育基金会的知名度有关，另一方面也反映了中国大陆个人捐资助学的氛围还不够浓厚。

　　个人捐赠部分占筹资总体比重较小是 SD 大学教育基金会筹资结构的一个突出特点，同时捐赠笔数多、捐赠数额差异较大也是不可忽视的特点，特别是在 SD 大学 110 周年校庆期间，校友捐赠达 200 余笔，捐赠的数额从 1元到 3000 万不等。虽然 SD 大学教育基金会也有大额个人捐赠，但与国外大学教育基金会相比，其筹资中个人捐赠所占比重仍然较小。在访谈中，基金会的一位负责人谈道：

　　　　还有一个角度是企业和个人，但是大额的往往都是企业，我们接触的个人的大额捐赠还不是很多。因为个人捐赠的特点是笔数多，总额少。大额的一般都是企业的多，作为个人能拿出几万块钱来都不少。（JF4）

---

　　① 来源于 SD 大学教育基金会 2009—2011 年捐赠收入统计。

　　② 来源于 SD 大学教育基金会 2009—2011 年捐赠收入统计。

在当前的经济形势下，虽然有一部分人先富起来，具备了一定的捐赠基础，但总体来说公众参与公益事业的经济基础和文化基础还比较薄弱。

（二）企业

大学教育基金会筹资来源中的企业部分是指以企业的名义支持高校建设和发展的捐赠。根据企业与高校联系方式的不同，捐赠企业又分为校友企业、与学校有合作基础的校企合作单位、校董企业、一般企业等。改革开放以来，中国国有和非国有企业发展迅速，积累了相当的社会财富，加上高等教育体制改革背景下高校服务社会意识的增强，与此相适应的校企合作、校地合作、校际合作等政策在高校系统中推广开来，这些在加强高校与社会联系的同时也为高校筹集社会资源奠定了基础。

SD 大学教育基金会也是这种发展模式的受益者。由于在基金会成立之前学校已经与企业、政府和其他高校建立了较广泛的联系，积累了一定的校企、校地合作单位和校董资源，SD 大学教育基金会作为专门的社会捐赠管理平台在成立之初就拥有了一定的筹资基础。根据 SD 大学教育基金会2009—2011 年捐赠收入统计资料，企业捐赠部分占基金会接受社会捐赠总额的 69.16%，是教育基金会接受社会捐赠的最主要来源（见表 3－8）。

表 3－8　2009—2011 年 SD 大学教育基金会接受企业捐赠分布

单位：万元，%

年度	企业	占年度捐赠比例	校友企业	占企业捐赠比例	合作企业	占企业捐赠比例	校董企业	占企业捐赠比例	其他企业	占企业捐赠比例
2009	766.07	78.85	57	7.44	55	7.18	50	6.53	654.07	85.38
2010	3550.29	49.16	615	17.32	2002.84	56.41	1667	46.95	625.45	17.62
2011	5860.52	89.51	826.7	14.11	2337	39.88	1080	18.43	3089.82	52.72
共计	10176.88	69.16	1498.7	14.73	4394.84	43.18	2797	27.48	4369.34	42.93

注：本表中对"校友企业""合作企业""校董企业"的统计存在交叉重合情况，"其他企业"是指企业捐赠中校友企业、合作企业、校董企业之外的企业。

基金会接收的大额捐赠中企业居多，且从社会捐赠的分布情况来看，企业一直是 SD 大学教育基金会最主要的筹资来源，其中合作企业捐赠金额占企业捐赠部分比例最大。这一方面说明 SD 大学实施的全方位、开放式发展战略取得了良好的成效，学校的对外合作有效地提升了 SD 大学教育基金会的筹资水平；另一方面也显示出教育基金会作为联系大学与社会的纽带，在挖掘社会捐赠资源、促进高校教育事业发展中发挥了重要作用。

（三）私人基金会

教育是基金会发挥公益职能的重要领域之一，在美国等发达国家，绝大多数著名的私人基金会如卡内基基金会、洛克菲勒基金会等都有过对高等教育的捐赠。这些捐赠在战争年代有效地弥补了政府对教育投入的不足，保障了学科的持续发展。在中国，私人基金会以港澳台地区居多，大陆方面由于基金会发展较晚，私人基金会的数量还很少。SD 大学教育基金会 2009—2011 年共接收包括台湾立青文教基金会、香港思源基金会、台湾现律文教基金会在内的各类基金会捐赠 438.6 万元，占社会捐赠总额的 3.98%。[①]

三　基于社会资本的筹资机制

（一）作为筹资基础的信任

在汉语词典中，"信任"是指"相信而敢于托付"，包含观念和行动两个层面，是人际交往的纽带和润滑剂。大学教育基金会与捐赠方筹资关系的构建离不开双方的信任，这种信任不仅源于大学教育基金会的公信力，还源于捐赠者、基金会以及受益人之间的相互信任。通过调查我们发现，作为大学教育基金会筹资基础的信任主要受到捐赠方的情感、捐赠制度的完善程度以及基金会自身的公信力等因素的影响。

1. 以情感为基础的信任

以情感为基础的信任是指社会行动的一方基于情感上的认可对另一方的行为可能产生的期待，这种信任来源于人际交往或者情感上的认同。在大学教育基金会筹资过程中基于情感的信任又具体包括三个方面，即个人情结产生的信任、对学校形象认可产生的信任和因筹资人员个人魅力产生的信任。

就大学教育基金会而言，因个人情结产生的信任可分为校友的母校情结和其他个人情结。基于母校情结的捐赠是绝大多数校友捐赠的初衷，

---

① 来源于 SD 大学教育基金会 2009—2011 年捐赠收入统计。

无论是已毕业离校的校友、留校参加工作的校友还是在读的校友，对母校美好的回忆和深刻的眷恋足以使其产生对捐赠母校教育事业的行为信任。

基金会工作人员在谈到这个问题时说道：

> SD 大学校友××，上学的时候是贫困学生，受到过 SD 大学捐赠者的资助，毕业后知道通过贫困生的助学金项目可以资助贫困学生，基于对母校的感情，他给母校捐赠了一些资金，他是这样表达自己的想法的："这些受资助的学生能够顺利毕业，我花出去的钱肯定是值的，我愿意捐。"（JF5）

基于其他个人情结的捐赠通常与个人的价值观、公益理念、兴趣爱好等个人因素相关，捐赠用途也比较广泛。在访谈中，基金会工作人员提道：

> 学校准备设立击剑馆，一位捐赠人不是我们的校友，而是我们校友的儿子。他说他是为了完成父亲的遗愿而捐赠的。（JF3）

2. 对大学良好形象的认可

对学校公众形象的认可是赢得公众信任并促成捐赠行为的重要因素。探访中，一位基金会工作人员介绍了这样一件事情。

> 有一位房地产老板自己主动提出要捐钱给学校，一次捐一百万，后来几乎每年都捐至少一百万。这位老板说，他住在校区附近，每天去校园散步，发现这个学校的学生特别朴实。他过去走过很多地方，也了解很多学校的情况，发现这个学校的学生不像其他地方。他（捐赠方）举了个例子：冬天下大雪，看见有个老年人拎着东西走在路上，一位学生大老远看到了，主动跑过去帮人家拎。有时候有车在校园里走，学生看见了会主动让开，也没有看见网上报道校园不文明行为的情况，因此他就觉得这个学校很好，主动要求捐钱。（JF3）

3. 因个人魅力产生的信任

大学教育基金会筹资人员是与捐赠方最直接也最频繁的接触者，筹资人员的自身品质及信誉是大学教育基金会最直接的代表，在筹资过程中，筹资人员的个人魅力常常成为信任关系连接的纽带。学校参与基金会筹资工作的负责人提道：

> 人格魅力往往来自校长、院长甚至说是老师在校友上学时为他们保留的美好印象，当然也包括目前负责学校筹资的人员。这些校友相信把钱给了你，就能用在好地方。比如 XM 大学的老校长在飞机上遇到一个老板，坐了一路飞机谈成了一个 300 万的捐赠。这个案例很大程度上是个人人格魅力的表现。（CM1）

4. 以制度为基础的信任

以制度为基础的信任是指基于双方认可或法定的协议、法律法规而产生的以制度为保障的信任。在大学教育基金会筹资机制中，制度层面的信任来源于大学教育基金会与捐赠方的捐赠协议以及大学教育基金会的合法性。

捐赠协议作为规范化捐赠程序中的一个步骤是捐赠方与受赠方就捐赠财产的种类、质量、数量和用途等内容订立的书面协议。《基金会管理条例》明确规定，"基金会应当根据章程规定的宗旨和公益活动的业务范围使用其财产；捐赠协议明确了具体使用方式的捐赠，根据捐赠协议的约定使用……受助人未按协议约定使用资助或者有其他违反协议情形的，基金会有权解除资助协议"。[①] 同时，作为非营利性法人，基金会还必须接受其主管部门的监督，主要表现为接受基金会管理机关的年度检查、日常监督管理、依据法律和章程开展公益活动情况的检查等，这在法律层面上为捐赠财产的管理和使用提供了依据。SD 大学教育基金会从诞生之初，就根据学校具体情况制定了细化的捐赠管理规则，如捐赠管理办法、捐赠项目命名办法、财务管理办法、资金运作管理规定等，在制度层面确保大学教育基金会管理的统一性

---

① 国务院：《基金会管理条例》，2004 年 6 月 1 日起施行。

和规范性，形成一种公开、透明的问责机制，通过强化捐赠流程的监督和反馈机制增强捐赠双方的信任。

5. 基于基金会信息披露形成的公信力

公开透明和信息披露是近年来基金会普遍倡导的机制。以《基金会管理条例》的出台为界，目前绝大多数大学教育基金会都比较重视信息的披露，认为这是建立公信力的重要途径。SD 大学教育基金会创立以来十分强调通过内部报刊、基金会网站以及召开年度总结会、理事会等方式对捐赠收入及支出情况、项目筹资运作情况进行披露，对捐赠收入和使用情况定期公开。基金会工作人员说：

> 学校基金会有很多办法，比如项目设计、信息反馈、与捐赠方沟通等，目的是让捐赠方的每一笔钱都用到正确而合适的地方，使之产生效益。我们定期在报刊、网站公布教育基金会的收益和资金使用情况，公开捐赠资金的用途，建立公信力。（JM2）

无论是以情感和制度为基础产生的信任，还是由学校形象、捐赠方个人魅力、基金会自身公信力维系的信任，最终都要落实为捐赠方对捐赠公益性的期待和大学教育基金会对这种期待的实现，而实现效果的好坏将直接影响双方的信任程度。只有有效的信任才有助于在捐赠方和基金会之间建立起具有信息共享作用的社会关系网络，才有助于捐赠网络内部资本的累积。

（二）　作为筹资平台的社会网络

社会网络是指个体成员之间因互动而形成的相对稳定的关系体系，是个人或组织之间的一组独特联系，个人或组织构成社会网络的节点。社会关系网络的形成和维持是大学教育基金会捐赠资源发展、积累和运作的平台。根据网络主体的不同，大学教育基金会的社会关系网络可分为以校友为主体的网络、企业网络、二级院系网络和公众参与网络。

1. 以校友为主体的网络

校友会作为校友联络平台是与大学教育基金会联系最密切的部门之一，从网络的视角来看，校友网络规模越大，校友之间联络越多，则大学教育基金会从中调动的资源也越多。校友会通过点、线、面的网络将校友联系在一起，可以最大限度地集中网络内的资源，为大学教育基金会筹资提供平台。SD 大学校友会的架构比较广泛，正如一名校友会工作人员在访谈中提道：

> 我们校友会可以说是全球化的一个架构，尤其这几年，在国内建有六十几个校友会，本省每个市都有校友会，全国则每个省都有校友会，在一些发达地区，还设地区性的校友会，比如长三角、珠三角这些地区就有专门的地区校友会。再就是海外校友会，发达国家校友多的地方也建有校友会……我们校友会系统正在形成一个庞大的组织网络。（AM6）

广泛而全面的校友会联络网实质上也是大学教育基金会的资源联络网，校友会组织校友活动，如校领导到各地校友分会看望校友、校友入学、毕业纪念日返校聚会、学校重大庆祝节日活动等都成为基金会拓展筹资渠道的契机。遍布国内外的校友网络，不仅是联络和组织校友活动、培养校友与母校的感情组织网络，也是教育基金会最优质的资源整合网络。

2. 以企业为主体的网络

企业对大学教育事业的捐赠是一定社会历史条件的产物，与非公有制企业社会财富积累和社会责任理念提升有密切关系，加上当前教育体制改革背景下多元主体参与办学理念的实施，越来越多的高校开始注重联系社会、服务社会的能力，校企、校地、校研合作陆续展开，为大学教育基金会向企业筹资奠定了基础。

网络是具有参与活动能力的行为主体，在主动或被动地参与活动过程中，借助资源的流动，形成的一些彼此之间正式或非正式的关系总和。[1] 大学教育基金会在筹资过程中不可避免地要与企业和其他社会组织建立直接或间接的联系。在企业与学校之间，大学教育基金会应充分依靠校董会、合作发展委员会等主体的纽带作用，加强与相关企业的联络，维系既有企业资源；同时充分发挥网络在传递信息、资源方面的优势，增强企业主体之间的

---

[1]　蔡宁、田雪莹：《企业协同 NPO 与竞争优势的研究——基于网络的视角》，《科学学研究》2008年第 2 期。

信息、资源共享和沟通，提高企业网络的资源整合能力以及资源调动能力。

3. 二级院系合作网络

SD 大学教育基金会在筹资过程中十分重视以二级院系为节点的网络建设。作为大学的二级单位，院系与校友的联系更为密切，与有关单位的合作更加直接，也因此更容易与校友、合作企业等建立密切的信任关系，这使得二级院系的社会网络成为大学教育基金会拓展资源的重要渠道。

访谈过程中基金会工作人员提道：

> 校友毕业以后，可能与学校联系最紧密的人是自己的导师、辅导员和在校期间对他学习、生活有帮助的人，而不是学校一级的基金会。他支持学校发展肯定是通过他的老师或他值得信赖的人，他不一定直接到基金会捐钱。这个也很自然。在学校上学时，他的老师给过他帮助，对他的发展起过很大的作用。所以校友在联系学校方面还是联系他最信任的人，与他保持密切联系的人。这是双向的过程，校友毕业后发展得比较成功了，发财了，想支持学校发展找不到渠道，他最先想到的往往是他最信赖的人。（CM1）

> 筹资虽然说是职能部门的事情，但也是一个学科发展问题，是学校和学院共同的事情，很多捐赠人在捐赠的时候喜欢围绕着他学院的发展来捐钱，本学院毕业的校友或和学院有联系的更喜欢捐给学院。有的捐赠方可能并不认同学校，但是他可能更认同学院、认同老师。（AM7）

4. 以公众为主体的社会参与网络

构建面向特定个人和组织的筹资网络是大学教育基金会的重要筹资途径。公众捐赠一般是捐赠方基于公益理念做出的自愿行为，这种捐赠网络的形成主要靠大学教育基金会的倡导和捐赠方意愿的结合。SD 大学教育基金会传递筹资倡议的方式包括通过大学教育基金会网站、微博传递信息，举办大型筹资活动或年度捐赠活动，在校友返校活动或聚会活动上表达筹资意向等。正如一位访谈对象所描述的：

> 教育基金会是非公募基金会，和公募基金会不一样，它不能向非特

定人群募捐，比如他不能拿捐款箱到社会上筹资或者义卖，但他可以跟校友坐下来聊聊捐款的事情；他不能通过报纸、广告发布募捐信息，但是可以通过自己的网站宣传学校，让社会了解学校亟待解决的一些难题。……通过这种方式与校友、企业家和一些特别热心公益的人先建立一种联系，然后加深了解，最后找到合适的项目。（JF3）

校友、企业、二级院系和社会公众作为大学教育基金会筹资网络的主体是中国高等教育体制改革背景下高校实施多元主体参与办学的产物，更是高校与社会联系的重要纽带。高校与社会的联系越密切，越有利于大学教育基金会拓展筹资网络，而筹资网络的大小和资源整合能力直接决定大学教育基金会的筹资规模。因此，针对不同主体的参与特点，促进网络内部主体间的资源传递和信息共享是大学教育基金会拓展筹资网络、增强资源整合能力的核心。

（三）作为筹资保障的互惠规范

互惠规范是维系行动者之间关系的一条重要原则，社会规范是民众在日常交往过程中为了个人利益的有效实现，在重复博弈中逐渐试错而产生的个人理性与社会理性相一致的体现。[1] 大学教育基金会的筹资过程和捐赠过程中也涉及各方主体的互惠共赢，表现为双方利益的有机统一。具体来说，大学教育基金会筹资机制中的互惠规范包括法规规范、鸣谢规范等正式规范和基于传统历史和文化因素的非正式规范。

正式的互惠规范是指以正式的法律、法规和条约形式存在的制度性互惠规范。这种规范的特征表现为稳定性强，有利于主体间信任的产生。在大学教育基金会的筹资机制中，正式的互惠规范主要包括由政策保障的政策和法规优惠，对二级院系的激励性规范和对捐赠方的鸣谢规范等。

1. 作为非营利机构的政策和法规优惠

《基金会管理条例》的出台确立了大学教育基金会接收社会捐赠的合法性。同时，作为服务教育公益事业的非营利组织，大学教育基金会具有申请免税的资格，不仅基金会的存款利息免缴企业所得税，企业和个人用于公益

---

[1]　陈泽文：《社会资本视角下浙江省"富人治村"现象研究》，《中共南京市委党校学报》2011 年第 5 期。

捐赠的部分在规定的范围内也可以免税，这就使得大学教育基金会在接受社会捐赠方面与校友会、校董会等其他高校部门相比更具有优势。这一优势不仅可以鼓励个人和企业的公益捐赠行为，更有利于大学教育基金会与所属高校的校友会、校董会、二级院系等部门的合作，这也是大学教育基金会筹资网络得以建立的基础。

2. 对二级院系的激励性规范

校院两级筹资机制作为调动筹资主体积极性的策略随着大学教育基金会筹资工作的完善在各个大学开展起来。大学教育基金会接收的社会捐赠是服务于高校的，作为筹资主体的二级院系同时也是捐赠资金的受益人。因此，大学教育基金会与二级院系的互惠规范更容易建立。为了调动二级院系的筹资热情，一些大学的教育基金会制定了针对二级院系筹资的内部激励政策，如筹资和分配奖励办法等。有关激励规范在筹资工作中的作用，基金会筹资人员是这样描述的：

> 在高校筹资工作中，需要专门的筹资人员，或者说专门的筹资队伍，需要筹资制度，包括教育部的配比政策，从具体方面引导、激励学校筹资。筹来钱之后如能获得政策奖励，那学校积极性就有了。另一方面，学校筹来钱之后在学校内部也有一个不同比例的筹资奖励，对二级学院的筹资给予一定的配比激励，学院的筹资积极性相应也会提高。（JF3）

3. 对捐赠者的鸣谢规范

互惠是大学教育基金会筹资的策略之一，在大学教育基金会章程中除规定捐赠基金的捐赠、使用和管理办法之外还会有关于鸣谢的具体办法，即对捐赠方的捐赠行为给予答谢或反馈，主要形式有捐赠人留名纪念、颁发捐赠证书、建立捐赠纪念牌、通过相关媒体刊登信息、编制捐赠名册、允许冠名捐赠、聘为学校的顾问教授或兼职教授等，对于捐赠数额较大者聘为校董、教育基金会理事等。在可允许的范围内尽可能给予捐赠方一定的名誉或荣誉回馈，以此来增进关系。

与正式的互惠规范不同，非正式的互惠规范是指基于传统的历史和文化因素形成的约定俗成的关于某种行为的互惠规范。非正式互惠规范可以从意识上对某种行为产生激励作用。从文化的角度来看，即使没有明确的物质反馈的捐赠行为也可以使捐赠方获得收益，这种收益主要是个人心理上的满足、社会影响力的扩大、企业社会形象的提升等，比如支持公益事业的企业更容易被认为具有社会责任感，明星捐赠公益事业可以获得良好的形象等，这种无形的资产也从一定程度上对社会捐赠行为产生激励效果，为基金会筹资积累社会资本。

大学教育基金会的筹资是以捐赠方自愿出让资源支持教育事业的公益精神为基础的，从工具性角度分析，互惠规范是促进捐赠行为的重要动力，正是这些正式或非正式的互惠规范保障了筹资机制的运行，并作为纽带维系着筹资网络，这也是大学教育基金会建立长期信任的基础。因此，建立与完善正式和非正式的互惠规范，促进捐赠双方的合理互惠是大学教育基金会完善筹资机制的必由之路。

四　小结

通过对 SD 大学教育基金会的个案研究可以发现，信任、规范、社会网络是大学教育基金会筹资机制的核心，大学教育基金会的筹资过程正是以信任为基础，以社会网络为平台，以互惠规范为纽带的资源整合过程。其中，信任的建立受捐赠方的情感因素、基金会自身的制度和基金会自身的公信力等因素的影响；社会网络平台由校友、企业、二级院系、公众等主体组成；而互惠规范包括以制度为保障的正式互惠制度和以传统文化为约束的非正式互惠制度。大学教育基金会与所属高校、二级院系、校友会、校董会等学校部门的合作筹资以及对校企合作单位、校董单位、校友、个人等捐赠方捐赠资源的整合共同推动着大学教育基金会的筹资工作。信任、规范和社会网络三大要素相互依存、互相影响，信任制约着筹资网络的拓展，互惠规范影响筹资网络的维系，而筹资网络的大小又决定着对捐赠资源的整合和调动能力，直接关系筹资的规模和发展潜力。因此，最大限度地促进信任、互惠规范和社会网络三大要素的良性发展是大学教育基金会筹资机制健康运行的基础。

大学教育基金会自 20 世纪 80 年代兴起以来，为高等教育改革注入了新的活力，为高校缓解办学经费不足问题开辟了补充渠道，并在近年来表现出越来越强劲的发展势头。然而，中国大学教育基金会在筹资过程中也表现出一些问题，如筹资网络拓展有限，基金会公信力和筹资过程中的信任不足以及互惠规范发挥作用的空间较小等。深层次的原因在于社会慈善文化氛围不够浓厚，与捐赠相关的制度和配套政策有待完善，基金会筹资工作受所属高校影响较大，基金会内部筹资积极性和资源整合能力不足等。因此，完善大学教育基金会筹资机制可以通过如下路径予以解决。

首先，增强基金会自身建设，培育社会信任。一要建设校友文化，营造捐赠氛围。大学教育基金会要发挥好在慈善文化宣传中的引领作用，充分利用现代化的传媒手段，加强慈善文化和基金会公益精神的宣传，把参与慈善捐赠和个人自我实现的理念融入校友文化，带进公众日常生活当中。二要提升大学社会形象，增强筹资竞争力。一方面，高校要改善办学思路，提高办学水平和人才培养质量，增强学校服务地方和社会的能力，提高学校的社会影响力；另一方面，大学教育基金会要加强自身品牌建设，灵活运用媒体资源，探索具有品牌效应和感染力的筹资项目，提高基金会的社会知名度，增强其在筹资中的竞争力。三要规范捐赠程序，提高基金会公信力。大学教育基金会要规范捐赠程序，建立并严格落实捐赠协议的各项规定及各项基金的使用、运作和鸣谢规范，用透明的信息披露制度保障教育基金的合理使用，用公正、合法的资金运作和审计方式保障教育基金的科学管理。

其次，要增进与社会的联系，拓展筹资网络。大学教育基金会要充分利用学校现有的社会资源，整合内外部社会资本，进一步细化网络节点，拓展网络规模。一要扩大校友网络，整合校友资源。一方面要充分利用所在大学的校友会平台，收集并充实校友信息库，完善校友工作网络，增进校友与母校的感情，发动广大校友参与到学校的筹资工作中来；另一方面要充分发挥二级院系在联系校友方面的熟悉优势与情感优势，深入校友群体，做好校友服务工作，激发校友为母校贡献力量的热情，从整体上提升校友网络内部的资源调动能力和外部的资源拓展能力，提高校友捐赠在筹资总体中的比重。二要发挥名人的影响力，拓展筹资渠道。这里的名人是指可以为大学教育基金会提供帮助的在社会上具有一定知名度和影响力的校领导、校董、基金会理事、知名学者、教授、企业家、校友等个人。

"名人"参与筹资工作不仅有助于提升基金会的社会形象，吸引社会捐赠资源，还可以发挥牵线搭桥的作用帮助基金会接触到高层次的筹资对象，拓宽筹资渠道。三要增进与社会的联系，吸引公众参与。随着改革开放的深入和经济社会的持续发展，社会个人剩余财富和企业财富都有了一定的积累，大学教育基金会要转变筹资策略，变被动等待捐赠为主动吸引捐赠。通过增加教育基金会的社会认知度、优化筹资项目设计、加强项目宣传等途径增强教育基金会与社会的联系，吸引更多的公众参与到支持高校建设和发展的公益事业中来。

最后，要强化内部管理，完善互惠规范。通过建立必要的捐赠奖励规范、健全基金会内部激励制度、争取政府部门的配套奖励政策等途径完善基金会与捐赠者双方的互惠机制，有效地维系基金会的筹资网络，增加社会对基金会的信任，从而增加大学教育基金会在筹资工作中的优势。一要完善互惠规范，建立必要的捐赠奖励机制。大学教育基金会要通过完善捐赠鸣谢规范、建立捐赠名人榜、建筑物冠名、媒体刊登信息、颁发荣誉证书、聘为校董、提供高校资源的优先使用权等方式增加捐赠行为的社会效益，通过强化基金会与捐赠方的互惠共赢吸引捐赠资源。二要强化管理，建立基金会内部激励制度。大学教育基金会需要积极借鉴现代企业管理制度，形成独立的考核机制，激发基金会内部的筹资动力；在专业筹资人员的聘用上要借鉴现代企业的公开招聘方式，针对筹资人员经常开展筹资理念、筹资技巧、情感维系等内容的培训，建立一支队伍壮大、理念先进、善于捕捉并挖掘筹资信息的专业队伍；同时，要完善对二级院系的筹资激励机制，充分发挥二级院系在联系社会资源方面的优势，提升基金会的主动筹资能力。三要争取政府支持，完善配套优惠政策，在制度层面上为基金会筹资营造良好的环境。

第五节　总结与讨论

本章主要研究了慈善基金会的类型与发展现状、资金筹募机制特征、转支流向规律及特征。慈善捐赠中介组织类型复杂，发展各具特色。慈善总会系统自上而下建立了庞大的组织体系和救助体系，正在谋求从行政化运作到社会化、市场化运作的转型。基金会发展迅猛，公募基金会和非公募基金会在发展路径、运作机制上存在差异：大部分公募基金会与政府有更为密切复杂的联系，99%的政府资助流向了非民间背景的基金会，其中绝大多数是公募基金会；非公募基金会形态多样，市场化、社会化运作机制更为成熟，其近半数的捐赠投向了高校基金会。自 2011 年起，非公募基金会的增长数量和速度均超过了公募基金会，虽然其在规模和募集资金总量及影响力上仍与公募基金会有一定差距，但是这种差距正在不断缩小。

在中国"国家与社会"关系框架下分析慈善基金会的运作具有较强的理论性和指导性。由于慈善基金会依附政府资源的惰性和政府侵蚀慈善基金会权力的惯性，慈善基金会与政府的关系边界并不清晰和明确，直接反映到慈善基金会的实际运作中，呈现行政化、市场化以及社会化运作方式交叉或并行出现，在不同性质的基金会和同一基金会的不同历史时段三种力量机制单独或者组合发生作用。目前中国慈善基金会的运行机制存在若干不足：第一，多数公募基金会行政化色彩浓厚而自主性不足，行政运作机制仍然发挥着较大的作用。第二，慈善资金筹募途径有限，慈善资金总量不足，社会化运作力量需要更积极地去开拓。第三，慈善资金使用不合理，慈善基金会公信力不足，缺乏公正透明的慈善信息披露机制。

慈善基金会通过筹集社会资源来直接提供准公共物品，救助社会弱势群体，实现服务社会的功能。在这个过程中，为了对慈善事业进行引导和控制，国家不可避免地要通过政治、法律、行政等手段渗透到慈善组织的运作当中，这深刻影响了慈善基金会的运作。要促进慈善基金会的良性运行，首先要改变慈善基金会与政府的关系，通过制度化改革使政府让渡出更多的社会空间和资源；其次，慈善基金会要提升自身能力，提高自己的公信力、募集资金以及救助服务的能力。在目前的社会结构下，具体来讲，需要以下几种力量的长期互动：一是自上而下的国家力量，二是由下而上的社会力量，三是由内而外的内部力量。

从国家力量上，首先需要政府制定与完善法律法规。一要提高立法层级，尽快制定慈善法，使慈善组织的运作在有法可依的同时还能做到有法必依，违法必究。美国政府通过《美利坚合众国宪法》《国内税收法典》《非营利法人机构法范本》等相关法律，使政府与公益慈善组织之间形成了一种多层级协调关系,[①] 我们可借鉴其经验明确慈善基金组织与政府的关系,确保慈善事业及其信誉不受损害。二要建立和完善免税待遇的规定,在税收及财政政策上支持慈善事业的发展,利用税收杠杆,通过对慈善公益捐赠减免税收,实现对捐赠者的税收照顾与优惠,进而鼓励人们积极参与慈善捐赠。三可在技术条件成熟后开征遗产税、赠与税乃至特别消费税等,引导富裕阶层承担更多的社会责任,应用政策和法律调控机制,促使更多的社会资源整合起来,促进慈善事业发展。

其次,转变政府职能,积极探索政府与慈善组织之间的合作方式。深化政府职能转变,使其不断向制定法律规范、宏观指导、财政资助和政策扶持等方面理性回归。一要进一步改革管理体制、放宽准入标准,促进不同类型的慈善基金会全面协调发展。二要激励社会参与。政府应该通过基层民主政治建设,透过社会公益道德教育,以社区为平台深化民众的慈善意识。三是有选择性地为慈善组织提供财政支持,通过招标、委托代理等形式,将适合慈善组织运作的部分事务和资源转移给有资质的慈善组织进行运作。[②]

从社会力量上,首先需要培育公民的慈善意识。慈善事业是一项社会事业,它的发展需要公民慈善意识和社会慈善价值观的支撑。社会慈善意识的觉醒与公民意识、公民社会、民主意识紧密相连,[③] 而中国由于历史和政治意识形态的因素,公民意识缺乏,对它的挖掘和唤醒不是短时间内就可以的。必须在全社会广泛、深入、持久地宣传慈善意识,传播慈善文化,从政府文件、领导人的身体力行到对全社会的舆论倡导,从学校教育到各类媒体的报道,从社会名流的名人效应到慈善项目的社会广告效应,充分利用各种形式和途径来宣传慈善理念,并且建立起社会公众参与慈善的平台,通过开展多种多样的慈善活动,鼓励广大人民群众积极参与慈善活动和志愿活动,为慈善事业的发展创造良好的社会环境。其次,促进国际交流,加强与国际

① Feiock, Richard C. and Andrew, Simon A., "Introduction: Understanding the Relationships between Nonprofit Organizations and Local Governments", *International Journal of Public Administration*, 2006.

② 任振兴、江志强:《中外慈善事业发展比较分析——兼论我国慈善事业的发展思路》,中华慈善文化论坛(无锡)暨首届市长慈善论坛,2006。

③ 任振兴、江志强:《中外慈善事业发展比较分析——兼论我国慈善事业的发展思路》,中华慈善文化论坛(无锡)暨首届市长慈善论坛,2006。

非营利组织的联系与合作。与国外非营利组织的合作能够获取资金上的支持，学习到先进的项目管理经验，这是促进政府职能转变和慈善组织自治化发展的有效途径之一。

从内部力量上，首先需要加强慈善组织自身能力建设，实现内部管理的规范化。其中最为重要的是健全正式组织制度，引进专业人才。其次要建立社会化、制度化的筹资机制，项目绩效评估制度，制定战略发展规划，努力开拓包括企业、个人及其他社会组织在内的各种慈善资源，建立完善经常性捐赠的动员和接收机制。从某种意义上，慈善组织要像企业一样去"营销"自己，[1] 因为慈善组织需要通过自身的努力去获得社会公众的信任，说服企业和个人为慈善事业捐款，在筹资和项目运作上需要借鉴市场商业化的运作方式，加强对社会需求的敏锐度，以便能够尽快地做出反应。最后，要健全自律和他律机制，建立公正透明的慈善信息披露机制，提高组织公信力，增加组织透明度。慈善组织应定期公布财务收支状况，严格审计制度，通过提升慈善组织的公信力来提高其对社会慈善资源的动员能力。此外，要加强政府和社会的监督与监管，建立科学的慈善组织评估机制，充分发挥民众、媒体的作用。

---

[1] 陈潇：《非营利组织战略管理问题研究》，第 101 页。

第　四　章

影响慈善捐赠的文化和社会因素分析

影响慈善捐赠的因素是复杂的，其中主要包括传统历史文化价值、慈善捐赠意识等文化因素，也包括经济发展水平、税收激励政策、政府监管与社会监督机制等外在社会因素。本章主要考察影响慈善捐赠的文化和社会因素。

第一节　文化因素

在考察中西方慈善捐赠水平巨大差距的原因时，不少学者强调了不同传统文化价值的重要影响。[①] 传统文化价值一般是指经由长期复杂的历史实践过程而被集体无意识地内化了的主流核心价值观念。社会慈善捐赠意识则反映人们对慈善捐赠的一般性观念，它也会受到传统文化价值的深刻影响。二者虽然都具有文化意识的主观属性，但前者是较为宏观的、抽象的、一般的文化观念，而后者是较为具体的行为动机类型。

一　影响慈善捐赠的传统文化因素

文化传统以及慈善文化观念对慈善捐赠有着显著性影响。考察慈善捐赠中传统文化影响的一种方法是厘清不同文化传统以及慈善文化观念对慈善捐赠及行为的内在影响机制。西方社会形成以基督教为核心的传统文化，中国社会形成以儒家伦理为核心的传统文化。要解释中西慈善捐赠行为及捐赠水平之间的差距需要寻求一种文化上的解释，以便深入理解传统文化对于慈善

---

① 杨方方：《慈善文化与中美慈善事业之比较》，《山东社会科学》2009 年第 1 期。

捐赠机制的深刻影响。

　　基督教文化传统的核心是"原罪—救赎观"，从"原罪—救赎观"中生发出平等观、什一税传统与托管理念。基督教中的个体平等观念是指，在上帝面前一律平等。什一税传统是指个体应把自己的财富或收入的十分之一捐献给教会或救济穷人。托管理念是指个体在世俗世界中所创造的财富是上帝的眷顾，是上帝赐予其子民的恩典，不是某个人的财富。个人只是上帝财富的委托保管者，故而当富人们的财富积累到一定数量之后，就必须将一部分财富捐赠给社会，以回报上帝对自己的恩典。即使在个人去世以后，也只是将自己的小部分财富作为遗产留给后代，而将大部分财富返还给社会。《圣经》中所表达的"富人进天堂比骆驼穿过针眼还难"以及新教徒形成的"在巨富中死去是一种耻辱"的理念，也促使个体把财富流向社会。因此，基督教文化传统不仅在价值理念上倡导个体进行捐赠，而且形成了一整套完整的、系统化的慈善捐赠理念体系与相对具体的操作性规范。至少对于基督徒来说，慈善捐赠不仅仅受到自律的驱动，还具有"强制性"的他律色彩。

　　中国的慈善捐赠价值观念在很大程度上根植于以儒家为主要代表的传统经典文化，即以"仁爱"为中心构筑的慈善思想，体现在民本思想、大同思想、义利观、孝悌观等具体观念中。① 这种以"仁爱"为核心的儒家思想从人性善的假设出发，倡导个体尤其是"达人"从事善行（穷则独善其身，达则兼济天下）。在此基础上，将善行的功能定位为一种为现世或后世积累善报的手段，即所谓"行善积德"；同时将慈善建立在宗法血缘关系之上，使其随着血缘、族缘、地缘关系的亲疏而递增或递减。②

　　与西方传统文化对慈善捐赠行为的影响相比，儒家传统文化较多体现为选择性与非普遍性、纯粹自律导向、亲疏有别的差序格局以及家族财富观。所谓选择性与非普遍性是指儒家传统文化强调的是富人慈善观念——在社会中拥有一定财富、地位的"达人"应承担积德行善的道德义务，而对一般个体则并无特别要求。所谓纯粹自律导向是指慈善捐赠的生发机制主要取决于个体的内在修养程度，并没有外在的他律基础。在亲疏有别的差序格局下，自

---

① 王卫平：《论中国古代慈善事业的思想基础》，《江苏社会科学》1999 年第 2 期。
② 周中之：《当代中国慈善伦理的价值及其理论建构》，《齐鲁学刊》2013 年第 1 期。

助与互助更易受鼓励，对格局之外陌生人的捐赠则易被抑制。相对于基督教传统的托管理念上的财富观，儒家文化强调的是家族财富观念，个体在世俗的努力以及获得财富更多的是为了光宗耀祖、传于后代、泽被子孙。尽管不能把传统文化价值基础视为影响慈善捐赠的决定性因素，但这种影响的复杂性和深刻性仍需得到重视。

二 影响捐赠行为的慈善意识

一般而言，慈善意识是社会成员在慈善捐赠中表现出来的动机、意识、认识、思想、情感等各种观念形态的集合，是人在社会实践中形成的对慈善的认识、感知和判断，以及由此带来的主动性参与。对慈善意识的分析可以从慈善动机分析与慈善意识的结构分析两个维度来进行。

（一）内在动机的多样性

关于慈善捐赠行为产生的内在动机，一般有两种截然相反的解释，即理性选择与利他主义。人们对慈善捐赠意识的分析较多是从爱心、同情心等利他主义角度出发。这一解释简单地把慈善捐赠行为的内在动机归因于人们的慈爱之心，一定程度上忽略了对其他慈善捐赠行为动机因素的考量。

经济学界对慈善捐赠现象进行动机解释时则往往从"经济人"预设立场出发，把慈善捐赠行为的发生视为捐赠主体理性选择的结果，认为捐赠行为能够给捐赠者带来其他有价值的私人物品或个人利益。[①]

整体来看，利他主义动机依然是慈善捐赠行为发生的最佳理论解释。毕竟在逻辑与实践上仅用理性和自利都不能充分解释包括慈善物品在内的公共物品的自愿供给现象。[②]

除了理性选择与利他主义两种动机取向，还存在着基于互惠心理、信任观念的慈善捐赠行为，人们也很难忽视由于特定的环境或具体的结构压力因素，所产生的"从众"或者"盲从"捐赠行为。有学者认为慈善捐赠的内在动机是复杂的，这种复杂多样性也表现为某种捐赠行为的动机可能是混合

---

① 〔美〕乔·B. 史蒂文斯：《集体选择经济学》，杨晓维译，上海三联书店 1999 年版；Cornes, Richard C. and Sandler, Todd, "Joint Production and Public Goods", *Economic Journal*, 1994, pp. 580–598.

② Cliff, Landesman, "The Voluntary Provision of Public Goods", Doctoral Dissertation, Princeton University, June 1995, http://perspicuity.net/sd/vpopg/vpopg.html（2014/12/6）.

性的，兼有温情效应、社会地位、社会压力等多重动机。① 部分西方学者的实证分析也有力地表明了这一点，摩尔（Moe）对美国明尼苏达州工商利益集团的研究②以及密特切尔（Mitchell）对环保集团的调查③都深刻解释了捐赠行为动机的混合性。这些解释为理解多样化的慈善捐赠行为提供了理论支持。

（二）意识结构的层次性

从慈善捐赠意识的结构层次入手，可将慈善捐赠意识分为五个层次：一是感性认识层次，指对慈善捐赠的直觉反应和认识；二是知识层次，指对慈善捐赠及相关问题的各种经验和科学认识；三是态度层次，指有关慈善捐赠的价值观念以及主动参与慈善捐赠活动的动机；四是评价层次，指有关慈善捐赠及相关问题的评价；五是行为意向层次，是指发挥自己参与慈善捐赠活动的意识取向。或者可以更为简略地将慈善捐赠意识分为三个层次：初级意识层次，即对慈善捐赠行为的认知阶段，也就是上文中所提及的感性认识层次和知识层次；中级意识层次，即对慈善捐赠行为的认可、接受阶段，也就是态度层次和评价层次；高级意识层次，即对慈善捐赠行为的赞同、信仰和倡导阶段，也就是意向层次（参见表4-1）。

表4-1 慈善意识结构层次

慈善意识			行为
初级意识层次	认知	知道名词/概念	间接慈善捐赠行为（信息传播等）
		了解行为	
		对慈善捐赠作用的认知	
中级意识层次	认可	对慈善捐赠行为持肯定态度	
	接受	被动（由一些因素影响）	直接被动的从众慈善捐赠行为
高级意识层次	赞同、信仰、倡导	主动（视为自身公民责任）	直接主动的慈善捐赠行为

① Sargeant, Adrian & Woodliffe, Lucy, *Individual Giving Behaviour: A Multidisciplinary Review*. New York: The Routledge Companion to Nonprofit Marketing, 2007.

② Moe, Terry M., *The Organization of Interests: Incentives and the Internal Dynamics of Political Interest Groups*, Chicago University Press, 1980.

③ Mitchell, Robert C., "National Environmental Lobbies and the Apparent Illogic of Collective Action", in Russell Clifford, ed., *Collective Decision - Making*, Baltimore: Johns Hopkins University Press, 1979.

　　较低层次的慈善意识仅仅局限在对慈善概念的初级认知上，主体本身并没有多少强烈的意愿进行慈善捐赠。当慈善捐赠没有被理解成公民责任和义务前，无捐赠行为或被动的参与都是慈善意识偏低的表现。实际上，慈善意识的核心是一种责任意识，相比于其他社会责任，慈善责任具有高层次性。如同人的道德境界有高低不同一样，慈善责任在不同社会成员身上也具有渐进性。[①] 高级层次的慈善意识是指行为者心怀感恩地看待自身和社会的关系，意识到自身担负的社会责任，从而直接、主动地以慈善方式回报社会。这一认识境界是社会所倡导并培养的高层次慈善意识。

三　中国慈善意识的现状

　　进入 21 世纪以来，中国慈善捐赠总量迅速增长。2000—2012 年社会捐赠额年平均环比增长率约为 53.9%，[②] 其中 2003 年度（"非典"疫情）、2008 年度（汶川特大震灾）两个特殊年份的环比增长率分别高达 115%、260%。尽管这反映出当代中国慈善意识有所发展，但仍不能掩盖依然存在的滞后性、被动性以及发育程度低等问题。

　　慈善意识的滞后性一方面表现为，中国慈善捐赠意识的总体水平远远落后于中国经济与社会发展的总体水平，与经济的快速发展水平以及社会的整体发育水平所呈现的文化堕距（Culture Lag）现象十分明显；另一方面表现在，中国慈善意识带有被动性，并滞后于中国慈善捐赠水平的发展。被动性是指在发生机制上，过多地依赖自上而下的政府推动，而自下而上内生发育的主动性特征不强。

　　现实中存在的大量带有强制、被动色彩的捐赠行为是中国慈善意识被动性特征的典型体现。比如在"慈心一日捐"活动中，慈善捐赠额自动从机关事业单位人员的工资中按照一定比例扣除；在社会中也存在一些变相的"逼捐""索捐"事件；等等。虽然这种"被捐赠"现象有助于提升慈善捐赠的绝对数额，但对于公民慈善捐赠意识具有消极作用，在一定程度上，抑制了中国公民慈善捐赠意识的正常发育。

---

　　① 赵新彦：《浅析慈善文化建设之深层理念培育》，《社会工作》2008 年第 11 期（下）。
　　② 根据中华人民共和国民政部发布的 1998—2009 年民政事业统计公报数据、2009—2012 年社会发展统计公报数据计算。

与欧美发达国家相比，中国慈善意识发育水平总体上仍处在较低层次。2003 年一项关于中国公民慈善意识的调查研究得出"全社会还没有自觉而浓厚的慈善意识"的结论；[①] 2012 年一项类似调查研究则认为"中国仍然有一部分群体的慈善意识有待提升"。[②]

四　提升慈善意识的主要途径

公共政策对慈善捐赠意识的影响往往具有较为直接的规范、引导作用，并带有较强的可操作性。现代传媒舆论对人们捐赠意识的影响力也不容小觑，因此可从社会政策及文化倡导两个方面探讨提升慈善意识的主要路径。

（一）公共政策途径

提升中国慈善捐赠意识的政策思路主要是通过公共政策措施排除组织、个人进入慈善领域的障碍，强化过程监管并完善激励机制。首先，进一步破除社会组织登记管理壁垒，扩大适用组织范围，广泛落实社会组织直接向民政部门申请登记的政策。这样能够极大地带动民众投身慈善捐赠事业的热情，促进民众参与慈善捐赠的积极性。其次，进一步淡化行政主导，通过政策调整逐步把官办非营利组织转变成具有较强独立性的慈善机构，改变官办非营利组织对慈善市场的垄断地位。这样，一方面可以提升慈善捐赠的资源配置效率，另一方面可以壮大民间慈善机构的力量。再次，继续强化过程监督，通过建立适合中国慈善捐赠事业发展水平的评估机制、公开透明机制以及淘汰退出机制，从根本上提升慈善机构的公信力。这一措施有助于消除民众对慈善机构的重重疑虑，逐步加强民众对慈善捐赠的信心，激发民众内在的慈善捐赠热情。最后，完善对不同捐赠主体的政策激励机制，从税法上进一步完善并落实企业慈善捐赠税收优惠政策，合理提高个人慈善捐赠税收扣除额度，简化繁琐的兑现条件。以政策形式保障经济激励机制的实现，来满足捐赠主体获取利益回馈的理性选择需求。

---

① 许琳、张晖：《关于中国公民慈善意识的调查》，《南京社会科学》2004 年第 5 期，第 89—94 页。

② 石国亮：《中国居民的慈善意识及其影响因素——基于全国五大城市的调查分析》，《理论探讨》2014 年第 1 期，第 157—161 页。

（二）文化倡导途径

文化倡导途径是指借助发达的现代传媒机制，潜移默化地提升公众现代慈善意识水平的方法。

首先，客观地关注慈善事业。客观是指对相关事件进行评述时，媒体应减少偏激、臆测等主观因素的不良影响，理性看待慈善事业的重要性与发展前景，理解发展初期阶段难以避免的问题，减少碎片化、孤立化的关注点或报道方式。

其次，充分发挥媒体的积极作用，为慈善意识的培养构建良好的社会文化氛围。新闻媒体对慈善意识的影响可以通过构建价值理念来实现。无论是与慈善密切相关的诚信、友善等社会核心价值观，还是与慈善捐赠行为息息相关的财富观、法制观等，都可以通过新闻媒体的舆论宣传实现塑造与巩固。

最后，提升公众辨别慈善信息真伪的能力。"郭美美事件"、尚德"诈捐门"等一系列新闻事件使人们对慈善组织的质疑迅速增加。尽管不少事件并非媒体捏造，但其中也不乏一些捕风捉影、夸大其词的信息。在自媒体时代[①]下，应在公共事件发生时减少不实信息对公众的误导。作为慈善组织自身应坚持公正透明的运作机制，一旦出现危机事件需及时回应，转"危"为"机"，以自身公信力的塑造作为提升社会慈善意识的推动力。

第二节　经济因素

一　经济水平与慈善捐赠

经济水平对慈善捐赠的影响可概括为，不同经济条件下慈善资源的多寡不同，慈善组织的发展程度也不同，而这两类因素的交互组合会产生慈善捐赠水平的不同。中国各地经济水平的不均衡性对慈善捐赠的主要影响表现为

---

　①　互联网术语，意指在网络技术，特别是 Web2.0 的环境下，博客、微博、共享协作平台、社交网络的兴起，使每个人都具有媒体、传媒的功能。自媒体是相对传统新闻方式的表述，即具有传统媒体功能却不具有传统媒体运作架构的个人网络行为。

东、中、西部慈善捐赠水平呈阶梯性。中国慈善排行榜历年数据证明，东部发达地区无论是捐赠数额、社会慈善氛围、企业家公益参与度、慈善公益机构发育程度均高于中部和西部。

（一）慈善资源差异分布

经济水平是慈善资源多寡的重要影响因素，一般经济发达地区的慈善资源相对丰富，能为慈善捐赠提供充足动力，而经济欠发达地区慈善资源相对贫乏，慈善捐赠额度也较低。

慈善资源分布的差异，标志性表现是企业数量和规模的区域分布不均。在 2012 年，国家统计局统计的 63314 家大中型工业企业中，属于东部地区的就有 39681 家，营业收入占到了入围企业营业收入总额的 62.7%；而中部地区大中型工业企业数量只占全国总量的 22.2%，西部地区仅占 14.9%。① 根据 2014 年福布斯中国慈善排行榜获得的数据，可以发现上榜企业前十位全部分布于北京、广东、福建等东部省份（见表 4 - 2）；而河南、山西、四川等中西部省份的企业上榜数量、捐赠总量都排在后面。

表 4 - 2　2014 年中国慈善排行榜前十位上榜企业所属省份及地区

2014 排名	公司简称	实际控制人	总部所在省份	所属地区
1	大连万达集团	王健林	北京	
2	中国民生银行	董文标	北京	
3	恒大集团	许家印	广东	
4	扬子江造船	任元林	江苏	
5	世茂集团	许荣茂	上海	
6	世纪金源	黄如论	北京	东部
7	中国泛海控股	卢志强	北京	
8	腾讯公司	马化腾	广东	
9	福建达利食品	许世辉	福建	
10	祥兴（福建）集团	薛行远	福建	

资料来源：《2014 福布斯中国慈善企业排行榜》，福布斯中文网，http：//www. forbeschina. com/review/list/002171. shtml（2014/10/17）。

---

① 中华人民共和国国家统计局：《大中型工业企业主要经济指标》，http：//data. stats. gov. cn/workspace/index？ m = fsnd（2014/4/16）。

　　在民营经济发达的省份（如浙江省），民营企业已成为慈善捐赠的主角。《2012 年度中国慈善捐助报告》数据显示，民营企业当年的捐赠数额达到 275.06 亿元，占企业捐赠的 57.98%。自 2007 年有全国性的捐赠统计以来，民营企业的捐赠数额一直都占据企业捐赠总量的一半以上。[①] 由于中西部地区的民营经济发展明显滞后，民营企业的慈善捐赠也无法构成所在地区慈善组织收入来源的主体。

（二）慈善组织发育程度不一

　　慈善组织作为捐赠的主要接收对象，其发育程度依赖于特定的经济发展水平。慈善组织进行慈善资源整合的能力及公信力的高低会明显影响慈善捐赠接收量的多少。

　　受地区经济发展失衡的影响，当前中国非营利组织的发展也呈现地区不均衡性。在东部发达地区，尤其是在苏、浙、沪、粤等地，非营利组织无论是从数量还是从能力方面均居全国前列。统计资料显示，东部地区慈善组织的募集资金数额明显高于中部和西部地区，全国慈善组织的募集资金收入几乎绝大部分来自东部。[②] 上海市作为"长三角经济圈"的龙头城市，慈善捐赠事业也风生水起。2013 年上海市慈善基金会募捐收入达 7.07 亿元，与其他全国性公募基金会相比筹资水平遥遥领先。2011 年全国 31 家省级慈善总会（除西藏自治区慈善总会）共募集资金 467091.06 万元，其中 47% 来自东部省份的慈善总会，而中部和西部慈善总会募捐资金比重分别约为 28% 和 25%。[③]

　　全国募捐资金支出绝大部分也来自东部地区。2010 年，全国有相关数据的 30 家省级慈善总会的总慈善支出约为 630495.69 万元。其中东部地区慈善支出约为 338624.43 万元，占全国总支出的 53.71%（详见表 4-3）。[④]

---

　　① 彭建梅、刘佑平主编《2012 年度中国慈善捐助报告》，中国社会出版社 2013 年版，第 32 页。

　　② 张木兰：《2013 年多家基金会募款过 5 亿》，《公益时报》2014 年 4 月 15 日第 4 版。

　　③ 孟志强、彭建梅、刘佑平主编《2011 年度中国慈善捐助报告》，中国社会出版社 2012 年版，第 203—205 页。

　　④ 孟志强、彭建梅、刘佑平主编《2011 年度中国慈善捐助报告》，第 208 页。

表 4 - 3　2010 年全国三大区域 30 家省级慈善总会慈善支出比例

单位：万元，%

区域	慈善支出额	比例	区域	慈善支出额	比例
东部	338624.43	53.71	西部	167817.23	26.62
中部	124054.03	19.68	全国	630495.69	100

资料来源：孟志强、彭建梅、刘佑平主编《2011 年度中国慈善捐助报告》。

（三）慈善捐赠总量的地区差异

在慈善事业中，地区经济水平直观表现在慈善捐赠总量上。地区经济发展的差别使得慈善捐赠资源分布不均，经济发达地区慈善捐赠总量较大，经济欠发达地区慈善捐赠总量较小。

通过对 2011 年度国内捐赠数据样本[①]的分析可以发现，东部地区的广东、北京、福建三地捐赠总量位居前三，均超过 20 亿元；上海、山东、浙江、江苏等省市捐出款物的总量均超过 10 亿元；而中、西部的江西、新疆等省份捐出总量低于 1 亿元。[②] 另根据 2013 年全国各省、市、自治区民政部门直接接收社会捐赠的情况，也可以发现捐赠总量在地区间明显的不平衡。广东省全年仅民政部门直接接收的捐赠额就高达 18.2 亿元，北京、山东也都在 10 亿元左右，陕西、青海地区则仅为几百万元（见图 4 - 1）。[③]

（四）个人经济实力对捐赠的影响

经济实力对个人捐赠者的影响尤其明显，个人经济收入水平的高低对个人慈善捐赠能力有直接影响。

2008 年由上海市慈善基金会、复旦大学社会发展与公共政策学院联合发布的调查报告以及 2011 年北京师范大学社会发展与公共政策学院在中国 27 个城市获得的中国公民公益行为数据均表明个人经济水平对其捐赠行为

---

① 分析样本为中民慈善捐助信息中心通过新闻报告、各地慈善组织和捐赠方上报，相关数据并非完全统计，在此仅作为参考。

② 孟志强、彭建梅、刘佑平主编《2011 年度中国慈善捐助报告》，第 156 页。

③ 中华人民共和国民政部：《2013 中国民政统计年鉴》，中国统计出版社 2013 年版，第 478 页。

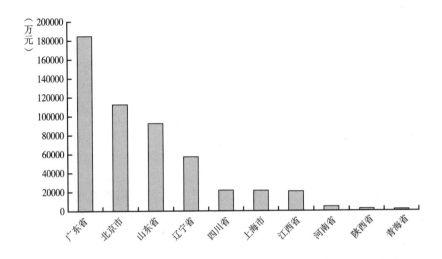

图 4 - 1　2013 年十省（市/区）民政部门直接接收捐赠总额对比

数据来源：中华人民共和国民政部：《2013 中国民政统计年鉴》，第 478 页。

有显著影响。

（1）自身经济能力不足成为不捐赠的主要原因。上海市相当一部分在过去两年间从未捐过款的市民表示，自身经济能力不足成为影响捐赠的关键原因，这一类人占总数的 34.3%。[1]

（2）个体社会经济地位与慈善捐款行为有显著正相关关系。个体慈善捐赠行为受到其经济状况的影响，随着整体富裕程度提高，人们会更愿意参与到慈善捐赠的活动中来。在上海市的调查之中，九成以上的被访者表示如果收入增多，就会相应加大捐款力度（见表 4 - 4）。对北京师范大学中国公民公益行为调查数据的 Tobit 模型分析得出，个体工作收入增加 1%，平均捐款额度增加 0.25% 的微观数据关系。[2]

---

[1]　舒迪：《解读 2008 "市民与慈善" 调查报告》，《人民政协报》2009 年 1 月 13 日。

[2]　刘凤芹、卢玮静：《社会经济地位对慈善捐款行为的影响》，《北京师范大学学报》2013 年第 3 期。

表4-4　市民经济实力与捐赠意愿强弱关系统计

若收入大幅提高,是否会加大捐款力度	人数	比例(%)	若收入大幅提高,是否会加大捐款力度	人数	比例(%)
会	8104	90.3	有效回答人数	8976	100.0
不会	126	1.4	无效回答人数	148	/
视情况而定	746	8.3	总人数	9124	/

资料来源:上海社会科学院社会学所、复旦大学社会发展与公共政策学院:《市民与慈善——2008大型社会调查》(内部版 2009 年)。

个人经济收入直接关系到捐赠数额、捐赠次数、捐赠意愿,而企业捐赠水平则受其所处发展阶段的影响。企业发展一般要经历三个阶段:原始积累阶段;追求规模,做大企业阶段;企业公民建设阶段。[①] 中国的企业大多数处在前两个阶段,属于事业上升期。在原始积累和事业上升阶段,企业担心社会捐助会增加自己的风险,而当企业家拥有了稳定的经济基础,就会更多地承担企业社会责任,投身于慈善事业。

二　经济利益因素的驱动与影响

经济发展水平与慈善捐赠虽然有明显的正相关性,但在具体情况下还应考虑对慈善捐赠起着推动作用的其他经济因素,其中一个重要因素是慈善捐赠带来的利益回馈。利益回馈因素内在地驱动着人们的慈善捐赠行为及参与意识。

(一)　慈善组织的效益

慈善组织作为非营利组织,并不意味着其自身不能在运营中获得经济效益。很多慈善组织尤其是大部分民办非企业单位的发起成立自然受其特定利益的驱动。慈善组织的主办者或投资者虽然不能谋取高额利润,但可以获得相对稳定的收入来维持组织的发展。以慈善基金会为例,其对组织财产的投资主要包括产业投资或股票、债券、保险等方式的投资。不同于企业追求经济利益以扩大市场份额的营利行为,慈善组织对其所获得的经济收益更注重其公益效用的发挥。慈善组织参与募捐和资金运营有利于其资产的保值增

[①]　刘美萍:《当前中国慈善捐赠不足的原因及对策研究》,《行政与法》2007 年第 3 期。

值，还能够有效地提升慈善组织的服务能力和独立性，从而更好地实现其公益服务的正功能。具备科学的资产运行体系、良好的社会公信度的慈善组织是激发社会多元力量参与慈善捐赠的有利因素。

（二）企业的利益

在市场经济条件下，企业往往将慈善捐赠作为一种重要的竞争手段。企业生存需要兼顾经济效益和社会责任，社会责任与经济效益一样是企业的生命所在。社会捐赠对企业有着巨大的社会价值和作用，能为企业树立良好的公共形象，是企业"实现永续经营的必经之路"。[①] 首先，社会捐赠在很大程度上有利于加强企业领导人的管理效率，提升员工凝聚力和内部管理水平。其次，企业通过社会捐赠彰显企业对社会责任的担当，有利于获得来自各方的好评和信任，从而拉近企业与政府部门和社会各界的关系。有学者指出，"对于跨国公司而言，通过提供各种公益性捐款和赞助中国的教育事业从而赢得政府的好感与信任，进而与政府部门建立良好的合作关系，应该是一条间接参与政治的不错途径"。[②] 最后，战略性捐赠能改善企业环境，增加企业竞争优势。企业对那些既能带来社会效益又能带来经济效益的互利慈善领域进行战略性投资，可以增加销售收入，从而实现社会公益和企业绩效的双赢。

企业适度参与公益捐赠是一种特殊的营销手段，可概括为善因营销（Cause-Related Marketing）。善因营销是一种用来增加企业营利能力的企业慈善活动。这类企业慈善活动既可与具体的商业销售活动结合，也可以与非营利机构，特别是慈善组织共同组织。[③] 进而选择有利于产品销售的公益领域进行慈善倡导与捐赠，最终扩大市场影响力以提高企业利润。善因营销作为一种新的营销方式，越来越受到企业青睐，它兼顾了企业、消费者和社会的利益因而也受到整个社会的广泛支持。

（三）个人的利益

根据社会交换理论，慈善捐赠可以直接或间接地使捐赠主体获益，这些

---

① 钟宏武：《正确看待慈善捐赠对企业的价值和作用》，《经济导刊》2007 年第 7 期。

② 张梦中、马克·霍哲、胡象明、董克用主编《中国公共管理评论——公共管理的机遇与挑战》，中山大学出版社 2004 年版，第 205 页。

③ Barnes, Nora G. and Fitzgibbons, "Debra a Business Charity Links: Is Cause Related Marketing in your Future?", *Business Forum*, 16, (4), 1991, pp. 20 - 23.

获益包括内在性报酬和外在性报酬。其中内在性报酬是捐赠主体在捐赠过程中所建立的在社会交往关系中直接获得的回馈，如爱、感恩、兴趣的满足、荣誉感等；外在性报酬则是在社会交往关系之外取得的回馈，一般是相对长远目标的实现，如地位给予、帮助、服从等。

此外，个人慈善捐赠的动机也可能是为了规避各类税收。比如，西方国家的遗产税税率实行超额累进制（最高达 50% 左右），所以很多富豪容易将自己的财产捐献给慈善事业。由于中国至今没有开征遗产税和赠与税，缺乏通过遗产税和赠与税对资产转移进行限制进而推进捐赠"倒逼"的机制。此类税种的缺失会使许多高收入者更愿意将财富留给自己的亲属，而不是捐赠给社会慈善事业。

三　促进慈善捐赠发展的利益回馈途径

在大力提高经济收入的同时，需要完善税收体制等配套措施，保护捐赠主体的合理利益，从而更加持久有效地激励慈善捐赠行为，促进慈善捐赠事业的发展。

对于慈善组织而言，需要从保证其基本资金运作入手，并从慈善组织安全投资方面寻找突破。首先，来自政府公共财政的支持是慈善组织不可或缺的经济资源。以发达国家和地区为例，社会捐赠虽是慈善组织的重要收入来源，但并不是唯一来源；慈善组织中相当一部分资金来源于政府的财政投入。[1] 如香港特别行政区政府一直对民间慈善服务事业拨款，为慈善事业成为香港社会保障体系的一个重要支柱提供了客观保证。因此应明确政府财政对慈善组织财政支持的领域、水平和途径，通过政策制定为慈善组织提供制度性财力支持，减少慈善组织长期发展过程中的资金压力。其次，慈善组织资产保值增值问题要跨越组织公益性质的约束，在确保资金安全的前提下，鼓励并引导慈善组织通过金融市场中的多种方式实现资产的保值增值。同时，也要严格划分慈善组织经营性资本和捐赠性收入的界限，对账户财务、税收待遇等加以区别对待。

对企业而言，维护各种所有制企业在慈善捐赠活动中的公平竞争，也是

---

① 赵顺盘：《慈善：亟待厘清的几个问题》，《中国民政》2006 年第 2 期。

促进企业捐赠行为的重要手段。当前对企业慈善行为的评价更多着眼于捐赠的绝对数量，较少考虑各类企业的相对捐赠能力或捐赠比率，这对于许多不属于国营垄断企业却积极参与慈善事业的民营企业来说有失公允。因此，未来引导企业慈善捐赠的社会评价体系应充分尊重企业自身经济实力，重视企业慈善战略行为的自主性，并适当给予一定政策优惠作为激励，创建企业慈善捐赠的良性竞争环境。

随着网络和电子科技的发展，多种形式的新媒体手段触手可得，这为人们实现慈善捐赠的声望回馈开辟了更便捷的渠道。慈善组织可以通过一系列信息平台的设计，满足个人慈善行为在情感、道义方面的需要，让个体慈善行为发生后得到及时有效的传播，这既有利于对捐赠者个人行为的价值弘扬，使其获得情感上的回馈，也有利于在人际中发挥示范作用。

第三节　税收因素

税收因素对慈善捐赠的影响机制主要表现在，通过税法、财税部门有关条例保障慈善捐赠税收优惠政策的落实，以激励企业、个人及其他组织积极参与社会慈善捐赠事业。

一　税收对企业捐赠的影响

慈善捐赠对企业最直接、最明显的回报就是降低赋税水平。企业捐赠后减少了纳税额，实际上是一种政府的税收转移。企业将部分利润直接投入社会公益事业，减少了政府中间环节的运作，大大增加了慈善事业的资金，也间接提高了企业效益，更利于社会经济整体发展。中国企业现有所得税的基本税率为25%，小型微利企业及部分非居民企业的企业所得税税率为20%，高新技术企业的企业所得税税率为15%。① 不同企业可以根据不同税收优惠政策自行选择不同捐赠对象和捐赠途径。年应纳税所得额较小的企业就可充分利用慈善捐赠在各档税率之间进行调节，从而降低所得税税负，获得最大收益；对于大企业而言，由于公益性捐赠的税收政策与

---

① 全国人民代表大会常务委员会：《中华人民共和国企业所得税法》，2008 年 1 月 1 日起施行。

企业最终利润关系密切，公司捐赠行为需要充分考虑股东（尤其是中、小股东）的利益，通过捐赠方案的设计既保证企业捐赠效率的最大化又不伤害到股东利益。

中国现行税种中，对企业捐赠行为影响较大的是流转税名目下的增值税和所得税名目下的企业所得税。增值税对捐赠活动的影响一般在非现金捐赠中有效，因为此时企业产品还未流入市场，税负完全由企业自行承担。增值税暂行条例规定：将自产、委托加工或购买的货物无偿赠送他人应作为视同销售进行会计核算，并分别按纳税人或其他纳税人近期同类货物的平均销售价格，组成计税价格确定销售额，依法缴纳增值税。① 因此，捐赠行为会在一定程度上产生增值税支出。结合现有增值税规定，企业在捐赠过程中通过选择不同的捐赠内容实现企业税负的最小化，这是增值税对企业捐赠行为的主要影响。② 而企业所得税对企业公益性捐赠区分了不同捐赠方式下的优惠政策（见表4－5），最新企业所得税法取消了企业通过非营利机构向红十字会、公益性青少年活动场所等部分领域进行公益性捐赠以及外资企业捐赠的全额扣除规定（保留对灾害、重大事件等特定公益捐赠的全额扣除），改为对捐赠额度不超过利润总额12%的部分准予扣除，并规定当年未扣除完的公益性捐赠限额和超额捐赠的部分不能在以后年度结转。这将促使企业在选择具体捐赠方式和额度时充分斟酌以使利益最大化。

表4－5　现行法规中对企业慈善捐赠行为的相关税收优惠规定

捐赠方式	捐赠中介	受赠对象	税收扣除水平	备注
间接捐赠	公益性社会团体、县级以上人民政府及其部门	教育、民政等公益事业或贫困地区	不超过年度利润总额12%的部分准予扣除	公益性社会团体为《中华人民共和国公益事业捐赠法》中规定的符合条件的基金会、慈善组织等

① 国务院：《中华人民共和国增值税暂行条例实施细则》（财税〔2008〕50号），2009年1月1日起施行。

② 田利华、陈晓东：《企业策略性捐赠行为研究：慈善投入的视角》，《中央财经大学学报》2007年第2期。

续表

捐赠方式	捐赠中介	受赠对象	税收扣除水平	备注
间接捐赠	公益性社会团体、县级以上人民政府及其部门	受灾地区、北京奥运会、上海世博会等	全额扣除	仅适用于紧急灾害、重大疫情、重大国家活动等特殊时期（目前为止包括非典型肺炎疫情、汶川地震、北京奥运会、上海世博会、玉树地震、甘肃舟曲特大泥石流灾害六项特定事件）
直接捐赠	无	单位或个人	不予扣除	直接向受赠人的捐赠不予扣除

资料来源：《中华人民共和国公益事业捐赠法》（中华人民共和国主席令〔1999〕19 号）、《财政部国家税务总局关于纳税人向防治非典型肺炎事业捐赠税前扣除问题的通知》（财税〔2003〕106 号）、《中华人民共和国企业所得税法实施条例》（中华人民共和国主席令〔2007〕63 号）、《财政部、海关总署、国家税务总局关于支持汶川地震灾后恢复重建有关税收政策问题的通知》（财税〔2008〕104 号）、《国家税务总局关于企业所得税执行中若干税务处理问题的通知》（国税函〔2009〕202 号）。

（一）积极影响

现有法规对境内外企业捐赠的税收优惠做出过明确规定。其中，《中华人民共和国公益事业捐赠法》（1999）规定公司和其他企业依法进行的公益性捐赠，享受所得税方面的优惠；境外向公益事业提供的物资捐赠可减免进口关税和进口环节的增值税。[①] 根据《中华人民共和国企业所得税法》2007 年修订的内容，捐赠税前扣除比例从 3% 提高到 12%，免税基数由以往的应纳税总额转变为年度利润总额，并统一了内外资企业的捐赠税收扣除优惠额度。这些变化表明政府正通过更优惠的免税政策对企业捐赠行为给予大力支持。

此外，越来越多的公益性机构获得了捐赠税前扣除资格。2008 年度经民政部注册并获得公益性捐赠税前扣除资格的公益性社会团体共 66 家，2012 年度共有 148 家获此资格。而在 2013 年度，财政部、国家税务总局及民政部先后两批批准了 170 家公益性社会团体获得公益性捐赠税前扣除资格。这有利于逐步拓宽社会捐赠渠道，降低企业的公益性捐赠门槛，扩大企业捐赠方式的选择范围。

（二）存在的问题

税收激励机制的效果取决于税收制度的设计是否科学合理、落实是否到

[①]　全国人民代表大会常务委员会：《中华人民共和国公益事业捐赠法》，1999 年 9 月 1 日起施行。

位，但目前还存在着一些阻碍税收机制发挥激励作用的问题，其中既有对税收优惠政策需求不足的问题，也有制度性障碍。

杨团、葛道顺通过调查研究发现，许多企业对捐赠免税的需求并不迫切，其中主要原因是捐赠价值较少、抵扣手续繁杂、捐物抵扣不好处理等。另外减税是捐赠事后行为，申请与否受交易成本左右，而且企业的大量捐赠已经从成本、福利费、营业外支出、行政事业费等项目列支，从而不再需要申请减税。[①]

中资公司很少考虑免税的原因是：第一，对捐赠税前扣除政策不够了解；第二，捐赠在成本费用中列支；第三，物品捐赠、员工捐赠等难以申请减免税。外资公司虽然对减免税政策比较熟悉，但对减税的申请并不顺利，原因可以概括为：第一，难以获得免税凭证。由于企业慈善捐赠必须捐给规定的慈善组织才能拿到减免凭证，而外资公司自己做项目的互利性捐赠较多，并不一定通过指定慈善中介进行捐赠，因此难以获得免税凭证。第二，多年来外资公司一直享受税收减免优惠，日常数额不大的捐赠、物品捐赠、员工捐赠再申请减免没有意义。[②]

当前企业面临的主要公益性捐赠税收减免障碍表现为：第一，从税收政策激励效果来看，现有慈善捐赠的税收优惠对于不同所有制的企业影响效果不同。国有企业管理的行政性机制起着主导作用，因此税收减免政策对其影响不大；对于私营企业，各地情况差异较大，有些地方税务局根据企业的收入额确定一个固定的应税所得率，直接计算所得税额，这样一来慈善捐赠水平便与企业税收关系不大。第二，从捐赠途径上看，由于法律规定直接向受赠人捐赠不享受税收减免，而相当一部分企业的捐赠会通过直接捐赠或社会公益组织进行捐赠，再加上很多接受捐赠的公益组织不具备税收减免资格或不能开具免税发票，因而税收减免政策对这部分企业的影响也有限。第三，从捐赠资产看，中国很多公司的捐赠为非现金捐赠，除实物、服务等非现金捐赠外，数量巨大的股权捐赠悄然兴起。财政部《关于企业公益性捐赠股权财务问题的通知》（2009）规定，自然人、非国有的法人及其他经济组织

---

① 杨团、葛道顺主编《公司与社会公益Ⅱ》，社会科学文献出版社 2003 年版。
② 杨团、葛道顺主编《公司与社会公益Ⅱ》，第 54 页。

投资控股企业可以进行股权捐赠，而对于国有企业的股权捐赠没有明确放行。目前对于股权捐赠的税收减免仍处于试点阶段，加之现行税收制度对非货币捐赠的计价标准相对模糊，这都会影响税收激励作用的发挥。

二　税收对个人捐赠的影响

（一）个人捐赠的税收政策

现有《中华人民共和国公益事业捐赠法》（1999）对个人慈善捐赠税收优惠措施有明文规定："自然人和个体工商户依照本法的规定捐赠财产用于公益事业，依照法律、行政规章的规定享受个人所得税方面的优惠。"[①]《中华人民共和国个人所得税法》从 1999 年到 2011 年经过五次修改，未对其中涉及慈善捐赠税收优惠的相关规定进行大幅调整。其中规定"个人将其所得对教育事业和其他公益事业捐赠的部分，按照国务院有关规定从应纳税所得中扣除"。[②]《中华人民共和国个人所得税法实施条例》（2011）又具体规定"个人将其所得通过中国境内的社会团体、国家机关向教育和其他社会公益事业以及遭受严重自然灾害地区、贫困地区的捐赠，捐赠额未超过纳税义务人申报的应纳税所得额 30% 的部分，可以从其应纳税所得额中扣除"。[③]针对纳税人慈善捐赠的税收激励同时也包括财产与行为税等税收优惠。现在中国仍未出台针对慈善捐赠者的商品税优惠政策，主要受流转环节捐赠行为的甄别水平不高所限，同时也是为了避免部分纳税人借慈善捐赠的名义从事营利性活动。

（二）个人捐赠税收激励政策不足

目前针对个人捐赠的税收制度在设计上存在着一些不合理之处，个人捐赠者如果不谨慎选择捐赠方式和捐赠渠道，在捐赠之后可能还要补缴个人所得税。这进一步导致一种结果，即个人与其将所得捐给公益机构还不如直接捐赠给受助人或者不捐赠。但在实际捐赠过程中，相当数量的个人对捐赠涉及的政策条款了解不多，导致自身应得利益受损或无意中触犯了法律。2005

---

① 全国人民代表大会常务委员会：《中华人民共和国公益事业捐赠法》，1999 年 9 月 1 日起施行，第四章第二十五条。

② 全国人民代表大会常务委员会：《中华人民共和国个人所得税法》，2011 年 6 月 1 日起施行。

③ 国务院：《中华人民共和国个人所得税法实施条例》，2011 年 9 月 1 日起施行。

年全国民政系统共收到个人捐赠 17 亿元，但其中个人退税率为零。① 目前与发达国家和地区相比，中国的捐赠政策单一且存在缺陷，税收政策的激励作用不足，主要体现在以下几个方面。

第一，获得个人税款减免凭证难度大。享受税收减免的条件较为严格，个人只有向经过政府部门认定的具有公益性捐赠税前扣除资质的公益机构进行捐赠时，才能享受退税政策。目前仍只有中华慈善总会、希望工程基金会、中国扶贫基金会等数量有限的官方公益组织能够出具税收减免资格凭证，向社区慈善或服务组织的大量经常性捐赠却无从获得减免税凭证，这不利于鼓励社会捐赠。公民个人直接向受赠单位或受助个人的捐赠，更是无法进行所得税税前扣除。

单位或企业组织员工个人捐款后，往往只能为单位或企业提供统一的一份捐赠凭证，作为单独捐赠个体的员工无法获得独立的捐赠凭证；而作为政府部门的公职人员，因其个人所得税由财政机关代扣代缴，若其发生捐赠行为需要进行税收减免，则需要经过繁杂的资料移送、抵扣手续办理等流程；此外，夫妻捐赠共同财产时，抵扣金额的分解、捐赠收据的分割等问题也有待进一步研究。②

第二，捐赠退税程序复杂。中国目前针对个人的捐赠税收减免程序非常复杂，一些企业捐赠后办理免税手续时，甚至要通过私人关系才能完成。绝大多数在职人员在单位或社区参加过各种捐款、捐物活动，但几乎没有人捐赠后通过税务部门申请个人所得免税。一位分管救济捐赠工作的高级官员曾专门捐赠 500 元，两个月后走了 10 道程序，终于拿到了免除的 50 元税款。③这个过程暴露出退税程序的繁琐，大部分税务单位甚至没有办理退税业务的固定流程。

第三，缺乏"倒逼"效应机制。遗产税和赠与税可对资产转移进行限制，从而产生对捐赠的"倒逼"效应。中国没有开征遗产税和赠与税，此

---

① 蒋彦鑫：《民政系统今年收到个人捐赠 17 亿元 退税率为零》，新华网，http：//www. xinhuanet. com（2005/11 /21）。

② 沈富强：《当前慈善捐赠税收政策存在的问题和建议》，广东省地方税务网，http：//www. gdltax. gov. cn（2007/6/21）。

③ 袁磊：《捐赠免税需要更多可操作制度》，《深圳商报》2006 年 7 月 21 日 B 版。

类税种的缺失在一定程度上促使人们对财富进行积累，或留给后代，而不是将财富捐赠给社会或慈善组织。实践表明，相应的遗产税和赠与税会对捐赠产生很大的影响。遗产税属于财产税，其课税对象是财产所有者死亡时所遗留的财产净值，目前世界上有100多个国家征收遗产税。遗产税的征收，补充并完善了国家的税收来源，也有利于调节社会成员的财富差距。对财产所有人生前赠与他人的财产所征收的赠与税，是遗产税的辅助税。该税种目的是防止财产所有人为减少其死亡后遗留财产承担的遗产税而在生前将财产转移的行为。

三 税收对非营利组织接受捐赠收入的影响

（一）推动非营利组织接受捐赠税收优惠的因素

（1）法律层面的保障和推动。涉及对慈善组织所接受捐赠收入的税收优惠可见于《基金会管理条例》（2004）、《中华人民共和国增值税暂行条例》（2009）、《中华人民共和国海关法》（2013）以及财政部、国家税务总局发布的《关于非营利组织免税资格认定管理有关问题的通知》（财税〔2014〕13号）等文件。其中相关条款规定非营利组织（包括慈善组织）接受社会各界捐赠的收入符合免税优惠条件。慈善组织接受来自境外捐赠的慈善物资主要通过进口增值税和关税优惠来实现激励，如对境外捐赠人无偿向包括中国红十字会总会、全国妇女联合会、中国残疾人联合会、中华慈善总会、中国初级卫生保健基金会和宋庆龄基金会六家社会团体捐赠的直接用于扶贫、慈善事业的物资免征进口关税和进口环节增值税。[①]

（2）规章条例与相关税法衔接紧密。现有规章条例不断得到充实更新，旧有规章也及时废止。例如，对非营利组织免税资格认定管理的规定在近年放宽了对非营利组织公益性活动地域范围的限制，废除原有"活动范围主要在中国境内"的规定，扩大了对非营利组织公益性活动所得收入的税收优惠范围，这样一来有利于推动中国境内外各类慈善捐赠活动的开展。

---

① 财政部、国家税务总局、海关总署：《扶贫、慈善性捐赠物资免征进口税收暂行办法》（财税〔2000〕152号），2001年1月1日起施行。

（二）非营利组织享有慈善捐赠税收优惠的障碍

（1）众多公益慈善组织难以获得公益性捐赠收入所得税免税资格或税前扣除资格。公益捐赠税收优惠主要有两层含义：一是针对非营利组织自身所获得的公益性捐赠进行所得税免税优惠，另一类则是针对发生公益性捐赠的捐赠主体进行的所得税税前扣除。两种税收优惠政策分别要以慈善组织取得公益性捐赠收入所得免税资格及公益性捐赠税前扣除资格为前提。获得这两种特殊资格难度的增加将不利于提高慈善组织吸引捐赠的能力，进而也会影响组织自身收入税收减免的实现。

从慈善组织自身收入所得税免税资格的获取情况来看，截至 2012 年，经民政部登记注册并获得组织自身捐赠性收入免税资格的仅占 30%。同时，公益性捐赠税前扣除资格的获取也不容乐观，大部分社会组织尤其是公益性民办非企业单位被排除在外，没有资格向捐赠主体出具公益性捐赠票据。以公益慈善事业较为发达的宁波为例，目前获得免税资格的社会组织仅有 53 家，所占比例不到 1%；获得公益性捐赠税前扣除资格的社会组织只有 32 家，仅占全部法人社会组织的 0.6%，且基本上局限在基金会和慈善总会。[①]

同时，当前税制下，捐赠主体通过不同性质的慈善组织进行公益性捐赠所享受的税收优惠政策存在差别，官办慈善组织与民间慈善组织通过税收优惠吸引捐赠方面的能力差异过大。特定的全额扣除政策仅局限于向国家认定批准成立的慈善组织进行的捐款，如向中国红十字会、中国老龄事业发展基金会、中国残疾人福利基金会、中国教育发展基金会、中国扶贫基金会等进行的捐款。向社区慈善或服务组织的直接捐赠却无从获得减免税凭证，这将限制民间慈善组织在动员更多社会力量、采取灵活捐赠形式上的积极作用。

（2）慈善组织的非营利性不够突出。享受捐赠收入税收优惠的重要前提是慈善组织的非营利性。中国目前的公益事业领域，对营利性和非营利性机构的划分并不清晰。医疗卫生事业之外的众多领域（如教育、科技、文化、体育、社会福利等事业）缺少对营利与非营利组织、行为概念的划分，导致大量营利与非营利机构或行为共享免税优惠待遇。[②] 这在一定程度上造

---

① 包颖：《公益捐赠的税收"玻璃门"该破一破》，《中国社会报》2014 年 3 月 10 日。
② 詹正华：《异质化下的 NPO 及其相关税收政策的定位与选择》，《当代财经》2003 年第 11 期。

成慈善组织的税收优惠政策容易被非法利用，不利于慈善组织公益性的发挥，也有损于慈善组织的社会形象，降低社会力量对慈善组织公益性的认可和信任，甚至压抑公众参与社会捐赠的积极性。

四　公益性捐赠税收激励政策的落实和完善

2011 年财政部关于《公益事业捐赠票据使用管理暂行办法》有助于中国公益捐赠逐渐步入规范操作流程。党的十八届三中全会明确提出要"完善慈善捐助减免税制度，支持慈善事业发挥扶贫济困积极作用"。2014 年 10 月，国务院总理李克强主持召开的国务院常务会议也再次强调，"要落实和完善公益性捐赠减免税政策，推出更多鼓励慈善的措施，优先发展具有扶贫济困功能的慈善组织"。[①] 这一信号再次指向实现各项具有慈善捐赠激励功能的税收优惠政策。在对慈善组织的税收减免环节上，针对现存问题，对捐赠性收入减免税收政策的"落地"可从以下思路入手。

第一，扩大税收优惠政策覆盖范围。最新企业所得税法提高了公益性捐赠的扣除比例，但针对个人所得税的慈善捐赠扣除力度还可加强。提高税收优惠政策的优惠水平需从各环节入手。首先，支持各类慈善组织平等地享有公益性收入税收扣除资格；其次，对企业超额部分的慈善捐赠允许向未来年度结转扣除，最大限度地鼓励企业提高捐赠额度；最后，公益性捐赠税收优惠政策的制定应适用于不同捐赠内容或捐赠形式，及时出台针对多样捐赠形式的有效税收激励措施。

第二，提高免税资格认定的操作化水平。民政部门可联合财税部门优化和落实各类慈善组织的税收减免资格认定程序，加强税收优惠政策的对外宣传力度，让公益慈善组织了解具体申请经办标准、要求及程序。同时，适度放宽对民间慈善组织的政策限制，填补原有税收优惠政策的盲点和空白，最大限度地实现对公益慈善组织的税收优惠政策。此外，相应提高慈善组织自身的募捐能力和接受捐赠的机会，使税收政策对慈善捐赠的激励作用有的放矢。

---

① 韩冰：《国务院：落实捐赠减免税政策　增强慈善组织公信力》，《每日经济新闻》2014 年 10 月 30 日第 3 版。

第四节 内外监督机制

通常，监管可以划分为政府监管、社会监督和慈善组织自律。通过对捐赠者和受赠者及其行为方式进行监管有利于提升捐赠环节的透明度、建立慈善组织公信力，并保障企业和个人社会责任的履行，监管机制对慈善捐赠环境的维护发挥着重要作用（见图 4 - 2）。

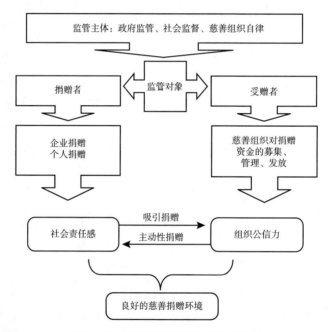

图 4 - 2 慈善捐赠事业监管作用机制

一 政府监管

政府部门主要的监督手段包括相关法律规章的制定、行政执法监督。政府部门一般借助国家法律的权威性和政府部门的强制力对慈善捐赠活动进行监管。

（一）现有监管体制及监管成效

1. 法律规章监督

目前中国对企业参与慈善捐赠、履行社会责任的管理规范散见于《合同法》(1999)、《公益事业捐赠法》(1999)、《财政部关于加强企业对外捐赠财务管理的通知》(2003)、《企业财务通则》(2007)以及《关于加强中央企业对外捐赠管理有关事项的通知》(2009)等法律规章之中。具体监管内容包括：对企业对外捐赠自愿诚信等原则的要求，企业对外捐赠内部管理程序的制定与执行，企业内部审计（监察）机构或者财务管理部门对企业对外捐赠行为的监督等等。① 目的都是预防企业的无序捐赠行为，确保企业社会责任的正当履行。对央企对外捐赠的管理办法还需遵循《国有企业领导人员廉洁从业若干规定》的相关法律条文，该法律文件强调国有企业捐赠行为需要经过履行国有资产出资人职责的机构批准。

对个人捐赠行为的监管主要体现在现有法规中对于捐赠个人的诈捐、"诺而不捐"或"诺而少捐"等不良捐赠行为的相关责任规定。《合同法》第188条明文规定："具有救灾、扶贫等社会公益、道德义务性质的赠与合同或者经过公证的赠与合同，赠与人不交付赠与的财产的，受赠人可以要求交付。"② 同时，不允许撤销具有救灾、扶贫等社会公益、道德义务性质的赠与合同或者经过公证的赠与合同。《公益事业捐赠法》也对捐赠人必须按照赠与协议履行的法律责任做出明确规定。法律法规既有对捐赠人自由选择权等捐赠权益的保护，也要求其在捐赠过程中承担一定的义务。政府对慈善组织在公益捐赠资金筹集、管理等环节的监管也同样离不开相关法律规章的制定与落实。已有的《公益事业捐赠法》《基金会管理条例》都对慈善机构接收的公益捐赠财产具体使用金额比例、方向进行了明确规定，尤其强调了财产使用中所坚持的捐赠目的。在对慈善组织所得捐赠资金进行直接监管的同时，相关法律法规还赋予捐赠人对捐赠财产的知情权、建议权，并保护捐赠人对违反捐赠协议使用的捐赠财产进行撤销和解除的权利，从而进行间接监管。自2011年起，法规监督有了新的着力点——从国家法律条文修订到地方发文都强调了关于慈善组织向社会进行信息公开的规定。据统计，目前中国已有1部法律、4个政府规章、4个部门规章和规范性文件及7个地方

---

① 财政部：《关于加强企业对外捐赠财务管理的通知》（财企〔2003〕95号），2003年5月1日起施行。

② 全国人民代表大会常务委员会：《中华人民共和国合同法》，1999年10月1日起施行。

性规章或规范文件明确了捐赠信息公开的内容和责任。[①]

2. 行政监管

法规效力的落实需要行政执法的配合。中国《公益事业捐赠法》规定，严重自然灾害等特殊时期，民政部、地方政府及其民政部门直接接收的捐赠资金应纳入政府监管范围内。民政系统对内部捐赠财产的行政监管主要采取专项检查、纪检监察、审计监察等方式。对于慈善组织接收及使用的捐赠资金的监管主要通过对慈善组织的行政管理来实现。

几十年来对中国民间慈善组织的监管一直以登记主管机关的年度检查为中心展开。这一过程首先是由民间组织依据法规、政策对年度工作进行自我报告，并由业务主管单位根据其掌握的民间组织情况进行初审并提出意见，最后由登记管理机关综合各方面情况做出年检合格或不合格的结论。其中，对捐赠资金的行政监管主要采取慈善资金审计的形式进行。国家专职审计机构和政府部门批准建立的内部审计机构及其专业审计人员，对慈善组织在慈善资金募集、分配和使用过程中的经济行为进行专项审计或日常审计。近年来，对于慈善组织的行政监管正在行政制度改革背景下有序放开。自 2004 年以来，直接登记制度改革逐步放宽慈善组织登记管理限制，进行社会捐赠动员时民政部门也不再对接受捐赠的公益慈善组织进行指定。从 2011 年起民政部就计划将从事公益慈善事业的社会组织归属为公益慈善机构，并由慈善司对其进行统一监管。其中涉及慈善捐赠的监管内容主要包括募捐行为的规范、慈善捐助信息及财务公开等，但该项监管的对象并不包括像红十字会等免登记类慈善组织。

（二）政府监管机制的促进因素

1. 政府对发展慈善事业日益重视

党的十七大报告将慈善事业定位为覆盖城乡居民的社会保障体系的重要补充，认识到慈善事业在社会建设中的不可或缺性。十八大报告又进一步提出深化慈善事业改革，强调要"完善慈善捐助减免税制度，支持慈善事业发挥扶贫济困积极作用"。民政部专门成立了慈善事业协调领导小组和慈善事业协调处，连续发布了 2007—2013 年度中国慈善捐助报告。2011 年民政部成立中民慈善捐助信息中心，该组织在民政部门支持下自 2011—2013 年

---

① 王振耀主编《现代慈善与社会治理》，社会科学文献出版社 2014 年版，第 188—189 页。

调研并发布了历年中国慈善透明报告。2013 年以《民政部公布 2012 年政府信息公开工作年度报告》为代表的一系列文件显示，政府正努力探究行政监管与社会监督相结合的社会组织公益信息公开制度。

2. **慈善事业规章渐趋完善**

从国内外慈善事业发展实践来看，发展慈善事业必须有严密的法制规范，这是慈善事业健康发展与有序运行的根本保证。中国慈善事业立法已经取得了较大进步，已有《中华人民共和国公益事业捐赠法》《基金会管理条例》等六七部法规出台。法规政策对促进慈善事业发展具有不可或缺的作用，面对目前尚未形成慈善事业的进入、评估、监管、公益产权界定与转让、金融投资、退出等完整法律框架的事实，《慈善法》（草案）的审议也被提上日程并在积极研讨中。

（三）　现存监管问题及改进方向

相对于社会监管、组织自律，政府对慈善捐赠事业的行政监管更具有强制力。但当前以年检和评估为主要形式的行政监管还缺乏完备的法律规章为保障，难以发挥政府监管的效力。另外，行政监管在监管覆盖范围、监管效率、监管过程等方面还存在不足。

1. **相关监管法律规章有待完善**

中国目前仍未出台专门的慈善法律，对于慈善资金的捐赠过程和慈善组织的行为监督依据散见于《公益事业捐赠法》《基金会管理条例》《社会团体登记管理条例》《民办非企业单位登记管理暂行条例》，甚至《合同法》等法规，以及相关部门制定的管理办法之中。过于笼统的条文对慈善组织运作中一些具体环节或颇具争议的领域缺少必要的监督规范。例如，针对慈善组织的监督评估环节，尚未对关联交易、利益回避问题制定具体程序要求或监管依据。这些细节法规的缺失加大了对捐赠监管的执法难度，不利于协调各利益相关方关系，易造成执行盲区并危害慈善捐赠事业。

另外，现有明确规范捐赠行为的法律适用范围有限，不能对企业和个人直接捐赠行为进行有效规范，导致直接捐赠行为的主体的知情权、选择权难以保证，不利于发挥其长效参与慈善的积极性。

为慈善捐赠监管提供有效的法律约束，需要制定统一、具体的法律标准，提升监管所依法律的立法层次，扩大监管涉及的具体情形适用范围，进一步完善相关立法环节，真正保障法律规章对慈善捐赠监管权威性和有效性的支持。

2. 缺乏客观全面的监管，审计监管效率低

行政监管的主要对象是大型公募基金会，而此类基金会基本上由政府部门或与政府关系密切的组织发起，借助政府部门的力量获得资助。"官办"慈善组织主体由于受政府部门直接管理，政府部门既是"规则制定者"又是"裁判员"，所以对慈善捐赠的行政监管难以保证客观有效。同时，政府监管部门关于慈善信息公开的规范性法规所适用的慈善组织仍以独立法人资质的基金会、社团和民办非企业单位为主，对民间慈善组织或专项基金会的相关规定有待明确。

现有对慈善组织资金运作的监管主要通过审计机关的财务审计来实现，传统财务审计由于没有专门的会计制度，捐赠信息披露缺乏统一规范的格式。只有相对大型的慈善基金会能够依法提供由注册会计师审计的正规财务报告，一些规模较小的慈善组织在执行财务审计时审计质量不高，缺乏标准化、规范化的审计报告。因此，社会监督力量很难通过已公布的审计报告获取有效的监督信息。

美国在慈善机构财务报表的统一性方面有较为成熟的经验，慈善组织每年须向联邦政府的国内税务署报送统一的年度报表——"990 表"。该表不仅适用于所有慈善组织，还可以由独立的第三方评估组织进行评估。鉴于此，未来中国对慈善捐赠的行政监管需要以确保慈善资源的公益服务效益为目的；要求各类慈善组织提供统一正规的财会报告，并委托有资质的审计机关进行审计；同时在充分披露捐赠信息的基础上加强执法监察，适当引入社会监督举报机制。

3. 事后监督形式为主，缺乏全程监管保障

现有对于慈善捐赠的政府监管往往以年为单位，要求慈善组织或捐赠企业按照年度总结并检查上一年度公益捐赠情况。相关法律规章也多强调对违反规章要求的非法捐赠行为的界定，缺乏惩处性、预防性的法律规章。这些监督形式多为事后监督，缺乏对捐赠行为和捐赠前、中、后期的全程监管。从慈善组织免税资格的确认，到募捐过程的合法性，再到慈善资产的到位，均需要各相关部门监管的无缝对接。2011 年无锡尚德"诈捐门"事件敲响

了监管疏漏的警钟。事后中华慈善总会反思了对捐赠主体"过分信任"的行为，同时此事件反映出相关税务主管部门、业务管理部门日常监管的分割，这些都不利于保证对所有捐赠环节的连续性监管。

下一步完善监管体制需要各登记管理机关、业务管理部门、税务部门及相关职能部门通力合作，把重点转为对捐赠主体行为动机激励、捐赠行为过程全程追踪，变单纯评价式监管为奖励与惩处相结合的监管，使监管真正发挥促进慈善捐赠的作用。

二 社会监管

近年来，在社会监管方面政府主要借助传媒技术建立信息公开平台，结合相关评价体系、举报制度，引入公众、媒体、民间第三方组织来对慈善捐赠进行监督。

（一）国内现有监管方式及其效力

1. 公众舆论监督

社会公众可以作为单独的个体进行监督，有相当一部分捐赠人既通过捐赠行为直接参与公益事业，也通过后续的关注对其捐赠资金的分配使用继续监督。

近年来，信息技术的发展为公众提供了了解慈善捐赠信息的有效途径，极大地促进了慈善捐赠事业的发展，尤其是在网络募捐等民间捐赠形式逐渐兴起的当下，公众监督更易于深入其中。公众监督需要慈善组织向社会主动公开资源流向及其使用效果，对社会公众进行必要的、准确的信息披露。因此，公众的舆论监督需要同慈善组织的自律相结合，并且需要以法律明确规定的公众的监督权为前提。

2. 媒体监督

新闻媒体在推动慈善捐赠事业发展中一直扮演着不可忽视的角色。主流媒体的公益性宣传长期以来一直是激发公众慈善捐赠精神的重要因素，同时，媒体对慈善捐赠的追踪关注则代表社会公众发挥着强大的监督作用。媒体通过与慈善组织联合，对建立在微博等新媒体平台之上的"微公益"进行透明化运作倡导，成功为类似"免费午餐""大爱清尘"等项目建立了社会公信力。

新媒体背景下的社会监督通常通过以下形式来实现：媒体对慈善组织门

户网站的数据信息进行专业性检验，引导社会公众用更加专业的眼光去理解慈善捐赠现状；并定期对慈善捐赠活动、相关政策法规建设、慈善组织信息进行宣传报道，对违法违规的捐赠行为和捐赠过程进行曝光，解答公众疑问，弥补监督漏洞。社会公众也可以通过新媒体技术对所得信息进行传播共享、质疑询问，从而对捐赠过程进行监督。

3. 第三方组织监督

透明度评估体系的建立进一步推动着慈善组织的社会监管。2013 年民政部下发《关于推广使用中国慈善信息平台的通知》，要求在全国加快开展慈善信息化建设。目前，中民慈善捐助信息中心、基金会中心网、USDO 自律吧都形成了各自的慈善组织透明度评估指标与体系（见表 4 - 6）。

表 4 - 6　中国（不含港澳台）慈善透明评估指数信息

名　称	发布机构	监测范围	指标参数	数据采集来源	结果公布形式
CTI 中国慈善透明度	中民慈善捐助信息中心	对各级慈善总会、红十字会、基金会和公益性社团、民办非企业单位进行抽样，2013 年监测样本为 1000 家	及时性、完整性、准确性、易得性 4 个主要计算参数	对所选公益慈善组织进行网络监测、机构深度访谈和社会公众问卷调查等	进行星级评定和慈善透明指数打分，发布年度中国慈善透明报告
FTI 中基透明指数	基金会中心网	须参加年检的基金会，共 2214 家	是否披露、权重、指标信息来源、完整性 4 个主要计算参数	指标数据的采集主要依照基金会向主管部门提交的年度工作报告	结果告知基金会中心网按照各基金会所得分数公布排名榜单（每月更新一次）
GTI 中国民间组织公益透明指数	USDO 自律吧	2013 年度委托《中国发展简报》依托互联网渠道，对国内较活跃的 1000 多家民间公益组织进行监测评估	是否披露、权重、易得性、完整性 4 个主要计算参数	由独立第三方（2013 年度委托《中国发展简报》）通过民间公益组织的独立网站、博客、官方微博、挂靠在相关机构（如自律吧）下面的组织信息页面和其他信息渠道收集民间公益组织各项指标的信息	按照各民间组织得分公布当期与上期排行榜单，并公示涨跌幅

资料来源：王振耀主编《现代慈善与社会治理》。

（二）促进社会监督的有利因素

1. 舆论关注与新媒体技术的介入

明星企业诈捐新闻、红十字会信任危机的发生反映出了目前慈善捐赠监管中的种种问题，也增强了社会监督力量对慈善捐赠的关注度，社会公众逐渐产生强烈的监督诉求。门户网站、微博、微信、博客、社交网站等众多新媒体平台的发展为慈善捐赠带来新途径，也为慈善捐赠监督提供了新手段。

2. 民间监督力量的不断壮大

慈善捐赠的社会公众参与度逐渐提高，不仅体现在捐赠总额的突破和捐赠行为的增加上，也表现在对慈善捐赠知情权、监督权的诉求上。社会公众对于慈善组织信息的获取途径更加熟悉，搜集、筛选相关慈善捐赠信息的能力不断提升。另外，各类公益组织、政府部门通过门户网站针对慈善捐赠的公众调查开展较为顺利，其中可以获得公众对捐赠监管的大量意见。

（三）主要困难与挑战

1. 缺乏独立的第三方监督

中国对于慈善捐赠流向过程的新闻媒介监督、社会公众监督都相对薄弱，民众对自己捐赠的去向很少知情，这就需要依靠真正独立的第三方监督主体作为代表进行监督。现有"第三方"机构的人力资源、运营资金多依靠行政部门或自律的慈善组织，而没有完全独立的其他社会资源资助。这很难保证监督的独立性和客观性，第三方机构的独立性容易遭到人们的质疑。

2. 媒体监督的客观真实性面临挑战

作为公众获得监督信息的主要渠道之一，新闻传媒必须在客观公正的立场上对慈善信息进行报道、披露。新闻媒体在拥有强大宣传动员能力的同时也会对真实信息产生歪曲，不少新闻媒体的宣传报道难免会受到某些媒体人追求轰动效应的影响。在现实中，公众对一个事件的关注热度一旦形成就会刺激媒体"制造新闻"以博取眼球；另一方面，在强大的经济诱导或政治性压力下，媒体甚至会沦为慈善捐赠丑闻的同谋者或包庇者。因此，新闻媒体必须清楚社会监督对慈善捐赠事业的意义，利用媒体手段将公众对于慈善事业的关注转化成对公益捐赠的监督以提高公众参与度。

三　慈善组织自律

慈善组织的自律能力也是影响其公信力的重要因素。基于组织信息公开平台的建立，组织自律既可以由内部高层通过管理手段实现，也可以引入相对独立的行业监督。

（一）现有自律途径及效果

1. 理事会监管

慈善组织理事会承担部分自我监督工作，并通过定期会议听取执行部门关于捐赠资金的使用情况，指导组织对捐赠所得资产自查自纠。理事会主要负责对组织内部资金的保值增值、年度收支预算决算的审定，保障科学评估与决策。

2. 借助信息披露平台进行组织自律

2011 年以后，结合互联网技术的发展，中国慈善组织普遍加强了网络自律的力度，受到公众广泛关注的中国红十字基金会、中国青少年发展基金会、免费午餐、壹基金四家慈善组织官方网站都新建了与公众互动的平台，同时对年度财务审计报告进行网上公开。

3. 引入"第三方"内部监督

中国青基会倡议成立了"希望工程全国监察委员会"，成员由政府部门、新闻媒介、捐款人代表、上级主管部门等相关方面的人士组成，行使对希望工程的社会监督职能。2012 年中国红十字会社会监督委员会成立，以第三方身份对红十字会工作进行监督。2013 年 6 月广州市慈善组织社会监督委员会成立，委员全部由非公职人员担任，负责监委会工作目标计划的制定和重点审计、项目的选择、监督报告的撰写和发布等工作。[①]

4. 行业性监督

一些慈善组织联合发起行业性自律监督，如资助建立独立的门户网站对慈善捐助和救助数据信息进行统计公布，并通过制定自律条例加强对慈善组织的监督，规范捐赠、受赠和资助行为，提升慈善组织的自律意识。

---

① 广州市慈善服务中心：《广州市慈善组织社会监督委员会召开成立暨第一次全体会议》，广州市人民政府网，http://www.gz.gov.cn/publicfiles/business/htmlfiles/gzsmzj/gzdtyw/201411/2784275.html（2013/6/20）。

（二）慈善组织自律的推动力

"双重管理"壁垒的打破放开了传统行政性管理的限制，政府向慈善组织转移职能的步伐正在加快。《基金会管理条例》（2004）、《基金会信息公布办法》（2006）、《关于规范基金会行为的若干规定》（2012）、《公益慈善捐助信息披露指引（征求意见稿）》（2011）等最新出台的多项规章政策文件也逐步使得慈善组织透明化有据可依。同时，受一系列捐赠丑闻事件的影响，越来越多的慈善组织开始反思并意识到，只有改进组织自身对捐赠资金接收和使用环节的规范化记录，加大信息公开力度，才能减少信任危机事件的出现，提高自身抵制不良捐赠行为的"免疫力"。

（三）现存的不足与挑战

尽管一些信息披露平台已经建立，但根据 2014 年 10 月中民慈善捐助信息中心发布的《2014 年度中国慈善透明度报告》，1071 名受访者对中国慈善组织信息披露工作的满意度只有 28%。[1] 有些慈善组织信息披露门户网站初期建设与后期维护之间存在断层，信息更新缓慢。网络信息披露平台在信息有效性、可信度、互动性方面还需努力提升。

当前慈善组织信息公开内容主要集中在组织章程、年度工作报告中，所公开的有关募捐、捐赠及其他财务等方面的信息相对粗略。而慈善组织对关联交易、项目执行和受益对象等情况的公开缺少外部约束，造成自律工作的深度、广度不足，也不利于行政监管和社会监督有效进行。

中民慈善捐助信息中心针对公募基金会信息披露情况的一项报告显示：进行机构年报披露或财务报告披露的机构所占比例偏低。[2] 不少机构拿不出与国际接轨的财务报告，对年度报告中机构资金来源是什么、项目组成和如何支付、项目有无独立审计等问题往往交待不清。[3] 2014 年基金会中心网与清华大学廉政与治理研究中心联合发布的《中国基金会透明度发展研究报告》进一步指出，信息公开缺失、滞后等问题仍普遍存在。北京市有 96%

---

① 基金会中心网、清华大学廉政与治理研究中心编《中国基金会透明度发展研究报告（2014）》，社会科学文献出版社 2014 年版。

② 中民慈善捐助信息中心：《"透明、公信力、保护捐赠者权益"论坛讨论结果报告》，中国公益慈善网，http://www.juanzhu.gov.cn（2009/8/14）。

③ 黄浩明：《加强民间组织能力建设的有效途径》，《杭州师范学院学报》2003 年第 5 期。

的基金会公开财务信息，然而仅有 8% 的基金会披露了善款流向。[①] 这主要是由于缺乏对组织进行严格统一的外部评估要求，同时缺乏民间组织对评估结果的反馈机制。

四　慈善捐赠事业多维监管体系的建立

各种监管体制之间具有较强的互补性，如何有效地发挥各种监管方式的独特功能与积极作用，规避制度性缺陷，是完善慈善捐赠事业监管机制的重要议题。整体而言，未来需要整合建立多维度的监管体系。在建设慈善捐赠事业的多维监管体系时应注意对以下问题的把握。

其一，建立健全慈善法规是进行监管的必要前提，是减少监管自身出现偏差的重要保障。立法机构应逐步建立明确、系统的法律，通过法律赋予政府部门行政监管权力，赋予第三方监管机构独立的法律地位，维护捐赠监督的主体合法性。结合当前慈善捐赠环境的变革，在法规条文中要适当补充关于慈善组织捐赠信息披露、关联交易、利益冲突回避、内部治理等方面的规定。相关行业法规中需进一步规范行业自律标准及媒体监督行为规范，进一步铲除现有监管过程中的"盲点"。

其二，加强监管环节衔接，增进监督主体合作。首先，法律赋予政府行政监管的职权，行政监管是法律监管的具体执行。其次，行政监管中政府部门要对慈善组织的管理环节进行公示，既接受行政监督，也接受社会和群众监督。最后，组织自律需要组织通过自行披露内部捐赠信息主动接受来自政府、社会的共同监督。政府监管、社会监督和组织自律是构成慈善捐赠事业监管体系的主要环节。但在未来发展中不排除其他监管形式的出现，更不能忽视各个监管环节间的支持与合作，发展出多元捐赠监管机制。

其三，建立慈善捐赠透明度的核心指标，培育多元化的评估主体。对慈善组织透明度的考核是其他监督环节的基础。已经出现的三大主要评价指标体系（CTI、FTI、GTI）为慈善捐赠透明度的评估提供了有积极意义的工具。但还需要在此基础上，综合考虑组织宗旨和社会需求，进一步筛选出相对统一和简明的"核心指标"。在制定透明度测量标准时需考虑慈善基金会

---

① 基金会中心网、清华大学廉政与治理研究中心：《中国基金会透明度发展研究报告（2014）》。

的不同性质，对于公募基金会应提高透明度标准。对慈善捐赠透明度测量所需要的各类数据的收集和评估，需要通过多元主体（包括专业评估机构、会计师事务所、慈善机构员工、行业人士和受益对象等）参与并采取多种途径（机构记录和档案、现场考察、随机访问等）来实现。

第五节　社区促进机制

社区的参与机制、激励机制、约束机制以及宣传机制在捐赠活动中发挥着重要作用。本课题组成员于 2006 年 3—5 月运用深度访谈、参与观察以及文献收集等方法，对 SD 省一个村庄社区慈善捐赠活动及特点进行了实证调查。访谈对象包括三类：①村支部书记和副书记、村会计、主管宣传人员 4人；②本村村民 18 人（分别从事村企业工作、农业生产、经商等）；③在本村企业工作的外村村民 6 人。实地研究表明，社区成员在慈善捐赠活动中的角色及相应的公共意识在发生变化，良好的社区机制对提升民众的捐款意识与行为发挥着重要作用。

一　个案概况

本个案 XZ 村属 SD 省 JN 市 PY 县，占地面积 3.4 平方公里，有村民3520 人，1054 户（截至 2005 年），耕地面积 4200 亩。XZ 村的独特之处在于其公益事业，特别是慈善捐赠活动富有特色，成为远近闻名的"明星村"、赫赫有名的"慈善村"。XZ 村村民从 1992 年开始开展有规模的慈善捐款活动，截止到 2006 年 3 月，一个千余户的村庄已经为本村和外村累计捐款 304.5 万元，捐款户数最多的时候达到 903 户。[①] 也就是说，90% 以上的家庭参与了慈善捐赠。经济上，XZ 村并不是一个发达的农村社区，1992—1995 年人均产值 1000 多元，从 1996 年开始增加到 2300 元，1997—2004 年在 3000 多元徘徊，2005 年达到 4217 元，就是这样一个在SD 属于经济中等发展水平的村庄，慈善捐赠的规模与数量一直走在全省前列。

---

① XZ 村村委会总结报告，2006 年 5 月。

在捐款指向上，XZ 村有 83.18% 的捐赠资源指向了利益相关人（本村村民和本村公共物品及公益活动），6.95% 的捐赠资源指向了非利益相关人（如东南亚海啸、西部开发），另有 6% 的捐赠资源指向了本村村民和外村村民共同受益的公共领域（如镇中学，该村一部分孩子在那里上学）。

捐赠驱动力，可以分为内部计划驱动型和外部影响驱动型两种。凡是因本社区、本部门事由，由本社区、本部门自发或组织而进行的捐款即为内部计划驱动型捐款。如果捐款事由来自外部，并且由政府或慈善部门或大众传媒宣传所产生，即为外部影响驱动型。按照这个分类标准，XZ 村 90% 的捐赠为内部计划驱动型捐赠，只有 10% 的捐赠为外部影响力驱动型捐款。①

在捐款模式上，我们可以将 XZ 村的捐赠分为纯粹自发型、组织型与自发组织结合型三类。村民根据自己的判断自发对那些需要救济帮助的目标家庭或人群的捐赠属于自发型；凡是经过村行政组织针对某一事项号召、动员而进行的捐款属于组织型；如果村民有强烈的捐赠意愿，而本社区又做了部署安排所产生的捐款行为属于自发组织结合型。考察 XZ 村捐款的情况，纯粹自发型的捐款数量所占比例比较少，只有教师节和老人节以及为一些遭遇病灾家庭的捐款属于这种类型，大量的捐款活动属于组织型与自发组织结合型。而其中组织型捐款的比例最大，对外村公益事业捐款、对本村与邻近村公益（公共物品）事业捐款均属于这种类型，所占比例超过 90%。

基于民间自愿的捐赠活动，对缓解乡村一些家庭的贫困状况，缩小贫富差距，弥补社会保障的不足起到了较大作用，同时对改善村庄形象，重建村庄社会秩序，培育村民公共价值，促进社区团结与融合，提升社区凝聚力也产生了多向度的积极影响。

二　社区促进机制的机理与维度

关于慈善捐赠行为的研究往往集中在两个理论视角：一是强调个体需求的视角，把捐赠视作内心动机驱动下的个体主动行为，其内部的区别在于有

---

① XZ 村村委会总结报告，2006 年 5 月。

的学者更强调利己的动机——"为了自己内心的满足",有的学者更强调利他的动机——"为了帮助他人"。① 二是强调"关系"的视角,认为个体存在于社会之中,其行为必定受到社会因素及他人的影响。比如 Alan Radley 和 Marie Kennedy（1995）认为,人们是否捐赠取决于个人的动机、支配个人行动的社会准则以及一定的情境条件。他们的研究发现,个体的特征并不是影响个人捐赠的显著因素,人们"卷入社会的程度",即与社会的联系,才是最为重要的。② 一项对中国大陆四个城市居民的研究成果支持了这个理论,即中国人的慈善捐赠行为呈现强烈的被动员特征,其与个体内在的慈善需求关系不大,但对单位和居委会募捐活动存在高度依赖。③ 在农村,人们活动的主要区域是村庄社区,其捐赠行为的产生与发展与社区存在十分密切的关系。通过对 XZ 村的考察,我们认为从人的觉悟和道德层面固然可以解释村民的捐赠行为,但更重要的是村庄存在的四大机制对捐赠活动产生了巨大的影响。

（一）参与机制

慈善事业是一项包括富人及一切有能力资助他人的社会成员在内的共同的社会公益事业,富人以及全体社会成员共同参与是慈善事业赖以发展、壮大的内在要求与必要条件。④ XZ 村慈善捐赠活动从一开始就倡导大众化的参与,把社会成员的普遍参与作为捐赠活动的基础与前提,社区男女老少,无论收入多少、地位高低、权力大小,只要有捐款的意愿,社区就会提供最大限度的支持。这种广泛的参与不仅表现在对本村公共物品建设以及对困难家庭的救助方面,还表现在对广大社会公共事务的参与方面。比如当村里需要建幼儿园、正义厅、街心广场等公共设施时,全村 80% 以上的家庭参与捐款;而当印度洋发生海啸、中国南方发生水灾时,XZ 村参与捐款的家庭同样达到 80% 以上,捐款数量以及参与规模在 SD 农村是极为

---

① 葛道顺:《"企业的社会责任"论坛综述》,转载自中国社会学网,2003,http://www.sociology.cass.cn（2010/10/25）。

② 何光喜:《被动的自愿》,载孙立平等编《北大清华人大社会学硕士论文选编》,山东人民出版社 2004 年版,第 49 页。

③ 何光喜:《被动的自愿》。

④ 郑功成、张奇林、许飞琼:《中华慈善事业》,广东经济出版社 1999 年版,第 120 页。

少见的。

按照以往的理论，社区参与在行为主体上有一定的规律，即社区中上层人士对社区事务较热心，因为他们较有权力过问与决策，反之，较低阶层人士较少有权力过问与决策社区事务，因而也较少乐意参与。当然如遇到所讨论的事务与所有阶层的关系密切时，每个阶层的参与兴趣都会提高。XZ 村慈善活动表现出的这种参与规模大、参与人数多、参与程度高的情形与社区存在的特有参与机制密切相关。

调查发现，XZ 村捐赠活动的参与机制表现为三方面：一是参与自愿。与目前一些地方存在捐赠活动行政化、强迫化（如扣工资）不同，XZ 村开展捐款活动历来强调参与自愿的原则，每个家庭捐多少，根据自己的实际情况决定，每次村委会动员捐款时都再三强调参与自愿，不在乎捐多少，贵在参与。自愿的参与机制调动了人们的积极性，人们把捐款看作利他助人、参与公共活动的一种方式，而不是无可奈何的被动的负担。二是参与方便。参与捐款需要付出一定的经济成本，但没有方便有效的参与平台，人们的捐赠行为同样会受到制约，对此 XZ 村村委会建立了一整套方便群众参与、集中接收、及时公布的募捐机制。每次募捐动员都把捐款地点设在村民常去的有教育意义的村中心活动场所——奉献厅，村民只要获知募捐信息，一定会在限定的时间内到达。笔者在其他社区的调查发现，其实人们广泛存在着参与慈善事业的需求，但往往因为缺乏方便而又可信的参与平台，导致捐款活动难以开展。三是参与光荣。在 XZ 村，村民把参与捐款看作参与社区公共活动的一种方式，把为公益事业捐款或救助困难人群作为表现爱心的机会，这与村庄长期鼓励捐款、参与捐款光荣的奉献文化和助人风气有直接的关系。很多村民说，“对本村捐款也好，对外省甚至外国的有需要的人捐款也好，不仅可以用我们微不足道的收入帮助他们渡过难关，为此我们感到愉快，同时也净化了大家的心灵，感到自己的一种存在价值，如果不捐，或者捐得少，我们会产生心理上的不安”。①

正是这种参与自愿（不强迫）、参与方便（不出村）、参与光荣（受到

---

①　XZ 村访谈记录，2006 年 5 月 8 日。

称赞）的参与机制，使 XZ 村的捐款规模与捐款水平一直高于其他村庄。

（二）激励机制

慈善事业是一项充满爱心、靠道德取向维系、只有付出、不图回报的事业，这是捐献者参与慈善事业的先决条件和基本要求，但采取怎样的激励机制直接影响捐献者的捐献行为。捐赠不留名是慈善事业中的极高境界，但不能要求所有人都达到这一境界，事实上当今社会很多人根本无法达到。适当的精神褒奖和物质激励不仅是可以的，而且是必要的，它所产生的作用常常难以估量。

XZ 村村委会十分注重激励捐款行为，逐步建立起一套精神与物质激励相互渗透、相互支撑的运作机制。在村里长期流行着一句话，叫作"有名就有利，有利就有名"。村民做了好事，为村集体做了贡献，村里不仅将这些人的功绩在广播或电视上播放，让全村知道，而且总是想方设法给予一定的奖励，不让他们吃亏。为了弘扬正气，褒扬先进，鼓励村民做好事，XZ 村专门投资兴建了一座"正义厅"，把村里出现的见义勇为、尊老敬老、关心集体、助人为乐等方面的事迹进行整理，以实物、照片、文字等形式予以公布，大力倡导文明新风。如果是捐款修建的公共设施，一定在建筑物醒目的地方立碑，刻上捐款者姓名，以此表彰捐款者。

XZ 村巧用精神激励和物质激励相结合的案例莫过于"五好家庭"评选活动。XZ 村评选五好家庭，采取记名限额的办法，每户推选若干户。如果被推荐的家庭中有成员违反村规民约，不仅该家庭被取消参评资格，而且要减去推荐户两票，以连保的方式防止出现人情票、关系票，这既增强了村民在评选活动中的责任心和公正性，也保证了获奖家庭的先进性。为了激励大家争当五好家庭，村里分两次拿出 75 万元建立了"五好家庭"奖励基金，每年给五好家庭户挂光荣匾、发奖金证书，对连续四年保持"五好家庭"荣誉的给予重奖。五好家庭所获奖金不以现金形式分发，而是转为集体企业股份，获奖家庭每年在企业按股份分红。村里还规定，凡是"五好家庭"盖新房的，村集体奖励 4 万块砖（折价 4000 元）。XZ 村还根据经济社会发展的需要，不断调整评比条件，比如头几年评比内容侧重于遵纪守法、尊老爱幼、邻里团结、勤俭持家、计划生育、移风易俗等社会公德和家庭伦理道德，后来他们把提高家庭成员素质、实现科技致富、发展集体经济作为重要评比条件，把谁为集体做的贡献大，谁为他人做的好事多作为分配奖金的主要条件。如果为困难群体或公益事业捐款，捐款者由此可获得一定数额的奖金，这些奖金同样记入企业股份，年底参加分红。村主任用一句话概括了这种激励机制，"让关心集体、乐于奉献的人得到物质和精神上的奖励，让不顾大局、损人利己的人什么好处也得不到"。①

一个社会的慈善捐赠机制，应该使捐赠者的自发捐赠行为成为社会的常态。对捐赠者行为的重视和对捐赠行为的激励（包括规范记载、颁发证书、获得行动结果的知情权），以及有效的精神激励和适当的物质激励等绝非可有可无，事实上让捐赠人在做出奉献的同时也获得满意的回报是慈善事业发展的重要机制。

（三）约束机制

慈善捐赠属于由道德力量和志愿精神驱动的社会领域，健全具有自律、互律与他律共生的监督约束机制，是促进慈善事业健康发展的基本保障。②尽管慈善事业，具有一些普遍性特征，但不同的文化背景、不同的公益事业发育程度以及经济、政治环境使得不同国家和地区（城乡）的监督约束体系具有不同的发展模式。

XZ 村慈善捐赠活动之所以能够持续开展，在一定程度上得益于长期形成的制度化与舆论性的社会约束机制。

在制度性监督约束层面上，XZ 村采取的是一种完全透明化与制度化的做法：①严格管理募捐活动。每次募捐，村委会都会组成工作组，对募捐过程进行全程严格管理，做到账目清楚、记录翔实，募捐活动结束后，及时统计，并公布募捐结果，接受群众监督。②定期公开财务信息。需要公开的信息包括村集体企业的收支状况、村民投资建设公益事业的状况、义务工出工情况、村对义务工的奖励、五保户申请和批准、特困户的救助申请和批准等，这些情况都在村内宣传栏公开。③建立群众参与公共事务管理的监督机制。在 XZ 村，五好家庭的评选标准与评选结果由群众决定；处理邻里纠纷和不道德现象，通过录音广播的形式，让群众参与评议；制定村规民约和各

① XZ 村访谈记录，2006 年 3 月 16 日。

② 卢汉龙主编《慈善：关爱与和谐》，上海社会科学院出版社 2004 年版，第 190 页。

项村级小立法，让群众反复讨论，形成共识，然后由群众监督执行；在涉及全村群众利益的大事处理上，坚持反复召开村民座谈会、干群问答会，广泛征求群众意见。这一系列制度措施的实行，使全村形成了人人既是管理者又是被管理者、人人要监督别人又要受别人监督、村民自治、民主管理的崭新格局。④建立"村民评干部"制度。农村社区开展捐献等公共活动，与社区领导班子的思想与行为有密切关系，而判断干部是否称职，不仅要看其工作能力的高低，更重要的是看他能不能自觉接受群众监督与严格自律。为此，XZ村建立了一整套"村民评干部"的制度：一是把评议干部的标准交给群众；二是让群众评干部的工作政绩；三是评工作待遇；四是评奖励等次。这种"信任投票"的结果，使得村民愿意响应村里的捐赠号召，相信捐赠活动的正义性与价值。从组织的视角来看，公开、透明以及制度化、规范化的监督约束机制提高了社区公共活动运作的效率，消除了村集体和村民之间存在的信息壁垒，同时也对某些破坏公共规范、妨碍公益事业的行为产生了威慑。

在舆论性监督约束层面，熟人之间的相互约束与村庄内部存在的公共压力对捐赠活动也起到了巨大的促进作用。农村社区是一个熟人社会，血亲、姻亲以及宗族关系造成村庄社区人与人之间密切相连、相互连动，狭小的活动空间又使得人们的任何行为都在他人的视野监督之下，捐款活动直接受到这种关系与空间的影响。XZ村历来倡导捐款信息的透明与公开，每次捐款的家庭姓名与捐款数额均在宣传栏张榜、在媒体播放，还印制成明晰的清单发放给所有家庭，各家捐款情况一目了然。这种信息的高度透明以及家庭之间的相互了解本身就构成了一种社会监督或舆论场域，即使有人对捐款不抱热情、不愿参与，也往往迫于熟人社会的压力而放弃原有的想法。这一点证实了美国经济学家米尔顿·弗里德曼的看法："当我看到贫困，我感到不快；由于它的减少我得到好处；但是，不管是我还是别的人为了减少贫困而支付费用，我都得到相同的好处；因此，我部分地获得了其他人慈善行为的好处。用不同的的话来说，我们大家可能都愿意帮助救济贫困，假使其他人也是如此的话。如果没有这种担保，那么，我们可能不愿意捐赠出同样的数量。在小的集体里，公共的压力甚至在私人的慈善事业中也能足以实现上述保证。在逐渐成为我们社会的主要形式的大的非个人集体里，要想做到这一点困难得多。”[①] 调查中我们曾听到村民这样说：“我不怕村干部，而怕三千人。”[②]

（四）宣传机制

无论哪个时代，互助性的自发的捐赠行为都没停止过，然而有成效、有规模的捐赠活动又常常与组织化的动员分不开，事实上无论是灾害来临后的大规模的全社会捐赠，还是小范围的社区捐赠或单位捐赠，都与捐赠动员力度和宣传方式有密切的联系。

作为 XZ 村社区捐赠活动的组织者，村委会担负着社区募捐的宣传动员工作，从村主任、村委员到村宣传中心始终把募捐的宣传动员作为捐赠活动的基础工作，他们结合村庄传统和现实国情、社情、村情，在舆论宣传上力求多视角，在宣传方式上力求多样化，在内容上突出典型案例，以此提升村民慈善理念，褒扬慈善行为。

第一，挖掘传统道德资源。XZ 村有着悠久的慈善文化历史，互助友爱、乐施好善的传统美德流传于民间，据现有史料记载，最早见于唐咸亨三年（672 年）的李云碑，其中有“XZ 村系维山之岗，维水之傍，翔鸾之乡，XZ 其里；既孝且直，子孙其嗣，积善传芳，终天无已”的记载。[③] XZ 人传承了这一美德，并把它拓展延伸为扶贫济困、积善行德。为了教育村民，弘扬 XZ 慈善文化，村里专门在村中心广场修建了孝侄铜像，以此唤起人们对社区美好传统的传承与认同。为了让村民更好地了解、模仿、学习中外著名的慈善人物，树立慈善意识，实施善举，村集体投资、村民捐资修建了正义厅、奉献厅，黄如伦、比尔·盖茨等古今中外慈善大家的照片和事迹一一陈列于此；本村村民在本村和外地做的善事好事，外乡人为本村做出的突出贡献，都能够获得进入正义厅、奉献厅的“入场券”。

第二，利用社区媒体传播。XZ 村十分注重利用各种社区媒体开展慈善宣传。自 20 世纪 80 年代末期开始，XZ 村就把村干部讲话、村民代表开会以及村干部到村民家做工作的对话录音，并把这些录音在村广播站反复播放。1992 年后，村内又建起了闭路电视系统，开始制作每天 10 分钟的村内

① 〔美〕米尔顿·弗里德曼：《资本主义与自由》，张瑞玉译，商务印书馆 1986 年版，第 136 页。
② XZ 村访谈记录，2006 年 3 月 16 日。
③ 张明兰编《孝直之治》，中共平阴县委宣传部内部印刷本 1999 年版，第 1 页。

新闻，主要也是干部讲话、村民建议和来信选读等。调查中我们发现，绝大部分村民每天有定时收看村自办电视节目的习惯。每次捐赠活动无论前期宣传、活动过程、捐赠结果还是活动总结全部通过社区媒体播报，在最短的时间里，村民最快地获知信息。这不仅为捐赠活动的全民参与提供了有效的信息平台，更为人们对捐赠工作的全面知情提供了一个信任的窗口。

第三，开展民间征文活动。为了鼓励村民参与社区公共活动，关心村庄建设与发展，提高村民素质，XZ村开展了村民征文活动，要求征文内容以实名方式指出"谁为村里做了好事争了光，谁为村里抹了黑"，全部来信都由村民自己在村自办电视节目上朗读，好的稿件还可以获得可观的奖金。写、评、讲活动的过程其实就是一种生动而具体的宣传教育的过程。

第四，行善宣传讲究艺术。慈善募捐本来是一项美好的公益事业，然而慈善募捐在物质文明已经不断提高的今天仍然在不少地方遭受太多的冷遇，这与行善宣传没有把握好启动时机，无法为人们提供捐款的合适理由以及不注重宣传艺术有直接的关系。XZ村开展捐赠宣传活动时十分注重宣传的时机和动员的艺术。一是在募捐宣传时，不讲空话大话，不讲口号化的东西。二是募捐宣传坚持把捐款的目的、宗旨、口号、内容、捐赠日期、善款用途等做详细说明。三是善于抓住赈灾济贫重大事件、典型事件开展慈善宣传。四是及时宣传行善的典型人物，形成尊重仁善、纪念善举的社会氛围。这里我们摘引一段村副主任2006年3月为设立村庄慈善基金捐款在电视上的讲话："中央提出创建和谐社会，全国各地为创建和谐社会，都已经建立了慈善基金会，我们村通过这些年来的捐款活动，村民同志们的奉献意识都比较强，已达到了共识，咱村里每年要有几十名村民因生重大疾病而成为困难家庭，还有天灾人祸的家庭等等，他们这些人都需要咱这个大家庭的温暖，我们都应该积极帮助他们。经村两委研究决定，在全村开展慈善爱心、无私奉献的捐款活动。……咱以前捐款建公益事业，刻碑立传，流传后世，既有现实意义、经济意义，也有历史意义，载入史册。咱这次奉献爱心的捐款活动，更有人生的价值意义，人生价值在于奉献。"[1] 这次捐款发动仅两天，就募集了17.7万元困难家庭救助基金。富有成效的行善宣传消除了村民奉

---

① XZ村村委会：《孝直村简报》（第4期），2006年4月12日。

献爱心的顾虑，提升了村民对慈善事业的认识境界，逐渐形成了捐赠行为普遍化、服务他人自觉化的村庄文化。

三　社区慈善捐赠的特征

慈善捐赠存在于城乡不同的社会，但就中国目前慈善事业发展而言，无论慈善组织的多样性、慈善资源的广泛性，还是慈善行为的普遍性，乡村社区的慈善活动均不同于城市社区。XZ 村的慈善活动在一定程度上可以反映出农村社区慈善捐赠的特征。

（一）互益性与公益性的统一

慈善捐赠事业在利益导向上是非营利或利他的，从广义上讲是公益性的，但调查发现，农村捐赠活动的公益性由于边界的限制存在着程度上的差别。如果受益者主要是本村村民，这种行为可称为互益性行为；如果受益者是广大社会的人群，这种行为可称为公益性行为。XZ 村的慈善捐赠活动实际上体现了互益性与公益性的统一。

XZ 村最初的慈善活动更多地发生在亲戚朋友熟人之间，属于一种乡里之间的互助行为。捐献者更倾向于为自己的亲友或本地区社会成员捐献，这被学界称为慈善事业的邻舍效应。郑功成教授在研究中国人的捐赠行为时曾经提到：在中国人的传统道德中，做慈善遵循的是圆心定律，即存在远近与亲疏之分。一方面，中国的传统心态是由亲而疏、由近及远，如果有人不管自己的亲属而对血亲、姻亲关系之外的人进行援助，便会被认为是不正常的；如果有人不先照顾邻近的贫穷、不幸者而援助了外地的贫穷、不幸者，亦会被认为是不正常的。这种思维模式或许是落后的，却是中国人约定俗成的。[①] 长期以来，XZ 村把救助本村困难户以及捐资本村公共设施与服务作为捐赠的主要领域，其受益对象主要是本村村民，但从 20 世纪 90 年代中期以来的捐款情况看，XZ 村的慈善活动早已不再拘泥于本社区内，而是超出空间界限，对全国的大灾奇荒同样提供力所能及的帮助，并延伸到了域外。这些行为更加符合现代社会提倡的慈善理念，因为现代慈善对传统慈善的超越之处表现在它不再是少数富有者对穷苦人的施舍，而是全社会公民自动组

---

① 郑功成、张奇林、许飞琼：《中华慈善事业》，第 101 页。

织起来自愿为别人做自己能做的事；不是仅限于扶贫助残，而是拓宽至有利于提高人们的生活质量，改善生存环境的各项事业；不再把眼光凝聚在自己狭小的区域，而是心怀广大社会，以一种大爱的胸怀拥抱世界。

（二）对村庄基层政权组织的高度依赖

现代慈善行为不同于传统慈善道德，它不是个人对个人的行善，而是社会化、组织化的行为。在城市社区，各种类型的基金会、慈善组织以及非营利组织提供了慈善活动的载体与操作平台。但在农村，第三部门性质的组织发育还非常滞后，村委会作为农村社区最重要的社会组织，不仅是国家面向农民进行社会动员的最基本的行政工具，也成为影响个人做出捐赠行为的最重要的组织条件。

以 XZ 村捐赠活动为例，村委会在捐款活动中发挥着极其重要的作用，对村庄基层政权组织的高度依赖构成了乡村社区捐赠行为的主要特点。

一方面，村民透过村委会动员参与捐赠活动。调查中我们曾经询问村民：如果你从报纸、电视或者其他媒体获知有捐赠需求信息时，你会前去捐赠吗？所有被访者的回答是：不会。当问其原因时，村民的回答是："那些要求捐款的事不知真假，我们也没有时间过问，而村委会动员捐款，我们知道这保证是真事、是好事，我们当然愿意捐。"当问如果村委会不举行募捐活动，你们还去捐款吗？村民的回答是完全否定的。当我们获知一些在 XZ 村村办企业工作的外村人也参加了 XZ 村组织的捐款活动时，专门对他们进行了访问，他们说："我们在这个村的企业工作，就是这个村里的一分子，村委会号召捐款，我们觉得也有责任。我们一般不在自己村里捐款，因为我们那个村根本没有这个事（指捐款）。"[1]

另一方面，村委会精心组织捐款工作，使得村民信任村委会，主动并自愿地加入捐赠者队伍中。村委会对捐赠的促进作用并非仅仅提供捐赠信息，它还承担着大量的宣传、组织、转交等实际工作。10 年来，XZ 村在多次募捐活动过程中已经形成了一整套的募捐工作模式：根据上级部署或者本村救助需求确定开展募捐动员；通过村广播站或村电视台发布信息；指派专人在村公共场合（一般在村奉献厅）负责收款和记录；指派村宣传站工作人员

---

[1]　ZX 村访谈记录，2006 年 3 月 18 日。

给予全程跟踪记录，及时统计并公布捐款数量，对捐款过程中有教育意义的好人好事进行典型报道；当在预定时间接收善款后，或立即派工作人员负责转交有关慈善机构或政府指定的机构，或直接送到受助者家里，或纳入公共设施建设费用中。在这里，村委会事实上已经成为连接慈善事业与村民的中介与桥梁。

由此可见，XZ 村的捐赠活动类似于计划经济时期的"组织化动员"方式，其特征是："每一个被动员者都和动员者密切相关，更确切地说，动员者与被动员之间存在一种隶属性的组织纽带。其基础是，动员者往往掌握了对被动员者而言至关重要的稀缺资源。"①

（三）社区精英的"影响效应"

社会成员的普遍参与是慈善事业发展的基础，普通百姓的积极参与可以形成一种人人为我，我为人人的氛围，但热心慈善事业的富人、社会名流或有特殊背景的人在慈善活动中所发挥的作用是无穷的，这不仅在于他们的财力可以成为慈善事业重要而稳定的经济基础，更重要的是他们的行为所产生的社会影响。② 在 XZ 村，没有腰缠万贯的大款，也没有闻名乡里的暴发户，更没有什么社会名流或有特殊背景的人，捐赠活动持续开展有赖于乡村社区的精英——村干部的表率作用。

在 XZ 村，领导干部主要包括两委（党支部和村委会）委员，其中起核心作用的是兼村书记和村主任于一身的殷主任。XZ 村经济的腾飞、浓厚的慈善文化，与殷主任的模范表率、带动作用直接相关。访问时，村民告诉我们，殷主任有"一多一少"，贡献数他最多，但村里给他发的工资却相对较少——每月 2000 多元，只占企业老总工资的 1/5。不少企业老总认为老书记付出与回报不成正比，都劝他多拿点工资，但他坚决不肯。他家庭生活并不是很富裕，可是村民一遇到困难，他都想办法倾力相助，每次慈善公益活动，他总是带头捐款，迄今他的捐款数额已达到 124860 元。1998 年他被评为省里的劳模，却把领到的千元奖金全部捐给了希望工程，资助了临沂山区的两名贫困学生。为了鼓励本村学生刻苦学习，他创建了"基金公约"，将

---

① 孙立平、晋军何、江穗：《"希望工程"与民间社团》，世纪中国网站，www.cc.org.cn（2004/8/2）。

② 郑功成、张奇林、许飞琼：《中华慈善事业》，第 120 页。

镇里奖励给他的 3 万元现金拿出来，无偿地捐献给村里，作为支持本村学子完成学业、激励学子发奋图强的奖学基金。经过他再三要求所制定的捐款奖励条例中，主任捐款没有任何分红奖励，副书记、副主任及委员按自己捐款的 50% 获得分红奖励，但村民可以按自己捐款的 100% 获得分红奖励。正是由于村领导干部身体力行，率先垂范，带头捐赠善款，同时在慈善活动中发挥组织协调作用，才赢得了村民的普遍信任，提高了慈善活动的权威性和号召力。

四　小结

本个案研究对象——XZ 村开展捐赠活动的情况表明：①捐款多少不一定取决于人们一般所认为的地区经济发展水平，社区领导倡导以及社区人文传统往往占据更重要的位置。②社区存在着慈善事业发展的机制，参与机制、激励机制、约束机制以及宣传机制在捐赠活动中发挥着重要作用。③在中国村庄社区，慈善捐赠并非像许多城市社会所表现出的那种依靠众多的专业化慈善组织尤其是基金会组织进行，也并非像传统慈善活动一般由宗教团体或一些热心于慈善事业的人来开展，而是紧密地依靠乡村基层政权组织。④社区领导人在社区捐赠活动中起着核心与表率的作用，开创一项文明事业，需要社区领导人身先士卒，发展慈善事业尤其如此。

第六节　总结与讨论

慈善事业捐赠主体的捐赠行为受到社会文化和意识因素、经济因素、税收因素、政府监管与社会监督等多种影响因素的综合作用。

在文化与意识因素方面，传统文化价值对于慈善捐赠具有深刻而复杂的影响，而多样化的内在动机和多重性的意识结构也直接影响捐赠行为。当代中国慈善意识虽然有了一定程度的发展，但整体上还存在滞后性、被动性以及发育程度低等缺陷。从政策角度探讨提升中国慈善意识水平的基本途径，包括排除组织、个人参与慈善的障碍，强化过程监管并完善激励机制，通过制度改革激发中国现代慈善意识。同时也需创造倡导良好文化的环境，合理引导媒体舆论对慈善组织、捐赠活动等信息进行报道与传播，提升公众辨别慈善信息真伪的能力。

慈善捐赠水平会受到经济实力影响。中国经济发展水平的提高有利于慈善事业的发展，但地区之间差异大，慈善事业的发展水平也相应呈现参差不齐的现象。但在具体情况下还应考虑对慈善捐赠起着推动作用的其他经济因素，其中利益回馈是值得注意的一点。

税收政策的不断完善有利于促进企业和个人积极捐赠，中国在这方面也取得了很大进步。但实际税收优惠对企业和个人影响仍然有限，原因包括获得减免凭证艰难、退税程序复杂、缺乏"倒逼"机制。

中国政府对发展慈善事业日益重视，慈善规章渐趋完善，社会和民众对慈善事业的监督问责呼声高涨，这些都是有利于慈善捐赠的积极因素。但也应看到慈善捐赠监督法治化进程缓慢，慈善组织行政监管与社会监督、组织自律缺乏有机结合等问题。

社区存在慈善事业发展的机制，参与机制、激励机制、约束机制以及宣传机制在捐赠活动中发挥着重要作用。其中社区领导倡导以及社区人文传统往往占据更重要的位置。在中国村庄社区，慈善捐赠并非像许多城市社会所表现出的那样需要依靠众多的专业化慈善组织尤其是基金会组织进行，也并非像传统慈善活动一般由宗教团体或一些热心于慈善事业的人来开展，而是紧密地依靠乡村基层政权组织，社区领导人在社区捐赠活动中起着核心与表率的作用。

趋利避害、营造有利于慈善捐赠事业健康发展的内外环境需要从以下几个方面着手。

第一，完善慈善事业规章制度建设。各国的慈善事业发展表明，慈善事业有序发展需要立法的保证。我国现有针对公益性捐赠和慈善事业的法规政策相对分散，应在此基础上进行整合，出台一部综合性慈善法。在借鉴国外经验的前提下对中国慈善事业特征及慈善行为的相关概念进行清晰界定。从整体上明确慈善事业的发展规划、体系架构和相应的优惠政策，尤其要增强税收优惠政策的可操作性，出台实施捐赠免税的具体办法和细则，简化企业和个人的捐赠退税程序，提高免税比例，扩大享有免税资格的慈善组织的范围，逐渐消除官办 NGO 与民间慈善组织的差别待遇。

第二，促进慈善事业与经济建设协调发展。经济发展水平是影响慈善捐赠的基础性因素。一方面要全力搞好经济建设，让慈善事业伴随经济水平的提高协调发展。另一方面需缩小慈善事业发展的地区差距，充分运用经济手段调节企业、个人、慈善组织等不同主体之间的利益关系。

第三，弘扬慈善文化。要大力倡导扶贫济困、互助友爱、奉献社会的社会主义核心价值观，推动慈善事业贴近基层，走进社区、乡村、企业、学校等与群众日常生活息息相关的社会组织之中。通过宣传教育普及慈善知识、传播慈善文化，扩大慈善事业的影响力和感召力。强化企业社会责任感，鼓励企业承担社会公益性责任。新闻传媒应借助新传媒技术手段，更好地发挥舆论引导作用，适时树立典范人物，积极宣传报道正面慈善信息，以此来带动整个社会风气的好转。①

第四，建立政府监管、社会监督与组织自律联合管理机制。针对近年来屡次出现的慈善丑闻、虚假慈善信息、慈善资金使用效率低下等问题，为重树捐赠者的信心，应建立政府、公众和新闻舆论共同参与的慈善组织监督制度。通过具体法规对慈善资金使用分配、慈善项目运作、关联交易的决策管理、慈善信息公开等问题提出明确的监管要求，进行严格监督。民间组织自身应建立完善的自律机制，及时公开披露慈善信息，主动接受政府和社会各界的监督，重塑公信力。

---

① 中华人民共和国民政部：《民政部中国慈善事业发展指导纲要（2006—2010 年）》，《中国民政》2005 年第 12 期。

第 五 章

慈善募捐方式及创新

慈善募捐是指具有合法资质的慈善组织基于助人的宗旨而面向社会公开进行的募集捐赠活动。本章讨论的慈善募捐是指具有合法募捐资格的法人形式的慈善组织所开展的募捐活动。根据中国相关法规，从事慈善事业的组织形式有三种：社会团体、基金会和民办非企业单位。慈善组织作为开展募捐活动的主体，也是接受捐助的机构，连接着捐赠者和受益对象。从慈善组织角度探讨募捐方式及其创新，是慈善捐赠机制研究的重要组成部分。

第一节　现代募捐的方式

随着社会的不断发展，慈善事业取得了很大进步，越来越多的公众和团体投身慈善事业。国家层面也更多地鼓励慈善事业的发展，逐步放宽对慈善行为的控制，由管理更多地走向治理。越来越多的慈善组织进入慈善事业中来，组织数量的增多加剧了对社会慈善资源的竞争。竞争压力下慈善组织被动依赖社会捐赠已经不能满足组织的发展需要。

募捐工作中一般有直接募款，即面对面洽谈，这是比较有效的募款方式，也是人际募捐的重要形式；营销型募捐，即利用信函、邮件、快递等方式将公益材料寄送给有可能捐款的公众，希望他们被打动进而捐赠；会员制募捐，即以组织制度方式对组织会员进行劝募，要求会员对组织定期提供资金或在特定时期特定事件下组织募捐活动；电话募捐，即以打电话的方式对潜在捐赠人提出募款的要求，一般是发挥慈善组织志愿者的作用并进行先期的培训，辅以捐赠人基本资料和历史捐赠记录。国外学者 Mixer 和 Dunrop 等将募捐的途径及方法归纳为 15 大类：①年度募款活动（annual campaigns）；②私人恳请；③俱乐部募款；④会员制募款；⑤电话劝募；⑥直接邮件；⑦特别事件；⑧提供电话认捐的募捐类电视节目；⑨街头募捐；⑩向小型企业劝募；⑪联合劝募；⑫项目募款；⑬资本募款；⑭巨额募款；⑮计划性赠与。[①]

中国扶贫基金会所做的《中国公众公益捐赠现状调查报告》[②]显示，公众对不同的捐款方式所持态度不同（如图 5 - 1 所示），因此慈善组织应该根据捐赠者的不同倾向性为捐赠行为提供便利，以获得更多的捐赠资源。

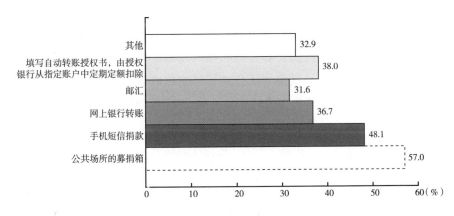

图 5 - 1　受访者期望的捐款方式

资料来源：《中国公众公益捐赠现状调查报告》，中国扶贫基金会网络调查，http：// www. fupin. org. cn（2014/5/10）。

根据中国慈善事业发展现状和慈善组织对募捐方式的认同使用情况，按照不同的分类标准，现代慈善募捐方式可以分为不同的类型。

---

①　Mixer, Joseph R. , *Principles of Professional Fundraising*：*Useful Foundations for Successful Practice*, San Francisco：Jossey-Bass Publishers, 1993, p. 63；Dunlop, David R. , *Major Gift Programs in Education Fundraising Principles and Practice*, New York：American Council on Education Oryx Press, 1993, p. 12.

②　中国公众公益捐赠现状调查由中国扶贫基金会发起，从 2007 年 9 月 30 日开始，至 2008 年 1 月 6 日结束。调查对象年龄为 18 周岁以上，在过去一年内至少有过一次对公益事业捐赠的中国公民。受访者所从事职业、所在行业、收入层次等，基本上能够反映中国公益群体的总体状况。

一 联合募捐、合作募捐与独立募捐

从慈善组织的合作方式划分，有联合募捐、合作募捐和独立募捐。联合募捐是具有合法募捐资格的多家慈善组织合作，通过专责募款的机构，有效地集结社会资源，并将所募资源按需分配给合格的公益组织。联合劝募的方式有效避免了现存的多头募捐或重复募捐的现象，有助于化解潜在捐款人面临的窘境。其积极功能表现为：①避免多家筹款机构竞争，减轻筹款者和被筹款者的精力与时间负担；②把分散的社会捐款集中起来，统筹管理和使用，提高资金使用的效率；③有利于动员小额捐赠者广泛参与。① 联合劝募具有操作上的高效性和资源整合上的合理性，有利于增加慈善组织募捐的可信度，提高统一管理和公共监管的整体性、权威性。囿于中国慈善事业发展的现状和慈善组织间的互相信任关系，联合募捐的方式被引入中国后形成了具有中国特色的模式。目前国内的联合募捐主要体现在提供公募资质和免税发票的服务方面，真正意义上的联合劝募行为比较少。但是目前的联合劝募形式也收到了较好的效果，而且越来越表现出其募款和公益理念宣传的优势。如 2013 年中华少年儿童慈善救助基金会启动的"童缘联合劝募计划"即是以这种方式为 NGO 提供联合募款支持和服务，达到了募集善款、让更多公众参与公益的目的。

合作募捐通常是两家具有募捐资格的慈善组织合作开展的募捐活动，一般提前签订书面合同，就募得善款的分配等权利义务进行约定，合作开展募款工作。合作募捐相对于联合募捐操作更简便，涉及的利益方较少。目前慈善组织的独立募捐活动仍然占据绝对优势。

独立募捐是单个具有募捐资格的慈善组织发起的筹款活动，其活动方案和募捐形式都由该慈善组织制定并承担相应责任。慈善组织多采用独立募捐形式，但容易造成相互间信息沟通的不畅，对部分募捐对象会产生重复劝募现象，不利于培育捐赠市场的积极性。

二 慈善基金募捐与项目化募捐

从吸引捐赠的形式划分，有慈善基金募捐和项目化募捐。慈善组织发起

---

① 高鉴国：《美国慈善捐赠的组织运行机制》，《学习与实践》2010 年第 4 期，第 118 页。

募捐活动时，通常会以某种善款使用形式吸引捐赠者进行捐赠。有些大额的捐赠会通过建立慈善专项基金的形式进入慈善领域，并最终服务社会。由于专项基金设立门槛较高，一定程度上阻碍了小额捐赠者的捐赠热情，所以不少慈善组织通过建立微基金的形式，降低准入标准，吸引小额捐赠资源。同时，项目化募捐是慈善组织通常使用的募捐方式，其利用不同规模和领域的慈善服务项目，使捐赠的善款直接通过项目的运营发挥慈善救助的作用。

1. 慈善专项基金

设立专项基金是国内慈善组织普遍采用且行之有效的公益合作模式和筹款模式，捐方捐赠一定额度的资金，在公益机构设立独立财务记账科目，组建由捐方、公益机构共同参与的管委会，共同制定专项基金管理规则及资助双方认可的公益项目，约定实施项目的管理成本，每年度进行基金财务审计等。[①] 专项基金一般来源于企业、单位或个人，通常对捐赠额度也有一定的限制，如"基金本金不低于人民币50万元"，[②] 基金的捐赠方拥有基金的冠名权，因此可以吸引企业或个人积极捐赠。企业专项基金如中国青少年发展基金会设立的"国家电网爱心基金"、中国红十字基金会设立的"央企援助基金"等。个人尤其是名人专项基金较多，如中国儿童少年基金会由杨澜设立"汶川大地震孤残儿童救助专项基金"、黄晓明设立"黄晓明安康儿童家园专项基金"，中国青少年发展基金会由姚明设立"姚基金"等。[③] 专项基金合作机制在中国公募基金会中使用较普遍，与企业或名人的这种合作，有利于提升组织的社会知名度，发挥品牌效应。

2. 慈善微基金

慈善微基金是慈善组织为鼓励更多的中小企业、个人、家庭或团队参与慈善设定的一种捐赠金额起点比较低，并可分期、连续进行捐赠的募捐方式。通常捐赠者与慈善组织签订协议，分期完成约定数额的捐赠，并可全程参与捐赠资金的使用。相比于慈善专项基金，微基金定位为草根型基金，运作形式灵活，管理便捷，是一种公开、透明的慈善通道和平台。微基金的主

---

① 刘京主编《2010中国慈善捐赠发展蓝皮书》，中国社会出版社2011年版。
② 山东省慈善总会：《山东省慈善总会慈善专项基金管理办法》，2013年5月27日，第三条。
③ 张忻忻：《中国公募基金会名人专项基金合作模式探讨》，《中国非营利评论》第十二卷，社会科学文献出版社2013年版，第154页。

要特点是起点低、规模小，最低起点是 1 万元，根据协议可分 5 年连续捐赠，捐赠人可自行选择定向或非定向使用资金，直接与受捐人面对面，信息公开、透明，便于监管，阳光操作。

目前慈善微基金有五类：一是企业冠名基金，慈善组织与中小企业签订协议，进行冠名，本金可全捐，也可留在企业，只将基金的增值部分捐出，捐赠比例参照银行存款利率，一般在 3%—7%。二是团体慈善微基金，会员单位以团体形式签订协议，像山东省青岛市慈善总会与青岛电视台、青岛广播电台签订的"今日基金""897 基金"等，自筹资金，自定救助项目，慈善总会进行资金监管。三是社区慈善微基金，即依照慈善基层网络而建的基金，依托社区，定向用于社区慈善自捐自助的方式，公开透明，慈善机构监管，不收取任何费用。四是个人（家庭）冠名基金，以个人或家庭为基金单位，并以捐赠者本人命名，特别适用于个体户、民营企业家、个人（家庭）为提高子女的道德水平和慈善意识而建立的基金。五是特色慈善微基金，即面对目前社会上存在的特殊病症群体而建立的基金，如针对自闭症、血友病、白血病等特殊病种设立的专门微基金救助项目，由社会各界定向捐赠，设立专用账户，专款专用。目前，山东省青岛市已建有慈善微基金 2000 多个，企业冠名基金本金 32.67 亿元，个人冠名基金 1200 余万元，年接受善款 6000 余万元，受益群众 3 万人次以上。①

3. 项目化募捐

慈善组织的公益项目涉及教育、社会福利、救灾救济、卫生健康、环保、法律、学术研讨和文化体育等多个领域。公益项目筹款是慈善组织重要的募捐渠道。大多数慈善组织的业务模式主要是依据社会最急切的慈善需求设计公益项目，然后寻求有爱心的企业和公众捐助，再将募集的资金物资转赠给需要帮助的对象，这种方式在中国慈善组织中经历了比较长的发展过程，相对比较成熟。如中国红十字基金会形成的"红十字天使计划""白血病、先心病彩票公益金"；中国残疾人福利基金会围绕"集善工程"项目，发起了集善嘉年华、启明、助听、助行、助学、助困、信息无障碍七大行

---

① 代桂云：《青岛市慈善总会：打造慈善微基金品牌，开创慈善捐助新局面》，中国政协新闻网，http://cppcc.people.com.cn/n/2013/0310/c34948 - 20735565.html（2013/3/10）。

动，涉及多个领域。① 在开发新的公益项目过程中，要制定详细的文案计划，内容包括具体的经费预算、运营计划、参与人员、实施办法、预期成果、评估方式、后续跟踪等。公益项目需要慈善热情、好的创意，还要脚踏实地地执行，借助媒体宣传，吸引企业或善心人士进行项目认捐。目前项目化募捐越来越得到慈善组织和捐赠者的认可，好的慈善项目有益于慈善组织树立社会品牌和提升影响力，有利于获得更多的募款，形成捐赠—募捐—服务—捐赠的良性循环。

三　参与式劝募与非参与式劝募

从捐赠者对募捐活动的参与度划分，有参与式劝募和非参与式劝募。现代公益需要广泛的公众参与。在发达国家，公益慈善已经成为人们日常生活的一部分，中国目前的公众参与仍然主要基于事件动员，民间公益资源开发不足，个人捐赠比例还很小。步行筹款、慈善"爱心罐"活动、筹款晚会等方式能使公众参与到募捐活动中，激发潜在捐赠者的捐赠积极性，同时实现慈善渠道建设和公众善心释放的互助双赢。

1. 步行筹款（walkathon or walk-a-thon）

步行筹款又称徒步筹款，指沿特定路线行走为公益慈善事业筹款的活动，目前形式越来越多样化，如正式的马拉松比赛、有组织性的徒步募款活动等。步行筹款是国际上较为流行的一种慈善募捐方式，在国内也成为越来越受到慈善组织青睐的新兴募捐形式。筹款人或作为组织的成员利用单独或集体步行、马拉松等体育活动、赛事向自己的家人、朋友、熟人或公众群体进行募款，同时向社会公众宣传公益理念。随着公益慈善事业的发展，除传统的募捐方式以外，这类鼓励捐赠者参与的新型的劝募方式在公益慈善领域将发挥更大的作用。广州慧灵智障人士服务机构②发起的"传爱跑"③ 活动

---

① 徐家良、廖鸿主编《中国社会组织发展评估报告（2013）》，社会科学文献出版社2013年版，第110页。

② 广州慧灵智障人士服务机构是一个非营利服务机构，于1990年2月在广州以家长互助的形式创立。

③ "传爱跑"活动中，所有捐款人全部由传爱使者自行寻找，传爱使者通过慢跑来挑战自我，也让朋友通过捐款的形式见证和支持自己。这是朋友间的承诺，也是对公益行动的广泛传播，通过一个参与者的积极行动让几十甚至更多的朋友奉献爱心，让一个有几百人参与的慈善活动变成有上千人背后支持的义举。

即是在徒步活动中寻找捐赠者进行筹款的参与式募捐活动，筹款是参与式募捐活动的重要目的，但不是唯一目的，它更多的是对公益慈善文化的倡导和宣传。

2. "爱心罐"灵活募捐活动

2013 年烟台市慈善总会与胶东在线网站联合发起了"爱心罐"募捐活动，即由当地慈善总会制作、发放形色各异的爱心存钱罐给单位、酒店、家庭或个人，动员自愿捐赠，发挥存钱罐的积少成多作用。慈善总会定期回收爱心罐，回收善款。此活动的募捐意义重在传播慈善文化，形成轻松快乐捐款的习惯，尤其可以影响家庭中的年青一代，使其切身体会到慈善公益就在身边，触手可及。

3. 筹款晚会

近年来，慈善筹款晚会作为传统的筹款方式吸引了众多捐赠者的积极参与，晚会的形式也日趋多样化，如音乐会、舞会或者单纯的宴会等。通过发放海报，出售门票，以及在宴会中主动认捐，或者拍卖艺术品、纪念品等活动，鼓励活动参与者自愿进行慈善捐赠，并利用这种机会对慈善公益事业进行交流，为商讨更好的公益项目提供信息交流的平台。以加拿大颐康基金会为例，其每年的慈善筹款晚会吸引着社会各层慈善人士参加。2014 年成龙和平友爱慈善晚宴募得善款 7055.2 万元，成为慈善晚宴筹款的典范。

非参与式劝募通常是指捐赠者获知募捐信息后通过某种媒介或途径直接完成捐赠，与慈善组织直接互动较少。现代媒介形式的募捐方式一般属于非参与式募捐。当然，在其他各类募捐过程中，通常也会将这些技术手段作为捐赠媒介。以下是几种常用的媒介募捐方式。

1. 电子公益

互联网的发展前所未有地提高了慈善筹款工作的效率，逐渐成为慈善组织重要的募捐方式和募捐渠道。电子公益不仅开辟了捐赠的功能，也使慈善组织能够广泛地传播慈善信息，获得捐赠者的了解和支持。

2. 捐赠热线

慈善组织与电视、报刊等媒体，及通信运营商联合开设慈善捐赠热线，推进平民慈善，如烟台市捐赠热线提出的宣传口号"每年节约 1 元钱，打个电话捐慈善"。捐赠者通过手机数字按键自愿选择捐赠数额，捐款直接从电话费中扣除，节约了到实地进行捐赠的时间成本和交通成本，实现了捐赠渠道的轻松便捷。

3. 手机短信筹款

手机短信筹款，即充分利用现代通信工具，广泛调动全民参与慈善，这种方式方便、快捷、简单，会发短信的人都可以在一分钟内实现捐款并收到捐款确认回复。捐赠人的捐款有准确的统计记录并可以随时查询，公开透明，社会监督和审计路径清晰；慈善组织定期通过手机和官方网站向捐款人反馈捐款使用信息，能够长期调动捐款人的热情。通过便捷的方式把慈善行为与每日使用的手机结合起来，可以帮助更多人把慈善作为自己的一种习惯和一种生活方式。不少慈善组织利用这一新型的募捐方式，与通信运营商合作，开发捐款代码，并简化捐赠程序，提高募捐效率。

4. 银行卡筹款

慈善组织通过与金融机构合作，开通募捐渠道。捐赠者持有效证件即可在银行网点或网络上办理简单手续，确定捐赠意愿或捐赠行为。捐赠者可一次性捐赠，也可决定由金融机构自动定期从银行卡进行划款捐赠，款项统一汇入慈善组织的捐款账号。利用银行卡捐赠可随时跟踪查询捐赠总额及使用情况，并可方便捐赠者实行"月捐计划"或"善薪计划"[1]。

5. 数据库（直邮）筹款

数据库（直邮）筹款是一种面向社会大众的长效筹款方式，是获取小额捐赠，尤其是新捐赠者捐赠的低成本、高效益的方式，被许多公益机构采用。公益事业不断成熟的过程，其实就是捐赠人在支持慈善组织时从"盲目信任"到"信息充分信任"的转变过程，直邮筹款正是一套通过长期沟通建立长效信任的个性化筹款模式。[2]

---

[1]　"善薪计划"是国内首个"经授权后由银行每月从储户账户中划出定额捐款"的微公益模式，它以有固定收入的个人为筹募对象，在储户授权的情况下，银行每月从储户账户划出一定数额的捐款。捐赠者可根据自身经济状况确定捐赠额度，从每月 10 元至 1000 元不等。见《善薪计划发布市民可用银行卡定期捐款》，《北京晚报》2012 年 5 月 28 日。

[2]　高瑞立：《未来的新型公益筹款模式——数据库（直邮）筹款》，《社会与公益》2012 年第 12 期，第 67 页。

澳大利亚红十字会就是采取数据库（直邮）筹款模式，由专门的工作团队向有捐款历史的个人寄发宣传品和附捐信息。如果目标捐赠人做出信息反馈或捐赠行为，组织就会把他们列为有效捐赠人，然后加大宣传力度，继续向他们寄发宣传页和劝募函，或者为特定项目募捐，促使他们定期、定额捐款。有关捐赠者的数据信息和捐赠行为记录是直邮有效运作的基础，组织需要随时记录捐赠者的捐赠行为情况，完善捐赠者资料库，才能确定名单，有效区隔，并进行后期评估。

四 政令性募捐和关系募捐

根据各种筹款方式的基本特点，从动员手段划分，可分为政令性募捐和关系募捐两大类。[①] 这两类募捐模式是中国大型官办慈善组织，如红十字会、慈善总会和一些全国性公募基金会目前较多使用的方式。

1. 政令性募捐

在中国具有官方背景的慈善组织，尤其是慈善基金组织在最初成立的时候多是依托党群系统和政府部门，其负责人通常是在相关党政部门工作或具有一定职务的官员，工作方式容易沿袭机关模式，以下文或部门通知的形式进行动员发起募捐。还有一些慈善组织通过上级机关发文的形式，在系统内部开展募款活动。例如，中国青少年发展基金会的"希望工程"项目以及各地慈善总会系统和红十字会系统的"慈心一日捐""爱心一日捐"等活动，具有明显的政令式筹款特征。政令性筹款违背捐赠自愿的前提，受到公众的广泛质疑。

2. 关系募捐

关系筹款是一种成功率比较高的劝募方式，非营利组织的理事会成员或者高层管理人员在筹款时经常采用这种方式，直接向潜在的捐赠者募捐。私人恳请对筹款人要求高，但成功率相对较大。一些慈善组织将捐款达到一定数额的捐赠人聘为名誉理事、副会长、副理事长等作为促进捐款的激励措施，或者邀请政界/企业界领导人出席活动、题词等，这些都是关系募捐的

---

① 刘选国：《中国公募基金会筹资模式的发展和创新探析》，《中国非营利评论》第九卷，社会科学文献出版社 2013 年版，第 161—187 页。

常用形式。关系募捐是传统的筹款模式，也是国内外慈善组织广泛应用的募集善款资源的方法。从效率的角度来看，关系募捐成本低、周期长、收益高，是传统募捐方式中效率最高的一种。

政令性募捐和私人关系募捐在中国慈善组织的募捐工作中占据较大比例，在慈善事业发展的初期为慈善组织筹得更多的慈善资源起到了推动性作用。

社会募捐的特点是捐助人并不直接将赠与财产交给受赠人，而是交给募捐的组织者，由募捐的组织者按一定的程序转交给受赠人。慈善组织募捐资格的取得首先要满足从事公益性非营利活动的基本条件，并在相关主管部门登记备案。如 2012 年 5 月 1 日起施行的《广州市募捐条例》第五条规定，除红十字会、慈善总会和公募基金会以外，慈善公益类的社会团体、民办非企业单位和非营利的事业单位在取得市民政局的许可后也可募捐，但须符合"为扶老、助残、救孤、济困或者赈灾的目的"。[①]《湖南省募捐条例》规定：红十字会、慈善总会、公募基金会等公益性社会团体可以依法开展募捐。非营利性事业单位和其他公益性社会团体，经民政部门许可，可以在许可范围内开展募捐。[②] 对不同类型的慈善组织募捐资格的取得目前尚存在较多争论，但慈善事业的发展正逐步推动慈善组织募捐权利的开放。关于自然人的募捐资格，法律并没有规定自然人具有组织和发起募捐的主体资格，但也没有具体条款对个人募捐有禁止性的规定，因此民间私募还处在比较尴尬的位置。

第二节　募捐方式的改进

中国慈善组织为促进社会稳定和进步发挥着重要作用，也面临着突出的问题。2001 年清华大学非营利组织研究中心对中国社团组织基本情况所做的一项全国性的问卷调查的结果分析表明，在组织面临的主要难题中，资金短缺以 41.4% 的比例位居第一；而其他困难，诸如缺乏活动场地、办公设

---

① 广州市人民代表大会常务委员会：《广州市募捐条例》，2012 年 5 月 1 日起施行。
② 湖南省人民代表大会常务委员会：《湖南省募捐条例》，2011 年 5 月 1 日起施行。

备以及人才等，也与资金短缺有直接或间接的关系。[①] 慈善组织作为非营利组织的重要部分，要完成组织的使命，必须对募捐工作给予高度重视，不断改进与提升募捐方式。

一　募捐市场的变化

慈善事业的发展环境和募捐市场发生了重大的变化，既给慈善组织带来了发展机遇也向慈善募捐工作提出了挑战。

（一）捐赠资源不断丰富

改革开放 30 多年，中国经济发展取得了举世瞩目的成就。据国家统计局 2014 年 1 月公布，全年城镇居民人均总收入 29547 元，其中，城镇居民人均可支配收入 26955 元。[②] 随着中国公民收入的持续增长，一部分城市白领、新生的中产阶级，都产生了强烈的慈善需求，参与志愿服务，为重灾区或弱势群体捐款逐渐成为他们的生活理念之一。据 2013 年中国扶贫基金会的网络调查，六成以上的公众认为自己属于慈善公益群体，并愿意为慈善公益贡献力量。

（二）捐赠渠道便捷化

现代信息技术的迅速发展深刻影响着人们的工作和生活方式，通信、互联网、交通、传媒、金融支付手段等领域不断涌现新技术、新模式。新传媒、新技术的出现使慈善捐赠成本降低，捐赠渠道便捷化，同时也给慈善募捐工作提出了新的要求。慈善组织需要搭时代科技的便车，适应新的技术模式，发展和创新有时代科技含量的募捐方式。

（三）引入现代营销理念

现代营销理念被引入慈善公益募捐工作，将透明度、公信力、品牌影响力作为慈善组织追求的目标，意味着中国慈善事业进入了新的历史时期。[③] 国外越来越多的公益慈善组织借鉴现代营销理念，将募捐工作与营销理念相

---

① 邓国胜：《中国 NGO 问卷调查的初步分析》，《中国 NGO 研究》2011 年第 3 期；王名主编《中国 NGO 研究 2001——以个案为中心》，联合国区域发展研究中心 2001 年版。

② 《国家统计局：全年城镇居民人均总收入 29547 元》，中国新闻网，http://www.chinanews.com/gn（2014/4/20）。

③ 林伟贤、魏炜：《慈善的商业模式》，机械工业出版社 2011 年版。

结合。美国基督教青年会早在 20 世纪 80 年代就运用市场营销原理开发新服务，争取更多的慈善资源。李连杰的"壹基金"利用他的影星身份得到了公众广泛的关注和参与，许多慈善组织则利用网络宣传方式推广组织的公益理念并获得捐赠者支持。

（四）募捐市场出现竞争

2013 年新一轮《国务院机构改革和职能转变方案》提出了降低社会组织的注册门槛、改变现行的"限制竞争"政策等方面的要求。[①] 2014 年 3 月 26 日，深圳市政府法制办在其官网上发布"关于征求《深圳经济特区慈善事业促进条例》意见的公告"，此次公告中规定，不具有公募资格的慈善组织只需要提交三种备案材料即可获得公募资格。[②] 放开募捐限制政策的出台和深圳慈善条例的颁布，体现了慈善立法的两个基本思路：第一，获得募捐资格是慈善组织的基本权利；第二，简政放权，从入口限制转为过程控制。国家层面也逐渐放松对慈善组织的登记管理制度，慈善组织对募捐市场资源的竞争越来越激烈。

现代慈善募捐是一个复杂的运作系统，从募捐策划、募捐营销、开展募捐活动到劝募资金的运作、评估及反馈，整个过程日益专业化、职业化。如何创新慈善组织的募捐方式直接关系慈善组织的资金来源。对于慈善组织而言，如何针对不同的募捐对象采取有针对性的募捐方式对于提高募捐效率有着重要的影响。日本学者佐野修久指出，组织筹款策略的创新将对慈善组织产生如下影响：①实现其资金来源的稳定化；②提高其公益创业的规范化和效率化；③扩大市民参与第三部门活动的机会。[③] 由此可见，改进慈善组织募捐方式关系组织募捐工作的效率，对整个慈善事业的发展都有深远影响。慈善组织的募捐对象也就是捐赠者形式多样，来源不一，有企业单位、不同群体、不同层次的个人等，如果慈善组织采取无差别对待的募捐策略势必影响捐赠者的回应，根据国际经验，对募捐对象区别对待有利于提高组织的募捐效率。

---

① 张杰：《我国社会组织发展制度环境析论》，《广东社会科学》2014 年第 2 期，第 208 页。

② 章高荣：《募捐是公益慈善组织基本权利》，《京华时报》2014 年 3 月 31 日。

③ 俞祖成：《日本第三部门的"资源格差"困境及其对策创新——以京都地域创造基金为例》，《中国非营利评论》第十卷，社会科学文献出版社 2013 年版，第 189 页。

二　针对企业的募捐

对于慈善组织而言，从企业方容易争取到大额项目资助（Grant）或大额捐赠，原因在于企业进行捐赠的善款通常被列入企业的广告或公关费用，可以被计入商业成本，而不一定单纯属于企业的慈善投资，因此额度通常较高。[①] 随着社会的进步，企业正逐渐由过去完全的经济实体向企业公民转变，越来越多地履行应有的社会责任。

（一）注重关系培养，满足捐赠需求，契合企业营销宗旨

企业是结构复杂的组织，向企业募捐需要注意与企业负责人、企业领袖或者慈善项目管理人的感情培养。因为最终做出捐赠决定的是人，向企业募捐与向个人募捐并没有本质的区别。一般企业慈善捐赠资源包含现金、物资、知识、技术、服务、股票等形式；对象是与企业没有直接利益关系的需要帮助的受赠者。企业捐赠比较重视经济效益和社会效益的回报，选择捐赠对象的时候会考虑其捐赠行为是否能实现企业捐赠的目的，因而慈善组织在向企业劝募时应尽可能地满足企业的捐赠需求，达到企业和慈善的共赢。在慈善项目的选择和设计上，应放宽思路，体现合作方案的灵活多样性，为企业提供多个项目或合作选择，并尽可能地与企业的营销宗旨契合，从而使慈善组织和企业双方都能成为受惠者。

（二）分阶段劝募，开发慈善项目，实现企业和慈善共赢

针对企业的募捐通常需要经过研究、培育和劝募的过程。研究包括获取募捐对象信息，初期可以通过公共媒体获取，如某行业发展迅速或某公司进入行业领军地位等；也可通过组织内部或对原有捐赠者的信息更新确定劝募的企业对象。第二步是培育良好的募捐关系，与捐赠企业建立联系并了解其捐赠需求，设计相对应的慈善项目。通常慈善组织要选取的募捐对象有这样几种类型：一是组织的理事单位，二是经济效益较好的企业，三是过去有过捐赠历史而且捐赠较多的企业。第三步是确定募捐人员，团队开展具体的募捐工作，包括预约会面、交流信息、展示文件等，以及签订捐赠协议、善款支付、后续反馈等。

[①]　卢咏：《公益筹款》，社会科学文献出版社 2014 年版，第 188 页。

在合作中，慈善组织的公信力和社会声誉是其最核心的竞争力与吸引力，是企业最愿意投入资源换取的东西，也是慈善组织重要的合作筹码。其次要吸引企业捐赠，需要设计符合企业需求的慈善项目。慈善组织可以通过有影响力的媒体等进行慈善项目宣传，也可直接上门向潜在捐赠企业"推销"慈善项目。国内企业较少对企业社会责任进行规划，特别是中小企业，大都是被动地捐赠。慈善组织帮助企业进行慈善规划、设计慈善项目，有利于提升企业知名度，扩大企业的社会影响力，同时还可以为企业节省捐赠成本，提高企业对慈善的认识。企业也可以通过慈善项目的运作，树立良好的社会形象，实现社会效益和经济效益的双赢。①

三 针对个体捐赠者的募捐

慈善资源来源的多元化和捐赠者的多样性，有利于慈善组织保持其独立性，而较少受到少数大额捐赠者的影响。个人捐赠能够为慈善组织提供最为稳定、灵活度最大、最可以长期依赖的经费。② 在美国，个人捐赠的善款超过企业和基金会的资助，是捐赠市场中最大的部分。中国的经济发展水平虽然正在向美国靠近，但两国捐赠总量和捐赠构成比例差距很大。在美国慈善捐赠的来源统计中，占据绝对领先地位的是个人捐赠，2012 年美国慈善捐赠中个人捐赠比例达到 72%，远远高于企业、基金会等其他捐赠主体。③ 中国 2011 年个人捐赠 267 亿元，占整个社会捐赠的 31.62%，其中还包括境外人士的捐款；个人捐赠中 89.46% 来源于企业经营者或所有者，其他工薪阶层等只占 10% 左右的份额。④

在慈善领域，社会大众是慈善捐赠的重要主体，⑤ 面向社会个体捐赠者

---

① 赵海林：《从行政化到多元化——慈善组织运作研究》，中国社会科学出版社 2013 年版，第 143 页。

② 卢咏：《公益筹款》，第 147 页。

③ American Association of Fundraising Counsel, 2014, Giving USA 2013, http://www.aafrc.org (2014/11/20).

④ 孟志强、彭建梅、刘佑平编《2011 年度中国慈善捐助报告》，中国社会出版社 2012 年版，第 30 页。

⑤ 田凯：《机会与约束：中国福利制度转型中非营利部门发展的条件分析》，《社会学研究》2003 年第 2 期；周秋光：《关于慈善事业的几个问题》，《求索》1999 年第 5 期。

的募捐要研究潜在捐赠者的需求，确定筹款策略。不同群体的关注点、诉求不同，募款方式也要随之调整。实证研究表明对潜在捐赠者采取区别对待的分众募捐策略，比无差别募捐方式能够更好地提升募捐效果和效率。① 通常对捐赠者的划分基于两个基础：一是社会人口统计特征，即年龄、性别、教育程度和收入等；二是捐赠行为基础特征，包括捐赠者的历史捐赠额度、捐赠频率、捐赠动机等。②

近年中国个人捐赠在年度社会捐赠总额中所占份额明显上升，慈善组织开始更多地关注个体捐赠者，借鉴市场营销理念，细分捐赠目标市场，进行目标区割，更有效地争取潜在捐赠者的慈善资源。根据目前中国个体捐赠群体的社会人口统计特征和捐赠行为特征，本书提出一种个体捐赠者的分众募捐模式：将潜在捐赠群体分为四个类别，并基于不同群体特征和捐赠行为倾向，确定募捐过程中的募捐原则和募捐方法，针对其需求给予一定回报（如表5-1）。

表5-1　个体捐赠者的分众募捐模式

变量 主体	群体特征	募捐原则	募捐方法	回报方式
精英群体	一般有较高的社会知名度或社会地位，经济收入居社会上层，注重个人或家族形象	募捐工作的重点对象，注重社会责任意识和慈善理念的宣传	"中国式精英募捐"策略：名人专项基金，发挥榜样带动作用和社交圈的作用	社会声誉，如冠名权、荣誉名册、慈善排行榜等
中产阶级	有较固定的工作，相对殷实，思想文化素质较高，较认同社会主流价值	建立经常性、常规化、可持续的"募捐链"机制	组织渠道型募捐、月捐计划等	
网络群体	习惯使用网络，对网络的黏度和忠诚度较高，信息沟通及时，习惯网络支付方式	利用网络媒体，发挥网络优势	网上募捐：网络月捐、网络项目认捐等	
分散群体	相对分散，捐赠额度和时间规律不明显	双向受益的利益驱动机制	"激励募捐"或"有奖募捐"	利益补偿

① Srnka, Katharina J., Grohs, Reinhard, and Ingeborg, Eckler, "Increasing Fundraising Efficiency by Segmenting Donors", *Australasian Marketing Journal*, 11 (1), 2003.

② Scherhag, Christian and Boenigk, Silke, "Different or Equal Treatment? Donor Priority Strategy and Fundraising Performance Assessed by a Propensity Score Matching Study", *Nonprofit Management & Leadership*, vol. 23, no. 4, summer, 2013.

（一）企业家、知名人士、明星等群体："中国式精英募捐"

精英式募捐主要针对当前中国财富相对比较集中的富豪群体，发挥他们的慈善带头作用。2012 年 7 月上海胡润研究院和群邑智库联合发布《群邑智库·2012 胡润财富报告》，指出中国有 102 万千万富豪和 63500 个亿万富豪，有 7500 个十亿富豪和 260 个百亿富豪。另据胡润研究院发布的《2013 年全球富豪榜》，中国已经超越美国成为全球资本市场创造 10 亿美元富豪最多的国家，中国财富正在飞速增加并快速向富豪集中。另据美国媒体 2014 年 1 月 1 日报道，2013 年美国富豪的大额捐款总额高达 34 亿美元，脸谱网创始人扎克伯格及妻子的捐款总额近 10 亿美元。[①]

2008 年汶川地震发生后，中国许多企业家、社会名流以及公众捐赠了大量款物，直接拉高了当年的个人捐赠比重（如表 5 - 2 所示）。中民慈善捐助信息中心的监测及统计显示，个人捐赠方面年度捐赠过亿元的共计有 9 人，捐赠总额达 58.60 亿元，约占 2011 年捐赠总量的 6.93%，[②] 精英群体的募捐具备良好的社会基础。一个健全的社会，有一种内生的财富再分配机制和自我救助机制，可以对人们所创造出来的财富进行再分配。人们同时追求荣誉、追求他人的尊敬，而帮助他人，用自己的财富、精力和创造性向公众免费供应公共品，是获得荣誉、尊敬的基本途径。[③] 中国富豪作为社会精英群体，是财富拥有量相对较大或在社会上有一定声望的名人，如企业家、知名人士、明星等。这一群体一般有较高的社会知名度或社会地位、经济收入居社会上层、注重个人或家族形象，是慈善募捐工作的重点。针对精英群体主要有名人专项基金、特定项目筹款等，注重发挥他们的榜样带动作用。精英群体的募捐是一种大额募捐，是一种高端的募捐项目，注重人际公关，回报高、周期短，较容易成为慈善组织固定的大额资金来源。

受中国财富国情影响，在捐赠过程中，企业家个人捐赠和企业捐赠常常

---

① 董煜坤：《美国 2013 年大额捐款达 34 亿美元　脸谱老板最慷慨》，中国新闻网，http://www.chinanews.com（2014/2/20）。

② 孟志强、彭建梅、刘佑平主编《2011 年度中国慈善捐助报告》，中国社会出版社 2012 年版，第 31 页。

③ 秋风：《慈善活动是需要动员、需要组织的，由此就出现了"慈善企业家"》，《中国新闻周刊》2007 年第 30 期。

表 5－2　2007—2011 年个人捐赠情况一览

单位：亿元，%

年份	2007	2008	2009	2010	2011
个人捐赠总额	32	458	154	296	267
占全国捐赠比重	10.36	54	24.44	28.68	31.62

资料来源：孟志强、彭建梅、刘佑平主编《2011 年度中国慈善捐助报告》，中国社会出版社 2012 年版。

界限不清，随着财务制度的健全发展，企业家个人捐赠和企业捐赠将逐渐分开。企业家作为中国精英群体的重要组成部分，其捐赠行为影响捐赠构成的格局。统计显示，来自企业经营者的大额捐赠占中国个人捐赠的极大比重。

（二）中产阶级群体：可持续的"募捐链"模式

可持续的"募捐链"模式是指慈善组织经常性、常规化的募捐模式，促使个体捐赠者定期或不定期地进行捐赠，形成一种可持续的链条机制。自20 世纪 80 年代中国改革开放以来，社会结构转型加快，中国出现了一批收入相对稳定的群体。中产阶级被定义为"经济上比较殷实，思想文化素质比较高"的群体，[1] 主要包括私营企业主、大企业中层管理人员、中小企业经理人员、专业技术人员、个体工商户和国家机关中低层领导干部、办事人员等。这一群体对社会主流价值有较强的认同感，经济水平在较大程度上影响慈善捐赠的额度，[2] 这一群体是长期可持续募捐的主要对象。"中产阶级"群体本身具有较高的慈善捐赠意愿和捐赠可能性，透明、合理、通畅而且简洁的捐赠渠道，有利于形成经常性、常规化、可持续的"募捐链"机制。当下较为流行的"月捐"模式，[3] 即是一种旨在将公益捐赠演变为一种生活习惯，并成为生活中的一部分的募捐方式。慈善组织向参与月捐的捐赠人开具捐赠发票，同时通过短信、邮件、挂号信等方式，将捐款所用到的公益项目最新进展反馈到捐赠人，不断鼓励捐赠者再次捐赠或多次捐赠。中国扶贫

---

① 李淑国：《贺铿认为"中产阶级"应成为小康社会主流公民》，2002 年 12 月 15 日，中国新闻网，http://www.chinanews.com/2002－12－15/26/253573.html（2013/12/12）。
② 南锐、汪大海：《慈善环境对我国居民慈善捐赠影响的实证研究——基于1997—2011 年的数据分析》，《当代财经》2013 年第 6 期。
③ 月捐指每月主动、定额、小额、持续捐款的一种新型捐款模式，银行代收捐赠人的一次性捐款或每月定额捐款，并将捐赠资金划转至慈善组织或基金会善款专用账户。

基金会有"扶贫月捐"，腾讯公益有"月捐计划"募款，都是推动公众常规化、经常化捐赠的募捐方式。许文文提出的"组织渠道型公众募款"，[①] 充分利用慈善组织与企业、政府、工会等机构的良好关系，在组织结构中动员组织成员的捐赠积极性，搭建畅通的募捐—捐赠渠道，建立捐赠者数据库，也是针对这一群体的可持续、常规的募捐活动。

（三）网络群体：网络募捐模式

网络募捐是以互联网为媒介，对慈善募捐活动进行管理的过程，包括慈善募捐信息的获取、发布，募捐活动方案的制定、监督，与捐赠者和其他方面的互动、协调等。Oxfam（乐施会）对英国募捐情况公布的统计数据显示，网络已经成为主要的募款工具之一。中国网络募捐的实施基础正随着互联网技术的发展和普及而不断地显现出来并越来越好地发挥其特有的优势。

从网民数量上看，网络募捐资源丰富。2014 年 3 月中国互联网络信息中心（CNNIC）发布的第 33 次《中国互联网络发展状况统计报告》中显示（见图 5-2）：截至 2012 年中国网民数达到 5.64 亿，普及率为 42.1%，网民人均每周上网时长达到 20.5 小时。收入在 2000—5000 元的网民数量比例较大，与 2011 年相比，收入 3000—5000 元的网民数量有所增加。[②]

网络技术方面，网络募捐相对于实体募捐成本低、效率高，互联网的发展给网络募捐提供了更新的宣传手段和更大的实施可能。网站通告、电子邮件、微博等先进、高效的方式为慈善组织的募款者提供技术支持，进而提高募捐效率。网络募款的优势除了表现在快速便捷上，在网站资料中，图片的多元丰富也让捐赠者多了些有趣生动的选择。在投入—收益方面，网络募捐的投入成本很低甚至为零。运用信息技术、网络技术和数据库技术能让慈善捐款的透明度更高。网络的搜索技术、信息技术、第三方认证组织（支付机构、审计机构等）已经完全能支持网络募捐的开展。国外的微公益网站 FREERICE，被称为"自由的大米"[③]，即是利用网络资源，培养和激发公众的爱心与社会责任感。

---

① 许文文：《组织渠道型公众募款——美国 NGO 公众募款经验对中国的启示》，《兰州学刊》2013 年第 6 期。

② 中国互联网络信息中心：《CNNIC 发布第 33 次〈中国互联网络发展状况统计报告〉》，2014 年 3 月 5 日，新华网，http://news.xinhuanet.com/tech/2014-01/16/c_126015636.htm（2014/4/20）。

③ 张兵武：《公益之痒——商业社会中如何做公益》，北京大学出版社 2011 年版。

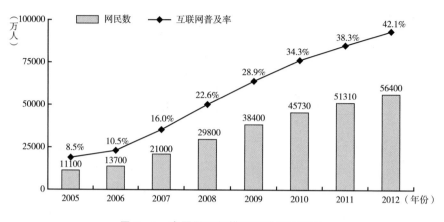

图 5－2　中国网民规模和互联网普及率

资料来源：中国互联网络信息中心（CNNIC）第 33 次《中国互联网络发展状况统计报告》，2014 年 3 月 5 日发布，http：//www.cnnic.net.cn（2014/4/20）。

网络募捐的具体操作形式多样。慈善组织可利用自己的网站开设在线捐助、义工园地、信息披露、公益互动、论坛等栏目，宣传组织的公益理念；发布募捐信息，给网民提供畅通的捐赠渠道。以 2007 年成立的腾讯公益基金会为例，它的慈善模式"网络在线捐赠＋时间捐赠＋咨询＋义卖"[①] 通过网络邮箱、腾讯 QQ 及其相应的 QQ 群、QQ 空间和网络游戏等渠道，策划并发布慈善募捐活动的信息，让网友即时了解正在进行的公益项目、捐助计划、捐款数量等信息，增强了捐赠的透明度和自主性，同时提高了募捐活动的便利性和互动性。

公开的募捐活动根据中国现行的规定一般都有地域限制，且募捐的主体必须是依法登记成立、符合募捐资格条件的慈善组织，并经民政部门许可。而网络募捐行为的广泛性、非地域性和如何统一监管的问题，也就成为目前讨论的焦点之一。网络募捐的兴起，成为促进慈善组织公募权利开放的动因之一。

（四）分散群体："激励募捐"或"有奖募捐"方式

"激励募捐"或"有奖募捐"是让捐赠者在捐赠的行为中有所受益，达到募捐的"双向受益"，又称为运用利益驱动机制对捐赠人进行利益补偿。[②]

---

① 侯江江、徐明祥、张侃侃：《基于网络的非营利组织募捐模式研究》，《四川行政学院学报》2010 年第 6 期，第 86—89 页。

② 李珍刚、王三秀：《论非营利组织的筹资策略》，《社会科学》2002 年第 6 期。

根据社会交换理论，人与人的社会互动，是基于理性及懂得计算得失的资源交换，而互惠、公平分配是其主要原则。哈罗德·希墨（Harod Seymour）把募捐市场大致三等分，其中三分之一的人是属于自愿募捐，捐赠出于自愿，而不图有所回报；另外三分之一的人是应请求而捐赠或是诱导募捐，募捐者通过提供诸如保险、奖品等方式向捐赠者进行募捐；还有三分之一的人是被迫捐赠或称为强制募捐，如国家的税收等。[①]

《中华人民共和国公益事业捐赠法》第一章第八条规定：国家鼓励自然人、法人或者其他组织对公益事业进行捐赠。[②] 对公益事业捐赠有突出贡献的自然人、法人或者其他组织，由人民政府或者有关部门予以表彰。国家政府不仅鼓励捐赠，而且认可利益驱动的合法性。真正的公益慈善，建立在可持续的基础上，"双向受益"是激励捐赠的有效手段。中国古代《吕氏春秋·察微》里记载"子路受人以劝德，子贡谦让而止善"[③] 也是这个道理，对于善举给予一定的奖励或接受奖励是促进社会进步的激励机制。中国自1987年开始实行的福利彩票事业就是一种典型的有奖募捐形式。[④]

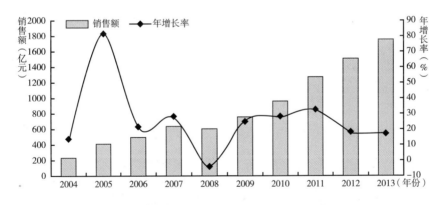

图 5 – 3　2004—2013 年中国福利彩票统计数据

资料来源：民政部：《2013 年社会服务发展统计公报》，http：//www.mca.gov.cn/article/zwgk/mzyw（2014/11/20）。

①　吴冠之：《非营利组织营销》，中国人民大学出版社 2003 年版，第 240 页。
②　全国人民代表大会常务委员会：《中华人民共和国公益事业捐赠法》，1999 年 9 月 1 日起施行。
③　《吕氏春秋·察微》，上海古籍出版社 1996 年版。
④　时正新、陈日发、任振兴：《福利彩票——中国特色的社会募捐形式》，《中国民政》2001 年第 1 期。

四　募捐中的策略

慈善募捐过程中除了募捐方式的改进，募捐中的策略对募捐效果也有影响。募捐工作人员的募捐理念、募款活动中的情感因素、活动的宣传途径，以及募款回报方式等都是要注意的募捐策略。

（一）正确的心理定位

募捐本质上是一个寻求进步、促进理解、赢得支持、建立合作、壮大事业的过程，它扩大了公益事业的参与者，为组织建立广大而忠诚的支持者群体。[①] 募捐的目的不是筹款本身，而是加强和提高慈善组织的公益服务能力。募款是合作和交流的途径，是给予捐赠者或者社会上的公众参与慈善公益事业的机会。积极正确的心理定位会在募捐过程中体现出来，也是募捐工作宣传的基本理念。

（二）不可或缺的情感因素

心理研究发现，人们对生动的信息会关注更多、情感反应更强，而且大脑不对绝对值而是对比例产生反应。从 100 人中拯救 10 人，会比从 100 万人中拯救 10 人，激起更强的情感反应。[②] 实验表明如果向特定受益人捐款，人们会更加慷慨。[③] 慈善组织在募捐的过程中传达简单的、感情上能够引起共鸣的信息，就是利用情感募捐。培养与捐赠人长期可持续的感情关系，通过定期电话或邮件联系，或通知参加组织活动，保持与捐赠人的不间断联系，让捐赠人有受重视的感觉，是情感募捐的常用方法。

（三）人际传播

有效的沟通是募款成功的基础，一对一的口耳相传是最有效的传播方式，让现有的捐赠者投入慈善捐赠行动是相当重要的工作，也是产生扩大效应最好的途径。如表 5－3 所示，一对一交谈排在沟通有效性之首。

---

① 卢咏：《公益筹款》，第 40 页。
② 李华芳：《慈善》，《财经》2013 年第 17 期。
③ 〔美〕黛博拉·斯米尔等：《同情与冷静：审慎思考特定和统计受害人对捐赠的影响》，《组织行为与人类决策过程》2007 年第 2 期，第 143—153 页。

一对一交谈 one‑to‑one conversation

小团体讨论 small group discussion

团体讨论 large group discussion

电话交谈 telephone conversation

写信函 handwritten letter

打字信函 typewriter

大量复制的信函 mass-produced letter

通信 newsletter

小册子 brochure

新闻报道 new items

广告 advertisement

传单 handout

有效性

表 5 – 3　有效的沟通阶梯

资料来源：转引自郑怡世《个人募款市场及捐款行为的分析》，募款策略研习班讲稿，第 19 页，台中市，2003 年 7 月。

（四）适当的补偿回馈

《公益事业捐赠法》第二章第十四条规定：捐赠人对于捐赠的公益事业工程项目可以留名纪念；捐赠人单独捐赠的工程项目或者主要由捐赠人出资兴建的工程项目，可以由捐赠人提出工程项目的名称，报县级以上人民政府批准。用企业提供的资金以企业的名义开展社会救助活动，即募得善款，可给予企业一定的名誉回馈。回馈的方式可以是给予政治上的荣誉、经济上的回报或者社会地位，如冠名权、荣誉名册等；也可通过对捐赠方情感需求的了解，有针对性地设计捐赠仪式、项目挂牌仪式、捐赠项目冠名、刻立碑记、授予荣誉、颁授奖项、媒体报道、领导接见、明星形象代言人参与、捐赠方与受助方见面互动、受助方给捐赠方感谢函、捐赠方回访援建项目等形式，满足捐赠方的情感需求，不断发展和巩固与捐赠方的合作伙伴关系。

第三节　募捐方式的创新机制

建立健全慈善捐赠机制，要从捐赠者、慈善组织和受益人多方入手，慈善募捐方式的改进是从慈善组织的角度推进慈善捐赠机制的完善。具体说来，可从以下几方面着手，从而推进慈善事业的新发展。

一　慈善资金管理方式多元化

慈善资金是慈善组织生存发展的基础，是实现慈善目的的物质保障，慈善资金的管理方式一定程度上影响慈善目的的实现。目前慈善捐赠资金主要通过具有公募资格的慈善组织进入社会服务领域，这些组织主要有慈善总会、红十字会和基金会，其中基金会越来越凸显其优势作用。慈善事业的进步和发展，需要更多的公众参与，需要进一步拓宽慈善资金的管理方式。慈善信托作为新型慈善资金管理方式应该受到更多的关注和发展。

首先，信托（trusts）是指为了其他人的利益而持有和管理财产，起源于英国。"慈善信托是为了慈善目的而持有财产的信托，没有特定的受益人，为了公众的利益而设定，为目的而不是为人而设立的信托，受益的公众不享有对信托财产的所有权。"① 慈善信托的核心是为公共利益，所以又可称为公益信托或公共信托（public trust），它的公益性体现在两个方面：受益人不确定和受专门委员会监管。慈善信托在形式上可分为委托人发起设立、公开募集设立和非公开募集设立三种，其中公募信托即是一种可面向社会公开募捐的资金募集和管理形式。实践中公募信托通常以信托公司为受托人管理财产，相较于基金会运营募集资金更具有专业性，能够更好地实现慈善资金的保值增值。如 2008 年 6 月西安信托发行的 "5·12 抗震救灾公益信托计划" 以及 2008 年 10 月百瑞信托推出的 "郑州慈善公益信托计划" 都是公募慈善信托。虽然到目前为止中国公益慈善信托的设立数量还非常少，但这种慈善资金管理方式会随着法律的完善和慈善事业的进步得到更多的推广使用。

二　募捐财产类型多样化

为扩展慈善资源的来源渠道，增强慈善市场的活力，在募捐财产类型方面慈善组织应追求多样化。以往的慈善募捐一般以有形资产为主要募捐内

---

① 解锟：《英国慈善信托制度研究》，法律出版社 2011 年版，第 35 页。

容，通常是资金、物质等有形资源，除此之外还应该主动募集更多的慈善资源，丰富募捐财产类型。

首先，随着社会经济的发展，大额股权捐赠日益增多。2009 年，财政部颁布《关于企业公益性捐赠股权有关财务的通知》，允许企业进行公益性股权捐赠，股权捐赠自此合法化。但是由于股权捐赠涉及许多政策上的难题，如股票的流通、监管、捐赠税收优惠等，所以股权捐赠面临重重困难，一直不能获得普及发展。这也是造成 2009 年曹德旺股权捐赠出现诸多问题和困难的原因所在。现在随着股权捐赠的兴起，国家和慈善组织不仅应做好接受股权捐赠的准备，还应主动以股权作为募捐的对象，向具有社会责任感的企业进行积极的劝募，争取大额的股权捐赠。在进行股权募捐活动时，慈善组织可以以募集优先股的形式，不参与股票的管理，只接受分红，这样就不会出现慈善组织变成捐赠公司"投资人"的情况，也就不需要慈善组织配备专业人员进行股票的管理和经营。此外，也可对股权形式的慈善资源进行专业化管理，建立公司化的股权捐赠治理模式，使得捐赠资产经过合理的投资不断增值。

其次，慈善志愿服务成为募捐的重要内容。志愿服务越来越成为公众从事慈善事业的重要形式，公众进行捐赠不再局限于有形资产，不少公众自愿贡献自己的时间、知识、技能或者体力。慈善组织募捐内容的多样化，不仅可以丰富慈善资源的来源，也可以使慈善组织的服务不再单纯地集中于济困、救贫方面，可以更好地帮助由于社会迅速发展而出现的新兴的弱势群体，如存在精神健康或心理需求的服务对象。

三　募捐信息公开化

信息公开透明是慈善组织的生命线。公开慈善信息，打造透明慈善，是提高慈善组织社会公信力的重要手段。据《2014 年度中国慈善透明报告》显示，2014 年度中国慈善透明指数平均值仅为 44.10（满分为 100分）。[1]

---

[1]　中民慈善捐助信息中心：《2014 年度中国慈善透明报告》，中国公益慈善网，http://www.charity. gov.cn（2014/12/10）。

慈善信息公开首先要真实、准确、完整、及时，不能有虚假信息的记载，也不能出现误导性陈述或者遗漏。需要公开的信息内容主要有：①慈善组织基本信息，包括组织的章程、机构设置、人员组成及其职责权限、年度工作报告等。②接受捐赠信息和开展募捐活动情况，包括慈善捐赠办法、捐赠款物使用情况、财产保值增值情况、捐赠人同意公开的捐赠协议、关联方关系及交易情况，以及募捐活动形式、募捐方案、后续的募捐结果。③救助信息，包括运用捐赠资金开展的各类慈善项目、慈善活动的实施方案、救助计划、受益人的资助标准、资助流程以及受益机构受助资金的使用情况。④财务信息，包括财务会计报告、会计师事务所审计报告，捐赠来源、数额及流向，捐赠款物接收、发放凭据和资料以及年度审计报告。慈善组织要充分利用网络即时传达、方便查询、公开的特点，为透明慈善工作提供制度保证和技术支持。中国慈善信息平台由民政部委托中民慈善捐助信息中心开发，目前已基本具备了信息发布、报送与统计，信息查询与共享，舆情监测，数据库管理，宣传推广等功能。2013 年该平台已陆续在江苏省、郑州市等地方试点使用，约有 1000 家慈善组织入驻。[①]

四　捐赠者档案管理现代化

对于个体捐赠者，慈善组织应该建立详细的捐赠人信息档案，对不同的个体捐赠人详加区分，在募捐活动中利用不同的募捐方法或募捐技巧取得募款的成功。美国学者 Schaff, Terry 和 Schaff, Doug 将捐赠人划分为：①冲动型捐赠者（Impulse Donator）：此类捐赠者属于了解到有关捐赠信息，立即采取行动的典型，但其捐赠行为没有规律可循，后续是否继续捐赠没有确定性；②理性捐赠者（Thoughtful Donator）：对于慈善组织倡导的理念或进行的公益项目加以思考，一旦认同便会进行捐款，捐赠额度一般权衡后决定；③习惯型捐赠者（Habitual Donator）：经常性或定期进行捐款，时间一般长达两年以上。[②]

---

① 窦玉沛：《加强慈善信息化建设迫在眉睫》（在中国公益慈善创新型人才第三期培训上的讲话），http://www.charity.gov.cn/fsm/sites/training/preview1（2014/4/20）。

② Schaff, Terry and Schaff, Doug, *The Fundraising Planner: A Working Model for Raising the Dollars You Need*, CA, John Wiley & Sons, Inc., 1999.

除此以外，在实际的募捐工作中我们还可以发现一些其他类型的捐赠者，如从众型捐赠者：以凑热闹为主观感受或受周围其他人的影响，参与大型慈善义卖或募款活动，对于非大众化的公益募捐活动兴趣较小；友谊型捐赠者：比较注重与慈善组织或组织成员的友情，以建立友谊为乐，并通过捐赠维系或加深这种友情，捐赠行为主要以友谊为导向；崇拜型捐赠者：对于某组织领导人或某组织的公益理念达到崇拜的程度，凡涉及此组织的募捐活动，一般尽力参加支持。

表 5 - 4　捐赠者类型

捐赠者类型	对慈善忠诚度	可能停止捐赠原因	慈善组织应对措施
冲动型捐赠者	低	公益项目不具备吸引力或未收到募捐信息	以多种项目或理念吸引，引发捐赠动机；主动告知募捐信息，邀请参加组织活动
理性捐赠者	中	对公益理念不认同	分析捐赠者慈善理念，投其所好；保持联系，定期宣传组织活动；鼓励加入组织成为会员
习惯型捐赠者	高	组织公信力降低	维持组织公信力；定期联系，寄送组织刊物、募款计划等；邀请参加组织活动；邀请加入组织成为会员
从众型捐赠者	低	没有相应的募款活动	邀其参加活动，进行劝募
友谊型捐赠者	中	友谊中断	邀请加入组织成为会员，加深友谊；定期参加活动
崇拜型捐赠者	高	崇拜原因消失	转换个人崇拜为组织崇拜，邀请加入组织成为会员

资料来源：根据 Schaff, Terry 和 Schaff, Doug 的类型研究改编，参见 Schaff, Terry and Schaff, Doug, *The Fundraising Planner—A Working Model for Raising the Dollars You Need*, CA, John Wiley & Sons, Inc. 1999。

慈善组织在制定募捐活动方案时，要首先确定捐赠者类型，如找出冲动型捐赠人，吸引其捐款，再借助后期的活动把冲动型捐赠人发展成为理性的或习惯型的捐赠人，培养其对慈善事业和组织的忠诚度。一般转化过程为：观望者—潜在捐赠者—捐赠者—定期捐赠者—特定请求捐赠者—巨额捐赠—领导贡献—遗产赠予。[1]

在募捐工作中，慈善组织首先要正确地获取捐赠人信息，一般通过公共

---

[1]　林雅莉、江明修主编《第三部门经营策略与社会参与》，智胜文化事业有限公司 1999 年版，第23 页。

媒体、组织内部成员关系以及原有大客户等获得；通过对大客户的社会人口统计特征（年龄、性别、教育程度、收入等）、行为特征（捐赠历史、捐赠额度、捐赠经常性、捐赠动机、捐赠倾向等）、对公益慈善项目的兴趣（非常感兴趣、感兴趣、有点感兴趣、不感兴趣）等指标的分析，确定具体的募捐方式；根据不同的捐赠人信息，可制作如表5-5所示的捐赠人信息档案，便于对捐赠者进行分类管理。

表 5-5　捐赠客户信息统计

目标人	联系方式	职业	学历	年收入	上次捐赠时间及额度	历史捐赠总额	历史募捐方式	对公益的兴趣	备注关系	负责人
A	186××	董事	本科	××	2011年100万元	500万元	人际募捐	非常感兴趣	王理事朋友	王××
B	156××	艺术家	博士	××	2012年80万元	100万元	媒体	感兴趣		李××
C	189××	艺术家	硕士	××	2011年20万元	50万元	人际募捐	感兴趣		张××

五　募捐工作队伍专业化

慈善事业的发展需要专业化的募捐策略和募捐活动，也需要专业化的募捐队伍。募捐人才对于慈善组织而言，就像销售人员对于商业公司一样。一家公司没有好的销售，产品再好也不一定卖得出去。同样，一家慈善组织如果没有好的募捐人才，很难做到募款的成功。传统型募捐重在利用感情或受助人的实例来感动捐赠人进行捐款，而现代方式正在朝着营销型募捐发展，要将捐赠者视为消费者，要使用慈善组织的"销售人才"更好地开展工作，培养专业化募捐队伍，提高慈善组织募款能力。在慈善事业发展相对成熟的西方国家，募捐行业是一个分工度很高的专业行业，美国的慈善组织通常有募捐顾问（fundraising counsel）、专业募捐人（solicitor）、其他专业人士（commercial ventures）等。[1] 中国的慈善组织应结合实际，利用现有资源，

①　褚莹：《美国募捐专业人士管理体系探析》，《社团管理研究》2012年第8期。

不断提高人员水平。首先，慈善组织可以充分发挥民间公益团体和草根公益组织的优势，由运作型组织向资助型组织转变。大型官办慈善组织和小型公益团体的结合可以较好地解决组织人员不足、募捐工作开展不畅的问题。其次，要定期进行组织内部人员的培训学习，提高募捐人员的理论水平和募捐工作的专业技能。常见的培训有以政府为主体的各种形式或内容的短期培训或学术研讨会，也有基于市场化运作的竞争型培训机构的培训。[①] 通过聘请专业人员授课或派送工作人员外出进修学习等方式，慈善组织可以培养组织成员对组织的忠诚度，提高募捐工作的专业化水平。再次，要发挥高校等研究机构基于学科建设的专业学位或非学位教育优势，为慈善组织吸纳高水平的募捐人才，为慈善事业的可持续发展奠定基础。20 世纪末，随着公民社会的兴起，NGO 及相关研究机构陆续在高校出现，据统计，1998—2011 年，全国隶属于高校、正式挂牌且以 NGO 或公民社会为主要研究方向的研究机构有 40 余所。[②] 不少高校也相继招收公共管理、非营利组织管理或社会工作专业的学生。慈善组织应以此为契机，培养和壮大专业募捐队伍，提高组织的募款和救助能力。

第四节　总结与讨论

社会的不断发展，促使慈善事业日益成熟，无论是慈善组织的数量还是所发挥的作用都有了很大的提升。慈善募捐面临发展的契机同时也有环境变化带来的挑战。募捐市场竞争激烈，现代传媒、移动互联网等技术的发展，以及人文环境的改变，使得传统的慈善募捐方式不能完全适应时代发展的需求。慈善组织不能被动地等待机会的来临，而应主动组织资源进行系统的变革创新。慈善组织将外部资源环境的变化看作组织创新变革的机会，从而由内到外地建立策略机制以应对环境的改变。慈善募捐方式的创新发展呈现以下特征。

---

①　徐宇珊：《社会组织结构创新：支持型机构的成长》，《社团管理研究》2010 年第 8 期。

②　王名、李长文：《中国 NGO 能力建设：现状、问题及对策》，《中国非营利评论》第十卷，社会科学文献出版社 2013 年版，第 149 页。

一　以组织为中心向以捐赠者为中心转变

慈善募捐方式的改进首先是工作中心的转变，从以组织自身为中心转向以捐赠者为中心。慈善历来被看作捐赠者自愿参与某项崇高事业但自身不因此受益的活动，在强调捐赠者自愿行为的同时，一定程度上忽略了慈善组织的能动性和主动性。改进慈善募捐方式首先要求慈善组织转变工作重心，从捐赠者的角度出发，分析潜在捐赠者的不同类型和差异性诉求，主动采取募捐策略从而满足其慈善捐赠需求，提高组织资源获取能力；针对企业和个体捐赠者的不同社会基础和捐赠特点，进行目标分众，制定不同的募捐策略。

二　募捐方式向多元化方向发展

从慈善组织的合作方式划分，募捐方式有联合募捐、合作募捐和独立募捐；从吸引捐赠的形式划分，有慈善基金募捐和项目化募捐；从捐赠者对募捐活动的参与度划分，有参与式劝募和非参与式劝募（参与式包括步行筹款、"爱心罐"活动、筹款晚会等方式，非参与式劝募包括电子公益劝募、设立捐赠热线、银行卡筹款、手机短信筹款等方式）；从动员手段划分，可分为政令性募捐和关系募捐两大类，这两类募捐模式是中国大型官办慈善组织较多使用的方式。

三　无差别募捐向分众募捐转变

引入营销理念，将捐赠者进行分众，并使用差别化的募捐方式。慈善捐赠者就好像市场，需要分别对待并提供不同的服务，并且制定相应的营销计划，即有针对性地募捐。目标捐赠者的定位使慈善组织能够根据其特点和使命需求，有选择、有重点地开展募捐工作，既能节约募捐成本又能提高募捐效率。

四　募捐策略化

现代社会的募捐更讲究募捐策略，募捐工作人员的募捐理念、募款活动中的情感因素、活动的宣传途径、适当的补偿回馈、透明的慈善资源流向公示告知制度等都是募捐策略要考虑的重要内容。慈善组织只有不断改进募捐策略，才能取得良好的募捐效果。

此外，慈善组织还要为慈善募捐工作提供充分的后勤保障，完善募捐工作的创新管理机制，在信息公开化、募捐人员专业化建设层面，推动慈善捐赠机制的建设，实现以"募"促"捐"。慈善组织面对捐赠市场的变化，应该发挥自身的创新机能，在组织内部和外部寻求募捐策略改进的可能性，从而应对社会发展和募捐环境的变化，这是慈善组织发展和慈善事业进步的必然要求。

第 六 章

慈善救助方式及创新

慈善救助是指慈善组织向陷入生活困境而又无力自助的群体提供无偿援助的社会化行为，它既包括物质方面的帮扶，又包括精神领域的服务，是对社会财富进行的第三次分配。慈善救助与政府公共救助是社会救助的两大支柱，慈善救助是对政府公共救助的重要补充。它一方面可以动员民间力量多种渠道筹集资金，弥补政府力量的不足；另一方面可以采取灵活多样的方式，针对困难群众的需要进行救助，具有灵活性、自主性及民间性的显著特点，既起到安老助孤、扶贫济困的作用，又起到改善社会人际关系、缓解社会矛盾、促进社会和谐的作用。

第一节　慈善救助方式概述

作为慈善机制运行的重要组成部分，慈善救助是终端环节和主要目的，直接影响着慈善捐赠的效率和功能发挥。在慈善救助机制中，核心问题是选择恰当的慈善救助方式。慈善救助方式一定程度上反映了慈善事业的管理水平。本部分主要介绍慈善救助的主体与形式及其涉及的不同领域，并说明慈善救助项目的开展情况及救助资金流向的主要特征。

一　慈善救助主体与途径

（一）救助主体

慈善组织作为慈善救助的重要主体，是一种专门从事慈善活动的非营利组织。现阶段，法律法规并未对慈善组织做出明确定义。综合学者观点，慈善组织是指依法登记成立，以捐赠财产或者志愿服务等方式，自愿开展扶老、助残、恤幼、济困、赈灾等帮助困难群体和个人的活动，及支持促进教育、科学、文化、卫生、体育、环保等社会公共和福利事业发展活动的非营利性组织。

美国学者萨拉蒙将非营利组织的特征概括为：①组织性，有明确的制度和结构；②民间性，组织在建立制度时有明确目的，独立于政府部门，制度在权利归属上与国家相分离；③非营利性，组织产生的费用和利润不归组织的经营者所有；④自治性，组织可以完全独立自主处理事务；⑤自愿性，组织成员按照自愿原则组织而成，在一定程度上进行物资的捐赠。[①] 慈善组织除具有非营利组织共同的特点外，还具有区别于其他非营利组织的特性：①公益性，慈善组织以扶危济困、奉献社会为主要目标开展公益活动；②非政治性，不允许慈善组织参加某些政党活动；③非宗教性，不允许慈善组织进行宗教传播活动。[②]

按照组织具体运作形式的不同，可将慈善组织分为运作型慈善组织和资助型慈善组织。运作型慈善组织主要通过自身筹集资金、开展公益项目、管理运营基金等程序进行慈善救助活动。该类慈善组织大部分由政府推动成立，具有较强的资金实力，但对相关行政部门有一定的依赖性。资助型慈善组织主要通过筹集资金，对其他社会组织进行资助，有针对性地开展公益项目。如成立于 2007 年的南都基金会，主要通过筹集资金资助优秀公益项目，或者为处于成立初期的社会组织提供资金和技术上的支持。按照组织类型的不同，可将慈善组织分为社会团体、基金会及民办非企业单位三大类。按照相关法律规定，它们都有自己的章程和业务范围，都以开展公益事业、促进社会发展为主要目的（如表 6-1 所示）。

表 6-1　慈善组织的分类

类型	法律法规	具体定义
社会团体	1998 年《社会团体登记管理条例》	指中国公民自愿组成，为实现会员共同意愿，按照其章程开展活动的非营利性社会组织。

---

① 〔美〕莱斯特·M. 萨拉蒙等：《全球公民社会：非营利部门视界》，贾西津、魏玉等译，社会科学文献出版社 2002 年版，第 3 页。

② 杨团：《NPO 发展阶段界分》，中国社会学网，http：//www.sociology.cass.cn（2002/4/1）。

续表

类型	法律法规	具体定义
基金会	2004 年《基金会管理条例》	指利用自然人、法人或者其他组织捐赠的财产,以从事公益事业为目的,按照本条例的规定成立的非营利性法人。
民办非企业	1998 年《民办非企业单位登记管理暂行条例》	指企业事业单位、社会团体和其他社会力量以及公民个人利用非国有资产举办的从事非营利性社会服务活动的社会组织。

资料来源:全国人民代表大会常务委员会:《中华人民共和国公益事业捐赠法》,1999 年 9 月 1 日起施行;国务院:《基金会管理条例》,2004 年 6 月 1 日起施行;国务院:《民办非企业单位登记管理暂行条例》,1998 年 10 月 25 日起施行。

根据《中华人民共和国公益事业捐赠法》的相关规定,慈善组织作为非营利部门,其业务范围主要有:(一)救助灾害、救济贫困、扶助残疾人等困难的社会群体和个人的活动;(二)教育、科学、文化、卫生、体育事业;(三)环境保护、社会公共设施建设;(四)促进社会发展和进步的其他社会公共和福利事业。[①]根据现阶段社会发展需要,慈善组织的主要目标是保障和改善老年人、残疾人、低收入居民、受灾群众、困境儿童等群体的基本生活,加强对进城务工人员和农村留守老人、留守妇女、留守儿童等群体的服务。[②]

(二)救助途径

按照慈善组织具体提供救助方式的不同,可以将慈善救助分为现金救助、实物救助及服务救助等形式(如表 6 - 2 所示)。

表 6 - 2　慈善救助方法分类

救助手段	救助方法	救助形式
现金救助	货币给付	救助金、助学金
	凭单兑换	慈善救助卡、救助券
实物救助	实物发放	慈善超市
	实物捐赠	生活用品、学习用品
	设施建设	工程建设、设备配置

① 全国人民代表大会常务委员会:《中华人民共和国公益事业捐赠法》,1999 年 9 月 1 日起施行。
② 民政部:《中国慈善事业发展指导纲要(2011—2015 年)》,2011 年 7 月 15 日。

续表

救助手段	救助方法	救助形式
服务救助	医疗援助	义诊、特殊病种援助、资助医保
	心理援助	心理咨询与辅导、行为矫正
	志愿服务	社区服务、支教
	能力建设	教师培训、就业技能培训

1. 现金救助

现金救助是现代社会中最常见的一种救助方式。它是指慈善组织以现金给付及凭单兑换的形式，对陷入困境而又无力自行摆脱的弱势群体提供资金援助的过程。就现阶段中国慈善救助而言，现金救助主要包括提供助学金、医疗救助金、救助卡等形式的专项救助资金，以及各种类型的临时性救助补贴等。如中国宋庆龄基金会通过设立宋庆龄贫困大学生助学金，为部分贫困大学生提供资金救助。早在 1999 年初，中华慈善总会通过与美国"微笑列车"慈善组织合作，为中国贫困的唇腭裂儿童进行初期矫治手术提供医疗救助金。该项目的救助区域从起初的 4 个省份的 4 家医院扩展到全国 30 个省、市、自治区的 140 多家医院，受助对象也从最初的贫困儿童扩展到了 40 周岁以下的贫困唇腭裂患者。上海市慈善基金会则通过发放慈善医疗卡的形式为上海市 60 岁以上不享受任何医疗保障的城镇低保老人提供医疗救助。这些都是通过不同的方式为弱势群体提供现金救助的典型案例。

2. 实物救助

与现金救助一样，实物救助也是最为基本和常见的一种救助方式。它是指根据实际情况和需要，由慈善组织为受助者购置基本所需物品或将社会捐赠的物资直接提供给受助者的一种救助方式，如开设慈善超市、捐赠生活用品及贫困、灾害地区基础设施建设等。它主要提供满足受助者基本生存需要的部分物资。由中国残疾人福利基金会开展的"我送盲人一本书"项目主要通过捐赠实物的形式为贫困盲生提供援助，该项目在各省盲校、特校中选取部分盲生为其提供各种盲人文化学习用品，帮助盲人学习、成才。其中，第三期项目共捐赠出价值 24 万元的盲人文化用品，资助了广西、江西等省份的 11 所盲校、特校的 552 名盲生。

3. 服务救助

为弱势群体提供形式多样、有针对性的服务，也是慈善救助方式的一个基本类型，它具有涉及领域广、方式多元化、时间长效等特点。一定程度上，它可以满足弱势群体多样化的需求，促进受助者能力的提高及精神文化生活的丰富。广义上的服务救助不仅包括为受助者提供的免费体检、义诊等便民利民服务，而且包括对受助者进行心理疏导的援助服务及增强其生存能力的劳动技能培训、发展能力建设等。自 2009 年成立以来，中华少年儿童慈善救助基金会就致力于开展发展型的服务救助项目，包括心理援助、技能培训、成长救助等多种形式的救助活动。如"青鸟种子"项目通过广泛开展关爱儿童成长的公益活动，采用一对一的方式，为正处于成长困惑期的青少年提供心理辅导与关爱服务。"集美助困技能培训"项目则主要通过为贫困学生提供免费的技能培训服务，提高其"自助"能力，解决其生存就业问题。

二　慈善救助的主要领域

慈善救助活动涉及范围较广，包括教育、贫困、灾害、生态环境、科技文化等多个领域。其中，无论从投入资金比例还是社会关注程度上，教育、扶贫、医疗、减灾救灾一直都是慈善救助活动的主要领域。

1. 教育救助

长期以来，教育是公益慈善活动关注的重点，其捐助资金通常能占到全国慈善捐助资金的一半以上。[①] 教育救助是指慈善组织为适龄的弱势群体提供物资及服务援助，以帮助其获得平等的教育机会、改善生活境况的一种救助，主要包括为不同阶段的贫困学生提供助学资金、物品，改善教育设施，提供教师培训及对学生进行心理疏导等救助形式。与政府的教育救助相比，它具有形式灵活多样、受益人群广泛的特点。"爱心包裹"项目是中国扶贫基金会发起的一项全民公益活动，其依托中国邮政网点在全国开通 3.6 万个爱心包裹捐赠站，采取一对一的帮扶方法，通过爱心包裹捐购、音体美教师培训、志愿者支教三种形式对贫困地区的小学生进行音体美教育的救助，

---

① 刘佑平、李扬：《2011 年中国慈善捐助报告》，载杨团主编《中国慈善发展报告（2012）》，社会科学文献出版社 2012 年版，第 37 页。

2009—2013 年共惠及 29 个省的 478 个贫困县，受益学生共 273.4 万人，[①] 为贫困地区学生的全面发展起到了重要的推动作用。

2. 贫困救助

从广义上来讲，贫困是指部分社会群体物质生活匮乏、无法满足其生活需要的现象。贫困救助是慈善组织对贫困地区及贫困人口进行现金给付、实物发放及服务提供，以帮助其摆脱生活困境、实现自身发展的救助活动，包括对受助者衣、食、住、医等多方面的援助。如中国扶贫基金会针对老、少、边、穷地区因贫困而无力建桥的问题，开展了溪桥工程项目，对急需建桥而无能力建设的贫困地区实施救助，帮助其进行便民桥建设。

3. 医疗救助

医疗领域也是慈善救助较为关注的重要领域。它是指慈善组织通过提供资金、药品、技术及服务等方面的支持，帮助因贫困而无力进行治疗的患病人群获得医治的一种救助。其在救助内容上灵活多变，既有针对特殊病种的专项慈善救助，又有日常门诊救助。如由中华少年儿童慈善基金会开展的"9958 儿童紧急救助"项目，通过设立儿童紧急救助热线 9958，对全国范围内患重病大病的贫困儿童进行救助。中国宋庆龄基金会的"母婴平安工程"项目则是通过为西部贫困地区捐赠医疗设备、对医护人员进行培训的形式，对当地孕产妇提供援助。

4. 灾害救助

灾害救助是指对因各种灾害陷入生活困境的灾民进行的一种抢救和援助活动，具有救助实施的紧急性、救助手段的多样性、救助时间的不确定性等特点。其主要目的是帮助灾民摆脱生存危机，恢复正常的生产生活秩序。如 2008 年汶川地震后，南都基金会通过"灾后生态文明重建中心"项目对海淀区山水生态伙伴自然保护中心进行资助，在四川安县建立灾后社区生态文明重建中心，举办灾后重建培训会议并组织制定生产自救方案，为当地灾后建设提供援助。

---

① 中国扶贫基金会：《爱心包裹项目 2013 年总结》，http://baoguo.cfpa.org.cn/project.action（2014/10/20）。

三 慈善救助项目

现阶段中国的慈善救助主要通过慈善组织开展各种公益项目来进行。项目内容主要涉及医疗救助、教育救助、灾害救助、残疾救助等。如中国医学基金会开展"中国企业家健康工程""糖尿病防治项目"等进行医疗救助；山东省青少年发展基金会开展"希望工程365"项目对农村贫困学生及农民工子女进行教育救助。慈善救助项目是指由官方或者非官方的慈善组织在一定的范围内，针对社会上的某类或多类遇到困难的群体开展具有一定服务期限的社会公益项目。随着中国公益慈善事业的发展，慈善项目的服务范围和对象不断扩大，不仅包括对弱势群体物质生活上的救助，还涉及提高劳动者技能、改善精神文化生活等方面。

（一）慈善项目的开展情况

中国慈善组织开展的公益项目，涉及教育、社会福利、救灾救济、卫生健康、环保、法律、学术研讨和文化体育等多个领域。据统计，截至 2011 年底，基金会的慈善项目中用于救灾扶贫、社会福利、教育、医疗这四个最贴近民生领域的资金约占公益总支出的 70% 以上，受益对象主要是贫困的母亲、儿童、学生、失业者、残疾人、疾病患者等。[①] 对于慈善项目的开展情况，我们主要从项目数量、项目服务对象、服务领域等方面进行统计与分析。

从各个领域慈善项目的数量来看，中国的慈善项目主要集中在教育、弱势群体和医疗领域。通过分析 2009—2011 年历届中华慈善奖的申报项目数据和全国每年度慈善信息问卷调查结果我们发现，2009 年有效慈善项目为302 个，2010 年为 437 个，2011 年为 311 个，其中教育研究、弱势群体和健康医疗三个领域的项目最为密集（见图 6－1）。[②]

从慈善项目的服务对象来看，对于不同的社会群体，慈善项目投入的资源量也存在一定的差异，这表现出了社会对于不同类型的社会群体有不同的关注力度。慈善项目对于青年、儿童的关注最多，其次是残疾人、农民、老

---

① 彭迪：《基金会 2011 年度年检工作会议在京召开》，《社会与公益》2012 年第 4 期。
② 杨团主编《中国慈善发展报告（2012）》，第 113 页。

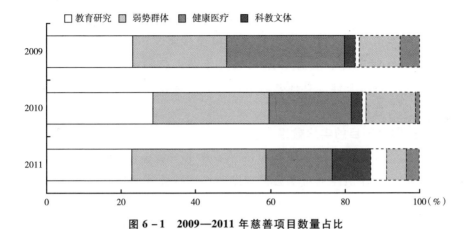

图 6 - 1　2009—2011 年慈善项目数量占比

资料来源：冯晶、宋宗合：《中国慈善服务发展报告》，载杨团主编《中国慈善发展报告（2012）》，社会科学文献出版社 2012 年版，第 114 页。

人、少数民族等。这一点从 2011 年度的项目数据可以得到印证。项目数据显示，各个领域之间的资源投入递减，其中青少年和儿童群体吸引的服务资源投入最多，分别占 16% 和 15%。其次是残疾人、农民、老人、少数民族，分别占 13%、12%、11% 和 10%（见图 6-2）。[①]

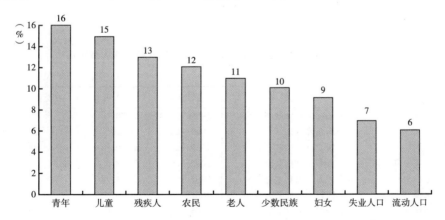

图 6 - 2　慈善救助对象资源投入占比

资料来源：冯晶、宋宗合：《中国慈善服务发展报告》，载杨团主编《中国慈善发展报告（2012）》，社会科学文献出版社 2012 年版，第 114 页。

---

① 杨团主编《中国慈善发展报告（2012）》，第 114 页。

通过对慈善项目在各领域投入的资金进行分析可以发现，2009—2011年的项目样本中，减灾救灾领域投入的资金最多，占投资总额的32%；其次是教育、健康医疗、弱势群体领域，分别占总额的28%、17%、15%；而环境保护、科教文体及其他领域所投入的资金较少，其中环境保护与科教文体领域仅占总额的1%。[①]

（二） 慈善项目的实施效果

项目实施效果的评估是提高项目开展水平与资金使用效率的关键环节，建立完备的项目评估体系对于慈善救助工作的持续开展具有重要的作用。一套完整的慈善项目运作流程主要包括项目前期筹划阶段、项目运作与管理阶段、项目评估与总结阶段。现阶段，对于慈善救助项目的效果评估，主要从项目的执行时间、投入资金、受益人数、受益范围、群众反馈等多个方面综合衡量。如中国人口福利基金会、中国计划生育协会和中国人口报社于1995年初共同发起实施幸福工程——救助贫困母亲行动，据统计，截至2011年10月31日，幸福工程已在全国29个省、市、自治区设立了463个项目点，累计投入资金82944.13万元，救助贫困母亲及家庭253396人（户），惠及人口1137953人，这在一定程度上反映出慈善项目的实施效果较为显著，引起了社会各界的广泛关注和参与（见表6-3）。[②]

表6-3　部分全国性慈善服务项目的资金投入和受益人数情况

单位：亿元，万人（个）

项目（群）	所属机构	统计年限	投入资金	受益人数
希望工程	中国青少年发展基金会	1989—2010	70	380
微笑列车	中国慈善总会	1999—2011	12	26
春蕾计划	中国儿童少年基金会	1989—2010	10	200
光华公益书海工程	中国光华科技基金会	2005—2011	8.5	1.5（机构数量）
幸福工程	中国人口福利基金会	1995—2011	8.29	25
母亲水窖	中国妇女发展基金会	2001—2011	6	180
小天使计划	中国红十字基金会	2005—2011	1.65	2.07
为了明天工程	共青团中央	2010—2011	0.33	25

资料来源：冯晶、宋宗合：《中国慈善服务发展报告》，载杨团主编《中国慈善发展报告（2012）》，社会科学文献出版社2012年版，第117页。

---

① 杨团主编《中国慈善发展报告（2012）》，第114页。
② 杨团主编《中国慈善发展报告（2012）》，第117页。

通过对表 6 – 3 的分析，可以发现，救助项目的投入资金、受益人数等重要指标，一定程度上可以反映出项目的实施效果，对下一步慈善救助工作的开展和项目执行方案的调整具有借鉴意义。然而，慈善项目实施效果的评估，不仅需要这些量化的指标，而且需要有受助者相关能力是否提高、项目实施对其他社会成员及其周围环境的影响、对相关行业发展是否有带动等方面的多维评估。对于这些内容的评估，需要通过进一步细致的指标设计和测评来完成。

（三）慈善项目特点

从上文对慈善项目实施情况的统计与分析可以看出近年来慈善项目发展的主要特点有以下两个。

第一，慈善项目种类多、范围广泛。慈善项目内容主要涉及救助灾害、救济贫困、扶助残疾人、资助教育/文化/卫生/体育事业、环境保护、公共设施建设、其他社会公共和福利事业等多个领域，其中用于救灾、扶贫、健康医疗、教育等最贴近人民生活领域的资金所占比例较大。如中国慈善总会的项目主要集中在医疗领域，项目数量最多，资金与物资投入最大。据不完全统计，2010 年 56 家慈善总会开展的项目与活动总量为 639 个，分布于医疗、扶贫、教育、救灾、社区服务 5 个领域。主要项目集中在医疗、扶贫与教育 3 个领域，共有 570 个，占项目总量的 89.2%。医疗领域 229 个，扶贫领域 198 个，教育领域 143 个，救灾领域 40 个，社区服务领域 29 个。社区服务领域在慈善总会系统的项目所占的比重很小，只有零星的大学生创业扶助、慈善项目培训、临终关怀等项目，慈善总会在此领域尚有极大的发展空间。除此之外，环保、政策研究与倡导等较新的慈善领域仍然需要扩展。[①]

第二，慈善项目提供的救助资金用于未成年人的较多，而救助形式则以直接的现金资助为主。慈善资源投入青年和儿童的比例最大，尤其是用于学校建设、贫困生助学金的资金较多。慈善救助的形式则以直接发放奖学金、资助医药费等现金资助为主。如慈善总会将近一半的项目是直接提供现金。2010 年 56 家慈善总会提供现金的项目与活动数量最多，共有 309 个，其次是提供医疗用品的项目，共有 105 个，此两者占项目总数量的 64%。此外，提供志愿服务的项

---

① 杨团主编《中国慈善发展报告（2012）》，第 163—166 页。

目有 68 个（其中医疗类 38 个，文化类 17 个，培训类 13 个），提供生活用品的项目有 67 个（其中 31 个项目除提供生活用品外，也提供部分现金），提供基础建设的项目有 58 个（其中 10 个项目除提供基础建设外，也提供部分现金），提供医疗服务的项目有 23 个，提供文化用品的项目有 9 个。[①] 而增强受助者能力的项目，如提高受助者劳动技能，增强其在劳动力市场中的竞争力，对受助者进行心理疏导，帮助其保持积极健康心态等项目则占很小的比例。

四　慈善救助资金流向分析

合理使用救助资金是慈善组织生存和发展的重大问题，因此，对于救助资金流向的相关分析是非常重要的。目前，由于国家只是通过《基金会管理条例》对基金会的支出比例做了详细的规定，其他慈善组织对于善款的支出使用情况则无明确的界定，所以需要从受赠主体类别、资金流向领域两方面对救助资金的使用情况进行分析与评价。[②]

（一）不同受赠主体接收救助资金情况

受赠主体即接收救助资金的劝募主体，按照《中华人民共和国公益事业捐赠法》的相关规定，受赠主体为依法成立的公益性社会团体和公益性非营利的事业单位，[③] 主要包括各级民政部门、各级党政机关、基金会、慈善组织等社会团体及不以营利为目的的医疗卫生机构、社会福利机构等。一定程度上，救助资金流向不同受赠主体的情况可以反映出一个国家或地区的捐赠环境、受赠主体的资金使用成效及公信力。作为慈善救助的重要主体，包括基金会、红十字会及慈善总会在内的慈善组织在接收救助资金方面所占比例较大，其救助资金使用情况对慈善救助效率有着决定性的影响（见图 6 - 3）。

慈善组织接收救助资金的总额和比例逐年增长。2011 年，慈善组织接收救助资金近 570 亿元，占资金总额的 67.5%；2012 年接收救助资金 660 多亿元，占资金总额的 75.1%。慈善组织成为大部分捐赠者比较信任的受赠主体。其中，基金会对慈善救助资金使用所产生的影响最大。2011 年，

---

① 杨团主编《中国慈善发展报告（2012）》，第 166—167 页。

② 宋宗合：《2012 年度和 2013 年度慈善捐赠分析报告》，载杨团主编《中国慈善发展报告（2014）》，社会科学文献出版社 2014 年版，第 25 页。

③ 全国人民代表大会常务委员会：《中华人民共和国公益事业捐赠法》，1999 年 9 月 1 日起施行。

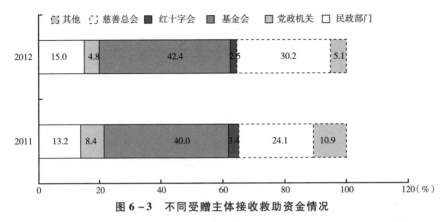

图 6 - 3　不同受赠主体接收救助资金情况

资料来源：刘佑平等主编《2011 年度中国慈善捐助报告》，第 138 页；宋宗合：《2012 年度和 2013 年度慈善捐赠分析报告》，载杨团主编《中国慈善发展报告（2014）》，第 20 页。

基金会接收救助资金占总额的 40%；2012 年有所增长，占到总额的 42%。同时据有关数据统计，2012 年，中国的基金会数量达到 3029 家，基金会接收捐赠 376 亿元，年度支出为 325.28 亿元：公募基金会的公益支出总额为 227.15 亿元，占全国基金会总公益支出的 71.65%；非公募基金会的公益支出总额为 89.74 亿元，占全国基金会总公益支出的 28.35%。[①] 由此可见，基金会是社会救助资金的最大接收主体，也是善款使用效率较高的受赠主体，公募基金会在总体资金实力上仍然远远高于非公募基金会。

　　分析图 6 - 3 可知，2011 年，包括各级民政部门、党政机关在内的政府部门接收的救助资金占救助资金总额的 21.6%；2012 年下降了 1.8%，占到 19.8%。这表明作为重要的社会捐赠接收主体，政府部门在慈善救助中发挥着重要的作用，但与慈善组织相比，所占份额较小，慈善救助的社会影响力较小；同时也说明中国慈善救助的民间性与自主性正在逐步增强。

　　（二）救助资金流向各个领域情况

　　现阶段，慈善救助资金基本形成了多元化分布的整体格局，资金流向多个社会领域，主要包括教育、扶贫、医疗、救灾、人类服务等。其中，教育与扶贫领域最受关注（见图 6 - 4、图 6 - 5）。

---

　　① 宋宗合：《2012 年度和 2013 年度慈善捐赠分析报告》，载杨团主编《中国慈善发展报告（2014）》，第 26 页。

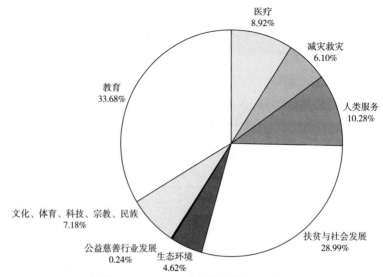

图 6 - 4　2011 年各领域接收捐助情况

资料来源：刘佑平等主编《2011 年度中国慈善捐助报告》，第 165 页。

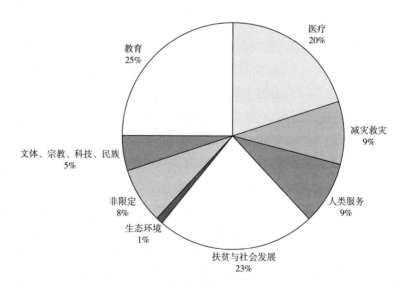

图 6 - 5　2012 年各领域接收捐助情况

资料来源：宋宗合：《2012 年度和 2013 年度慈善捐赠分析报告》，载杨团主编《中国慈善发展报告（2014）》，第 22 页。

由图6-4与图6-5可以看出，2011年，教育、扶贫与社会发展领域接收救助资金最多，分别占资金总额的33.68%、28.99%；2012年，教育、扶贫与社会发展领域接收的救助资金分别占总额的25%、23%，与上年相比均有所下降，但总体上这两个领域的救助资金占资金总额的比重仍最高，这表明教育与扶贫依然是捐赠者最为关注的领域。2011年，医疗领域的救助资金所占比重为8.92%，2012年则增至20%，增加了11.08个百分点，[①]这表明公益慈善对医疗领域的关注力度有所增加。而慈善救助对生态环境、文化等领域的关注一直较少。

综合上述对慈善救助资金流向不同受助群体与领域的分析，可以得出，慈善组织是慈善救助的重要主体，它承担着慈善资金合理与有效使用的主要责任。其中，基金会是推动慈善救助顺利开展的重要力量，促进基金会的不断进步与发展是建立与完善慈善救助机制的重要目标。一直以来，教育与扶贫领域是慈善捐赠最为关注的领域，其次为医疗领域。其他领域如救灾、环境问题等投入资金比会随着灾害或问题具体发生次数及严重程度的变化而变化。

第二节　慈善救助方式的改进

一　从救助主体上，民间力量逐步增强

现阶段，中国慈善救助机制逐渐走出了政府主管的运行模式，出现了"国退民进"的总趋势。在款物募集方面有优势的慈善组织更加注重将募得款物用于资助有服务专长的慈善组织运作项目，[②]开始由运作型向资助型转化。同时，民间慈善组织数量不断增加，规模不断壮大，以及志愿者队伍快速发展等有利因素，共同推动了公益慈善组织间协作机制的建立，推动了民间慈善力量的发展壮大。

1. 慈善组织数量迅速增加

随着政府对慈善事业发展的指导扶持力度不断加大，慈善组织发展环境

---

① 刘佑平、李扬：《2011年中国慈善捐助报告》，载杨团主编《中国慈善发展报告（2012）》，第39页。

② 国务院：《关于促进慈善事业健康发展的指导意见》，2014年12月18日。

的进一步改善，近年来，包括社会团体、基金会、民办非企业单位在内的慈善组织数量迅速增加。截至 2013 年底，全国共有社会团体 28.9 万个，比上年增长 6.6%；基金会 3549 个，比上年增长 17%；民办非企业单位 25.5 万个，比上年增长 13.1%，① 其中许多社会组织将慈善作为宗旨。其中，民间性较强的非公募基金会在 2010 年末首次超过公募基金会的数量，2011 年非公募基金会数量占到基金会总数的 53%；到 2014 年底非公募基金会所占比重增长至 64%，在数量上远远超过公募基金会。另外，还有不少未进行注册登记的民间慈善组织为社会提供各类慈善服务。

2. 慈善组织运作模式转化与改进

由政府出面成立并直接主管的慈善组织无论在资金筹集还是技术经验上，实力都要远远超过民间自主成立的慈善组织。近年来，该类慈善组织开始逐渐转型，减轻对政府的依赖，在救助过程中更注重与社会力量的合作。其中，以公募基金会的表现最为引人注目，它们开始由依靠政府筹资与运作的模式逐步转向资助型运作模式，其资金和项目向全社会开放，通过建立公平的竞争机制，逐步加强与草根慈善组织及社会机构的合作。如中国扶贫基金会早在 10 多年前就进行了去行政化的改革，2011 年，通过公益招投标的方式对有潜力的 NGO 组织进行项目推介，推动汶川地震的灾后重建工作。在慈善救助民间化的改革中，中华少年儿童慈善救助基金会取得了显著的成效，它开展的"童缘"行业合作项目资助了 200 多个基层慈善组织，其中，受益组织——天使妈妈慈善基金会利用项目资金针对贫血症、肝胆病及烧烫伤等不同情形的儿童进行了资金、服务等多种形式的救助。②

而作为新兴力量的非公募基金会开始明确自身资助型机构的定位，与草根组织合作，实现资源互补，注重扶持实力较弱的社会组织，间接培育慈善救助的新生力量。③ 比较典型的是以南都基金会为代表的民间独立基金会的

---

① 民政部：《2013 年社会服务发展统计公报》，http：//www.mca.gov.cn/article/zwgk/mzyw/201406/20140600654488.shtml（2014/6/17）。

② 徐永光：《公募基金会改革转型：困境与创新》，载杨团主编《中国慈善发展报告（2012）》，第 133 页。

③ 刘洲鸿：《非公募基金会：使命与责任》，载杨团主编《中国慈善发展报告（2012）》，第 158 页。

成立与发展，其资金主要用于资助打工子弟学校、公益论坛、灾后重建项目等，改变了传统的直接项目运作模式。[①] 规模较小的新兴非公募基金会则注重项目运作能力的提高，积极争取较强基金会的项目资金与技术，促进救助工作的开展。

3. 志愿者队伍不断壮大

志愿精神是中国传统文化在当代的一种表现形式，并被赋予了时代意义。随着慈善事业的持续发展，志愿者队伍不断壮大，对社会发展与进步起到了非常大的促进作用。2013 年度，纳入各类机构正式统计的志愿者总量约为 7345 万人，占全国人口总数的 5.65%，志愿服务 8.3 亿小时，折算价值 83 亿元。[②] 从 2011 年底至 2013 年，登记注册的志愿者人数增加了 116%，志愿者服务时间约增加 5.3 亿小时。另外，还有数百万自发组织的社会各界人士利用业余时间参与志愿活动。

志愿者无论在涉及领域还是服务形式上都取得了很大的进步，从原来由政府自上而下推动的大型专有志愿活动发展到越来越形式多样化的个人志愿服务，志愿者群体独立开展的志愿活动也由自发性走向专业化志愿服务。志愿活动内容不断扩展，涉及社区建设、扶贫开发、助老扶幼、应急救援、环境保护等多个领域，逐步形成了形式多样、内容丰富、机制健全、覆盖城乡的志愿服务体系。

二 从救助途径上，项目开展形式得到优化

开展慈善项目是进行慈善救助的主要方式，如何提高慈善项目的社会影响力和资金使用效率成为发展和完善慈善救助机制的重要内容。现阶段，引入商业化理念的项目运作模式得到了初步的发展。2011 年以来，全国多个地区设立了公益创投基金，且覆盖面逐渐扩展。这种将社会与市场相结合、慈善与商业相结合的运营模式打破了以往慈善项目传统的运作形式，为慈善救助过程的顺利推进提供了资金和效率保证。

公益创投是一种新型的公益资本投入方式，是投资主体对创业阶段的公

---

① 徐宇姗：《论基金会：中国基金会转型研究》，中国社会出版社 2010 年版，第 179 页。
② 朱健刚：《从计划慈善走向公民公益》，载杨团主编《中国慈善发展报告（2014）》，第 9 页。

益组织进行注资的过程，即有能力但资金较为紧缺的公益组织通过设计创意项目，经认可后，获得投资主体对该项目的资助资金，解决一些已存在的社会问题，同时扩大慈善救助的影响力，增强社会的慈善文化意识。在运作方式上其类似于商业投资行为，区别在于其投资目的的非营利性。近年来，政府对于公益创投的支持力度不断增强。以南京市的公益创投情况为例，2012 年公益创投资金投入了 1200 万元，获得资助的慈善项目有 57 个；2013 年公益创投资金投入则快速增加到了 2000 万元，123 个公益项目获得资助。[①]

中国公益慈善项目交流展示会在深圳连续三次成功召开为慈善项目开展形式的创新提供了范例。首届公益慈善项目交流展示会（2012 年 7 月）由政府、社会组织、企业、公众等多方协作，公益慈善组织将参展项目相关信息进行展示，由企业家和基金会进行选择，将公益与商业力量相结合，为慈善救助项目开展效率的提高和救助资源的合理分配提供了良好的契机。第二届中国公益慈善项目交流展示会（2013 年 9 月）在运作机制上有了进一步的完善，在主体征集、办展活动、资金筹集等环节注重社会力量的参与，实现了企业与社会组织的密切融合，为促进慈善新项目的发展和高效率运行提供了有力的支持。第三届中国公益慈善项目交流展示会（2014 年 9 月）则取得了新发展，该次交流会以"发展·融合·透明"为理念，遵循社会化、品牌化、效益化和低碳化的导向原则，在坚持第二届交流会运作模式的基础上，将参展、参赛和资源对接高度融合，其中的中国公益慈善项目大赛，以公益创投的方式将各类参赛的公益慈善项目展示并加以选拔，进一步推动了企业与社会在强化慈善救助方面的跨界合作。[②] 公益创投实践的深入完善、合作的不断融合，将在未来社会企业和社会投资中发挥更大作用。

三 从救助结构上，救助形式多元化

综上所述，可以看出，慈善救助关注的领域逐步增加，救助的形式日益

---

① 王振耀主编《现代慈善与社会治理》，社会科学文献出版社 2014 年版，第 162 页。

② 民政部：《第三届中国公益慈善项目交流展示会简介》，http：//fss. mca. gov. cn/article/csshjz/tzgg/201409/20140900699422. shtml（2014/9/12）。

多元化，由原来生存型救助向发展型、价值型救助转变。近年来，提供发展型救助的社会机构和公益慈善项目逐步增多，救助结构不断得到优化。慈善救助在仅仅提供物质援助、进行扶危济困的传统模式上，开始逐步增加对受助者能力提高的救助形式，不断加大对能力建设救助的资金投入，注重受助者能力的提高和技能的培训，并加强心理咨询与疏导等服务救助。如中华慈善总会近年来开展的项目，既有针对受助者需求直接提供物质援助的项目，又有促进其全面发展的相关救助。早在1999年初开展的"微笑列车"项目，就通过与定点医院合作对中国各地区贫困的唇腭裂儿童进行医疗救助。慈善总会与世界宣明会合作开展的"儿童为本区域发展项目"则是以社区为载体对受助者进行全面救助，内容涉及教育、农业、医疗卫生、环保、能力建设等多个领域，项目内容根据不同社区的实际需求而定，不仅援助社区内经济发展、环境改善、医疗卫生、基础建设等，更重要的是透过培训及参与，提升社区群众的能力。该项目还成立社区发展小组、农村研究所及培训中心，进行"参与式学习与行动"及"参与式项目设计"活动、提供项目管理训练及举办扩阔视野考察团。①

2010年成立的中华少年儿童慈善救助基金会，救助范围包括生存救助、医疗救助、心理救助、技能救助、成长救助及基地建设，改变了传统的对困难群体单纯的现金及物资捐赠方式，针对弱势儿童成长过程中的实际需要开展了不同层次的相关项目，如针对全国不同病情儿童开通了9958求助热线；设立星星雨专项基金对孤独症儿童进行心理援助；开展"集美助困技能培训"项目对贫困学生进行技能培训，增强其自我生存能力等。

四　从救助机制上，社区慈善得到初步发展

在大部分西方国家，社区慈善一直是慈善事业发展的重要内容之一，慈善救助资金有80%左右会在社区内部使用。② 发展社区慈善，即以社区为单位，在政府的监督、引导下，慈善组织以项目化的形式进行资助与

---

① 中华慈善总会：《儿童为本区域发展项目》，中华慈善总会网站，http://cszh.mca.gov.cn（2014/10/22）。

② 王振耀：《当慈善渗入文化　企业家怎么做》，《包头晚报》2014年7月17日。

支持，为当地社区的治理提供资金与服务，促进当地社区自治体制的建立。其中，社区基金会是发展社区慈善的核心力量，其服务社区的方式主要有两种：一种是采取项目资助的方式，即社区基金会对当地社会组织即将或者已经开展的项目进行准确评估后，为其提供资金及技术支持，对社区项目进行服务产品的研发与战略规划的制定等。另一种是采取参与项目的方式，基金会根据社区的实际需要，直接为其提供物质及服务方面的救助，并通过社区居民的共同参与，建立服务于社区居民的综合平台。

中国的社区慈善虽处于起步阶段，但面临着良好的发展机遇。十八届三中全会提出创新社会治理体制，要求处理好政府与社会的关系，不断鼓励社会力量积极参与，激发社会组织的活力。2014 年，深圳市率先在全国推行、设立了"社区基金会"，试点现处于制度探索阶段，社区基金会活动范围将限制在社区；社区基金会作为非营利性法人，在注册金额上有 100 万元原始基金即可完成登记。① 深圳还启动了"社会创新千人计划"公益星火项目，以公益创新模式，对社区基金会管理人才进行培训。同时，北京市在 2014 年开始试点建设慈善社区，这将为全国社区慈善力量的发展壮大起到很好的示范作用。

社区慈善通过慈善救助的本土化，接受当地居民的监督与建议，有利于充分利用社区地域和文化理念的优势，根据社区内部的发展需求开展慈善项目。社区慈善救助模式具有内部稳定性，一定程度上有利于社区成员的监督及提高慈善救助的实际效率和公信力。

第三节　慈善救助方式的创新机制

慈善救助机制的建立与完善关键在于救助方式的优化，而救助方式的优化则需要从救助理念的转化、救助水平的提高及救助途径的优化等方面进行探索与创新。这是提高资金使用效率、促进慈善捐赠机制进一步发展的重要环节。

---

① 徐龙晨：《深圳 3 年内拟培育 50—100 个社区基金会》，《南方都市报》2014 年 4 月 1 日。

一　目前慈善救助事业面临的问题与挑战

提高慈善捐赠资金的使用效率关键在于建立起科学有效的慈善救助机制，针对受助者的不同情况采取合理的方式进行资助。尽管现阶段中国慈善救助取得了一定的进步，慈善救助的民间性与灵活性不断增强，但救助方式仍然存在一些不足之处。

（一）公益慈善组织自身能力与承担的社会责任仍不相适应

现阶段，慈善救助的民间性逐步增强，但在慈善救助过程中，"行政化"色彩依然很重，总体上，慈善组织的自主性和灵活性不足。依靠政府力量成立的慈善组织离开政府的支持与参与，难以更好地生存，导致其自身的生存能力与所承担的社会责任不相适应。从部门建立、人员安排、资金募捐到救助各个环节该类慈善组织均主要依靠政府的决策和运作，政府在慈善活动中占据着主导地位。这就决定了该类慈善组织慈善救助的方式以自上而下的传统救助为主，虽然其在资金实力和技术水平上都占有很大的优势，仍然是发展慈善事业的重要力量，但其改革与转型存在瓶颈，短时间内与政府完全分离、不与政府合作开展项目似乎不太可能。[①]

受助人员与受助标准的确定及受助物资的发放，都是由政府工作人员来进行，慈善组织只是形式上的参与。这就导致受助人员的确定存在盲区，与政府救助的受助对象存在很多重合，一部分处于困境的群众由于未被划进救助群体而得不到救助。慈善组织自身所具备的易于接近群众、形式多样化、程序简单等优点显现不出来。

在项目运作方面，主要通过与政府相关部门合作开展，政府自上而下的行政命令推动慈善活动的进行。基金会将善款拨付给相关的行政部门，依托其实施公益慈善项目，这样就导致了慈善项目在选择运行主体时失去了自主性，未能形成公平的组织竞争机制，同时模糊了慈善组织与行政部门的边界，不利于资金使用效率的提高和慈善救助工作的持续开展。中国儿童少年基金会发起实施的"春蕾计划"项目，由行政化单位妇联领导并组织实施，这样

---

① 徐永光：《八种基金会在中国》，基金会中心网，http：//news.foundationcenter.org.cn（2014/11/28）。

的自上而下封闭式管理运作，尽管可以减少项目的管理和运行成本，但却不利于发挥基金会的自主性与民间性，不利于提高慈善资金的使用效率。

（二）救助形式需要进一步优化

目前，尽管慈善组织对受助者进行救助的手段与形式更加多样化，但仍然是以物资救助为主，而注重促进受助者自身能力发展的形式相对较少。中国的慈善项目无论是在教育还是在医疗健康等领域，主要是通过资金补助与支持的方式来进行，如发放助学金、投资建设学校、为残疾人或贫困者提供医疗补助或康复资金等，而为受助对象提供提高劳动技能的培训、提高竞争意识、进行心理疏导等方面的救助项目则比较少，同时在项目服务过程中对慈善意识的宣传力度不够，这不利于充分调动社会成员进行慈善救助的积极性。

根据《中国慈善发展报告（2012）》的相关分析，在慈善资金各分布领域有四类慈善项目：基建类（如援建学校、图书馆、福利院等）、直接资助类（如发放助学金、资助医药费等）、能力建设类（如培训等）和倡导类（如宣传活动、调查研究等）。2010 年，在中国慈善救助项目中，用于发放助学金、资助医药费等的直接资助金额约为 94.3 亿元，约占慈善服务项目投入资金总额的 89%；而用于培训等能力建设类的资金为 4.9 亿多元，仅仅占慈善服务项目投入总额的 4.7% 左右。可见，中国慈善资金绝大部分以直接资金救助的形式发放给受助者，用于受助者能力发展的资金比例依然较小（见图 6-6）。

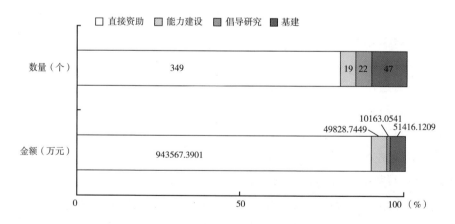

图 6-6　各类型慈善服务项目数量和投入资金分布

资料来源：杨团主编《中国慈善发展报告（2012）》，第 116 页。

直接的资金救助确实可以使受助者在较短时间内摆脱困境，改善生存条件，然而这种见效快的方式却不利于其长远发展。就受助者来说，每次遇到困难都有外部援助，长此以往容易产生依赖和懒惰心理。而且单纯的物质救助只是解决了一时之忧，他们改善自己生存环境的能力并没有得到提高，这类问题在扶贫方面表现得最为明显。

表 6－4　2013 年中国扶贫基金会重大公益项目大额支付对象一览

单位：元

项目	单位名称	本年支付金额	备注
玉树市场及生产基地建设及整村建设项目	北京城建集团有限公司	21700000.00	工程款
捐·元营养餐项目	昆明市宏鑫城不锈钢厨房设备有限公司	14566380.00	采购爱心厨房设备
爱心包裹项目	贝发集团股份有限公司北京销售分公司	10994200.00	采购学生型美术包、生活包
爱心包裹项目	真彩文具股份有限公司	10377077.52	采购学生型美术包
芦山地震救援项目	中粮（成都）粮油工业有限公司	8263106.00	采购粮油
合计		65900763.52	

资料来源：《中国扶贫基金会 2013 年财务报告》，中国扶贫基金会网站，http：//www.cfpa.org.cn。

2013 年扶贫基金会大额支付项目主要是用于贫困地区和灾区的物资救助，大部分为采购物品和设备支出，而缺乏相对能够增加受助者自身能力发展的支出。扶贫主要是帮助贫困者改善物质条件，而非促进其依靠自身能力脱贫。因此，需要进一步转变传统的慈善救助观念，促使慈善救助方式多元化发展，增加提高受助者技能和素质的支出比例，帮助其依靠自身能力摆脱困境。

（三）救助资源分配不均

慈善救助的有效性就在于能够公平地将救助资源分配给最需要救助的群体。然而，慈善组织往往由于缺乏专业的指导和成熟的经验而导致救助过程中资源分配不均衡，部分需要救助的人群及领域等成为慈善救助的盲区。救助资源的不平衡主要包括受助群体之间、救助领域之间分配不均两个方面。

（1）受助群体之间救助资源不平衡。如对于医疗救助而言，有些病种由于难以治愈、花费较大、救助难度大，因而被救助项目忽略。相反，一些较易治疗的疾病项目存在"不缺钱，只缺病人"、救助资源"供过于求"的现象。据新华网报道，在山西省儿童医院，一位受到医疗项目救助的患者，所患疾病只需四五万元就能治愈，却收到了 20 万元的慈善救助资金；而同病房的另一位患者家庭条件更差、治疗费用更高，却没有任何的救助资金。[①]造成这种状况的原因主要有：首先，从救助主体的角度分析，慈善组织在开展项目时未做充分的需求调查，对某个病种救助资金的需求量评估不准、对需要救助的群体审核调查不科学，以及对难度较大的相关救助需求采取退避态度，导致有些陷入困境而又无力自助的群体得不到慈善组织的救助。其次，从受助者的角度分析，部分需要救助的群体主动性较差，对相关慈善项目不了解。因此，他们在陷入困境自己无力解决时，并不寻求慈善组织的帮助，而是自己被动承受。尤其是在一些位置偏远、交通不便、信息闭塞的贫困地区，这种慈善资源分配不平衡的现象更为明显。

（2）受助领域之间救助资源分配不合理。现阶段，捐助资金主要流向人们较为关注的教育、扶贫与社会发展等领域，而对于其他一些较为突出的社会问题则关注较少，无法打破传统的救助资源分布格局。如近年来较为明显的留守儿童、留守妇女、空巢老人、失独老人，以及科技、教育、文化、卫生、体育、环保等社会公共事业较少有人关注。伴随人口老龄化问题的凸显，失独老人、空巢老人等问题也在加剧，而针对这些领域的慈善救助却相对较少，这需要继续调整与优化慈善资源在各领域间的分配比例，使资源分配结构得到优化，使慈善救助更好地适应不断变化的社会需要，解决社会问题。

（四）网络个体捐助需要规范

随着网络的日益普及，近年来通过网络捐助形式筹集资金对个体进行救助的案例较为常见。网络个体捐助，即网民根据特定求助者在媒体上发布的求助信息，通过慈善组织介入或者直接捐助受助者的方式，利用网络平台对

---

① 甘泉、刘翔霄：《慈善救助分配不均调查：有项目不缺钱缺患者》，新华网，http：//news. sina. com. cn/c/2014－11－06/082531103043. shtml（2014/11/6）。

其进行捐助的一种慈善行为。这种救助形式可以充分利用网络传播快、互动强的特点，提高慈善救助的便捷性，使受助者得到社会的广泛关注，迅速摆脱困境。但也存在着一些弊端，一方面，网络空间的虚拟性使得捐助者无法辨别受助者信息的真实性，从而产生"诈捐""骗捐"现象，打击捐助者的慈善热情；另一方面，慈善组织介入捐助过程，在网上为特定个体进行公开募捐违背了慈善救助公平、公正的原则，也违背了针对"不特定多数人"的利益来开展救助活动的初衷，导致救助资源的不公平使用。

针对目前类似的网络个体捐助现象，存在着广泛的社会争议与讨论。一种观点认为公益组织不应介入个体救助，这类个人化救助违背公益原则，造成慈善救助的不公平，应该进行不针对特定人的慈善救助，但不应干预个人向社会求助以及捐款献爱心的自由；另外一种观点允许慈善组织对此类个体救助进行有规划的资金救助，资金不足时，可进行二次募捐，但需要对募捐额度设置上限，并提前与受助者家属签订协议，救助的余款应该回归慈善组织，并根据捐赠人的意愿进行处理。如春苗基金会开展的"小苗医疗项目"，一年计划救助 200 个先心病贫困患儿或孤儿，按照每个孩子需要 3 万元的标准，则计划筹集 600 万元放入特定的资金款项里对受助者进行救助，如果医疗费用不足，可以继续进行二次募捐，若有多余的资金则继续回归特定款项。[1] 台湾对网络上一些违反法律规定的个体捐助进行惩处的案例给人们提供了启发。2013 年 9 月，台湾电视台主持人俞娴通过基金会为女儿募款，在未获募捐许可的情况下，在网上公布账号，发起募捐活动，因涉嫌违反公益劝募条例的相关规定，被官方要求基金会撤除募捐的信息及账号，并归还公众非法募捐资金 1000 多万新台币。[2]

总体而言，尽管通过网络进行个体捐助是公众奉献爱心的表现，且利于特定个体摆脱困境，但这种将公共资源进行具有倾向性的特定捐助行为违背了公平公正的公益原则，且"诈捐""骗捐"现象的存在容易对慈善秩序造成影响。因此，网络个体捐赠需要从立法、政策规定及慈善组织方案制定等方面进行规范。

---

① 张木兰：《公益组织如何介入"个体救助"》，《公益时报》2014 年 11 月 25 日。
② 才让多吉：《台湾惩处网络募捐个案救助启示》，《南方都市报》2013 年 9 月 22 日。

二 创新慈善救助方式的任务与方向

(一) 增强慈善救助意识

慈善事业的发展与人们的思想意识是密切相关的，正确的慈善理念是公民进行慈善救助行为的前提和重要指导。慈善救助方式的优化与创新需要培养公民正确的慈善意识，积极寻求加强公民慈善意识的主要途径，大力发展慈善文化事业。《中华人民共和国国民经济和社会发展第十二个五年规划纲要》明确提出要"加快发展慈善事业，增强全社会慈善意识，积极培育公益慈善组织，落实并完善公益性捐赠的税收优惠政策"，为慈善文化的培育和慈善意识的增强指明了方向、增强了动力。① 因此，慈善救助活动的开展需要将培育公民慈善意识放在首位，通过宣传与教育的途径，强化公民的道德感和社会责任感，使之深刻意识到慈善救助是一项民间行为，需要全民参与，形成"人人慈善"的局面。

1. 加强慈善文化的宣传，培育浓郁的慈善氛围

随着现代经济的发展和慈善事业的进步，慈善文化不断丰富和扩展，需要公民树立"平等、博爱、互助、共享"的现代慈善意识。慈善事业是一项民间性事业，对弱势群体救助活动的开展需要全体公民广泛参与。首先，政府应该成为慈善文化的规范者和倡导者，加强慈善救助事业的相关立法，为慈善文化的发展创造良好的法制环境，给予慈善组织更多建立和发展的空间与自由，增加慈善组织的民间活力，通过新闻媒体、网络等宣传慈善知识和慈善先进人物事迹等，为公民社会慈善氛围的营造提供保障。其次，企业应该增强自身的社会责任感，将慈善文化融入企业的发展理念中，加强员工的慈善参与意识。同时，企业家应当增强自身的社会责任感，在慈善事业的发展过程中积极主动参与，将商业理念与先进的管理技术引入慈善领域，促进慈善救助形式的创新与发展。最后，要增强全体公民的慈善文化意识，通过网络、广播、报刊等媒介加强慈善文化的宣传，以社区为载体，进行慈善活动的开展，让社区居民了解慈善，并积极主动参与到救助活动中来，逐渐形成良好的慈善观与道德观。

---

① 民政部：《中国慈善事业发展指导纲要（2011—2015 年）》，2011 年 7 月 15 日。

2. 加强慈善文化教育

慈善文化的培养需要一个过程，加强学校慈善文化的宣传教育可以使学生从小树立起慈善意识，增强自身的社会责任感。一方面加强慈善的学科建设，在思想品德的相关教程中培育学生的慈善意识，将慈善教育与中华民族传统文化教育结合起来，让学生循序渐进地接受慈善观念。同时可以组织学生参加志愿实践活动，为弱势群体提供爱心服务，使学生在实践中体会助人为乐、社会互助的真正内涵，在教育领域营造慈善文化的良好氛围。另一方面可以在高校内设置慈善相关专业，加强慈善教育人才的培育和慈善理论的研究，为慈善文化氛围的创建提供平台。

（二）优化慈善救助结构

慈善救助结构的优化包括对慈善救助资源的合理分配、慈善救助形式的改进以及慈善机构之间及其内部协调机制的建立等，重点需要促进救助资源的合理配置与救助实践过程中多层次与多元化模式的建立。

1. 促进救助资源在受助者与各领域间的合理分配

救助资源的有效合理分配是慈善捐赠的主要目的。捐赠者将资金、物品或服务通过慈善组织等中介机构捐赠给真正需要帮助的人，是实现社会救助的重要途径。针对现阶段存在的救助资源分配不均、救助资源浪费等问题，可以从加强信息平台建设和调整各领域资源分配两个方面入手，采取措施促进救助资源的合理分配，以帮助真正陷入困境而又无力自助的人摆脱困境。完善慈善组织的相关网站建设，将慈善项目的申请方式清晰明确地公布出来，便于不同文化程度的受助者进行访问和咨询。同时，需要将救助项目的具体内容及申请方式发布到公民方便了解的平台上，如地方日报、社区宣传栏等。这些可以为公民主动了解和申请救助项目提供充足的信息，使真正需要救助的公民参与到救助活动中来。从各慈善组织开展的救助项目及救助资金的主要流向来看，慈善救助资源呈现多元化的分布格局，但总体上对教育、医疗、扶贫及救灾的关注较多，而对人类服务及文化、环境领域投入的救助资金较少。这需要慈善组织结合现阶段存在的主要社会问题，不断调整和优化慈善资源的分配。

2. 促进救助实践发展的层次化与多元化

慈善救助的两大任务一是应对紧急突发性的灾难救助，二是对弱势群体的日常援助。针对这两项任务，慈善救助经历了从"自愿施舍"到"公民责任"的慈善理念的突破与创新，[①] 从简单的捐款捐物维持生存到注重受助者物质、精神、心理、发展等全方面改进的救助实践。慈善救助形式从起初对陷入困境的个人的自发应急救助发展到现阶段通过慈善组织开展项目对弱势群体进行援助，随着现代慈善理念的发展，救助形式和内容将继续不断扩展与深化。慈善救助事业的发展，需要慈善组织在明确自身定位的基础上，利用有限的救助资源实现对受助者更科学化的救助，针对不同群体的不同需求，实现救助的多层次化。慈善救助的最高层次目标是建立"保障型慈善"救助体系，即为受助对象提供更为全面、更有保障性的综合救助，从而更好地弥补政府救助再分配资源与救助标准方面的不足。汕头市存心慈善会历史悠久，在救助模式方面不断探索与发展，提出在注重促进受助者"自助"的基础上，力争全面提升保障水平，开拓新的慈善互助互利模式；在为受助者提供意外伤害险、意外身故险及免费常规体检的基础上，让其享受到更多的福利待遇。如它联合太安医院推出的"健康康复理疗"项目，受助者可凭借会员证到慈善会领取 300 元的健康理疗卡，凭卡免费到太安医院进行十次康复治疗。[②]

（三）深化社区慈善救助机制

目前，社区慈善在中国得到了初步的实践，但仍然处在起步阶段，需要进一步深化与发展。发展社区慈善可以根据社区存在的实际问题全面地进行救助项目的设计与开展，如针对目前存在的社区养老、儿童照护、社会矫正、文化艺术等问题，根据居民的实际需求提供资助与服务，从而提高慈善救助资金的使用效率，促进社区自治。

首先，促进社区基金会的进一步发展。在美国、加拿大和英国等非营利组织较发达的国家，社区基金会通常被界定为"一个免税的、独立的、公共支持的慈善组织，作为捐赠基金的永久收集者，其致力于一个界定区域的长期利益，并且主要是作为捐赠基金生产机构来运行"。[③] 现阶段，由于中国社区基金会处于初步发展阶段，不同地区可以针对自身

---

①　刘威：《反思与前瞻：中国社会慈善救助发展六十年》，《学术论坛》2009 年第 12 期。

②　李扬：《打造互惠保障型慈善"航母"》，《汕头日报》2014 年 11 月 20 日。

③　许杨：《美国社区基金会对社区发展的影响》，《产业与科技论坛》2011 年第 17 期。

的实际情况选择不同的组织与活动方式，一方面，可以建立规模较小的社区基金会，促进社区基金会与较大规模基金会的对接，通过竞投慈善项目的形式促进社区救助工作的顺利开展，或者利用公益创投的方式，获得投资主体的资助，在当地开展养老助残、家庭扶助、社区发展等慈善项目；另一方面，可以建立资金充足、实力较强的社区基金会，通过多渠道募集资金，为社区内草根慈善组织提供资金与技术支持，为其开展多样化的社区服务提供充足的条件。由于在社区内捐赠者看得到救助的效果，所以更利于推动慈善救助项目发展。另外，社区基金会还可以充当公益信托基金的管理执行机构，[①] 根据委托人的意愿进行资金的管理和使用。

其次，建立以社区为依托的慈善超市发展机制。中国的慈善超市最早于2003年在上海建立，随后，武汉、广州、济南、苏州、青岛等城市相继建成了一批慈善超市。慈善超市是以社会公众自愿无偿捐助为基础、借助超级市场的管理和运营模式，为困难群众提供物质帮扶和志愿服务的社会服务机构。民政部《关于加强和创新慈善超市建设的意见》指出，加强和创新慈善超市建设的主要任务包括改进其运营机制，使社会力量成为慈善超市的运营主体。[②] 因此，通过社区慈善组织实现慈善超市的运营是现阶段发展社区慈善的重要内容。发展社区慈善超市，需要结合社区慈善事业发展的实际情况与基本特点，有针对性地选取慈善超市的发展形式，直接面对当地困难群众，以实物（生活必需品为主）济困为基本功能，以领用券为兑换凭证，由各类组织严格限于慈善目的来开办，[③] 始终坚持其社会化的运营方向，不断推进废旧衣物等捐赠物资的加工再利用工作，以促进慈善超市建设。另外，针对现阶段存在的缺少资金、周转不便的问题，社区慈善超市应当充分利用政府财政资金的支持，不仅要开展慈善募捐活动，还要设立慈善义工站等发动当地社区群众积极参与慈善捐赠，为慈善超市的运转提供充足的资金来源。

---

① 徐永光：《八种形态基金会在中国》，基金会中心网，http：//www.foundationcenter.org.cn（2014/12/6）。

② 民政部：《关于加强和创新慈善超市建设的意见》，2014年12月31日。

③ 张彦：《社区慈善超市如何做久做大——以上海的经验为例》，《社会科学》2006年第6期。

（四）提高慈善救助的专业化水平

公益人才的培养是慈善事业发展的重要条件和慈善救助方式与时俱进的必要前提。专业性人才对于每一个行业的发展都是至关重要的，慈善行业也不例外。劝募人才、服务人才、规划人才、志愿人才等对慈善行业各个环节来说都非常关键。

1. 加强慈善工作者的人才队伍建设

慈善组织要通过改进人事管理制度，逐步推行工作人员聘任制，形成组织内部的竞争机制，提高工作者竞争和进步的积极性；要重视对工作人员的定期培训，帮助其建立起专业化的观念和意识，丰富业务知识，提高其专业化水平；要以慈善领域的需求为导向，充分利用现有的技术与资源，有针对性地进行慈善人才的培训，如随着公益行业商业理念的引入，应重点加强商业高端人才的培养。2013 年，由基金会中心网与美国"赠予亚洲"合作开展的"秘书长必修课"培训项目实现了慈善领域与高端专业人才的对接，它以"有效与创新"为主题，针对目前对于基金会高级管理人才的需要开设基金会秘书长及以上级别管理人才课程。[1] 从长远来看，在高校设置相关专业，进行公益慈善管理教育，可以培养公益慈善事业的专业人才，为慈善行业储备后续力量。如中山大学于 2013 年开设了公益慈善专业硕士研究生课程进修班，对该专业领域的学生进行系统的慈善管理教育。

2. 促进慈善工作的职业化

慈善工作的职业化指慈善服务固定地成为一种专职的和授薪的从业岗位。这要求通过一定的方式，逐步使慈善职业者具有共同的专业社会服务知识结构和独特的慈善公益思维方式，具有强烈的社会正义感和服务信仰，具有仅属于该群体的职业传统和职业气质。[2]《2014 中国公益行业人才发展现状调查报告》指出，现阶段，慈善组织工作人员普遍面临着工作强度大、薪酬待遇低的问题，离职率较高，其中，因为家人反对的占 31.4%，薪酬水平较低的占 20%，[3] 因此，需要不断完善慈善组织内部的人力资源制度，

---

[1]　王振耀主编《现代慈善与社会治理》，第 90 页。
[2]　杨团主编《中国慈善发展报告（2012）》，第 73 页。
[3]　中民研究：《2014 中国慈善事业十大特点》，中国公益慈善网，http://www.charity.gov.cn/（2014/12/9）。

加强职业培训，通过提高慈善工作者薪酬待遇、社会认同等方式提高其职业地位和归属感，从而不断壮大专业人才队伍。

三　国外慈善救助的经验与启示

（一）美国的慈善救助模式——民间主导型

美国是世界上公益慈善事业较为发达的国家，而且慈善组织先于国家而成立，主要依靠民间力量促进慈善事业的发展，其慈善救助模式属于民间主导型。首先，美国社会有着浓郁的慈善文化氛围，美国的宗教文化成为其慈善救助发展的重要思想基础，个人热衷于进行日常的慈善捐助，形成一种全民参与慈善的良好文化氛围。调查显示，早在 2006 年时，美国的慈善捐助就达到 2950 亿美元，人均捐款 1620 美元。[①] 美国总统罗斯福曾指出，"富人出钱救济穷人不是慈善，而是在尽一份社会责任，社会稳定了，对自己也有利"。[②] 这种思想成为企业家们进行慈善捐赠的重要指导理念，一些慈善家非常重视社区基金会的发展，通过慈善基金的运用，促进社区慈善项目的开展。成立基金会成为美国慈善事业运作的主要途径之一，基金会成为美国公民将个人资金纳入公益慈善事业的主要中介机构。2007 年，美国已有 5.6 万多家基金会，总资产近 5000 亿美元，其中独立的私人基金会约占 85%，公司基金会约占 5%，它们都属于"非公募基金会"，而面向公众筹款的社区基金会和运作型基金会的总数和资产加起来不到 1%。[③] 政府通过专门和独立的慈善法律对慈善组织实行税收优惠政策。其次，产生于 20 世纪 60 年代晚期的"食品银行"成为美国慈善救助的一种重要方式，它通过对食品资源的调剂使用对生活困难的群众进行救助。它借用银行的理念，由拥有资源的公司与个人将产品捐赠给食品仓储中心，同时政府及食品银行也会通过购买的方式丰富仓储中心资源，再由慈善组织将这些捐赠物品发送给救助对象，实现资源的调剂使用。[④] 同时，美国还设立了管理"食品银行"的网络

① 万迪：《慈善的个人化趋势》，《长江》2008 年第 4 期。

② 资中筠：《财富的归宿：美国现代公益基金会述评》，上海人民出版社 2006 年版。

③ 莫文秀、邹平、宋立英：《中华慈善事业思想、实践与演进》，人民出版社 2010 年版，第 251 页。

④ 徐福海：《食品银行成就美国救助格局》，《中国减灾》2009 年第 10 期。

体系中心，通过"食品银行"之间的互动，带动全国参与慈善救助活动。"为美国充饥"（Feeding America，FA）是一个拥有 200 多个"食品银行"会员的全国网络管理中心，每年为 3700 万美国低收入人群提供超过 30 亿磅食品，其中，儿童占 38%，老人占 8%。[①] 另外，美国拥有规模庞大的志愿者队伍。志愿者组织达 100 万个，志愿者分布在公园、医院、老人服务中心和流浪人员庇护所等多个地方。据美国劳工部统计，2003 年 9 月至 2004 年 9 月，美国约有 6450 万人参加过志愿工作，全年参加志愿工作的人员大约占总人口的 28.8%，公民为慈善事业奉献的劳动时间创造的社会价值难以估量。[②]

（二）英国的慈善救助模式——官民合作型

英国的慈善组织有着悠久的历史，政府与慈善组织之间是平等合作的关系。慈善救助采用官民合作的运作模式，政府通过立法、税收优惠等政策对慈善组织的运作进行监管和引导，但仍保持慈善组织的民间性与独立性。英国的慈善组织涉及领域广泛，主要包括扶贫、教育、宗教、卫生保健、社区及社会福利、环境保护、业余体育运动、流浪人员安置等，根据其关注领域的不同，可以分为人道性慈善组织、社团性慈善组织、专业性慈善组织及以保护动物为主的慈善组织。另外，英国的社会企业需要依靠慈善组织成立和发展，将企业的发展理念引入社区与社会的发展中，这也促进了社区慈善组织的发展。慈善商店是英国当代慈善事业主要的运营模式和筹款方式。英国现代意义的慈善商店（Charity Shop）产生于 20 世纪 40 年代，它是由民间或官方慈善机构组织、经营、管理的非营利性零售机构，通过低价销售食品、衣物、书籍等来救助弱势群体、维护社会稳定。现阶段，英国已有9000 多家慈善商店，并设立了英国慈善零售协会（Charity Retail Association，CRA）公布慈善商店的具体信息。[③] 乐施会作为英国最大的慈善机构之一，建有完备的网络系统，独家在英国建立了 750 家慈善商店，并且在国外设有分支，将销售居民捐赠衣物所得资金用于世界各地的慈善事业。自建立以来，英国慈善商店从最初单纯的物质援助发展到将商业理念和环保理念融入

---

① 佚名：《美国食品银行：全国中心"为美国充饥"》，《中国发展简报》2012 年 8 月 13 日。

② 徐麟主编《中国慈善事业发展研究》，中国社会出版社 2005 年版，第 311 页。

③ Wikipedia, 2014, *Charity Shop*, http://en.wikipedia.org/wiki/Charity_shop（2014/12/18）.

其中的社会化救助，在充分动用社会力量对弱势群体进行救助的同时又节省了资源、减少了环境污染，不断提高着慈善商店进行救助的社会效益。

（三）对中国的启示

通过对美国与英国慈善救助模式的分析与研究，我们可以得到有益的经验与启示。首先，要创造良好的慈善文化氛围，增强慈善救助意识。美国与英国都有传统的宗教文化作为慈善事业发展的基础，公民在宗教所提倡的行善思想的指导下从事慈善活动。思想是指导慈善行为的内在驱动力，因此，需要通过传扬中华民族的传统慈善文化来增强公民慈善意识。其次，慈善立法是慈善救助活动顺利进行的重要保障。尽管发展模式不同，但英美两国都通过法律对慈善组织及其救助行为进行了明确的规定与管理，为慈善活动的进行提供了法律保障。现阶段，中国要尽快出台慈善相关法律，对慈善组织进行明确的界定，并通过税收优惠政策对慈善救助行为进行激励与规范。最后，要正确处理政府与慈善组织的关系。英国通过立法对慈善组织进行了明确的界定，并严格规定了慈善组织的公益性、民间性与独立性，政府与慈善组织之间是平等合作的关系。而美国则是大力发展民间慈善，主要依靠民间基金会来促进慈善事业的发展。中国应当根据慈善事业发展的实际情况，逐步引导慈善组织自我发展，实现其民间性与独立性，政府只是扮演监督与引导者，并将新的商业理念等引入慈善救助事业，提高慈善救助的社会效益，扩大公民参与。

第四节　总结与讨论

慈善救助作为慈善事业的一个重要环节，其运行机制的发展与完善对于慈善目标的实现起着十分关键的作用。慈善资金使用效率的提高可以更好地提高慈善组织的公信力，为慈善捐赠的顺利进行提供保证。慈善救助方式的优化与创新，可以从救助类型、救助性质两个方面进行分析。

从救助类型来看，传统的以直接资助为主的救助模式应转向注重受助者权利与能力提升的发展型救助模式。现阶段，慈善救助主要通过现金给付和实物发放的形式对受助者进行救助，而服务提供、心理援助以及权利与能力提升在救助中所占比例较小，如救灾领域主要以发放物资、基础设施建设等方式对灾区进行救助，针对受灾者的心理疏导等服务救助较少。因此，我们需要加大权利与能力救助的比例，不断优化救助模式，提高受助者的"自助"能力。

从救助性质来看，"行政化"色彩较浓的传统救助应转向自主性与灵活性较强的民间救助。近几年，随着政府政策的调整以及网络化、信息化的发展，慈善救助的民间性与自主性不断增强，如将商业理念引入慈善项目、以深圳为代表的社区慈善机制建设、中华少年儿童慈善救助基金会等公募基金会的创新与转型等，都为救助方式的转化提供了新的动力。我们可以从救助人才的培养、救助的社区化等方面促进救助方式的进一步优化及救助效率的提高。

通过对慈善捐助资金流向特征的分析，我们可以发现以基金会为主的慈善组织作为慈善救助的重要主体，在救助过程中发挥着关键性的主导作用。因此，慈善组织应该对社会最为关注的教育和扶贫领域进行救助方式的改进，不仅对这两个领域进行直接的物质救助，而且要加强对其能力建设的投入：对义务教育阶段的学生进行心理辅导，帮助其树立正确的人生观与价值观；通过技术培训等方式增加贫困者的生存发展能力，增加其就业机会等。慈善救助资源在各领域间的分配应当与现阶段需要解决的社会问题相适应。

要促进各个救助领域项目的多元化发展，需针对各个救助领域存在的实际问题进行救助方式的改进与创新。如医疗领域的救助，应改变"一刀切"模式——对不同病情提供同样的机械化的救助方式与资金；现阶段存在的"不缺钱，就缺患者"的现象也是救助主体回避病情所导致的结果。慈善组织应针对受助患者不同病种的实际情况设置救助项目，在深入调查与了解的基础上，确定病情救助实际需要的费用与服务等，并确保救助对象确定的科学性，尤其是对于信息闭塞、交通闭塞、位置偏远的贫困山区，避免救助资源分配不均导致的"有些故事温暖，有些故事却更加悲伤"的现象。

另外，慈善救助工作的顺利开展还需要尽快出台相关法律来提供法律保障，并对慈善组织进行严格而明确的界定，提高慈善救助主体的合法性，并通过相关的税收优惠政策及科学的监管体制为慈善救助提供良好的法制环境。

如果说慈善捐赠是慈善事业的生存之源，那么慈善救助则是慈善事业的立命之本。① 慈善救助过程即资金的使用过程，它是慈善公益性目的实现的重要保障。因此，建立完善的慈善救助机制是发展与完善慈善捐赠机制的必然要求，这就需要通过慈善救助方式的优化与创新来提高慈善资金的使用效率，保证慈善资金的安全合理使用，从而为慈善捐赠的顺利进行提供充足的动力。

---

① 徐宇珊：《论基金会：中国基金会转型研究》，第 183 页。

第　七　章

中国慈善捐赠机制发展趋势分析

进入 21 世纪后，中国慈善捐赠事业进入了快速发展阶段。慈善捐赠机制诸多领域的积极变化是社会发展与变革的必然结果。本章参照发达国家慈善捐赠机制发展的经验，探讨近年来中国慈善捐赠机制中的捐赠格局、组织管理机制、监督透明机制以及募捐筹资机制等方面的发展趋势。

第一节　捐赠格局发展趋势

概而论之，现代慈善捐赠格局的基本特征主要体现在如下三个方面：第一，从数量关系来看，慈善捐赠水平与国家的经济社会发展水平总体上要相适应，保持在一个相对稳定的比例关系上。第二，从捐赠主体格局来看，捐赠应以个体（家庭）捐赠为主、遗赠与基金会捐赠为辅、企业捐赠为补充。第三，从捐赠资助结构来看，资助领域多样化，逐渐由传统的救济型资助向多元化的发展型资助转变。相对而言，传统的慈善捐赠格局通常具有如下特征：无论是绝对数量还是相对比重，慈善捐赠水平都偏低，明显与国家的经济社会发展水平不相适应；慈善捐赠主体格局处在不均衡发展阶段，个体捐赠意识没有得到有效培育；在资助结构上，主要是针对突发灾难以及贫困群体的单一性、救助型捐赠，而流向科学、教育、文化、艺术、医疗以及环境保护等多样性的发展型领域的捐赠资金普遍较少。当前，中国慈善捐赠正面临着从传统慈善捐赠格局向现代慈善捐赠格局转变的关键阶段，在上述三个基本维度上都表现出了显著的过渡性特征。

一　慈善捐赠快速增长，发展空间依然广阔

自20世纪90年代末以来，尤其是进入21世纪后，中国慈善捐赠迎来了快速发展的局面。1998—2012年度平均增长率为26.74%（见图7-1）。2008年是中国慈善捐赠事业发展的转折点，汶川特大震灾极大地激发了国民慈善捐赠意识，慈善捐赠数额相比于2007年猛增了260.9%，捐赠总额接近500亿元。2009年突破500亿元关口，2010年接近600亿元。在汶川特大震灾对慈善捐赠效应渐弱的2011年和2012年，慈善捐赠总额也分别达到了490.1亿元和578.8亿元。[①]

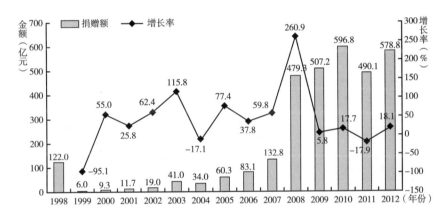

图7-1　中国历年社会慈善捐赠金额统计概况

民政部：《1998—2009年民政事业发展统计公报》《2010—2012年社会服务发展统计公报》，http：//cws. mca. gov. cn/article/tjbg（2014/11/10）。

同时，中国初步构建并不断完善了社会捐赠网络。2002年，全国各地建立了经常性的社会捐助接收站点2.1万个；经过"非典"事件后，民政部门进一步推动社会捐助经常化、规范化和捐助形式多样化建设。截至2004年底，全国共建立经常性的社会捐助工作站点3.2万个，当年建成慈善超市1842个；截至2012年底，全国共建立经常性社会捐助工作站、点和

---

①　慈善捐赠额只包括捐赠款项，不包括捐赠物品折算额。详见民政部《2009—2012年社会服务发展统计公报》，http：//www. mca. gov. cn/article/zwgk/tjsj（2014/11/10）。

慈善超市 3.1 万个，其中慈善超市 9053 个。[①] 社会捐赠网络的建成促进了社会成员的日常化捐赠行为，尤其是社区慈善超市的建立为统一调配社会捐助物资提供了一个崭新的机制；为特困家庭提供了更便利的救助方式；并可以通过开展便民服务使捐助物资变现，筹集救助善款，实施二次救助。[②] 尽管目前的社会捐赠网络在运作过程中，还存在着诸多障碍，部分流于形式，但在不断地探索与发展过程中，通过优化运行机制，找到适合自身生存发展的基本模式，对于促进社会成员慈善捐赠将发挥重要的作用。

　　尽管我国的慈善捐赠数量快速增长，捐赠网络不断完善，但总体上与国家的经济社会发展水平还不相适应。根据西方发达国家的经验，慈善捐赠的比重稳定在 GDP 的 2% 以上，比如，美国在 1929—1959 年，私人慈善捐赠总额平均占 GDP 的 2.1%，1997 年达到了 2.5%。[③] 进入 21 世纪，美国慈善捐赠总额平均稳定在 GDP 的 2.2% 左右，[④] 相对比例与经济社会发展水平总体上保持协调。相比较而言，中国 2012 年 GDP 总量高达 519470 亿元，[⑤] 同年慈善捐赠总额约为 578.8 亿元，[⑥] 慈善捐赠总额仅占 GDP 总量的 0.11%。[⑦] 慈善捐赠占 GDP 的比重还非常低，与快速发展的经济社会水平严重不协调。

　　尽管如此，中国慈善捐赠水平与发达国家的相对差距逐渐收窄，呈现积极的发展态势。美国是当今世界上慈善捐赠数额最大的国家，其 2005 年度

---

　　① 相关数据来源于 2002—2012 年民政部发布的年度民政事业发展统计公报，原始数据参见民政部网站，http：//cws. mca. gov. cn/article/tjbg（2014/9/8）。

　　② 高功敬：《慈善超市的运行模式——济南市慈善超市的个案分析》，《社会科学》2006 年第 3 期，第 121 页。

　　③ 王锐：《慈善事业发展与经济增长关系实证研究》，《商业研究》2011 年第 1 期，第 114 页。

　　④ American Association of Fundraising Counsel, 2014, Giving USA 2013, http：//www. aafrc. org（2013/10/10）。

　　⑤ 国家统计局：《国家统计局关于 2012 年 GDP（国内生产总值）最终核实的公告》，http：//www. stats. gov. cn/tjsj/zxfb/201401/t20140108_ 496941. html（2014/9/8）。

　　⑥ 民政部：《2012 社会服务发展统计公报》，http：//cws. mca. gov. cn/article/tjbg（2014/11/10）。

　　⑦ 有研究表明，"2012 年全国接收国内外社会各界的款物捐赠总额约 817 亿元，占我国 GDP 的 0.16%，人均捐款 60.4 元"。参见中民慈善捐助信息中心《2012 年度中国慈善捐助报告》，http：//www. charity. gov. cn/fsm/sites/newmain/preview1. jsp？ColumnID ＝ 362&TID ＝ 20130925084543284400468（2014/11/10）。尽管统计口径有所不同，但中国慈善捐赠占 GDP 的比重依然在 0.2% 以下，相对比重与西方发达国家相比依然低下。

的捐赠总额为2602.8亿美元，① 按照当年人民币兑美元汇率的年度中间价计算，约为21542.1亿元，② 是当年中国慈善捐赠数额的357倍。至2011年，这一倍数锐减为25倍，2013年，进一步缩小至21倍。③ 中国的慈善捐赠无论是自身的发展情况还是相对于西方发达国家而言，都取得了巨大进步，这一趋势将日趋显著。

二 现代慈善捐赠主体格局正处在发育阶段

现代慈善捐赠主体格局正处在发育阶段，主要表现为：个体和企业捐赠发展迅速；传统基金会格局被打破，私募基金会开始崛起。现代慈善捐赠格局的最主要特点为个人（家庭）捐赠是慈善捐赠的绝对主体。在相当长时期内，由于制度的滞后、中产阶层数量较少以及现代慈善意识的淡薄，中国慈善捐赠机制整体上呈现强烈的行政主导色彩：过于倚重与强调通过行政或"半行政"方式推动企事业单位的慈善捐赠，忽视了对公民自主参与慈善的能力与意识的大力培育，形成了企事业单位捐赠为主、个人（家庭）慈善捐赠为辅、遗赠和慈善基金会几乎没有的慈善捐赠格局。而现代慈善捐赠格局的突出特征是个人（家庭）捐赠为主体，遗赠与基金会捐赠为辅助，企业捐赠为补充。

以慈善捐赠事业较为发达的美国为例，长期以来，美国慈善捐赠资金来源主要为个人捐赠、遗赠（Bequests）、基金会捐赠以及企业捐赠四种，并形成了十分稳定的现代慈善捐赠格局。一项统计数据表明（见表7-1），自1968—2007年（以5年为单位统计），个人捐赠所占份额持续稳定在3/4强，占据绝对优势；其次是基金会捐赠平均所占份额为8.13%左右，近10年来不断增长，已稳定在捐赠总额的1/10强；再次是遗赠份额，稳定占捐赠总量的8%左右；而企业捐赠长期以来仅占捐赠总量的5%左右。

---

① American Association of Fundraising Counsel, 2006, Giving USA 2005, http：//www.aafrc.org (2013/10/10).

② 2005年人民币兑美元汇率中间价为827.65，参见国家外汇管理局《人民币汇率中间价列表》，http：//www.safe.gov.cn/wps/portal/sy/tjsj_ hlzjj_ inquire（2014/11/10）。

③ 需要说明的是，这种差距的急剧收窄，除2008年后中国慈善捐赠数额的急剧增加外，还有同期人民币大幅升值的贡献。

表 7 - 1　美国 1968—2007 年慈善捐赠格局

单位：%

年份	个人	遗赠	基金会	企业
1968—1972	77.40	10.00	8.50	4.10
1973—1977	81.90	7.30	6.60	4.20
1978—1982	83.10	6.60	5.50	4.80
1983—1987	80.70	6.70	6.40	6.10
1988—1992	79.90	7.40	7.20	5.50
1993—1997	77.20	8.80	8.40	5.60
1998—2002	75.90	8.50	10.80	4.80
2003—2007	75.90	7.50	11.60	5.00
均　值	79.00	7.85	8.13	5.01
标准差	2.7759	1.1625	2.1546	0.6917

资料来源：American Association of Fundraising Counsel, 2008, *Giving USA 2008*, http：//www.aafrc.org（2014/11/10）.

以 2007 年为例，美国慈善捐赠额为 3063.9 亿美元，达到历史新高。其中个人捐赠额为 2290.3 亿美元，占 74.8%；遗赠额为 231.5 亿美元，占 7.6%；基金会捐赠额为 385.2 亿美元，占 12.6%；企业捐赠额为 156.9 亿美元，占 5.1%。如果把遗赠、家庭基金会也算作个人捐赠的话，个人捐赠额占到全年捐赠额的 88%。[①] 另外，绝大多数个人（家庭）具有参与慈善捐赠的自主意识并发生捐赠行为，人均捐赠数额也不断增长。1996 年，美国有 68.5% 的家庭有慈善捐赠行为，[②] 到了 2000 年，这一比例超过了 89%。进入 21 世纪后，美国全年有过慈善捐赠行为的家庭数比例也一直保持在 2/3 以上。[③] 1998

①　American Association of Fundraising Counsel, 2008, Giving USA 2008, http：//www.aafrc.org（2011/8/8）.

②　Hodgkinson, Virginia A. & Weitzman, Murray S., *Giving and Volunteering in the United States：Findings from a National Survey*, Washington, DC：Independent Sector, 1996. 另外，1996 年在加利福尼亚的一项随机抽样调查表明，有 89.9% 的家庭当年有慈善捐赠行为，参见 Wilhelm, Mark O., "The Quality and Comparability of Survey Data on Charitable Giving", *Nonprofit and Voluntary Sector Quarterly*, vol. 36, 2007, pp.65 - 84。

③　Mesch, Debra J., Rooney, Patrick M. & Steinberg, Kathryn, "The Effects of Race, Gender, and Marital Status on Giving and Volunteering in Indiana", *Nonprofit and Voluntary Sector Quarterly*, vol, 35, 2006, pp.565 - 586.

年，美国户均捐赠额为 696 美元，[①] 到了 2007 年，个人捐赠总额高达 2290.3 亿美元，约占当年捐赠总额的 3/4，比 2006 年增长了 2.7%，平均每户家庭年度捐赠额增至 2000 美元左右。[②]

相对于西方发达国家，中国个人慈善捐赠自主意识与能力还处于发育状态，水平还较低。2006 年有学者测算，中国人均慈善捐赠数额约为 1.7 元。[③] 当然，也要看到，自改革开放以来，中国现代慈善捐赠事业的发展仅有三十余年的历史（如果从 20 世纪 90 年代初期开始算，仅有二十余年的历史）。现代慈善捐赠格局的形成有自身的规律，需要经过一个相对较长的发展过程，美国现代慈善捐赠格局的形成与稳定毕竟至少经过了一百多年的时间。近 10 年来，中国慈善捐赠主体格局正在发生显著的积极变化。

首先，个人与企业慈善捐赠主体作用日趋显著。2005 年中国慈善捐赠额突破了 50 亿元，仅两年后，慈善捐赠总额就跨越了百亿元。其间的增长动力主要归于社会成员慈善意识的觉醒以及慈善捐赠能力的提升。平民慈善捐赠数量增长显著，据不完全统计，"2007 年平民为主体的小额募捐增多，约为 31.7 亿元，单笔或单个筹款项目千万以上的巨额捐赠超过 200 起，平均每月在 15 起以上。国内全年捐款过亿的个人或单位有 13 个，捐款总额高达 20.03 亿元"。[④] 尽管平民阶层相对于富豪阶层的捐助额度相对较小，但在现代慈善捐赠格局中，平民阶层的慈善捐助将占据重要的地位。如 2001—2007 年，美国个人捐赠额中约一半来自年收入 10 万美元及以上的富

①　Schervish, Paul G. & Havens, John J., "Embarking on a Republic of Benevolence? New Survey Findings on Charitable Giving", *Nonprofit and Voluntary Sector Quarterly*, vol. 27, 1998, pp. 237 – 242. 另外，同年另一项随机抽样调查（the General Social Survey）数据表明，该年美国户均慈善捐赠额已经高达 1099 美元。Wilhelm 认为这种明显的数据差异主要是由于不同的抽样调查采取的不同的抽样方法所导致的，具体参见 Wilhelm, Mark O., "The Quality and Comparability of Survey Data on Charitable Giving", *Nonprofit and Voluntary Sector Quarterly*, vol. 36, 2007, pp. 65 – 84。

②　Hrywna, Mark, "Special Report", *The NonProfit Times*, July 1, 2008, p. 18; "American Association of Fundraising Counsel", 2008, Giving USA 2008, http://www.aafrc.org（2011/8/8）.

③　刘澄、刘志伟、叶波：《改进中国慈善捐赠的制度安排》，《国际经济评论》2006 年第 5 期，第 41 页。另有人测算，2007 年，中国公众和企业的慈善捐赠（款物）总额约占中国 2007 年 GDP 的 0.09%，还不到 0.1%。参见潘跃《07 年中国慈善捐赠报告发布：我国平民慈善捐赠 32 亿》，《人民日报》2008 年 2 月 2 日。

④　民政部慈善协调办公室、中民慈善捐助信息中心：《2007 年度中国慈善捐赠情况分析报告》，http://www.donation.gov.cn/jsp（2013/12/1）。

裕阶层家庭，另一半左右来自年收入 10 万美元以下的平民阶层家庭。[1] 2007
年，美国个人捐赠额中的 49% 来自年收入 10 万美元以下的 90% 的家庭，另
外 51% 来自 10% 的较高收入家庭（年收入 10 万美元及以上）。[2] 就自身慈
善能力的相对贡献而言，收入较低阶层的相对贡献并不低。

在个体捐赠逐渐升温的同时，企业捐赠也步入了快速发展阶段，尤其是
2008 年汶川震灾期间，全国大多数知名企业均有捐赠，超过千万元捐赠的
企业不在少数。2008 年《企业所得税法》将慈善捐赠纳税扣除额度从年度
应纳税所得额的 3% 提高到年度利润额的 12%，企业捐赠大幅增长。至 2013
年，中国各类企业慈善捐赠约占了捐赠总额的七成，比 2013 年增加了
11.63%，其中私人企业以及外资企业占企业捐赠总额的九成以上。值得强
调的是，外资企业捐赠显著增长，2013 年比 2012 年增长了近三成，约占企
业捐赠总额的四成以上。[3]

可以预期，在中国现代慈善捐赠格局形成之前，企业捐赠与个体捐赠会
在相对较长的一段时期内齐头并进、各自发展，但随着时间的推进，二者
"不平衡结构"将会逐渐改变。

其次，传统基金会格局被打破，私募基金会开始崛起。1981 年 7 月，
中国成立了第一家公益基金会即中国儿童少年基金会，至今新中国慈善基金
会已有 30 多年的历史。长期以来，中国慈善基金会格局主要由公募基金会
一统天下，而公募基金会主要是以全国性基金会为主。随着中国经济的崛起
以及社会领域的发育，民间力量参与慈善事业的方式也变得多样化起来，尤
其是部分公司企业集团以及先富阶层中有志于慈善公益事业的人们产生了独
立进行专业化慈善运作的需求，这为中国私募基金会的发展提供了重要的社
会经济基础。2004 年，中国政府颁布了《基金会管理条例》，鼓励自然人以
及法人成立基金会，这为打破传统上单一的公募基金会格局提供了制度性保

---

① Gittell, Ross and Tebaldi, Edinaldo, "Charitable Giving: Factors Influencing Giving in U. S. States", *Nonprofit and Voluntary Sector Quarterly*, vol, 35, 2006, pp. 721 - 736.

② American Association of Fundraising Counsel, 2008, Giving USA 2008, http://www.aafrc.org (2010/8/10).

③ 中民慈善捐助信息中心：《2013 年度中国慈善捐助报告》，http://www.charity.gov.cn/fsm/sites/newmain/preview1.jsp? ColumnID = 362&TID = 20130925084543284400468（2014/5/25）。

障。2005 年，"香江社会救助基金会" 被批准为中国第一家全国性私募基金会。[1]

私募基金会发展迅速。从 2005 年到 2012 年，全国私募基金会的数量从 254 家快速增至 1686 家，平均年增长率为 27.56%，远高于同期公募基金会平均 11.79% 的年增长率；同期私募基金会占基金会总量的比重从 26.05% 增至 55.66%。2011 年，私募基金会数量首次超越公募基金会，打破公募基金会独大的格局。2012 年，私募基金会已是公募基金会的 1.28 倍，而在 2005 年，前者仅为后者的 35%（见表 7-2）。

表 7-2　2003—2012 年中国基金会发展概况[a]

年份	基金会频数（个）					基金会年增长率（%）				
	公募	私募	全国性[b]	地方性	总数[c]	公募	私募	全国性	地方性	总数
2012	1316	1686	199	2830	3029	8.05	23.07	8.74	16.41	15.88
2011	1218	1370	183	2431	2614	10.63	25.92	18.83	18.82	18.82
2010	1101	1088	154	2046	2200	7.00	36.00	4.05	20.71	19.37
2009	1029	800	148	1695	1843	9.12	24.42	11.28	15.78	15.40
2008	943	643	133	1464	1597	4.31	47.48	24.30	18.73	19.18
2007	904	436	107	1233	1340	19.10	24.93	8.08	17.99	17.13
2006	759	349	99	1045	1144	5.27	37.40	7.61	18.35	17.33
2005	721	254	92	883	975	—	—	9.52	9.28	9.30
2004	—	—	84	808	892	—	—	—	—	-6.50
2003	—	—	—	—	954	—	—	—	—	—

注：a：本表根据民政部发布的年度民政事业发展统计公报中的原始数据加工制作而成，其中 2004—2012 年原始数据分别参见当年的《民政事业发展统计公报》，2003 年基金会数据列在《2004 年民政事业发展统计公告》中。原始数据参见民政部网站，http：//cws. mca. gov. cn/article/tjbg。

b：全国性基金会是指在民政部登记注册的基金会，有时也被非正式地称为国家级或中央级基金会等；地方性基金会是指在地方民政系统登记注册的基金会。

c：其中 2010、2011、2012 年境外基金会代表机构分别有 11 个、26 个、19 个，另外，2012 年涉外基金会有 8 个。

---

① "香江社会救助基金会" 由香江集团出资 5000 万元人民币于 2005 年 6 月 14 日设立，创办人为香江集团总裁翟美卿，这是中国首个全国性私募基金会，民政部批号为 "1001" 号。该基金会宗旨是发扬人道主义精神，扶贫济困，发展社会公益事业，基金的资助领域包括教育、扶贫、救灾等。具体参见该基金会网站，http：//www. hkf. org. cn（2012/5/6）。

从获得的捐赠数额来看，2013 年，中国慈善捐赠的主要对象和渠道是基金会和慈善总会，共占当年捐赠总额的七成。在基金会接受的捐赠中，非公募基金会的捐赠收入高于公募基金会。[①]

私募基金会的增长主要源于地方基金会的发展。比较全国性基金会与地方性基金会的发展，地方性基金会 2004—2012 年的平均增长速度为 31.28%，也远高于全国性基金会的年平均增长速度 17.11%（参见表 7-2）。尽管近年来中国私募基金会发展迅速，但必须清醒地看到，中国私募基金会在绝对数量、相对数量以及捐赠资产等方面相对于西方发达国家而言，还存在着巨大的差距。从 1996 年到 2006 年 10 年间，美国增加了约 3.1 万家基金会，其中接近 90% 的增长为非公募基金会；[②] 2007 年，美国共有各类基金会 7.2 万余家，资产高达 6700 亿美元，捐赠金额达到 429 亿美元，其中非公募基金会数量占 90% 以上，捐赠金额约为 353 亿美元，占捐赠总额的 82.28%。[③] 从积极的方面看，与发达国家的差距表明中国私募基金会还有着十分广阔的发展空间。可以预期，伴随着中国经济的迅速崛起、社会发育程度的增加以及基金会政策法规的完善，按照中国私募基金会近年来的发展态势，在未来 10 年内，私募基金会在绝对数量以及相对比重上将占据压倒性优势。这将彻底改变传统基金会格局，形成以非公募基金会为主体的现代慈善基金会格局。

三　捐赠领域趋向多元化，发展型捐赠增多

传统上，中国慈善捐赠资助大多偏好教育以及扶贫济困等领域，而致力于健康医疗卫生、艺术文化、环境保护、公共服务、社区发展、政策倡导以及公益支持等更为广阔的社会公共领域的发展型资助较弱。随着非公募基金

---

① 中民慈善捐助信息中心：《2013 年度中国慈善捐助报告》，http：//www.charity.gov.cn/fsm/sites/newmain/preview1.jsp? ColumnID = 362&TID = 20130925084543284400468（2013/9/25）。

② 美国慈善基金会一般可分为私人基金会（private fundations）以及公共基金会（public fundations），其中私人基金会一般包括独立基金会（independent fundations）、公司基金会（cooperate fundations）以及运作型基金会（operating fundations），公共基金会一般包括社区基金会（community fundations）和其他公共基金会。私人基金会大致相当于非公募（私募）基金会，公共基金会相当于公募基金会。

③ The Fundation Center, 2008, *Foundation Growth and Giving Estimates*, http：//foundationcenter.org（2014/11/10）。

会的快速崛起，在多样化的社会公共领域中，中国慈善捐赠资助结构开始出现明显的多元化趋势，逐步打破类型单一化状况。[①] 2008 年中国非公募基金会发展报告显示，在民政部登记的非公募基金会中，除教育与传统的救济领域外，宗旨和业务范围中主要内容为医疗和公共卫生的有 2 家，宗旨和业务范围中包含医疗和公共卫生事业的有 6 家，共计 8 家，占总数的 20.5%；包括促进科学技术发展和科技人才培养的有 7 家，占总数的 17.9%，包含政策倡导的有 4 家，占总数的 10.3%；包含促进艺术发展的有 3 家，占总数的 7.7%；包含环境保护内容的有 3 家，占总数的 7.7%；以促进社区发展为宗旨的有 1 家，占总数的 2.5%。值得特别注意的是，中国出现了第一家资助型或公益支持类的非公募基金会"南都公益基金会"。[②] 这表明，中国慈善捐赠资助结构开始打破类型单一化格局，出现了多元化趋势。

　　然而，当前中国绝大多数慈善捐赠资助方向依然主要集中在传统的救济型领域，而非发展型领域。比如，2008 年在民政部登记注册的非公募基金会中，集中在教育与济贫助残等传统领域的非公募基金会数量所占比重为 74.4%，而在科技文化、医疗卫生、环境保护、社区发展、政策倡导等领域提供资助的非公募基金会数量仅占 25.6%。[③] 西方发达国家基金会的捐赠取向格局主要不是在传统的济贫领域，捐赠资金主要流向健康、教育、艺术文化、环境保护、公共事务、人类服务等诸多领域，并呈现多样性特点。在 2008 年美国基金会捐赠取向格局中，资金主要流向如下六大领域：健康、教育、艺术文化、人类服务、公共事务[④]以及环境和动物保护，分别占基金会捐赠资金的 22.9%、21.8%、12.5%、12.5%、10.0%、8.6%；另外，流向国际事务领域、科技领域、宗教领域以及社会科学领域的资金分别占基

---

　　① 　高功敬：《中国非公募基金会发展现状、困境及政策思路》，《济南大学学报》2012 年第 3 期，第 65 页。

　　② 　中国非公募基金会发展论坛：《2008 年中国非公募基金会发展研究报告》，2009 年 7 月 2 日，http：//www.cpff.org.cn（2011/11/15）。

　　③ 　中国非公募基金会发展论坛：《2008 年中国非公募基金会发展报告》，2009 年 7 月 2 日，http：//www.cpff.org.cn（2011/11/15）。

　　④ 　这里的公共事务（public affairs）一般是指美国国内的人权和社会运动，社区促进与发展，慈善及其志愿行动等符合公共利益的活动。

金会捐赠资金的 5.7%、2.6%、2.2%、1.2%；剩下的 0.1% 分布在其他领域中。[①]

在发达国家中，救济贫困大多被界定为政府的责任，绝大多数基金会等慈善组织的宗旨不在于传统的扶贫济困，而主要集中在提升社会公共服务与公众利益、推动社会公共领域发育成长等领域。中国慈善捐赠资助取向较为单一的原因一方面在于中国慈善捐赠有自身的文化传统与偏好，且起步较晚；[②] 另一方面，政府鼓励与倡导慈善捐赠资金投向扶贫济困等社会资助性领域。比如，《国务院关于促进慈善事业健康发展的指导意见》强调慈善应突出扶贫济困的基本原则。[③] 近年来随着非公募基金会的迅速崛起，非公募基金会的宗旨与资助取向开始多元化，尽管总体上这种分化程度与趋势还不明显，多元化趋势还有待于进一步发展与强化，但这种发展趋势是可以预期的。

第二节 组织管理机制发展趋势

慈善捐赠组织是中国慈善捐赠事业发展的基础，慈善捐赠组织的发展滞后制约着中国慈善捐赠事业的进步。困扰中国慈善捐赠组织发展的因素有很多，其中行政管理的"偏紧"控制以及"条块分割"是导致慈善捐赠组织发展滞后的重要制度因素。近年来，慈善捐赠组织管理机制开始出现由"偏紧"走向"宽松"、由"条块分割"走向"综合协调"的良好发展趋势。

一 由"偏紧"走向"宽松"

慈善捐赠组织管理体制中的"偏紧"状态主要体现在登记管理体制、政府对民间慈善捐赠组织的扶持力度以及免税资格审批上。

[①] The Foundation Center, *Foundation Giving Trends*, 2010, http://foundationcenter. org（2014/11/10）.

[②] 高功敬：《中国非公募基金会发展现状、困境及政策思路》，《济南大学学报》2012 年第 3 期，第 66 页。

[③] 国务院：《关于促进慈善事业健康发展的指导意见》，2014 年 12 月 18 日。

　　首先，长期以来，政府对包括慈善捐赠组织在内的民间组织在登记注册上具有较强的选择与控制色彩，延续着计划经济体制下较强的宏观控制功能。包括慈善捐赠组织在内的所有民间组织都必须得到某一业务主管部门的支持并挂靠其名下，并且还必须满足相关登记注册法规所规定的一系列门槛较高的条件。① 这一双重管理体制使得众多慈善组织缺乏完全的独立法人资格。较严苛的登记注册规定也限制了许多规模较小的慈善组织的成长，使许多中小型组织无法通过注册获得合法地位。如中国《基金会管理条例》（国务院 2004 年 6 月 1 日颁布实施）规定，全国性公募基金会的原始基金不低于 800 万元人民币，地方性公募基金会的原始基金不低于 400 万元人民币，非公募基金会的原始基金不低于 200 万元人民币，原始基金必须为到账货币资金。非公募基金会的原始基金从 1988 年《基金会管理条例》规定的 10 万元注册基金提高到 200 万元。另外，由于中国慈善组织发展历程较短，动态监管经验欠缺，在监管门槛设置上一般坚持"就高不就低"的高标准、严要求，以方便监管。除基金会原始基金门槛设置过高之外，对薪酬的规定也较为严格，"在基金会领取报酬的理事不得超过理事总人数的三分之一"，"监事和未在基金会担任专职工作的理事不得从基金会获取报酬"等。同时，"偏紧"的登记注册管理制度也加重了屡遭诟病的非营利组织的官方色彩。在较长一段时期，中国"只有合法存在的 GONPO（具有官方背景或受官方控制的非营利组织），而没有合法存在的 NPO（非营利组织）"。② 在中国慈善事业的起步阶段，这种一贯"偏紧"的登记注册管理制度不利于慈善捐赠组织的发展，长期以来导致慈善捐赠组织在数量上严重不适应中国经济社会发展的需要。

　　其次，政府往往重点支持官办 NGO，而对民间慈善组织的支持虽有探索与倡导，但还有很大的提升空间。③ 从政府部门尤其是民政部门中分化出

①　〔美〕托马斯·西尔克主编《亚洲公益事业及其法规》，中国科学基金研究会主译，科学出版社 2000 年版，第 95—96 页。

②　孙立平等：《动员与参与——第三部分募捐机制个案研究》，浙江人民出版社 1999 年版，第 23 页。

③　高鉴国、高功敬：《一个民间慈善组织的发展历程——"牛群裸捐"案例分析》，载杜红波、高鉴国主编《慈善事业与和谐社会》，济南出版社 2006 年版，第 235—254 页。

来的官办 NGO，具有较强的政府色彩，能得到政府相关部门的政策性、资源性支持，具有良好的发展基础，但这类官办 NGO 数量较少，具有一定的垄断地位；另一类产生于民间的慈善捐赠组织，一般规模小、基础薄弱，在成长过程中需要政府给予更大的政策、资源性支持。

再次，从免税资格审批上来看，慈善捐赠组织免税资格的审批权高度集中于中央政府，获得慈善捐赠免税资格的慈善组织数量较少，免税资格的审批程序也十分繁琐，这制约了个体与企业的慈善捐赠热情，也限制了慈善捐赠组织的蓬勃发展。

从登记管理体制、政府对民间慈善捐赠组织的扶持力度以及免税资格审批等方面来看，中国慈善捐赠组织的管理体制体现出高度"偏紧"的传统控制色彩。这种"偏紧"的控制取向是传统的计划经济管理体制的具体体现，已不适应市场经济背景下社会服务管理的需求，导致慈善捐赠组织官方色彩浓厚，制约了中国慈善捐赠事业的发展。适度变革"偏紧"的慈善捐赠组织管理体制是大力发展慈善捐赠事业的方向之一。近年来相关发展体现在如下几个方面。

第一，慈善捐赠的地位与功能逐渐被提升到一个重要地位。有学者统计，在 1949—1994 年的 45 年间，《人民日报》没有刊登过一篇正面评价慈善事业的文章。[①] 自 20 世纪 90 年代中期以来，慈善捐赠逐渐增多，1998 年特大洪水灾害期间，慈善捐赠出现第一次井喷式增长。进入 21 世纪以来，日常性慈善捐赠呈现逐年增加趋势，逐渐显现其在社会救助中发挥的重要功能。十六届四中全会将慈善事业列为社会保障体系的重要组成部分。2011年，民政部发布《中国慈善事业发展指导纲要（2011—2015 年）》，提出要"开创公众普遍参与、社会捐赠和志愿服务显著增长、公益慈善组织运作高效公开透明的慈善事业发展新局面"。[②] 十八届三中全会提出要创新社会治理、利用社会力量发展慈善捐赠事业。慈善事业的发展进入了快车道。慈善捐赠的地位与功能逐渐被提升到一个重要地位。十八届三中全会强调激发社会组织活力，正确处理政府和社会关系，加快实施政社分开，"限期实现行

---

① 田凯：《组织外形化：非协调约束下的组织运作——一个研究中国慈善组织与政府关系的理论框架》，《社会学研究》2004 年第 4 期，第 64—65 页。

② 民政部：《中国慈善事业发展指导纲要（2011—2015 年）》，2011 年 7 月 15 日。

业协会商会与行政机关真正脱钩，重点培育和优先发展行业协会商会类、科技类、公益慈善类、城乡社区服务类社会组织，成立时直接依法申请登记"。① 《国务院关于促进慈善事业健康发展的指导意见》进一步强调，要稳妥推进慈善组织直接登记，逐步下放符合条件的慈善组织登记管理权限；并鼓励和倡导地方政府与社会力量通过实施公益创投等多种方式，为初创期慈善组织提供资金支持和能力建设服务。② 这为孵化慈善组织以及促进慈善组织的发展创造了更为宽松的政策和社会环境。从对上述政策的分析来看，逐步改变"偏紧"的慈善捐赠组织管理体制是一个显著的发展趋势。

第二，从企业公益捐赠免税额度来看，在十届全国人大五次会议上通过的新的《企业所得税法》规定，企业的公益捐赠扣除比例提高至企业年利润总额的12%。企业公益捐赠免税额度的提高也体现了慈善捐赠管理体制的逐步松动。

第三，从免税审查资格审批权下放来看，财政部、国家税务总局2007年初联合下文，把地方性慈善捐赠税前扣除的审查资格下放到省一级。近年来，在各界的大力推动下，政府在慈善捐赠组织管理体制上逐渐从"偏紧"走向"宽松"，将继续成为未来一段时间内慈善捐赠事业的基本发展趋势之一。

二　由"条块分割"走向"综合协调"，强调多元治理

慈善捐赠是一个涉及不同政府部门、多个领域的综合管理事业，其发展需要不同的政府部门以及相关领域的综合协调、多元治理。中国慈善捐赠事业的行政主管是各级民政系统；在税法方面，还涉及财政部门、税务部门以及人大立法系统；在登记注册管理方面，还涉及工商行政部门以及其他各类党政社会团体等等。传统的"条块分割"行政管理体系已经不适应现代慈善捐赠事业的发展，慈善捐赠事业的深入发展与变革迫切需要多部门以及多领域的综合协调行动。

---

① 《中共中央关于全面深化改革若干重大问题的决定》，《人民日报》2013年11月16日，第1版。
② 国务院：《关于促进慈善事业健康发展的指导意见》，2014年12月18日。

慈善捐赠事业管理体制由"条块分割"开始逐步走向"综合协调"。具体表现如下：其一，在相关政策制定上，多个政府部门加强了协调与配合。如 2007 年初，财政部与国家税务总局联合协调，把地方性慈善捐赠税前扣除的审查资格下放到省一级。其二，民政部内部就慈善捐赠事业加强了整合与协调，专门成立了慈善事业协调领导小组和慈善事业协调处。其三，2011年，民政部发布《中国慈善事业发展指导纲要（2011—2015 年）》，着重强调要完善慈善捐赠的组织协调机制。[①] 这表明，政府已充分认识到解决慈善捐赠管理体制中"条块分割"问题的重要性，注重慈善捐赠领域中的多元治理。其四，近期，《国务院关于促进慈善事业健康发展的指导意见》明确要求建立健全慈善工作组织协调机制，鼓励和倡导慈善组织的扶贫济困与政府的社会救助之间互联互通、协调一致。其五，拟定法律层级较高的慈善法，统一规范慈善捐赠事业。经过多年的努力，慈善立法已经纳入人大立法规划，慈善法草案已多次征求社会意见。立法一旦成功，将在很大程度上改进慈善捐赠各个领域和环节的管理状况，使慈善捐赠发展思路、主体性质、进入渠道、评估、监督、公益产权界定与转让、融资投资以及退出等各个领域走上法治化轨道。可以预期，以慈善立法为重要契机，慈善捐赠事业在未来的一段时间内将逐步改变传统的"条块分割"的行政管理体制，加快推进不同行政管理部门以及相关领域的综合协调治理的实现。

综上，中国慈善捐赠组织管理体制正在从传统的"统治"观念逐步向现代"治理"理念转变，反映了国家治理体系和治理能力的现代化进程。发达国家对慈善捐赠组织管理的基本经验是强调多元治理，注重政府、市场以及社会力量在慈善捐赠组织管理体制中各自的比较优势、功能，有效发挥边界以及多元主体的协作共治。显然，中国有自己独特的国情，在慈善捐赠组织管理上不能简单地照搬西方发达国家的经验。但在慈善捐赠组织管理领域中，由于传统上政府的力量过于强大，在很大程度上对市场、社会等其他治理力量产生了"挤出"效应，导致管理体制上较为僵化，政府在慈善捐赠组织管理上出现了"错位""失位"以及"越位"等弊端。因此，结合中

[①] 民政部：《中国慈善事业发展指导纲要（2011—2015 年）》，2011 年 7 月 15 日。

国国情，借鉴西方发达国家在慈善捐赠组织管理体制上的多元治理经验，通过深化改革和落实相关政策，理顺政府、市场以及慈善捐赠组织各自的功能边界，中国慈善捐赠组织管理体制的发展必将进一步走向"宽松"以及"综合协调"的多元治理道路。

第三节 监督透明机制发展趋势

中国慈善捐赠领域的监督透明机制逐渐引起了公众、慈善捐赠组织、政府部门以及相关学术界的广泛关注。当前，该领域的积极变化趋势主要体现在如下两个方面：逐步构建起慈善捐赠组织评估机制，建立与完善慈善捐赠机制的公开透明机制。

一 初步建立起慈善捐赠组织评估机制

评估（evaluation）一般是指依据一定的标准、程序和方法，对政策、项目、服务、机构、活动等的效率、效益和价值进行测量、评价的过程，其目的在于获取相关实际信息，以作为其维持、调整、终结、创新的依据。评估最初广泛应用于企业管理领域，于 20 世纪初逐渐扩展到公共政策等其他各个领域。[①] 20 世纪 70 年代以来，全世界范围内兴起了一场新公共管理的革命，推动这次变革的主要管理工具之一就是评估。此后评估热潮一度高涨，以至于一些西方学者认为传统的"行政国家"正被"评估国家"所取代。[②] 慈善捐赠组织评估来自提升自身慈善劝募能力与公信力的深层现实需求。在美国慈善劝募市场发展过程中，存在着一些个体与机构以慈善为口号中饱私囊的丑闻。随着劝募市场丑闻的曝光，社会大众对整个慈善捐赠组织信心逐渐不足，捐赠意愿下降，损害到慈善捐赠的公共利益。在此背景下，慈善劝募机构联合行动起来推动了美国慈善捐赠组织评估活动，成立慈善信息局，提高慈善捐赠组织的社会公信力与自身治理能力，恢复公众对劝募机构的信心，帮助公众辨识优秀的劝募机构，引导公众捐

---

① 国家民间组织管理局编《中国民间组织评估》，中国社会出版社 2007 年版，第 93 页。

② 邓国胜等：《民间组织评估体系：理论、方法与指标体系》，北京大学出版社 2007 年版，第 93 页。

赠的方向。① 慈善捐赠组织评估在西方国家得到深入发展，不仅成为规范慈善捐赠组织行为的监督工具，也是推动慈善捐赠组织逐步发展壮大的重要机制。在中国慈善捐赠事业发展的起步阶段，政府、民间力量以及捐赠人因评估成本高、慈善捐赠数额较小等对慈善捐赠组织的评估不太重视，对其需求不太强烈。随着慈善捐赠事业的快速发展，大额慈善捐赠数量的增多，各种慈善捐赠丑闻的大量出现与曝光，以及非营利组织评估理论方法的引入与完善，慈善捐赠组织评估逐步得到政府、社会各界力量、慈善捐赠人以及慈善捐赠组织的高度重视。当前，中国慈善捐赠事业进入快速发展阶段，慈善捐赠尤其是大额慈善捐赠逐步日常化，但与此相伴的是社会各界开始对慈善捐赠公信力产生疑虑。近年来，屡屡发生并曝光的慈善捐赠丑闻进一步威胁到慈善捐赠组织的公信力，迫切需要对慈善捐赠组织进行评估。

近年来，慈善捐赠组织评估逐步得到了民政部门以及学术界的重视。其具体表现如下：第一，2007 年，民间组织管理局开始对全国性基金会等主要大型慈善捐赠组织进行初步评估，并已建立相关制度。第二，民政部设立相关专项研究招标课题，联合学术界共同研究包括慈善捐赠组织在内的中国民间组织评估理论、方法与指标体系。② 第三，有关非营利组织评估的理论、方法与指标体系的研究与实践成为学术界研究的热点之一。

需要指出的是，中国慈善捐赠组织评估还处在起步阶段。首先，政府对慈善捐赠组织评估的日常化机制还没有完全建立起来，评估的慈善捐赠组织覆盖面有限。其次，在评估理论、方法与指标体系上，慈善捐赠组织评估还处于探索试点阶段，对国内各类慈善捐赠组织仍未形成完整有效的评估工具。再次，评估主体还仅局限于相关政府部门，独立的

① 邓国胜等：《民间组织评估体系：理论、方法与指标体系》，第 94 页。

② 有学者早已指出，中国有自己的国情，中国的非营利组织与国外的非营利组织有较大的差别，因此不能完全照搬国外非营利组织的评估理论与方法，而需要结合中国非营利组织的特色。当前国内现有的研究侧重于引介国外的评估指标，而缺乏对这些指标适应性的研究，因此，该学者倡导应通过实证性研究建立适合中国非营利组织特色的评估理论与评估指标体系（参见邓国胜《非营利组织评估》，社会科学文献出版社 2001 年版，第 3 页）。另外，民间组织评估在民间组织发展的早期阶段不宜设立过高的标准，否则可能会制约民间组织的发展（邓国胜等：《民间组织评估体系：理论、方法与指标体系》，第 94 页）。

民间评估组织还处在起步阶段。2010 年 7 月 8 日，国内 35 家基金会联合成立了基金会中心网，通过数据采集与挖掘，开发了一系列关于基金会的信息产品，并发布年度中基透明指数（FTI）。[①] 中国民间评估组织整体上处在发育阶段，未来需要形成民间评估组织的竞争市场，以促进民间评估组织优胜劣汰、良性发展，为提高中国慈善捐赠组织的信息透明度提供动力。

因此，对未来一段时间内的发展，可以有如下预期：第一，以民间组织管理局为主导的政府评估平台将逐步完善，在对大型慈善捐赠组织探索性评估的基础上，逐步建立起适合中国慈善捐赠组织评估的理论、方法与相关指标体系。第二，对大型的慈善捐赠组织评估将进入常规化阶段，并不断扩大慈善捐赠组织评估的范围。第三，独立的民间慈善捐赠组织评估力量逐步发育，并形成评估组织的竞争市场。总之，可以预见，未来将建立以政府为主体、民间评估力量参与的中国慈善捐赠组织评估机制。

二　逐步建立与完善慈善捐赠公开透明机制

公信力是慈善捐赠组织的生命线。[②] 慈善捐赠领域中社会公信力的提高关键在于慈善捐赠公开透明机制的建立与完善。捐赠人如果发现慈善机构没有履行慈善职能或不清楚慈善捐赠款项的实际运作，那么慈善捐赠行为就趋于保守，捐赠数额将会相应减少。在美国，慈善组织清醒地认识到，让公众知悉他们所开展的活动和自治的信息非常重要。慈善组织也负有向社会公众公开信息的法定义务。正式的法律问责制从慈善组织最初成立时便已产生，存在于如下各个阶段中：从慈善组织登记为法人和申请免税资格，到慈善组织存续期间每年定期向税务部门（在某些州是向法人主管机关）提交税务申报单，直至慈善组织终止。[③] 在对公众的公开透明责任方面，美国慈善相

---

① 基金会中心网：《中基透明指数（FTI）》，http://www.foundationcenter.org.cn（2014/11/12）。

② 黄丹、姚俭建：《当代中国慈善事业发展的战略路径探讨》，《社会科学》2003 年第 8 期，第 77 页。

③ 〔美〕贝希·布查尔特·艾德勒等：《通行规则：美国慈善法指南》，金锦萍等译，中国社会出版社 2007 年第 2 版，第 105 页。

关法律规定得极其详尽，具有极强的刚性。① 因此，美国卡耐基基金会前主席卢塞尔曾提出"慈善事业要有玻璃做的口袋"。中国慈善捐赠事业在发展过程中出现的多起丑闻引起了社会公众的忧虑。当前中国众多慈善捐赠组织的公开透明度还处在较低的水平，社会公众对慈善捐赠款项运作心存忧虑。用一位在基金会长期工作的负责人的话来说，"那里（指基金会财务）存在'太多的诱惑、太多的机会、太多的漏洞，而人性又是那么的脆弱'……"② 在一份关于公众参与捐赠意愿的行为取向调查研究中，"贪污、截留和挪用"与"捐赠款物没有送到最需要的人手中"被列为在捐赠接受工作中人们最担心的问题。③ 慈善捐赠运作过程中公开透明度缺失将严重损害慈善捐赠组织的公信力，影响社会公众慈善捐赠的热情。

中国政府对提高慈善捐赠领域的公开透明度与社会公信力也高度重视，采取了如下措施。

其一，强调全过程监管，搭建信息公共平台。民政部《中国慈善事业发展指导纲要（2006—2010 年）》强调全过程监管，要求完善慈善组织内部治理结构；建立公开规范的财务管理制度以及捐赠款物追踪、反馈和公示制度；推动建立慈善行业规范与标准，发挥行业监督功能；促进第三方评估机制建设等，实现对慈善组织的法律监督、行政监督、舆论监督、公众监督，逐步形成自律机制和监督管理机制，提高慈善组织公信力。④ 民政部主管的社会组织"中民慈善捐助信息中心"，建立了中国捐助网——中民慈善捐助信息中心网站，⑤ 为捐赠信息、求助信息、慈善捐赠年检披露以及慈善动态

---

① 如根据美国慈善相关法律规定，慈善组织有义务向任何要求了解情况的人提供以下文件的副本：组织的免税资格申请文件，最近三次纳税申报单和除捐赠人名单以外的所有附件。如果要求获得信息的请求是当面提出的，应该立即给予答复；如果是以书面形式提出的，则要求在 30 日内给予答复。除法律明确规定的不便公开的少数信息外，慈善组织都不能以内部秘密为由而不向公众提供。有些组织发现公开信息的义务非常麻烦，因为 990 表和 990—PE 表要求包含如下人员从该组织获得报酬和福利的所有信息：慈善组织决策机构理事和受托人之外的其他雇员中薪酬最高的五个雇员，以及雇员之外的五个最大的服务提供商。但是，披露这些看似繁琐的信息不能有任何借口，都必须向公众完整地披露并接受监督。参见〔美〕贝希·布查尔特·艾德勒等《通行规则：美国慈善法指南》，金锦萍等译，中国社会出版社 2007 年第 2 版，第 114—115、143—213 页。

② 邓国胜等：《民间组织评估体系：理论、方法与指标体系》第 186 页。

③ 何兰萍、陈通：《关于当前发展慈善事业的几点思考》，《社会科学》2005 年第 8 期，第 77 页。

④ 民政部：《中国慈善事业发展指导纲要（2006—2010 年）》，2005 年 11 月 20 日。

⑤ 中国捐助网，http：//www. donation. gov. cn/jsp/index. html（2013/8/9）。

监测等提供了公开发布平台。《国务院关于促进慈善事业健康发展的指导意见》对具体的公开内容、公开时限以及公开途径与平台做出了明确的规定，极大地促进了社会监管的可及性和信息公开的规范性。

其二，加强慈善捐赠研究，完善公开透明手段。2008 年初，民政部慈善事业协调办公室、中民慈善捐助信息中心共同发布了《2007 年度中国慈善捐赠情况分析报告》。这是中国第一份关于慈善捐赠的年度报告，迄今已经连续发布了 6 年。另外，2007 年，民间组织管理局开始对全国性基金会等主要大型慈善捐赠组织进行评估，并公布了基本的评估结果，以评估为监督管理的工具，推动慈善捐赠组织提高公开透明度。2009 年以来，中民慈善捐助信息中心将慈善信息监测作为一项常态工作开展，发布了全国性慈善组织信息披露监测报告。[1] 2010 年发布的年度中国慈善透明报告，在抽样调查的基础上，对年度慈善信息公开现状进行分析研究，建构了慈善透明指数，并公布慈善透明排行榜。[2] 因此，可以预期中国慈善捐赠公开透明机制将得到初步构建，其具体行动路径是：第一，在行政管理领域，民政部以中民慈善捐助信息中心及其网站为平台，初步建立起全国统一的慈善捐助信息统计体系，使慈善捐助信息统计、年检与评估信息发布以及捐助信息查询日常化、定期化、制度化。第二，在法治化建设领域，以慈善法出台为契机，法律对慈善捐赠组织公开透明的刚性规定进一步具体化，大幅提升监督问责在内容、程序上的可操作性。第三，在慈善捐赠组织内部治理领域，政府和社会的推动，迫使相对大型的慈善捐赠组织自行加强内部组织管理以及项目活动的公开透明化，并尽可能形成慈善捐赠行业自律协会。其四，在技术手段应用领域上，借助现代网络与软件技术系统，促使绝大多数慈善捐赠组织建立起自身的信息发布网站，并统一于行业协会网络或中民慈善捐助信息中心网络内，改变分散或不规范的网络公示形式，使绝大多数慈善捐赠组织在统一的网络平台上定期公布捐赠资金与物品的来源和流向。第五，建立起高度透明与方便快捷的公众查询系统，增强公开信息的可及性，及时接受社会

---

[1]　中民慈善捐助信息中心：《2009 年全国性慈善组织信息披露监测报告》，http：//www.charity.gov.cn/fsm/html/files/2011 – 12/30/20111230154211734193395.pdf（2013/11/10）。

[2]　中民慈善捐助信息中心：《2010 年度中国慈善透明报告——全国慈善信息披露现状抽样调查》，http：//www.charity.gov.cn/fsm/html/files/2011 – 12/30/20111230154408968444674.pdf（2013/11/10）。

大众查询与监督。

西方发达国家慈善捐赠公开透明机制的基本经验是：全过程监管、可及性的信息公开查询机制以及注重社会力量参与监督。可以说，在提升慈善捐赠公共透明水平及其公信力上，发达国家的经验总体上反映了慈善捐赠机制发展的一般性规律。2011 年民政部发布的《中国慈善事业发展指导纲要（2011—2015 年）》重申了慈善信息公开制度建设的各项基本规定，这些规定的逐步落实，必将极大推进中国慈善捐赠公开透明机制的制度化和法治化进程，提高中国慈善捐赠机构的公信力。

第四节　募捐机制发展趋势

筹募慈善资金的能力是衡量慈善捐赠组织治理能力的重要变量，也能反映出某一国家或地区慈善捐赠的发展水平。募捐机制影响慈善资金的筹集，是慈善捐赠机制研究的重要内容。近年来，中国募捐机制领域出现了多元化、市场化、专业化与职业化的发展趋势，股权捐赠等新型筹资方式也开始出现并不断发展。

一　募捐筹资方式的多元化与市场化

西方发达国家高度的慈善发展水平基于多方面原因，其中募捐方式的多元化与市场化是重要原因之一。西方发达国家中慈善募捐方式的多元化主要体现在如下几个方面：其一，根据不同慈善捐赠动机，采取多样化的捐赠策略满足捐赠者复杂多样的捐赠需要。慈善捐赠动机不仅是利他主义取向，也包含复杂多样的利益需求或其他要求。慈善组织通过建立密切稳定的互动网络、为特殊要求（如匿名要求）的捐赠者提供相应服务措施、采取会员制、举行特别筹款活动、赠送慈善捐赠礼品、购买慈善销售券等各种具体方式筹集慈善资金。其二，慈善募捐营销方式多种多样。慈善机构通过上门联系、电话、电邮以及互联网等形式扩大慈善宣传；采取名人慈善、与知名企业合作筹款等营销策略；利用各种形式的文体活动进行慈善宣传或直接筹款等。其三，针对不同特点的慈善捐赠群体，采取不同的募捐方式。另外，在慈善募捐领域形成了激烈的市场竞争，促进慈善捐赠机构的优胜劣汰，这有利于推动慈善捐赠机构不断提升透明度并开发优质捐赠服务，为捐赠者提供多样性、多元化、个性化的慈善捐赠选择。

长期以来，中国慈善捐赠领域中的募捐方式较为单一。一方面，慈善募捐来源主要依靠政府、企事业单位的内部动员，带有较强的行政色彩；另一方面，大多数慈善捐赠机构忽略了慈善募捐方式与策略的开发，局限于传统的"等、靠、要"的被动思维，缺乏主动性与创新能力。近几年来，随着中国慈善机构的快速发展，慈善捐赠领域中的募捐方式与策略出现了积极的显著变化。

其一，认识到慈善捐赠动机的复杂性，主动满足慈善捐赠者的多样化需求。中国传统文化过于注重慈善捐赠动机的利他主义取向，强调慈善捐赠动机的纯洁性。近年来，不少慈善捐赠机构注意到了慈善捐赠动机的复杂性，主动通过满足不同企业、个体捐赠者的具体需求，实现互惠共赢。

其二，注重慈善募捐策略的创新。大型慈善捐赠机构主动利用电视、网络等媒体力量，采取公益广告，利用明星效应，主动与知名企业、政府机构合作等方式，开发了多渠道、多元化的慈善营销策略。如中国青少年发展基金会联合央视的"圆梦行动"使其筹资连续两年过亿元，中国红十字基金会借助明星效应使其募款额也超过了亿元。其中，值得强调的是网络募捐的异军突起。近年来，中国互联网发展迅速，通过网络开展慈善捐赠已蔚然成风，影响力日益显著，已成为慈善捐赠的重要途径。数据显示，"2013 年，中国网络慈善募捐规模超过 3 亿元，主要网络捐赠平台包括腾讯公益、新浪微公益、阿里巴巴支付宝'E 公益'、易宝公益圈。越来越多的社会公众选择通过网络捐赠，2013 年，在腾讯公益平台上有 116 万用户参与捐赠；在新浪微公益平台上，超过 200 万爱心网友有直接的微公益行为；支付宝 E 公益捐款人次超过一个亿"。[①] 网络募捐具有成本低、方便快捷、暴涨性传播、目标瞄准率高等显著优势，必将伴随着中国网络社会的深入发展而日益凸显其重要性。

其三，开始细化慈善捐赠群体，针对不同的群体采取不同的劝募方式。

---

① 中民慈善捐助信息中心：《2013 年度中国慈善捐助报告》，http：//www. charity. gov. cn/fsm/sites/newmain/preview1. jsp？ ColumnID＝362&TID＝20130925084543284400468（2014/5/25）。

针对富裕阶层以及富豪，注重营造作为一种高尚生活方式的慈善理念与现代财富观念；针对平民阶层，注重提供日常化的慈善捐赠渠道，并采取福利彩票、慈善有奖销售券等手段吸引小额慈善捐赠。中国经济与社会的快速发展以及西方发达国家慈善捐赠理念与策略的影响，在推动本土慈善募捐方式多元化发展的同时，也促进了慈善募捐领域的市场化趋势。近几年来，中国民间慈善机构的快速发展，尤其是私募基金会的崛起，为中国慈善捐赠市场竞争带来了活力。慈善募捐方式的多元化与市场化趋势，将加速传统的被动性慈善捐赠机构的变革，淘汰一批没有募捐竞争能力的慈善捐赠机构，促进慈善捐赠领域中产生一批具有现代治理能力与劝募市场竞争力的慈善捐赠机构。

二　募捐筹资方式的专业化与职业化

现代慈善募捐是一项较为复杂的运作系统，从募捐策划、募捐营销、开展募捐活动到劝募资金的运作、评估及反馈，整个过程日益专业化、职业化。另外，随着现代慈善捐赠市场的形成与发展，日趋复杂的慈善募捐合作与竞争也推动了慈善募捐的专业化与职业化发展。慈善筹款活动的专业化与职业化主要体现在如下几个方面：其一，现代慈善筹款组织与机构（尤其是慈善基金会）快速发展以及具有专业化素养的专职工作人员队伍涌现。在西方发达国家，慈善基金会的兴起有一百多年的历史，已经成为第三部门的主导力量之一，吸纳着大量的专门人才。其二，该领域形成了成熟的职业技能与方法、职业伦理与规范。例如，美国的筹款人员需要取得专业权威机构颁发的专业培训证书与相应的资格认证。其三，该领域形成了相对成熟的专业教育培训系统以及专门的研究机构。发达国家中的社会工作、社会福利服务等相关专业以及专门培训机构为慈善捐赠领域所需要的专门化人才的教育培训提供了保障。另外，依托高等教育以及专门的独立研究机构，对慈善事业的研究也逐步得到加强。其四，出现了相关的行业组织管理协会。慈善捐赠领域自组织协会的出现是专业化与职业化的重要标志之一。美国在 20世纪就产生了"美国筹款咨询公司协会"（The American Association of Fund-Raising Counsel）、"筹款专业人士协会"（Association of Fundraising Professionals Founded）等众多专门化的行业协会，促进了慈善捐赠领域的专业化与职业化发展。

　　由于中国慈善捐赠事业发展时间较短，以及慈善捐赠领域中行政主导性与行政依赖性的传统，中国慈善捐赠活动与行为的专业化与职业化发展受到了较强的限制。进入 21 世纪后，中国慈善捐赠行为的专业化与职业化得到重视与发展。

　　其一，中国民间组织尤其是现代慈善捐赠组织与机构的快速发展，为慈善捐赠事业的专业化与职业化提供了良好的环境，产生了大量的专业职位，迫切需要相关专业人才尤其是高级专门化人才。随着改革开放的深入，尤其是进入 20 世纪 90 年代以来，中国民间组织获得了较大程度的发展，民间组织总量从 1988 年的 4446 个增长到 2012 年的 49.9 万个，20 多年间增长了111 倍多。进入 21 世纪以来，民间组织数量每年保持稳步增长（见图 7 -2）。民间组织的大发展为慈善捐赠事业的发展提供了组织环境。有学者统计，自新中国成立至 1993 年，中国还没有一家直接以慈善为名的组织，而在 1993—2001 年，全国共出现了 172 家慈善组织。[①] 从 2003 年国家统计局开始公布有关基金会统计数据，当年统计数字为 954 家，到 2012 年为 3029家，10 年间增长了 217.51%。[②]

　　其二，中国社会工作专业教育的发展为慈善募捐领域提供了专业化人才储备。中国的社会工作发展具有专业教育超前发展的特点，2000—2013 年，国内开设社会工作专业的高校由 55 所增加到 310 多所，为中国第三部门提供了充足的专业人才储备。

　　其三，政府积极推动慈善捐赠领域的专业化与职业化发展。在"建立一支宏大的社会工作人才队伍"方针的指导下，民政部近年来开始推动慈善领域中社会工作人才试点与建设工作。

　　其四，中国慈善募捐方式的多元化与市场化，促使慈善募捐领域专业化分工与职业化发展。基金会等慈善募捐组织为了生存与发展，必须以专业化、精准化、创新性的慈善募捐策略与工具，进行慈善募捐市场定位、现代

---

　　① 田凯：《组织外形化：非协调约束下的组织运作——一个研究中国慈善组织与政府关系的理论框架》，《社会学研究》2004 年第 4 期，第 64 页。

　　② 民政部：《2012 年社会服务发展统计公报》，http：//cws.mca.gov.cn/article/tjbg/201306/20130600474746.shtml（2013/11/10）。

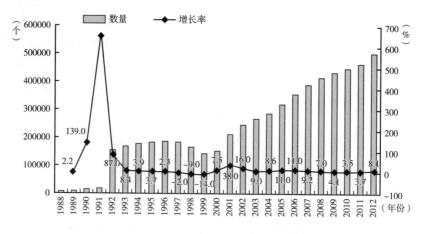

图 7 - 2　中国民间组织发展概括

资料来源：民政部：1988—2009 年民政事业发展统计公报、2010—2012 年社会服务发展统计公报，http：//cws. mca. gov. cn/article/tjbg。

慈善营销以及形成慈善品牌，以赢得慈善募捐市场竞争的优势。尽管中国慈善募捐活动的专业化与职业化整体水平还相当低，但专业化与职业化步伐已经迈出。这种趋势必将逐步得到加强，逐步形成相对独立的民间慈善募捐专业协会以及行业标准与职业伦理规范。

其五，股权捐赠等新型捐赠方式逐渐增多。在慈善捐赠方式的传统观念中，慈善捐赠标的基本上是资金、物品以及相关服务等。随着中国资本市场的发展繁荣，慈善捐赠领域逐渐开始出现股票红利捐赠、股权捐赠、债券捐赠等新形式。尽管有价证券捐赠在中国还是一个新生事物，但捐赠的证券化趋势将逐渐增强。2005 年，蒙牛集团发布公告宣布董事长牛根生在有生之年将所持有的公司股票红利的 51% 捐赠给"老牛基金"，号称中国"股捐第一人"（实际上是股票红利捐赠，而非股权捐赠）。[①] 2009 年福耀玻璃董事长曹德旺宣布要把家族持有的 70% 的福耀玻璃股份约 7 亿股捐出成立河仁慈善基金会。[②] 同年，新华都集团董事长陈发树将其持有的市价 83 亿元的

---

① 程芬：《"中国股捐第一人"牛根生到底捐了多少钱?》，《公益时报》2006 年 3 月 14 日。

② 李晋、侯雪竹：《曹德旺捐赠股票考验政府智慧　四大问题有待解决》，《京华时报》2011 年 5 月 9 日。

股票捐赠给其所成立的新华都慈善基金会。① 股权等新捐赠形式不仅丰富了慈善捐赠的种类和方法，也提出了新的慈善捐赠管理课题。比如，股权捐赠存在着产权界定、税收、收益等问题的不确定性，上市公司与基金会的利益关联问题，监督管理和经营处置股权资产等一系列复杂的挑战。这推动了国家相关部门对企业公益性股权捐赠的制度建设，如 2009 年财政部下发了《关于企业公益性捐赠股权有关财务问题的通知》，对于股权的公益性捐赠进行了制度化规范。《国务院关于促进慈善事业健康发展的指导意见》大力鼓励和倡导对捐赠知识产权收益、技术、股权、有价证券等新型捐赠方式的探索。随着中国资本市场的繁荣以及证券化捐赠的规范化发展，中国慈善捐赠的多样化以及证券化趋势将日益增强。

西方发达国家的慈善募捐机制的发展经验表明，成熟的慈善捐赠机制表现为募捐筹资方式的多元化与市场化，以及募捐筹资方式的高度专业化与职业化。尽管中国慈善募捐机制（包括捐赠方式）的发展成熟还需要一段较长的时间，但近些年的发展已呈现这些方面的势头。

其六，慈善信托开始起步，为促进慈善捐赠专业化运作注入新动力。现代信托机制已经比较成熟规范，具有高度的专业性、灵活性以及较强的资本运作能力。慈善信托是现代慈善捐赠与运作的重要方式之一。慈善信托通常是指由委托人将一定的财产基于慈善目的委托给受托人，按照契约及相关法律，受托人以受托人意愿进行管理与运作。慈善信托机制的发展可以有效提高中国慈善捐赠运作机制的专业化水准，有利于促进慈善基金的保值增值以及捐赠效益的最大化。2001 年，中国颁布了《信托法》，鼓励发展公益信托，为包括慈善信托在内的公益信托的发展提供了基础性法律保障。2008 年汶川赈灾期间，西安信托公司（现改名为长安信托公司）专门设立了"5·12 抗震救灾公益信托计划"，被视为国内首个慈善信托。中国慈善信托刚进入起步阶段，发展也受到各种制度性以及观念性因素的制约，据不完全统计，目前符合条件的公益信托项目只有几十个，慈善信托项目则更少。慈善法正处在立法阶段，慈善信托应在慈善法中得到进一步的规范与促进。伴随着经济社会的快速发展以及现代慈善理念的普及，

---

① 叶丽雅：《中国经济十大悬念之十：股权捐赠或将开闸？》，《IT 经理世界》2009 年第 24 期。

中国慈善信托必将进入快速发展阶段，为促进中国慈善捐赠及其专业化运作注入新动力。

第五节　总结与讨论

综上所述，伴随着经济社会领域的整体进步，中国慈善捐赠机制在捐赠格局、捐赠组织管理体制、监督透明机制以及募捐筹资机制等方面发生了重大变化，表现出了一系列积极的发展趋势。

首先，慈善捐赠格局的发展趋势，主要表现在如下方面：21 世纪以来，中国慈善捐赠数量快速增长，捐赠网络不断完善，虽然总体上还与经济社会发展水平不相适应，但与发达国家的相对差距逐渐缩小。现代慈善捐赠主体格局正处在发育阶段，主要表现为：个体和企业捐赠发展迅速；传统基金会格局被打破，私募基金会开始崛起。从资助结构来看，捐赠领域开始趋向多元化，发展型捐赠增多。

其次，慈善捐赠组织管理体制的发展趋势，一方面表现在登记管理体制、免税资格审批逐渐由"偏紧"的控制走向"宽松"的管理，政府对民间慈善捐赠组织的扶持力度以及企业慈善捐赠免税标准的提高等方面；另一方面表现在由"条块分割"开始逐步走向"综合协调"，注重慈善捐赠组织管理在不同政府部门以及相关领域内的综合协调治理。

再次，慈善捐赠的监督透明机制的发展趋势是，初步建立以政府为主体，民间评估力量参与的中国慈善捐赠组织评估机制；逐步建立与完善慈善捐赠公开透明机制。具体包括以下几方面：①以民间组织管理局为主导的政府评估平台将逐步完善，在对大型慈善捐赠组织探索性评估的基础上，初步建立起适合中国慈善捐赠组织评估的理论、方法与相关指标体系；②对大型的慈善捐赠组织评估将进入常规化阶段，并不断扩大慈善捐赠组织评估的范围；③独立的民间慈善捐赠组织评估力量将得到实质性发展，评估竞争市场将得到发育；④强调全过程监管，搭建信息公共平台，注重社会力量参与监督。

最后，中国慈善募捐筹资机制逐渐向多元化、市场化以及专业化、职业化方向发展。现代证券化公益性筹资方式也已出现，并不断增加，慈善信托进入起步阶段。

中国慈善捐赠机制的积极变革成为推动慈善捐赠事业发展的重要动力。在中国慈善捐赠机制逐渐发生众多积极变化的过程中，政府的主导性参与始终伴随其中。中国慈善捐赠事业起步晚、底子薄，在促进慈善捐赠事业发展的过程中，政府除通过税法等法律法规进行间接的调节促进之外，许多地方政府还通过直接组织慈善捐赠活动、动用公共资源甚至财政资金、利用公共权力等方式直接作为慈善行为主体而参与到慈善捐赠活动中。政府直接作为行为主体参与慈善捐赠活动，在相对较短的时期内能强劲地聚集大量慈善资源，对于突发性的赈灾救济具有不可忽视的重要作用。然而也应该看到，这种政府主导性从长期来看，不利于慈善捐赠事业的良性发展，在一定程度上对民间慈善捐赠的发育具有抑制性。这种抑制性一方面体现在由于官方的过度参与对民间所造成的资源挤出效应，另一方面体现在民间慈善由于长期不能健康发育所造成的弱势性与依附性（低规范性、低公信力与低效能）。在中国慈善捐赠的未来发展进程中，需要看到政府在慈善捐赠机制中的重要性与不可或缺性，同时也要防止政府的"越位"行为。近年来，政府主导的慈善捐赠呈现逐渐减弱趋势。相关报告表明，2013 年民政系统接受捐赠总量增幅显著减弱，这在一定程度上表明政府在募捐市场中的力量逐渐弱化。[1] 总之，中国慈善捐赠机制的良性发展趋势一方面依赖于政府通过税法、慈善法等相关法律法规的间接调控、监管与促进，另一方面也取决于政府退出直接的慈善捐赠活动，进一步放松控制，积极构建一个相对宽松的民间慈善组织发育环境。

---

[1]　中民慈善捐助信息中心：《2013 年度中国慈善捐助报告》，http://www.charity.gov.cn/fsm/sites/newmain/preview1.jsp? ColumnID = 362&TID = 20130925084543284400468（2014/5/25）。

第 八 章

西方慈善捐赠机制的基本模式与特点

慈善捐赠,包括来自个人、基金会和企业的捐赠,是非营利服务组织的重要收入来源,也是它们与公共部门及营利机构的区别标志之一。在发达国家,慈善捐赠达到较高水平,形成了一套相对健全和稳定的运行机制。本章从以下几个方面对西方国家主要是个人和整体捐赠水平最高的美国做初步探讨。

第一节 慈善捐赠概况

一 基本现状

美国的慈善捐赠主要来自基金会、公司、个人以及遗产。据美国施惠基金会(Giving USA Foundation)2013 年慈善捐赠研究报告,2012 年度美国的慈善捐赠额总计为 3162.3 亿美元,比上年度增加 3.5% ,继美国经济衰退以来已经连续四年呈增长趋势。在美国,个人捐赠一直是慈善捐赠最主要的来源(见图 8 - 1),2012 年捐赠来源中个人捐赠占 72% ,比上年度增加 3.9% ;基金会捐赠占 15% ;遗产捐赠占 7% ;公司捐赠占 6% 。

美国慈善捐赠总量居世界第一,占国民生产总值的比例也最高(参见表 8 - 1 和图 8 - 2)。根据美国施惠基金会 2007 年报告(Giving USA 2007),2006 年美国人的慈善捐款相当于国内生产总值的 1.7% ,位居世界首位。排在第二位的是英国,慈善捐款占国内生产总值的 0.73% ,法国占 0.14% ,位

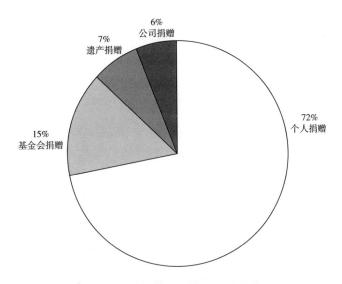

图 8 - 1　2012 年美国慈善捐款来源

资料来源：Giving USA 2013，http：//www. givingusareports. org（2014/8/10）。

表 8 - 1　2004—2012 年美国慈善捐赠总额

单位：亿美元，%

年份	2004	2005	2006	2007	2008	2009	2010	2011	2012
总　额	2485.2	2600	2950.2	3063.9	3076.5	2803	2908.9	2984.2	3162.3
增长额	5	6	4.2	4	-2*	-6.5	3.8	0.9	3.5
占 GDP 比例	2.2	2.3	1.7	2.3	2.2	2	2	2	2

注：* 在 2009 年，根据附加的通货膨胀因素计算，2007 年的慈善捐赠总额被修订为 3140.7 亿美元，因此 2008 年的慈善捐赠与 2007 年相比，下降了 2%。这是 1987 年以来按美元现值计算，年度慈善捐赠额首次出现下降。

资料来源：根据美国施惠基金会（Giving USA Foundation）历年报告整理。

居第三，随后分别是南非、新加坡、土耳其和德国。① 2004—2012 年，美国慈善捐款占国内生产总值的比例一直保持在 2% 左右。相比之下，中国慈善捐赠的组织运行效率还存在明显差距。2007 年，中国公众和企业的慈善捐

① 萧敬：《去年美国人慈善捐款接近三千亿》，智利华人网，http：//www. datochinos. com/news/world/2008 - 12 - 29/3832. html（2013/12/12）。

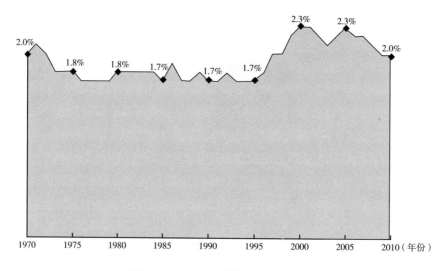

图 8 - 2　1970—2010 年美国慈善捐款占国内生产总值比例

资料来源：根据美国施惠基金会（Giving USA Foundation）历年报告整理。

赠（款物）总额，达到了 309 亿元，比上一年度增长 123% ，约占中国 2007 年 GDP 的 0.09% 。[①] 然而根据相关数据推算，中国的人均捐赠额仅相当于美国人均捐赠额的 1/280，慈善捐赠（款物）占 GDP 的比重额是美国的 1/24，占人均可支配收入的比重额是美国的 1/10。

过去半个世纪以来，美国的慈善捐赠呈现日益增多的趋势。年度捐赠总额受到各种自然和经济社会因素的影响。2005 年世界发生了多起严重自然灾害，其中包括亚洲海啸、巴基斯坦地震、北美"卡特里娜"（Katrina）和"丽塔"（Rita）飓风等。当年的慈善捐赠，尤其是公司捐赠有明显增加。2006 年公司捐款降低了 10.5% ，下降的部分原因是公司在 2005 年显著增加了对当年发生的自然灾害的捐款，而 2006 年的救灾需求不如 2005 年那么大。[②] 2008 年以来，美国经济受到华尔街次贷危机重创，非营利机构一度深受影响。然而最新数据显示，美国近几年的民间捐赠总额一直呈上升趋势。

美国个人慈善捐赠有三种形式：慈善捐款、遗产捐赠（遗赠）、志愿服

---

　①　潘跃：《07 年中国慈善捐赠报告发布：我国平民慈善捐赠32 亿》，《人民日报》2008 年 2 月 2 日。

　②　Thomas，Jeffrey：《美国人的慈善捐助创历史最高纪录》，载美国国务院国际信息局编《美国参考》，2007 年 6 月 26 日，https：//usinfo. state. gov（2010/10/20）。

务。除为慈善事业捐献金钱和遗产外，他们还捐献自己的时间、劳务，进行国际捐献，帮助发展中国家开展反贫困和各项社会救助行动。

在美国各类非营利性的公益机构中，教会组织和教育机构通常是民间捐款的最主要去向，在2012年两类组织接收善款合计占到总接收善款的45%（见图8－3）。当年32%的善款捐给宗教组织，13%进入了教育机构；增长幅度最大的是艺术、文化和人文组织，增长了7.8%，说明捐赠者的捐款选择开始回归到经济衰退前的倾向，开始更多关注一些长期的公共项目。除宗教组织和基金会接收的捐赠有所下降以外，其他都有所增加，其中教育机构接收善款数额同比增长了7.0%，这主要得益于美国基础教育和社区大学所获得的捐款有所增加。

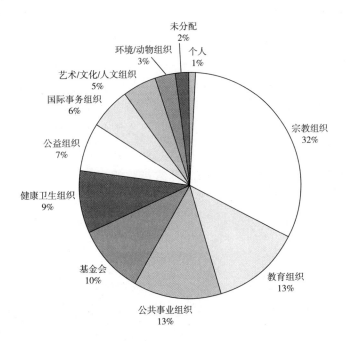

图 8－3　美国慈善捐赠接受方类型及其分配额（2012）

资料来源：美国施惠基金会（Giving USA Foundation）2013年报告。

二　捐赠行为特征

美国人的慈善捐赠行为具有一些重要的特征。根据1985年的一项对美国人慈善行为的调查,[①] 发现：几乎所有人（占调查中 9/10 的人）称有过捐赠；但捐赠的水平或程度有很大不同；一半的美国人的慈善捐赠不到其收入的 1%，有 1/4 的人达到 3% 及以上。人们的捐赠行为模式是非常不一致、不固定的。

接受捐赠最多的慈善组织是教会或宗教组织，它们接受了全部捐赠的近50%。但是在天主教、犹太教和新教团体之间，募捐和捐赠的比例存在很大差异。

捐赠率不直接与收入水平相关。调查发现，收入低于 1 万美元的家庭的捐赠占收入的比例最高（3%）。捐赠率随着年龄的增长而提高。30 岁以下人的捐赠占收入的比例最低（1.6%），50—64 岁人的捐赠率最高（占收入的 3%）。65 岁以上者的平均家庭收入水平最低（不到 1.5 万美元），但也属于最慷慨的捐献群体，平均捐赠占收入的比例达到 2.7%。

捐赠水平一般与受教育水平有关。具有研究生学历的人所报告的捐献水平是文凭低于高中者的 1.5 倍（占收入的 3%）。

一般来说，具有宗教背景、年龄大和受教育水平高的美国人的捐献水平较高；但产生重要作用的还有其他变量：可支配收入、对钱的关心和志愿精神。有相同年龄、收入和教育背景的人，如果认为自己有相当多的可支配收入、不太担心钱和愿意做志愿工作，通常捐献的更多。

有关慈善捐赠的大量研究个案中比较一致的发现和结论是：有团体成员身份的人，社会交往和信任增加，捐献量相对大。1996 年的一项调查数据表明，76% 的团体会员进行了慈善捐赠，没有团体成员身份者只有 37% 的人进行了捐献。参加一个宗教组织或同时几个非宗教组织的人特别容易捐献，捐献率达到 90%。[②]

从长时期的情况看，捐献水平大致与收入水平相平衡。美国各阶层成员的平均捐赠比重大致保持在收入的 2%；因此减少税收，提高实际收入，便会带来捐赠量的自然增长。最高收入群体比其他收入群体的捐赠额度明显要

---

① White, Arthur H., "Patterns of Giving", *Philanthropic Giving: Studies in Varieties and Goals*, edited by Magat, Richard, London: Oxford University Press, 1989, pp. 65 – 71.

② Brown, Eleanor, "Patterns and Purposes of Philanthropic Giving", In Clotfelter, Charles T., and Ehrlich, Thomas（eds.）*Philanthropy and the Nonprofit Sector in a Changing America.* Bloomington, IN: Indiana University Press, 1999, p. 214.

高。1994 年，1% 最高收入者的捐献占全部捐献的 16%。^① 与低收入者相比，收入高者即使做出相同收入比率的捐赠，其善款数额也会增多；另外收入越高的家庭，累进税率对其捐献的影响就越大。某些高收入者的大笔捐赠意义重大，但来自低收入者的广泛捐赠也同样重要。以捐赠额占收入的百分比来计算，普通美国人的奉献水平并不低于高收入者。一项研究显示，美国低收入家庭平均拿出总收入的 4.5% 用于公益慈善事业；相比较而言，中产阶级拿出 2.5%，富人拿出 3%。关于为什么低收入者个体的捐赠比重最高，一个通俗解释是宗教活动与信仰。穷人一般倾向于参加宗教集会，尤其是七日耶稣复临论者、五旬节信徒或者耶和华基督徒，穷人成员是中产阶级成员的将近 2 倍，所以有更多机会参与捐赠活动。^②

相比之下，英国的低收入阶层的捐款占其收入的 3%，但是英国富裕阶层捐款的比例不足 1%。英国慈善救助基金会的一项调查显示，年龄在 35 岁以下的英国人捐款总额有新的增长，年龄在 35 岁至 44 岁之间的英国人最愿意行善乐施。调查还发现，处于英国平均收入最低的 10% 的家庭把 3% 的年收入捐献给慈善团体；他们的年收入捐赠比重是那些最富裕的 10% 的家庭的 3 倍多。2005—2006 年，英国人的捐款额度平均为年收入的 1.2%。但那些收入在前 20% 的富裕阶层，即年薪在 2.6 万英镑或以上的富裕阶层，捐款比例仅为 0.8%。^③

三　捐赠收入对慈善组织的重要性

国外非营利组织的资金来源主要有三个渠道：慈善捐赠、服务收费和政府补贴。从 2011 年美国的捐赠去向来看，最大的两类捐款是针对教会组织及教育机构的，分别占全部捐款额的 32% 和 13%，即 958.8 亿美元和 388.7 亿美元；其次是社会服务机构。这也说明社会捐赠在宗教事业、教育和人类

---

① Brown, Eleanor, "Patterns and Purposes of Philanthropic Giving", In Clotfelter, Charles T. and Ehrlich, Thomas (eds.) *Philanthropy and the Nonprofit Sector in a Changing America.* Bloomington, IN: Indiana University Press, 1999, p. 214.

② 〔美〕亚瑟·C. 布鲁克斯：《谁会真正关心慈善》，王青山译，社会科学文献出版社 2008 年版。

③ 佚名：《慈善捐助：美国人为何比英国人慷慨得多?》，中国评论通讯社，http://chinareviewagency.org（2010/10/21）。

服务（社会服务）领域发挥着突出作用。

　　慈善捐赠是非营利组织收入的重要来源。从美国的情况可以看出，非宗教慈善组织的服务收入占其总收入的近73%，是最大的收入来源（见表8-2）；[①] 捐赠收入对于慈善性非营利组织运转具有重要作用，占总收入的10%多一点，是第二大收入来源；政府补贴收入占总收入的比重最低。就不同类型的非营利组织来说，慈善捐赠的重要性不同，在文化、教育和社会服务事业中的捐赠收入占其总收入的比重较大。由此可见，不同非营利组织对政府补贴资助和民间慈善捐赠的依赖程度有所不同。

表8-2　美国非宗教慈善组织的收入来源（1992）

单位：10亿美元，%

类别	总收入	捐赠及占总收入比重		政府补贴及占总收入比重		项目服务及占总收入比重		其他收入及占总收入比重	
		收入	比重	收入	比重	收入	比重	收入	比重
文　　化	11.8	4.3	36.44	1.6	13.60	3.0	25.42	2.9	24.54
教育研究	109.1	15.5	14.21	14.8	13.57	62.3	57.10	16.5	15.12
医疗保健	289.9	9.1	3.14	6.8	2.35	268.3	92.55	5.7	1.96
社会服务	76.9	20.8	27.05	16.8	21.85	29.7	38.62	9.6	12.48
其　　他	25.5	2.9	11.37	1.4	5.49	11.1	43.53	10.1	39.61
合　　计	513.2	52.6	10.25	41.4	8.07	374.4	72.95	44.8	8.73

　　注：①资料根据查尔斯·T.克劳特菲尔特、理查德·L.舒梅尔伯特（2001）数据计算整理。②表中非营利组织不包括教堂和其他宗教组织、公立学校和大学以及正常年收入低于25000美元的组织。

第二节　社会基础与个人动机

一　宗教价值与组织

　　西方社会某些宗教价值在一般人的普通生活中仍占据统治地位。在美国，

---

　　① 转引自安体富、王海勇《非营利组织税收制度：国际比较与改革取向》，《地方财政研究》2005年第12期。

所有硬纸币上都刻印着"In god we trust"（我们相信上帝），体现了宗教信念中所提倡的价值准则和处世哲学。宗教观念对慈善事业的重要影响力，主要表现在"财富（金钱）观""奉献观"两个方面。首先，在看待金钱和财富上，美国人奉行一种"看管"（stewardship）理念，特别在富人心目中尤为流行。根据这种理念，财富来自上帝，上帝将其托付给某些个人来看管。这些人（富人）有义务为他人利益来管理这些财富，并预期承担公民领导人的直接责任，进行慈善奉献和工作，促进社会福祉。[①] 其次是"奉献"（giving 或offering）或共享（share）价值观，即大部分有宗教信仰者对有需要的社区成员、自然灾害的受难者和自己的教会怀有一种强烈的责任感，将奉献作为人生的重要义务。基督教伦理美德中有一条是"慷慨"（generosity），那些在奉献和共享中表现大方者具有"慷慨"美德，其反面则是"吝啬"。

《圣经·利未记》中规定了一些慈善捐赠的准则，要求为孤立无援的人提供尽可能的帮助。基督教主张教友支持教会的事工，对人慷慨无私，帮助有需要的人；宣传奉献是敬拜神、无私顺从的一部分，也是信心行为的一部分。按照基督教的"什一税"传统，教友应当捐纳本人收入的1/10供宗教慈善事业之用。坚持给神奉献的人被称为"奉献战士"（giving warrior）。大部分基督教教友虽然达不到10%的捐赠率，但宗教奉献理念是促使他们的捐献率高于非宗教成员的重要因素之一。经常性的宗教节日和聚会为相关捐献活动提供了更多的激励和机会。

具有宗教信仰和参加教会组织的人一般比非宗教组织成员有更高的捐献率（见表8-3）。历年来宗教组织成员捐款的比例明显且稳定地高于非成员（20%—25%）；教会组织成员向非宗教性质的慈善事业捐款的比例皆高于非成员（5%—7%）；教会成员向非宗教性质的慈善事业捐款的数量也高于非成员，如1995年，前者平均比后者高约20%。

在各个家庭收入层级，教会组织成员向非宗教性质慈善事业捐款的比例和数量均高于非成员，尤其是在最低收入和最高收入家庭中，则明显高于非教会成员（分别高280%和130%）（参见表8-4）。

---

① Boris, Elizabeth T., *Philanthropic Foundations in the United States: An Introduction.* Councilon Foundations, 2000, p. 15.

表 8 – 3 宗教组织成员与非成员的捐款模式比较

单位：%

年份	1989	1991	1993	1995
向各种慈善事业捐款的家庭比例				
教会成员	77	76	78	71
非成员	55	55	54	49
向非宗教性慈善事业捐款的家庭比例				
教会成员	57	59	58	53
非成员	52	52	50	47
每年每户向非宗教性慈善事业捐款数量				
教会成员	$ 278	$ 265	$ 242	$ 257
非成员	$ 255	$ 190	$ 189	$ 208

资料来源：Giving and Volunteering Survey, Gallup Organization, conducted in 1989, 1991, 1993, 1995. 转引自朱世达主编《美国市民社会研究》，中国社会科学出版社 2005 年版。

表 8 – 4 宗教组织成员与非成员向非宗教慈善事业捐款（1995 年）

宗教组织	1995 年家庭收入				
	< $ 20000	$ 20000—39999	$ 40000—74999	$ 75000—99999	> $ 100000
成员	$ 70	$ 160	$ 350	$ 700	$ 1490
非成员	$ 25	$ 140	$ 275	$ 690	$ 1150
二者百分比(%)	280	114	127	101	130

资料来源：Giving and Volunteering Survey, Gallup Organization, conducted in 1995. 转引自朱世达主编《美国市民社会研究》，中国社会科学出版社 2005 年版。

二 重视生前成就的文化传统

英国《独立报》认为，美国超级富豪普遍出手大方的其中一个原因在于传统文化因素的影响。传统观念上，英国贵族崇尚世袭的财富，如英国人依然很尊敬那些继承大笔家族遗产的贵族（以女王为代表），而对那些白手起家的企业家并不太以为然；美国人则更欣赏像安德鲁·卡内基那样的"行业英雄"。① 卡内基有一句名言在美国深入人心："在死去的时候拥有大

---

① 佚名：《慈善捐助：美国人为何比英国人慷慨得多？》，中国评论通讯社，http://chinareviewagency. org（2010/10/22）。

笔财富是一种耻辱。"慈善意识是促进将财富贡献给社会的主要动机之一。尤其到工业化时期，在欧美国家通过建立私人基金会和其他慈善组织来提供持续和系统的助人服务的理念，成为一种社会共识。在 19 世纪末 20 世纪初，许多人积累和控制了大量财富，其中一些富有者不赞同那些炫耀财富的行为，轻视世袭财富。他们认为将过多的财产给子女不利于其人格成长，为财富而死是一种耻辱。[①] 美国产业巨头安德鲁·卡内基和约翰·D. 洛克菲勒被认为是公益慈善事业的两位先驱。他们开创了自己的慈善事业，投入大量的财富和精力，并取得持续至今的成功，从而为后人树立了榜样。

三　志愿组织为基础的公共参与

托克维尔发现"美国最值得重视的就是其基于个人自愿的、有道德基础的社会组合"。[②] 慈善组织作为非政府、非营利部门是公民社会的天然组成部分。公民社会本质上是以公民权利为基础的社会运行机制。志愿结社构成公民社会的要素之一，其中包括非政府、非营利的组织，它们并行于国家组织和经济系统之外。按照公民社会的原则，要保证社会的正义和创造性，公民必须有自由和志愿建立组织的权利，来满足所感受的需要，倡导社会事业，包括建立各种以公民参与为基础的慈善组织，通过捐赠和募捐来获得资金支持。美国捐赠基金会（Giving USA Foundation）会长乔利（Richard Jolly）谈到美国可观的捐款数量时，指出："我们看到，当人们感觉自己在参与，当人们认识到某一需求是合理的，当人们遇到求助时，他们予以响应。"虽然在发生天灾人祸或社会急需时，政府有救援责任，"但显而易见的是，美国人认为他们也能有所作为，这一点从他们提供大量的捐款得到反映"。[③]

在公民社会，"公共利益"是社会政策的中心议题；由于公共参与的程

①　Boris, Elizabeth T. , *Philanthropic Foundations in the United States: An Introduction*, Councilon Foundations, 2000, p. 15.

②　Tocqueville, Alexis de, *Democracy in America*, ed. by Mayer, J. P. , trans. by George Lawrence, Garden City, N. Y. : Anchor Books, 1969, p. 517.

③　Thomas, Jeffrey:《美国人的慈善捐助创历史最高纪录》，载美国国务院国际信息局编《美国参考》，2007 年 6 月 26 日，https://usinfo. state. gov （2010/10/22）。

度高，各种利益集团在决策过程中都发挥作用，私人部门和各级政府部门之间形成了各自的责任分工。相对完备的政治、法律体制，成熟的市场经济，大大促进了"公民治理"的理念，将民间的组织视为与政府一样可以进行公共治理的主体，即所谓"第三方政府"。由此，公共财政不仅通过政府部门提供服务，也可以通过公民志愿组织提供服务；公民志愿组织通过民间捐赠参与公共治理和社会服务更是天然的权利和责任。因此，传统宗教组织的慈善活动一直受到保护。美国学者萨拉蒙（Lester Salamom）指出，"决定第三域（部门）发展最关键的因素是非政府组织可以与政府结成的关系"。[①]西方慈善捐赠事业的发达，可以被看作一种成熟的公民社会的体现和结果。

四　多元化的捐赠动机

在描述和解释社会行动时，社会学家与经济学家通常各有不同的理论观点。社会学家认为行动者是社会化的，其行动受社会规范、规则、义务所支配。经济学家则认为行动者是出于自我利益，行动的目标是获得最大利益。美国学者 Peter Halfpenny 指出：现代经济学家与社会学家试图对捐献动机做出互补的解释，把对人的行动的目的性（理性选择）分析与对社会结构影响的分析有效结合起来，在强调工具性理性的同时也承认规范性理性，有利于加深对捐献作为一种理性行动的动因的理解。[②] 在解释慈善捐赠行为时，离不开分析宏观社会结构和文化价值背景；但个体行为通常包含各种不同和多重的具体动机。普林斯（Prince）和法勒（File）根据美国捐赠者的特点将其划分为七个主要群体：①社区中心者；②宗教中心者；③投资者；④社会名流；⑤回报者；⑥利他主义者；⑦家族传统者。[③] 不同的群体对慈善捐赠有着不同的需求，有的旨在改善社区环境，或发展社会网络关系；有的为获得良好的社会声誉和社会身份地位；有的是为表达感激之情，帮助需要帮

---

① 〔美〕莱斯特·萨拉蒙：《第三域的兴起》，载李亚平、于海编选《第三域的兴起——西方志愿工作及志愿组织理论文选》，复旦大学出版社 1998 年版，第 24 页。

② Halfpenny, Peter, "Economic and Sociological Theories of Individual Charitable. Giving: Complementary or Contradictory?", *Voluntas: International Journal of Voluntary and Nonprofit Organizations*, 10 (3): 1999, pp. 198 – 215.

③ Prince, Russ A. and File, Karen M. , *Seven Faces of Philanthropists: A New Approach to Cultivating Major Donors* , San Francisco: Jossey – Bass Inc. , 1994.

助的人；也有的视捐赠为一种道德责任、自我价值的实现，或者源于家族传统，教育后代。

一项调查显示，大部分情况下，家庭基金会的建立是由于听从了会计和律师提出的动议。后人常常这样描述捐献者的目的："他们只是不想把自己的任何钱交给政府。"[1] 如果说高收入家庭的捐献部分地来自政府税收政策的压力，那么低收入者的捐献更多的是出于互助动机，他们更了解那些需要帮助的人。一些理性选择动机也可用于解释劝募者或募捐者所使用的满足这类动机的劝募策略，如配款、营销地位、免费礼品等。[2] 捐赠者的不同群体归属和个人偏好也决定了捐赠行为——宗教组织是大多数人慈善捐赠的主要对象；但富有者的捐赠，更喜欢以医学和教育为目的，而不是以宗教或穷人为对象。

第三节　税收制度

在西方国家，税收是对经营机构及过程进行规范管理的重要手段，同时有利于政府获得财政收入和进行收入再次分配。美国对个人、公司的收入以及遗产等征收累进税。有些州和市政府也征收所得税。美国国会通过的开征个人所得税的宪法第 16 条修正案 1913 年正式生效。它规定凡家庭年收入在 4000 美元以上者（单身 3000 美元以上），征收 1% 所得税；凡年收入在 2 万美元以上者征收累进附加税；凡年收入在 50 万美元以上者，加征累进附加税 7%。这种累进所得税措施有利于限制个人财富的过度积聚。第一次世界大战期间，最高所得税率达到 77%；第二次世界大战期间一度高达 94%；20 世纪 50—60 年代所得税率在 70%—92% 浮动；[3] 80 年代以后最高税率不断下降，最低时仅为 28%。从 1940 年起美国开始实行联邦遗产税。1940—

①　Gersick, Kelin E., *Generations of Giving: Leadership and Continuity in Family Foundations*, Lexington Books, 2004, p. 57.

②　Frank, Robert., "Motivation, Cognition and Charitable Giving", in Jerome B. Schneewind (ed.), *Giving: Western Ideas of Philanthropy*, Bloomington and Indianapolis: Indiana University Press, 1996, p. 131.

③　Gersick, Kelin E., *Generations of Giving: Leadership and Continuity in Family Foundations*, Lexington Books, 2004, p. 39.

1979 年，最大遗产的税率达到 77% 。法律规定，遗产管理人或遗嘱执行人必须在原财产所有者死亡后 9 个月内，负责以现金的方式付清税款才能进行遗产分配。这些税收首先有利于政府部门通过扩大公共财政直接调节收入再分配。然而，税收政策的"双刃剑"还体现在对民间慈善捐赠的两大支持措施：第一，对捐赠减免各类相应的联邦税（个人所得税、公司税和遗产税等）；第二，对慈善组织给予免税地位。对慈善捐赠的税收减免体现了选择性激励理念，即在需要社会公益的领域，予以税收优惠，从而促进民间慈善事业的发展。

一　捐赠税收减免

美国国会在 1917 年通过了一项鼓励人们捐赠的宪法修正案，规定捐款或实物捐赠可以用来抵税或"税收减免"。捐赠者收入中用于捐赠的部分或比重在政府征收个人收入所得税时，可进行"慈善扣除"（charity deduction）。① 美国对慈善捐赠者实行的一系列税前扣除制度主要包括以下内容。

（1）个人所得税税前扣除。只有向慈善组织捐赠才能进行税收扣除，目前，个人收入中慈善捐款抵税比例可达 50% 。超出部分可向后结转，结转期限不超过 5 年。个人向私人基金会捐赠的最高扣除额不得超过"调整后毛收入"的 20% ，超出部分不得结转。慈善服务组织可以向捐赠人开具捐款证明，用于免税。

（2）公司所得税扣除。公司慈善捐赠的税收扣除也有一些限制性规定。如必须向享有受赠资格的公益组织捐赠才能扣除，公司企业的税收扣除标准是 10% ，超出限额部分也可以向后结转五年。然而，加拿大个人和公司收入的慈善捐款免税额度相当高。加拿大在过去很长时期将免税额限定为年收入的 20% ；从 1996 年以后，个人和公司向慈善机构的捐赠，在其应纳税所得额 75% 以内可税前扣除。②

---

① Boris, Elizabeth T. , *Philanthropic Foundations in the United States: An Introduction*, Councilon Foundations, 2000, p. 33.

② CRA (Canada Revenue Agency), 2007, Tax Advantages of Donating to Charity, CRA Website http: //www. cra – arc. gc. ca/E/pub/tg/rc4142/rc4142 – e. html#P227_ 9659 (2007/10/13).

（3）遗产税与赠与税扣除。遗产税是对死者留下的全部遗产所征的税，赠与税是对个人生前发生的个人财产转移所征收的税。美国遗产税的起征点较高，1999 年的起征点为 65 万美元，2006 年达到 200 万美元。税率实行超额累进制，2007 年最高税率为 45%，[①] 当遗产在 300 万美元以上时税率高达 55%。遗产税的征收对象只是少数高收入阶层的人，所课税收占财政收入的比例也非常小。在美国，每年去世的人中只有 2% 的人被征了遗产税。遗产与赠与税纳税人向各类慈善组织的捐赠，可以进行税前扣除，并且没有扣除的上限，捐出多少就在应税资产中相应扣除多少。

支付给基金会和非营利服务组织的钱或财产被允许减免收入所得税、馈赠税和遗产税。2003—2006 年，美国普通个人收入分 6 个税级，税率从 10% 到 35% 不等。每个人捐献后所享有的退税优惠取决于其收入水平和所得税率。同样是捐献 100 元钱，由于属于不同的收入等级，享有退税的比率从 10% 到 35% 不等（见表 8 – 5）。

表 8 – 5　美国税率与捐赠退税

税级	捐赠额	退税额	实际支付
10%	$100	$10	$90
15%	$100	$15	$85
25%	$100	$25	$75
28%	$100	$28	$72
33%	$100	$33	$67
35%	$100	$35	$65

资料来源：Just Give's database，http：//www. justgive. org/html/don_ info/tax. html#8（2010/10/12）。

二　慈善组织的免税资格

并不是所有非营利组织或志愿组织都可获得免税资格。西方国家中部分慈善组织能获得税收优惠，如美国按税法 501C3 注册登记的"免税组织"、

---

① 美国遗产税的最高税率近年来逐步下降：2001 年为 55%，2002 年降低到 50%，此后每年下降一个百分点，2007 年降低到 45%（刘佐：《美国遗产税到底咋回事》，《中国财经报》2006 年 3 月 29 日）。

英国经专门慈善委员会注册登记的"慈善组织"等。

根据美国联邦税法，宗教组织和年收入不超过 5000 美元的慈善团体不必到联邦税务部门登记（自动获得免税资格）。而其他非营利组织必须向税务部门登记，经审查后获得免税或优惠资格，包括以下税种：①公司所得税。慈善组织的正常所得（包括政府拨款、社会捐赠和服务性收费）免交公司所得税。慈善组织开展的一些与其自身免税事业不相关的业务所得，不享受免税待遇，按适用的公司所得税率纳税。②财产税。慈善组织所拥有的土地、房产等资产，免除土地税和房产税。③联邦失业税。慈善组织不需交纳其他组织雇主向政府缴纳的失业保险税。④销售税。各州大多规定，非营利组织在购买商品和劳务时免于支付销售税。在加拿大，则根据具体情况减免慈善组织的联邦和省的商品和服务税。

西方国家宗教组织一般自动获得免税资格。所有宗教组织和机构自动获得免除缴纳联邦所得税的义务，也可以免交许多地方一级的税，政府的税收政策对宗教组织成为美国人捐款的最大接受者，起了很大的促进作用。西方国家的宗教组织和登记注册的社会慈善组织，具有资格开具用于退税或免税的捐献收据，供捐赠人用于向税务部门申请退税。

三 税收作为激励机制

美国通过税收制度支持非营利部门的力度是非常显著的。税收优惠或收益虽然不像过去那样大，但仍是新的基金会和捐献者的动机因素。《福布斯》（Forbes）杂志披露，到 21 世纪开始时，最富有的美国人中 3/4 拥有自己的基金会。[①]

高额的遗产税收意味着许多家庭不得不出售家庭产业或投资来支付遗产税。然而对个人财产以捐赠的形式给予社会，或转移为私人基金会则没有限制。建立基金会或捐赠善款可以抵扣税负，捐出的钱能在所得税基数中相应扣除。国家还对慈善基金会的运作给予大幅减免税优惠，使得慈善基金会可以获得其他企业难以得到的高回报结果，私人基金会本身不只是一种慈善捐

---

① Gersick, Kelin E., *Generations of Giving: Leadership and Continuity in Family Foundations*, Lexington Books, 2004, p. 44.

献的象征，"也是减少收入和遗产税的一个手段"，[①] 或者是捐献者继续保持自己财产的一种新的 "投资政策"。[②] 税收政策是高收入者的 "敏感点"，大多数财政慈善来自高收入家庭，其捐赠行为对税收政策尤其敏感。研究发现：慈善捐赠和遗产捐赠与收入所得税率、遗产税率直接相关。[③]

美国税收政策的调节作用体现为对公共慈善组织、私人慈善机构和互益型非营利组织的区别对待。比如从《1969 年税收改革法》以后，对公共慈善组织的捐赠，税收减免额由个人应税收入的 30% 提高到 50%，而向私人基金会捐赠的税收扣除限制在 20%。该法律的基本指导思想是公共慈善组织更需要也更容易得到社会的直接支持，而私人或家庭基金会更需要接受公共监督和鞭策。美国对公共慈善组织的免税待遇也优于私人慈善机构。公共（社区）基金会的投资收益无须缴纳税款，而私人基金会的投资收益需缴付 1%—2% 的特许权税（excise tax）。公益性慈善组织，包括宗教、慈善、文化、科技、环保、保护儿童和动物等机构，可以享受一定的税收减免，向这类组织捐赠可免所得税；而对那些互益性组织，包括工会、商会、俱乐部、联谊社团等机构，只减免一部分税种，向这类组织捐赠不能免所得税。

税收对慈善捐赠的作用是深刻的、复杂的。根据查尔斯·T. 克劳特菲尔特和里查德·L. 舒梅尔伯特（2001）的研究预计，取消慈善捐赠扣除将使个人的慈善捐赠减少 10%—20%，取消扣除会使公司捐赠减少 15%—45%，取消遗产税会使遗嘱捐赠减少 24%—45%。[④] 奥坦等（Auten，Cilke and Randolph，1992）通过经验模型分析认为，取消遗产税和赠与税会使父母的一生捐赠减少 12%。[⑤]

---

① Gersick, Kelin E., *Generations of Giving*: *Leadership and Continuity in Family Foundations*, Lexington Books, 2004, p. 40.

② Cuninggim, Merrimon, *Private Money and Public Service*; *The Role of Foundations in American Society*, M. E. Sharpe, 1994, p. 59.

③ Brown, Eleanor, "Patterns and Purposes of Philanthropic Giving", in Clotfelter, Charles T. and Ehrlich, Thomas (eds.) . *Philanthropy and the Nonprofit Sector in a Changing America.* Bloomington, IN: Indiana University Press, 1999, p. 228.

④ 安体富、王海勇：《非营利组织税收制度：国际比较与改革取向》，《地方财政研究》2005 年第 12 期。

⑤ 安体富、王海勇：《非营利组织税收制度：国际比较与改革取向》，《地方财政研究》2005 年第 12 期。

政府对慈善捐赠的所得税扣除体现了对慈善事业的大力支持。"财政效益说"（treasury efficiency argument）认为，慈善扣除较政府直接补贴更有效，因为慈善扣除促使一些私人资金用于公益目的。例如：某捐赠者在 40% 的交税层级（收入的 40% 需用于支付收入所得税），捐了 100 美元的善款，其实有 40 美元本也会交到政府那里，由政府用直接补贴的方式给予慈善机构，而慈善机构由于这笔捐赠而"额外"得到另外 60 美元。"合资方式说"（joint venture argument）认为，一名在 40% 税级的捐赠者将 100 美元捐给一家慈善机构，这相当于只向这家慈善机构投资了 60 美元，另由政府投资了 40 美元（政府本来会从税收上得到的钱）。这家慈善机构是由捐赠者自愿选择的，但政府起了导向作用，因为只有向享有资格的慈善机构捐款才能享受扣税。[①]

第四节　组织运行机制

一　基金组织的分类操作

基金会通常指以从事公益事业为目的成立的非营利性财团法人。慈善基金会的公益目的和独立的法律地位，使其在吸引慈善捐赠，积累、储备和分配慈善基金方面具有强大的功能。20 世纪初发展起来的基金会组织和制度是慈善事业的重大创新，为慈善捐赠提供了固定的组织机制和资源渠道。而多种类型的基金会，适应了慈善捐赠者和社会公益事业的不同需要，有益于促进民间资金向公益事业流动。

美国的基金会在 20 世纪 90 年代以来增长速度进一步加快，仅 2000 年就有 6317 家基金会成立。2005 年，美国有各类基金会 7.1 万家；[②] 2012 年达 86192 家，资产总额 7150 亿美元，捐助金额 520 亿美元。[③] 根据组织性

---

①　〔美〕巴奈特·巴伦：《美国非盈利部门的共同治理》，载中国（海南）改革发展研究院编《民间组织发展与建设和谐社会》，中国经济出版社 2006 年版。

②　Foundation Center, *Highlights of Foundation Yearbook*, 2007, http://foundationcenter.org/gainknowledge/research/pdf/fgt07highlights.pdf（2008/1/20）.

③　Foundation Center, *Key Facts on U. S. Foundations*, 2014 Edition, http://www.foundationcenter.org/media/news/20141105.html（2014/12/14）.

质，基金会可分为私人基金会和公共基金会两大类（见图8－4）。私人基金会下面有独立基金会、公司基金会和运作基金会三种形式；公共基金会则包括社区基金会和其他公共慈善基金会（如妇女基金会、某族裔基金会等，通常赞助特定的活动计划）。①

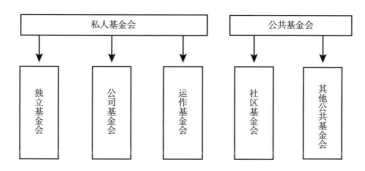

图8－4 美国基金会的类型

美国绝大部分的私人基金会属于独立基金会（占基金会总数80%以上），创立自某个人、某个家庭或某个团体所捐赠的资金。而许多独立基金会有时被称为"家庭基金会"，因为主要由捐赠者本人或其家庭成员控制基金会的管理和运作。从法律上，家庭基金会不属于一种独立的基金会类型。私人慈善基金会（由某一个人、家庭的基金组成）和公司慈善基金会（公司设立的公益部门）通常也为社区公益事业和活动提供资助。公司基金会是由营利公司建立和资助的私人慈善组织。公司基金会由委员会管理，其成员可包括公司董事会和捐献委员会成员、其他人员，以及社区代表。虽然公司基金会实行与其他私人基金会相同的规章制度，但没有自己的实际资产，主要依靠公司每年拨付的基金。② 运作型基金会主要指那些专门资助自己设立的慈善服务机构（如学校）或项目的私人基金会，如著名的卡内基国际和平永久基金会和盖提信托基金会等。

---

① Boris, Elizabeth T., *Philanthropic Foundations in the United States: An Introduction*, Council on Foundations, 2000, pp. 3 - 4.

② Boris, Elizabeth T., *Philanthropic Foundations in the United States: An Introduction*, Council on Foundations, 2000, p. 34.

社区基金组织的资金主要来源于当地捐赠者，募集款额主要用于当地的公益事业。美国的社区基金组织（Community Funds）有"社区基金会"（Community Foundation）和"社区公益金库"（Community Chest）两种。两者的运作方式有所不同，前者是由众多捐赠者捐募而成立的永久基金组织，通常只支出基金的投资或增值收入（利息、红利），一般选定特定的社区或地域（州、县、市等）提供捐款及拨款服务，比私人基金会享有更优厚的税务减免。社区基金会作为免税的公共公益组织，其捐款者所享有的税务优惠是最优厚的。美国第一个"社区基金会"最早在 1914 年俄亥俄州的克利夫兰成立，现在已经发展到 600 多个，总资产达 250 亿美元。后者所管理的捐款主要属于非永久性基金，按年度定期募款和支出。美国最著名的"社区公益金库"是"联合募捐会"（United Way）。

二　筹款组织的分工动员系统

慈善基金组织通常也是筹款组织。西方的公益筹款组织大致可分为三类：独立筹款组织、联合筹款机构以及商业化公益筹款组织。

1. 独立筹款组织

传统的慈善筹款活动主要是独立筹资或直接捐赠，即慈善服务组织或私人基金会独立进行筹款，或由个人直接捐款予私人基金会或慈善服务组织，以及为企业基金会筹款等。西方国家绝大部分独立基金会（占基金会总数 80% 以上），创立自某个人、某个家庭或某个团体所捐赠的资金，一般不进行公共筹款。因此这类独立基金型基金会不同于公共筹款机构。中国《基金会管理条例》（2004）中所规定的与此相对应的是"非公募基金会"和"公募基金会"，在基金来源上的主要区别在于基金会是否可以面向社会募捐。公众筹款机构不同于一般的独立基金会，其提供的资助款主要来自每年的募捐，而不是基金的资本收益。独立筹款组织与公共筹款组织在所募集资金的使用去向上通常也有所不同，独立筹款组织一般将筹款提供给专一的机构，而公共筹款组织将募集的款项分配给多个不同的慈善事业机构。

2. 联合筹款机制

联合基金（Federated Fund）一般指以联盟形式进行公共募捐和分配工

作的团体，其中历史最悠久、影响最大的是联合募捐系统。① 联合募捐起源于 1949 年在美国底特律成立的联合基金（United Fund）。在基金会大量兴起的时代，诸多募捐者分别到一家家企业或一户户家庭募捐，企业和家庭要承受多重募捐之累。因而，联合募款成为共同的愿望，专门化的公共筹款组织应运而生。

美国的"联合募捐会"目前由大约 1400 个相互独立的地方机构组成，分别由当地的志愿者管理。2001 年，联合募捐会募集的款额达 50 亿美元。② 联合募捐组织是社区性的，每个地区的联合募捐会一般通过一个专业负责筹款的机构在本地区募集捐款，以有效联合社会各类捐赠资源（包括组织筹款的公益机构和参与捐赠的社会各界）；联合募捐组织理事会统筹募集来的资金，将筹款有计划地分配给本地那些提供慈善服务的团体（这些慈善服务组织通常是联合募捐会的永久会员）。理事会的成员包括主要捐赠者、会员组织代表、社区代表和专家等。联合筹款具有积极的功能：①可以避免多家筹款机构的竞争，减少筹款者和被筹款者的精力和时间负担；②可以把分散的社会捐款集中起来，统筹管理和使用，提高资金使用的效率；③有利于动员小额捐赠者的广泛参与。美国联合募捐会的绝大部分收入来自个人，尤其是公司企业雇员以及政府雇员。商业机构及公私营部门雇员为联合募捐提供了接近九成的捐款。在 2000 年，企业的捐款达 9 亿美元，占整体捐款的 23.2%，而雇员捐款高达 26 亿美元，即占整体的 66.7%；在雇员捐款中，有 18 亿美元是由捐款额少于 1000 美元的雇员捐款所组成的。③

3. 商营公益筹款组织

商业化慈善捐赠基金（commercial charitable gift fund）是 20 世纪 90 年代出现的新生事物。长期以来，社区基金会和慈善服务组织经常联系从事财

---

① United Way 的中文译名不同，如"联合道路""公益金"等。在台湾，United Way 被称为"联合劝募会"；香港最大的公募筹款组织的名称沿用美国的 Community Chest，也被称为"公益金"。

② UWA（United Way of America），2004，The United Way System，http：//national. unitedway. org/aboutuw（2004/3/5）.

③ United Way of America，2000 Campaign Results，http：//national. unitedway. org/aboutuwa/publications/2000campaignresults（2010/10/22）.

务规划的律师、会计师、财务顾问等专业人士，透过他们的客户网络与潜在捐赠者接触。在 1992 年，美国一所最大的互惠基金投资机构——富达投资（Fidelity Investments），看好这方面的资产发展潜力，经税务部门批准后成立了非营利筹款组织——Fidelity Investments Charitable Gift Fund，为客户成立个人公益基金账户（又称 donor-advised fund，或译作"指定用途基金户"）；基金资产则交由富达投资的营利部门负责投资及管理，实现增值。①公益捐赠基金账户能够让捐款者控制基金资产的慈善用途，达到与成立私人基金会一样的效果，但开户手续及账户运作十分方便。

向社区基金会捐款的人数比较少，大都是一次性的捐款；其善款额较大，足以成立公益基金。向联合劝募捐款的人数众多，但金额较小，不少为经常性重复捐赠者（包括自动从月薪扣除）；联合劝募组织亦接受企业及私人基金会的捐献。1999 年，接近 600 个社区基金会的整体拨款为 19.4 亿美元，整体数额不大，是美国年度捐款总额的 1%（见表 8－6）。

表 8－6 美国慈善筹款数字比较

单位：亿美元，%

年份	1989	1993	1998	1999	2000
全国捐献总额	984.3	1165.4	1721.3	1907.9	2034.5
占 GDP 比率	1.8	1.8	2.0	2.1	2.0
联合劝募整体拨款数目	29.8	30.5	35.8	37.7	39.1
占总捐款比率	3.03	2.62	2.08	1.98	1.92
社区基金会整体拨款数目	4.3	7.1	15.4	19.4	21.8
占总捐款比率	0.44	0.61	0.89	1.02	1.07
富达投资整体拨款数目	尚未成立	0.1	2.8	3.7	5.7
占总捐款比率	N.A.	0.01	0.16	0.19	0.28

资料来源：Center on Philanthropy, *Giving USA* 2001, AAFRC Trust For Philanthropy, 2001；2000－01 Campaign Results, United Way of America；Columbus Foundation, 2000 Community Foundation Survey；Annual Report 2000－2001, Fidelity Charitable Gift Fund.

---

① 指定用途基金在美国法律上并无清晰的定义，很多非营利机构如社区基金会、联合劝募组织，甚至大学等都会为捐赠者成立指定用途基金，但捐赠者一般都只能对基金拨款做出"建议"，管理基金账户的公益组织一般都保留拨款的最终决定权。

但美国有超过 50 万的筹款机构，大部分的个人捐献是直接捐赠给如教会、大学、基金会（包括社区基金会）等公益机构，拨款数字达到捐款额的一个百分点也不算是一个小数目。到目前为止，整个筹募联盟机制仍然能够吸纳美国劳动人口超过 30% 的雇员捐款，单是美国联邦政府雇员捐款人数就高达 140 万。[1] 富达投资至 2001 年公益账户的总资产值已超过 26 亿美元，账户数目超过 3 万。多年来，富达投资的公益基金账户已拨出超过 30 亿美元给予超过 6.6 万个符合资格的公益团体。在 2000 年，其一年的拨款额已达到 5.7 亿美元，成为美国最大的单一拨款机构。[2] 根据富达投资委托市场调查公司的研究，有超过一半开设公益账户的捐款人表示，他们开户后都比以往做出更多捐献；而超过 1/3 的人则表示他们捐助公益机构的数目亦有所增加。在 2000 年，有七成的新捐款人选择商营公益基金机构设立指定用途基金账户。[3]

公益筹款组织为了增加募捐数量，对自己传统的基金管理机制进行调整，采取了更加多元化的运营模式。如现在很多联合劝募机构也开始替个人捐款者成立永久公益基金，直接与社区基金会竞争捐款资产。社区基金会为与商业基金会竞争，均转而帮助个人捐款者成立指定用途基金。后者违背了长期以来建立无限制永久基金（unrestricted endowment）的基金会宗旨，并引发所谓"捐赠人为本"（donor-focused）与"社区为本"（community-focused）两种发展策略的争议。

三　筹款事业的职业化

现代慈善筹款是一项较为复杂的运作系统，从募捐策划、募捐营销、开展募捐活动到劝募资金的运作、评估及反馈，整个过程日益专业化、职业化。所谓"职业化"首先指建立独立运营的筹款组织和专职人员队伍，其次是指形成成熟的职业技能和规范。筹款专业组织和人员的出现，推动了慈善募捐的制度建设，并逐步建立了职业伦理，积累和传播了专业化的筹款管理知识与技能，促进了公众对慈善事业和慈善捐赠的认识。

---

[1]　Giving USA 2007，http：//www. givingusareports. org （2010/10/12）.

[2]　Giving USA 2007，http：//www. givingusareports. org （2010/10/12）.

[3]　Giving USA 2007，http：//www. givingusareports. org （2010/10/12）.

20 世纪初发展起来的基金会组织和制度是慈善筹款职业化的重要开端。而 20 世纪 20 年代出现了专业经营性的筹款公司和募捐人员。专业筹款公司提供咨询，协助求款机构申请资助。筹款公司收取固定的代理费（plat fee）或一定比例的佣金。20 年代纽约有 20 多家专业筹款公司。它们的顾客包括大学、教会和社区基金。① 从事筹款的专业公司和人员分别成立了自己的专业协会——美国筹款咨询公司协会（The American Association of Fund - Raising Counsel，1935）和筹款专业人士协会（Association of Fundraising Professionals Founded，1960）。后者现在发展为一个国际性组织，目前会员有 2.8 万人。专业筹款人员需要取得专业培训和资格认证。

筹款事业职业化的另一个重要发展是那些较大规模的非营利社会机构纷纷建立了自己相关的独立基金会，或内设开发部、公共关系部，通过专职人员从事筹款工作。通过社会捐助筹集教育经费是美国公立和私立高校的重要任务，② 所以在美国的高等教育机构的校院两级机构普遍建立了专门的筹资部门，被称为"发展办公室"（Advancement Office）或"大学发展处"（The Division of University Advancement）；有些学校通过校友办公室来做筹款工作。加拿大多伦多大学的发展处下设公共事务、校友事务、发展与规划、捐赠管理和校长俱乐部（Presidents' Circle）等分支部门，从事不同的专项工作。很多中小学、博物馆、图书馆、慈善基金会、民间服务机构等都靠私人捐赠支持。每年用于筹款的成本费用也专门计入机构财务支出报告。以上各类机构不少都设立相应的基金会，属于运作型基金会性质。如加拿大的知名华人服务机构颐康老人中心、华咨处、中侨互助会等，都有自己的筹款部门和基金会。③

在 20 世纪 80 年代，募款在英国并不被认为是一种职业。到 21 世纪却成为成长最快的职业之一，大多数的大学、国家艺术机构、医院和社会福利机构，都设有专业募款人员，募款部门竞相雇用有才能的人；大多数慈善组织都有年度经费，用于筹款计划。一项研究表明，英国在过去五至十年间，以所有慈善部门的募款为专门目标的研究机构不断增加，如致力于慈善事业和

---

① Bremner, Robert H., *American Philanthropy*, Chicago: University of Chicago Press, 1988, p. 133.

② 西方教育机构的经费筹措渠道主要有学费收入、政府资助、社会捐赠、经营收入四大类。

③ 《中侨互助会年度报告（2006 - 2007）》，http：//www. successbc. ca（2008/11/11）。

募款趋势的研究与分析的"慈善研究所"（Institute for Philanthropy）和"新慈善资本"（New Philanthropy Capital）等研究机构的成立，为提升英国慈善事业和募款的能见度以及促进公众对慈善捐赠的认识与重视做出了重要贡献。[①]

四　多样化的募捐策略与手段

有些研究根据动机和认知理论，总结了募款策略的关键是吸引和满足不同捐赠者的多元化动机。[②] 慈善组织既要运用利他主义宣传模式，也要考虑大部分捐赠人的自身需要，采用多样化的策略去满足捐赠者复杂的利他主义和自身利益的双重需要。

弗兰克认为主要的募捐策略有：第一是慈善组织必须突出其募捐理由及价值，提高募捐的社会意义和吸引力，给捐赠者提供实现自我利益目标的机会。第二是发挥情感因素的作用，主要体现在将募捐事由人情（道）化、拟人化，并在慈善组织与捐赠人之间建立直接的联系。第三是提供匿名的机会。部分捐赠人不愿意"曝光"，他们可能是因为不愿被另外的组织劝募，或认为披露捐赠者并非荣耀之事等。慈善组织必须根据捐赠者的意愿为其保守秘密。第四是配款，通过打通捐赠者与配给捐款者之间的联系，形成互动效益。第五是地位营销。慈善组织给予捐赠者相应的荣誉、地位或身份。第六是综合操作，包括实物或劳务募捐、赠送礼品和销售券、指定捐款用途（earmarking）等等。[③] 大学的地位营销表现为以捐赠者命名教授岗位（教席）等，许多建筑、学院名称也冠以捐献者的名字。最有代表性的是美国历史最为悠久的哈佛大学，它得名于在 1638 年的捐赠人约翰·哈佛。加拿大多伦多大学社会工作学院于 2008 年接受了 1500 万加元的捐赠，这笔捐赠

---

①　Hodgson, Fiona, "The Top Ten Trends in British Philanthropy", On Philanthropy, 2007, http://www.onphilanthropy.com/site/News2? page = NewsArticle&id = 7219&security = 1&news _ iv _ ctrl = 1502 (2008/11/20).

②　Frank, Robert, "Motivation, Cognition and Charitable Giving", in Schneewind, Jerome B. (ed.), *Giving: Western Ideas of Philanthropy*, Bloomington and Indianapolis: Indiana University Press, 1996, pp. 130 - 152.

③　Frank, Robert, "Motivation, Cognition and Charitable Giving". in Schneewind, Jerome B. (ed.), *Giving: Western Ideas of Philanthropy*, Bloomington and Indianapolis: Indiana University Press, 1996, pp. 142 - 151.

是北美社会工作学院中最大的捐赠，因此，学院以捐赠者夫妇名字命名（Factor – Inwentash）。

募捐策略是促使捐赠的外在影响因素。筹款机构的重要策略之一是向公众宣传和倡导慈善事业的方向。19世纪末20世纪初，美国富人们用捐款来建设博物馆、音乐厅和大学。如今美国人在捐赠时更关注人类社会迫切需要解决的问题，例如卫生、教育。捐赠对象也出现了国际化的趋势，更多的人愿意帮助全世界的贫困国家解决全球性问题。

慈善筹款也是NGO经营策略的基本技能，已经发展出一整套筹款营销计划、实用技巧，如发布大量基金会资助和公司捐献的综合信息，介绍各大公司的社区捐献数据、资助政策、申请程序等，吸引和鼓励捐赠；并形成多种多样的筹款工具和劝募手段，包括义演义卖、慈善商店、筹款宴会（舞会）、筹款信件、电话、网络及电邮，或与名人及商业机构合作筹款，与企业和基金会建立关系、搜集捐赠者数据及管理、从事筹款活动推广，以及组织志愿者服务等。[①] 网上募捐是近年来快速发展的便捷方式。劝募组织在网站上发布公开信息，提供需要资助的项目和对应的荣誉称号。2005年与前一年相比，美国上网捐款的数额增长了近150%。有167个慈善组织表示通过互联网筹集了9亿多美元的捐款。[②]

无论是个人、基金会还是商业机构募捐，成功的筹款方法有：①建立最大的小额捐赠者网络；②与良好的捐赠者建立长期的关系；③为捐赠者提供更多选择，并通过持久的努力，逐步提高人们的捐赠水平，或提高筹款的水平（如图8－5）。最底层的捐赠金额最少的大部分人士，对于组织并非十分支持，但培养的时间亦是最少。其捐赠的动机很大程度上出于非慈善目的，

① Flanagan, Joan, *Successful Fundraising : A Complete Handbook for Volunteers and Professionals*, United States: Contemporary Books, 2002; Dove, Kent E., Spears, Alan M. and Herbert, Thomas W., *Conducting a Successful Major Gifts & Planned Giving Program: A Comprehensive Guide and Resource*, San Francisco, CA: Jossey – Bass, 2002; Anderson, Albert, *Ethics for Fundraisers*, Bloomington, IN: Indiana University Press, 1996; Warwick, Mal Hart, Ted, Hart, and Allen, Nick, editors, "Fundraising on the Internet: the Philanthropy Foundation", *Org's Guide to Success Online*. 2 s ed. San Francisco, CA: Jossey – Bass, 2002; 萧美娟、林国才、庄玉惜著《NGO市场营销、筹募与问责：理论与操作》，社会科学文献出版社2005年版。

② Friedman, Michael Jay：《美国民间慈善捐款新趋势》，载美国国务院国际信息局编《美国参考》，2006年8月2日，http：//usinfo. state. gov/mgck/Archive/2006/Aug/02 – 564499. html（2010/10/12）。

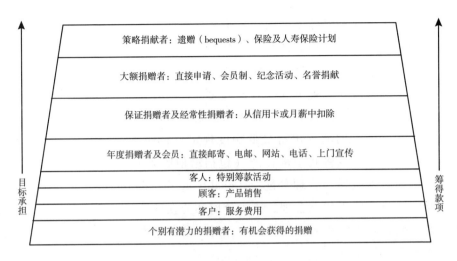

图 8－5　个体捐赠者的发展层次——筹款金字塔

资料来源：Flanagan，Joan，*Successful Fundraising*：*A Complete Handbook for Volunteers and Professionals*，United States：Contemporary Books，2002（from CIF，2007）.

如捐献是在参加博彩项目、有奖销售、折扣销售活动中完成的。而位于金字塔顶层的人士数目最少，所捐赠的金额最多，对于组织的目标亦是十分支持，这批人士需要最多时间来培养。金字塔层数愈高，人数就会愈少。[①] 所有有潜力的捐赠者，都有可能升级成为年度捐赠者、大额捐赠者，以至策略捐献者。筹款者需要有针对性地组织募捐。

第五节　管理与监督机制

一　健全的法制与法治体系

西方国家（如美国、加拿大）对慈善捐赠或慈善事业的管理制度主要是基于宪法、公司法和税法。虽然没有制定专门的法典，但国家和地方的各种税法和公司法等仍提供了明确、细致和具体的规定，并通过民主、合理的

————————

① CIF（The Creative Initiatives Foundation），2007，http：//www. creative－initiatives. org （2007/10/15）.

法治途径来执行这些错综繁杂的法规条文，从而有效地保证了慈善组织服务宗旨的公益性、组织结构的公共性、财务运行的公开性。

慈善组织的章程、信托契约或协会条例必须申明组织财产的任何一部分都不能使组织负责人、董事或政府官员受益；同时，这些组织必须说明其具体的慈善宗旨，如支持教育、宗教或慈善服务活动等。美国税法对私人基金会每年用于慈善目的的支出有最低额度规定（payout requirement），即私人基金会每年必须至少将其全部资产（包括增值收入）的5%用于慈善事业。机构支出还必须做到"合理分配"（qualifying distributions），即要求各项开支包括行政成本使用比例合理，接受政府和公众的监督；达不到标准者要缴纳罚款，而且其投资收入须付特别税。对于公共基金会或公募基金组织则没有类似的限制性条款。①

为保证慈善组织及其财务运作的公共性，有关公司法规定了关联交易中的"丧失资格者"（disqualified person）或"回避"制度。丧失资格者分为私人慈善机构与公共慈善机构两种背景。前者指私人基金会的大额捐赠人、基金会经理、某些政府官员、丧失资格者的家庭成员，以及与丧失资格者有重要利益关系的公司和合作对象等。法律禁止丧失资格的人与基金会之间发生金融交易，即所谓自我交易（self-dealing）。② 因为丧失资格者和相关基金会或服务机构发生交易时，将面临在自身利益和机构利益之间的两难选择。根据"经济人"的假设，此种利益冲突极可能使丧失资格者为谋求自身利益而损害机构利益。公共慈善组织中"丧失资格者"是指现任管理者、过去5年中其他在机构决策位置上任职者、前两者的家庭成员、以上人员控制的行业机构。法律禁止慈善组织对以上"丧失资格者"不适当地支付"过高的"报酬或待遇，否则将给予这些慈善组织的董事会成员惩罚性特别税（penalty excise taxes）。"丧失资格者"条款本身是非常具有操作化的规定，目的是防止慈善组织内部或之间在进行关联交易时发生以权谋私的现象。

明确具体的法规条文需要通过民主化的法治途径来实现。法治的核心即

---

① IRS（Internal Revenue Service），2007，"Tax Information for Charities & Other Non – Profits"，http：//www.irs.gov/charities/index.html（2007/10/20）.

② 张开平：《英美公司董事法律制度研究》，法律出版社1998年版。

是实现政府执法、司法部门依法监管与社会公众依法监督的统一。在西方国家，民主和公开性是法治的基础，容易形成全社会对慈善组织的监督和制约机制。对慈善组织的违法行为通过司法渠道或政府部门撤销资助来处罚。

法律要求慈善组织必须提供公共支持证明（public support test），用于保证一个慈善组织能服务于公众而不是有限的人群。共有两类公共支持证明：第一类证明被称为"509（a）（1）"或"170（b）（1）（A）（vi）"，即出自国税法509（a）（1）或170（b）（1）（A）（vi）条的规定，主要适用于依赖社会捐赠的社区基金会等，必须证明它们至少1/3的财政收入来自公共大众（包括政府机构和基金会）的资助；如果不能达到这个标准，还有其他条件仍可证明其为公共慈善组织，如其接受的公共资助至少达到全部收入的10%以上、董事会成员身份具备广泛的公共代表性等。第二种证明被称为"国税法509（a）（2）条款证明"，适用于通过服务收费（如演出门票）而获得部分收入的交响乐团、音乐剧团等慈善组织，须要证明其服务收费和接受捐赠相加至少达到财政收入的1/3，而其从投资和不相关的经营中所获得的薪金收入不能超过财政收入的1/3。①

二　高效的政府监管职能

第一，政府部门的监管权限。在美国，政府自身的公共服务职能与民间慈善服务职能相分离，政府部门不直接介入慈善基金会和服务组织的人事和业务活动，不做慈善活动的直接经营者或"运动员"。政府行政和监管部门的职能或权力有限，主要集中在服务购买和对慈善活动规范性的监管方面。这种避开直接运作的"超脱"地位，实际上强化、优化了政府对慈善事业的监管职能。

第二，财务审查权。对慈善组织的监督管理主要体现在对非营利性的审查上，防止不适当享用免税资格和公众捐赠。美国国税局规定公共慈善组织和私人基金会分别报送年度报表（990表和990 – PF表；后者PF，代表private foundation，即私人基金会）。990表是一种相当全面、简明、指标化

---

① IRS（Internal Revenue Service），2007，"Tax Information for Charities & Other Non – Profits"，http：//www.irs.gov/charities/index.html（2007/10/20）.

的评估和考量工具。① 990 报表中必须反映机构资产、收入、支出和人员薪金情况，包括机构前 5 名收入最高的成员名单、前 5 名支付最高的合同商名单、筹款花费以及与所有董事会成员有关的金融交易记录。国税局通过这些报表可以评估慈善组织的法律执行情况，容易及时发现可能存在的问题，规范其运营行为。私人基金会的 990 - PF 表中还要附加全年所提供的所有资助款项。如 1970 年，在美国一家著名的慈善基金会组织（Boys Town）提交国税局（IRS）的报表中，被发现其 2 亿元永久基金的收益和 900 万元的年度开支中有 1/3 用于募款开支，经费使用不合理。Boys Town 董事会不得不采取措施，改进管理。② 有关统计数据显示曾有两个州的筹款成本一度占到13.8% 和 26%，因此许多州和地方政府做出规定，只有那些能证明将捐款主要用于慈善目的而不是工资和行政费用的组织，才能进行慈善募捐。

第三，税务处罚权。政府对慈善组织的违规行为可实行惩罚性税收制度。如果慈善组织与"丧失资格者"进行"自我交易"，或给予他们"过多的"利益，如支付过高的服务报酬、房产租金等，美国国内税务局可以对其进行"中间处罚"（Intermediate Sanctions，又译为"中间程度的处罚"），甚至追加处罚——撤销其免税地位。所谓"中间处罚"是指惩罚的程度介于刑法责任和普通警告之间。它可以要求组织收回任何违规支出，对违规者或其董事会成员最高处以超过违规收益 200% 的罚税，对组织管理者处以最高 10000 美元的罚款，并认定其负有连带或单独的法律责任。③

有言道，管得最少的政府是"最好的政府"。其实，问题的核心不在于管得多少，而在于通过何种方式来管理，管得是否适当。从慈善事业来说，西方国家政府部门不直接经营或控制，而是通过财政购买给予支持，通过法律和行政方式进行监管。政府面对慈善事业不是做运动员，而是做裁判员和教练员。政府与慈善组织之间不存在直接的利害关系，有利于政府保持公正立场对慈善组织进行管理。

---

① IRS (Internal Revenue Service), 2007, "Tax Information for Charities & Other Non - Profits", http：//www. irs. gov/charities/index. html（2007/10/20）.

② Bremner, Robert H., *American Philanthropy*, Chicago：University of Chicago Press, 1988, p. 189.

③ IRS (Internal Revenue Service), 2007, "Tax Information for Charities & Other Non - Profits", http：//www. irs. gov/charities/index. html（2007/10/20）.

三　信息公开与公众监督

第一，财务公开。没有信息公开，就没有公共监督可言。美国相关法律规定了慈善服务组织和基金会有向政府税务部门和社会公开其财务、活动等信息的责任。慈善组织负有财务公开的公共责任，其中包括被动公开和主动公开两种形式。[①]"被动公开"通常指向政府税务部门提交的财务和活动状况的年度报表，即 990 表和 990 - PF 表。"主动公开"指基金会和慈善服务组织有义务发布一份年度报告（Annual report），其中提供自己的财务数据和受资助情况。许多基金会和慈善组织提供经过审计的财务报告，以达到美国税务法规所要求的财务公开（financial disclosure）。

第二，舆论监督。大众传媒也构成非正式监督之一，起到正式监管机制所不能替代的作用。大众媒体作为公共舆论的重要途径通常倾向于负面报道，因为好消息"乏味"，而坏消息和丑闻更"有新闻价值"。[②]大众传媒的一个主要取向是披露和追踪报道所发现的问题，如慈善组织执行领导超高酬金、善款挪用、筹款欺诈、慈善和政治竞选或恐怖活动相关联等。1992 年美国联合劝募总裁阿拉莫尼（William V. Aramony）的超高薪酬及贪污事件经纽约时报及几家媒体陆续揭露之后，造成其下台并入狱 6 年。直到今天，美国人还记得媒体大肆曝光的阿拉莫尼事件以及其他慈善机构不良记录。大众传媒容易引发相关司法听证或调查，以及公众对慈善事业治理标准的讨论，有助于强化慈善组织的行为准则。所以一些有违规行为的慈善组织宁愿被罚以巨款，也不愿被媒体曝光。

第三，相互监督与第三方评估。美国的慈善机构自发组成许多全国性行业协会（社团），如"美国基金会理事会"（the Council on Foundations）、"独立部门"（Independent Sector）、"更好企业局明智捐赠联盟"（Better Business Bureau Wise Giving Alliance）、"董事会资源"（Board Source）和"国家基金募集协会"（The National Society of Fund - Raising Executives）等。"美国基金会理事会"是一个由 2100 多个基金会和资助公司（grantmaking

---

① 贾西津：《国外非营利组织管理体制及其对中国的启示》，《社会科学》2004 年第 4 期。

② 〔美〕巴奈特·巴伦：《美国非盈利部门的共同治理》，载中国（海南）改革发展研究院编《民间组织发展与建设和谐社会》，中国经济出版社 2006 年版。

corporations）组成的会员组织，成员单位总资产超过 3070 亿美元。"独立部门"的会员单位有 600 多个，包括基金会、慈善服务机构、民间研究机构、信息公司等。这些行业协会交流情况、增进会员组织的透明度、制定和传播慈善组织治理与监督标准、公布其财务或筹款信息，大大加强了非营利组织的自律功能。

美国"指南星公司"（Guidestar USA，Inc.）、"慈善导航"（Charity Navigator）等是专门对非营利组织特别是具有免税资格的慈善组织进行信息公开和机构评估的公共慈善机构。这些机构形成了独立提供信息服务和第三方评估的力量，可以帮助公众比较非营利组织的工作绩效和诚信度。从"指南星"（Guidestar）网站可以查询 170 万个非营利组织的国税局 990 表以及其他资料（年度报告）。评估组织不接受被评估机构的费用或资助，而是通过其他经费资助来进行评估，并把评估结果公示于众。"慈善导航"作为美国一家最大的慈善评估机构每年对教育、艺术、健康、环境、动物保护等各类慈善组织进行评估，提供机构规模、开支额、私人捐赠、公众评议、首席执行官低报酬等各个单项前十名排行榜，评估等级由高到低从四星到无星；其中也包括一些负面排行，比如筹款回扣率、财务危机、赠款囤积等。① 公众根据相关专业网站提供的详细信息和评级情况，能够判断慈善组织的资质和公信度，决定是否对其进行捐赠。

四 慈善组织的分类操作与内部治理

第一，分类操作与制衡。西方国家的慈善组织分为慈善服务机构和慈善基金会两类。在实践中形成的法律规则要求基金会和慈善服务机构有明显的分工，慈善拨款计划与执行相分离，促使不同组织相互制衡，实现各自既定的目标与责任。基金会倡导"有效慈善"活动，主张慈善基金会在募集、管理和分配金融与人力资源时，能对受助部门产生最大的积极影响。"有效慈善"采取多种主动的策略，包括鼓励积极的"从下而上"和创造性行动驱动的资助政策，联合其他基金会一起支持受助者，与受助者共同工作、评

---

① 杨晴川：《美国善款管理：自律与监管并重》，《中国社会报》2008 年 6 月 23 日。

估受助者的服务质量和影响等。① "有效慈善"有利于获取社会信任，从而促进社会捐赠活动。"现场考察"（site visit）是基金会或基金项目决定是否拨款的程序之一。基金会或项目管理人员到接受或申请资助的机构实地访问工作人员或被服务对象，确认事实状况，最后撰写现场考察报告，表明基本印象和建议，最终确定是否拨款。

第二，内部治理。慈善组织作为独立的主体（社团或法人），内部形成科学化的治理结构，通过一系列制度化的途径引导成员实现公益使命。内部治理模式有：①制定行业成文守则，在组织文化管理中建立清晰有效的价值导向和道德约束机制。全国性行业组织如"美国基金会理事会""独立部门"等在慈善部门倡导利他价值，制定具体的伦理守则，强调公益优先、公共问责、慎用社会资源。各慈善组织的章程（Bylaw）规定和强调社会服务的使命，承诺只以慈善服务为目的、遵守所有法律法规、保证透明性和公众问责，通过把组织发展与服务社会的目标直接联系在一起，形成共同的价值观和组织文化，促使组织成员树立公益信仰，实现自我约束、自我激励、自我管理。②通过组织构架和制度设计来规范组织行为。组织章程作为慈善组织的基本运行规则，包括机构宗旨、董事会选举、部门设置和工作程序等。慈善组织的运作机构一般分三个层次：董事会、执行总裁和部门职员。董事会是最高管理机构，作为独立社会实体自主管理，审议服务活动计划，接受公共监管；执行总裁负责落实董事会制定的方案，组织资源，开发服务项目；部门职员从事日常服务。公共慈善组织的董事会需要由不同背景的志愿领导人担任。在美国，董事会的作为越来越多地受到各州有关非营利机构运作的法律（如《加利福尼亚非营利组织操守法案》）的规制。③引入绩效评价机制，保证专业化服务效率。社会服务宗旨要求建立高效、灵活、快速、富有弹性的服务运行系统，避免资金不足、非独立性、业余主义（非专业性）等"志愿失灵"现象。美国慈善组织注重建立绩效评价体系。董事会是组织内部绩效评价主体，政府部门、行业协会等担当组织外部绩效评价主体，通过对效率实际水平与

---

① Capek, Mary Ellen and Mead, Molly, *Effective Philanthropy: Organizational Success through Deep Diversity and Gender Equality*, Cambridge, MA: The MIT Press, 2006.

期望水平（能力和服务指标）之间进行对比或评价，确保慈善组织受托责任的适当履行。

第六节　总结与讨论

纵观西方国家慈善捐赠的启动、动员、组织和资助过程，可以发现一系列重要的规律特点和制度或社会因素在发挥作用与影响，保证了慈善捐赠的持续稳定发展。

第一，慈善捐赠水平和社会发展水平。一般来说，捐献水平与可支配收入水平相平衡。因此提高实际收入，便会带来捐赠量的自然增长。西方国家的个人遗产捐赠占很大比重，其中作为个人遗产的基金、债券、人寿保险等有价证券形态，是社会经济发展到一定水平的产物。最高收入群体比其他收入群体的捐赠额度明显要高。但以捐赠额占收入的百分比来计算，普通美国人的奉献水平并不低于高收入者，不同收入阶层在捐赠率上的差别不大。各国慈善事业在发展水平和社会作用上的差距不能仅从经济意义来解释，也需要从慈善意识、社会运行方式或组织制度上找原因。

第二，基督教传统和市民社会机制。基督教价值传统是捐赠行为普及的重要精神动力，同时基督教传统中的强烈社团精神，容易使人们为社区或机构的公益事业做出贡献。有团体成员身份的人，社会交往和信任增加，捐献量相对大。志愿结社包括非政府、非营利的组织，超越于国家组织和经济系统之外，为公民最大限度地参与社会生活提供了可供选择的渠道。在公民社会基础上建立的慈善捐赠事业，是在公民自愿前提下进行自我服务、自我管理的非政府、非市场的社会体系，因此能够最大限度地发挥其积极性和创造性。

第三，税收政策机制。建立符合社会财富分配结构和私人捐赠结构的促进捐赠的税收制度，通过税收政策推动慈善捐赠的三个有效机理是：①个人所得税、公司税和遗产税以及累进制，有利于政府直接扩大财政收入、调节再分配，同时加大了私人积累和遗产继承的成本；②通过对企业和个人捐赠的所得税减免，增大对捐赠者的社会价值回报，鼓励社会捐赠；③公共基金会和慈善服务组织享有最高的税收优惠减免，私人基金会次之，有利于降低社会捐赠成本，鼓励公共基金会和慈善服务组织募集善款，扩大民间的社会与社区服务效能。

第四，募捐组织机制。慈善募捐是慈善性非营利组织的重要功能。中国的慈善捐赠事业有了很大发展，但是迄今仍没有改变社会慈善募捐的主导组织模式——自上而下的行政化、单位化募捐。西方国家非政府组织的发展和成熟，发挥了捐赠人和受赠人之间的纽带作用，推动传统的分散化、自发性的募款方式向有组织、高效率的联合集资募款方式转变，实现了民间捐赠行为的社会化、制度化。慈善募捐组织过程中的重要经验有：①根据社会公众选择或公共选择，以各类慈善基金会作为捐赠基金的主要运作机构；②建立筹款组织的分工动员系统（联合集资与募款组织）；③逐步实现募捐事业的职业化；④采用多样化的募捐策略与手段。

第五，公共监督。西方慈善事业的管理监督机制发挥了积极的作用，也使慈善组织具有很高的自律水平。在宏观层面，政府公共福利事业与慈善公益事业相区分，慈善基金会拨款计划与慈善服务机构直接服务供给相分离；慈善组织内部实行"议（事）行（政）分开"的董事会、行政总裁、工作部门制度，构成合理分工和多重的内外部制衡、监督机制。在微观层面，形成一系列公开化、指标化的具体监督手段，政府部门监督并不取代社会监督。如慈善组织向政府税务部门递交的年度报表（990表），也通过行业协会组织或慈善信息服务机构在网上公布；公众容易了解慈善组织的服务和项目运作、资金使用及行政管理状况，从而监督慈善组织的行为。公共监督成败的关键之一在于信息公开的程度。在中国，法规也说明慈善基金会和服务机构要公开年度财务审计报告、年度工作报告，但这些报告所选指标的设计水平和向社会公开的程度是十分有限的。从美国的情况来看，慈善捐赠和善款使用情况的信息透明程度相当高，促使慈善组织自觉履行责任和义务，进而能得到社会公众的持续信任和支持。

总之，慈善捐赠事业的高水平运行与文化观念机制（社会价值基础）、税收机制、组织运行机制、管理监督机制等各种结构因素的发展和完善相关。西方公众热心慈善捐献的重要原因之一是他们十分信任接受捐款的慈善机构能把钱物真正用于他们所关注的事业上。有了科学和公开的慈善捐赠制度，就容易保证社会捐赠的稳定发展，从整体上提升全社会动员和运用慈善资源的能力。

参考文献

著作

〔美〕巴奈特·巴伦：《美国非盈利部门的共同治理》，载中国（海南）改革发展研究院编《民间组织发展与建设和谐社会》，中国经济出版社2006年版。

〔美〕贝奇·布查特·阿德勒：《美国慈善法指南》，NPO信息咨询中心译，中国社会科学出版社2002年版。

〔美〕贝希·布查尔特·艾德勒、大卫·艾维特、英格里德·米特梅尔：《通行规则：美国慈善法指南》，金锦萍等译，中国社会出版社2007年版。

〔美〕彼得·M.布劳：《社会生活中的交换与权力》，李国武译，商务印书馆2008年版。

〔美〕彼得·德鲁克：《非营利组织管理》，吴振阳等译，机械工业出版社2009年版。

〔美〕菲利普·科特勒、南希·李：《企业的社会责任：通过公益事业拓展更多的商业机会》，姜文波等译，机械工业出版社2006年版。

〔美〕莱斯特·M.萨拉蒙：《公共服务中的伙伴——现代福利国家中政府与非营利组织的关系》，田凯译，商务印书馆2008年版。

〔美〕莱斯特·M.萨拉蒙：《第三域的兴起》，李亚平、于海编选《第三域的兴起——西方志愿工作及志愿组织理论文选》，复旦大学出版社1998年版。

〔美〕莱斯特·M.萨拉蒙等：《全球公民社会——非营利部门视角》，

贾西津等译，社会科学文献出版社 2002 年版。

〔美〕马克·T. 布雷弗曼、诺曼·A. 康斯坦丁：《慈善基金会和评估学：有效慈善行为的环境和实践》，陈津竹、刘佳、姚宇译，中国劳动社会保障出版社 2013 年版。

〔美〕米尔顿·弗里德曼：《资本主义与自由》，张瑞玉译，商务印书馆 1986 年版。

〔美〕乔尔·J. 奥罗兹：《基金会工作权威指南：基金会如何发掘、资助和管理重点项目》，孙韵译，机械工业出版社 2002 年版。

〔美〕图洛克：《收入再分配的经济学》，范飞、刘琨译，上海人民出版社 2008 年版。

〔美〕托马斯·西尔克主编《亚洲公益事业及其法规》，中国科学基金研究会主译，科学出版社 2000 年版。

〔美〕亚瑟·C. 布鲁克斯：《谁会真正关心慈善》，王青山译，社会科学文献出版社 2008 年版。

北京师范大学中国慈善事业研究中心：《2001—2011 中国慈善发展指数报告》，北京师范大学出版社 2012 年版。

陈漭：《非营利组织战略管理问题研究》，黑龙江人民出版社 2003 年版。

陈旭清主编《公益模式创新与挑战：非公募基金会社会参与》，中国社会出版社 2009 年版。

戴志敏、石毅铭、蒋绍忠等：《大学教育基金会管理研究》，浙江大学出版社 2010 年版。

邓国胜：《非营利组织评估》，社会科学文献出版社 2001 年版。

邓国胜等：《民间组织评估体系：理论、方法与指标体系》，北京大学出版社 2007 年版。

丁元竹主编《问责性、绩效与治理——中国非政府公共部门治理状况研究》，中国经济出版社 2005 年版。

杜红波、高鉴国主编《慈善事业与和谐社会》，济南出版社 2006 年版。

郭国庆：《现代非营利组织研究》，首都师范大学出版社 2001 年版。

郭健：《社会捐赠及其税收激励研究》，经济科学出版社 2009 年版。

郭于华等：《事业共同体——第三部门激励机制个案探索》，浙江人民出版社 2000 年版。

国家民间组织管理局编《中国民间组织评估》，中国社会出版社 2007 年版。

基金会中心网、清华大学廉政与治理研究中心编《中国基金会透明度发展研究报告（2014）》，社会科学文献出版社 2014 年版。

李芳：《慈善性公益法人研究》，法律出版社 2008 年版。

李韬：《沉默的伙伴——美国现代慈善基金会研究》，中国社会出版社 2008 年版。

林伟贤、魏炜：《慈善的商业模式》，机械工业出版社 2011 年版。

刘京主编《2003—2007 中国慈善捐赠发展蓝皮书》，中国社会出版社 2008 年版。

刘京主编《2008 中国慈善捐赠发展蓝皮书》，中国社会出版社 2009 年版。

刘京主编《2009 中国慈善捐赠发展蓝皮书》，中国社会出版社 2010 年版。

刘京主编《2010 中国慈善捐赠发展蓝皮书》，中国社会出版社 2011 年版。

刘京主编《2011 中国慈善捐赠发展蓝皮书》，中国社会出版社 2012 年版。

刘京主编《2012 中国慈善捐赠发展蓝皮书》，中国社会出版社 2013 年版。

刘京主编《2013 中国慈善捐赠发展蓝皮书》，中国社会出版社 2014 年版。

刘太刚：《非营利组织及其法律规制》，中国法制出版社 2009 年版。

刘忠祥主编《中国基金会发展报告（2012）》，社会科学文献出版社 2013 年版。

卢汉龙主编《慈善：关爱与和谐》，上海社会科学院出版社 2004 年版。

卢咏：《公益筹款》，社会科学文献出版社 2014 年版。

《吕氏春秋·察微》，上海古籍出版社 1996 年版。

马伊里、杨团主编《公司与社会公益》，华夏出版社 2002 年版。

孟志强、彭建梅、刘佑平主编《2011 年度中国慈善捐助报告》，中国社会出版社 2012 年版。

彭建梅、刘佑平主编《2012 年度中国慈善捐助报告》，中国社会出版社 2013 年版。

齐炳文主编《民间组织：管理·建设·发展》，山东大学出版社 2001 年版。

全国人民代表大会常务委员会法制工作委员会编《中华人民共和国公益事业捐赠法释义》，法律出版社 2000 年版。

单忠东主编《中国企业社会责任调查报告（2006）》，经济科学出版社 2007 年版。

施昌奎：《北京慈善事业运营管理模式》，中国经济出版社 2008 年版。

苏力、葛云松等：《规制与发展——第三部门的法律环境》，浙江人民出版社 2000 年版。

孙立平等：《动员与参与——第三部门募捐机制个案研究》，浙江人民出版社 2000 年版。

孙伟林、刘忠祥主编《中国基金会发展报告（2011）》，社会科学文献出版社 2011 年版。

陶传进：《社会公益供给——NPO、公共部门与市场》，清华大学出版社 2005 年版。

田凯：《非协调约束与组织运作——中国慈善组织与政府关系的个案研究》，商务印书馆 2004 年版。

佟丽华、白羽：《和谐社会与公益法：中美公益法比较研究》，法律出版社 2005 年版。

王建芹：《非政府组织的理论阐释：兼论我国现行非政府组织法律的冲突与选择》，中国方正出版社 2005 年版。

王名、刘培峰等：《民间组织通论》，时事出版社 2004 年版。

王名编著《非营利组织管理概论》，中国人民大学出版社 2002 年版。

王名主编《中国 NGO 研究 2001——以个案为中心》，联合国区域发展研究中心 2001 年 6 月版。

王名等编著《美国非营利组织》，社会科学文献出版社 2012 年版。

王粤、黄浩明主编《跨国公司与公益事业》，社会科学文献出版社 2005 年版。

王振耀主编《现代慈善与社会治理》，社会科学文献出版社 2014 年版。

吴冠之编著《非营利组织营销》，中国人民大学出版社 2003 年版。

萧美娟、林国才、庄玉惜：《NGO 市场营销、筹募与问责：理论与操作》，社会科学文献出版社 2005 年版。

解锟：《英国慈善信托制度研究》，法律出版社 2011 年版。

徐家良、廖鸿主编《中国社会组织发展评估报告（2013）》，社会科学文献出版社 2013 年版。

徐麟主编《中国慈善事业发展研究》，中国社会出版社 2005 年版。

徐宇珊：《论基金会：中国基金会转型研究》，中国社会出版社 2010 年版。

杨团、葛道顺主编《公司与社会公益 II》，社会科学文献出版社 2003 年版。

杨团、葛道顺主编《和谐社会与慈善事业》，社会科学文献出版社 2007 年版。

杨团主编《中国慈善发展报告（2012）》，社会科学文献出版社 2012 年版。

杨团主编《中国慈善发展报告（2014）》，社会科学文献出版社 2014 年版。

张兵武：《公益之痒——商业社会中如何做公益》，北京大学出版社 2011 年版。

张开平：《英美公司董事法律制度研究》，法律出版社 1998 年版。

张梦中、马克·霍哲、胡象明、董克用主编《中国公共管理评论——公共管理的机遇与挑战》，中山大学出版社 2004 年版。

赵海林：《从行政化到多元化：慈善组织运作研究》，中国社会科学出版社 2013 年版。

赵磊：《公益信托法律制度研究》，法律出版社 2008 年版。

郑功成、张奇林、许飞琼：《中华慈善事业》，广东经济出版社 1999 年版。

中国法制出版社编《赠与合同文本及相关法律规定》，中国法制出版社 2003 年版。

中华人民共和国民政部：《2013 中国民政统计年鉴：中国社会服务统计资料》，中国统计出版社 2013 年版。

中民慈善捐助信息中心：《2013 年度中国慈善捐助报告》，中国社会出版社 2014 年版。

钟宏武：《慈善捐赠与企业绩效》，经济管理出版社 2007 年版。

周秋光、曾桂林：《中国慈善简史》，人民出版社 2006 年版。

周志忍、陈庆云主编《自律与他律——第三部门监督机制个案研究》，浙江人民出版社 2000 年版。

资中筠：《散财之道——美国现代公益基金会述评》，上海人民出版社 2003 年版。

文章

〔美〕Friedman, Michael Jay：《美国民间慈善捐款新趋势》，美国国务院国际信息局《美国参考》2006 年 8 月 2 日，http：//usinfo. state. gov/mgck/ Archive/2006/Aug/02 – 564499. html。

〔美〕Mike, Spector：《美国慈善捐赠额创新高》，《华尔街日报》（中文网络版）2008 年 6 月 25 日。

〔美〕黛博拉·斯米尔等：《同情与冷静：审慎思考特定和统计受害人对捐赠的影响》，选自《组织行为与人类决策过程》第 102 卷第 2 期。

艾若：《关于公募非公募基金会比较》，http：//wenku. baidu. com。

安体富、王海勇：《非营利组织税收制度：国际比较与改革取向》，《地方财政研究》2005 年第 12 期。

安晓露：《美国的文化与慈善业》，《学习月刊》2014 年第 11 期。

包颖：《公益捐赠的税收"玻璃门"该破一破》，《中国社会报》2014 年 3 月 10 日。

《财经》综合报道：《2010 年美国人均慈善捐款 706 美元，总额 2909 亿美元》，财经网，http：//http：//overseas. caijing. com. cn/2011 – 09 – 27/

110875992. html/。

才让多吉：《台湾惩处网络募捐个案救助启示》，《南方都市报》2013年9月22日。

蔡宁、田雪莹：《企业协同 NPO 与竞争优势的研究——基于网络的视角》，《科学学研究》2008 年第 2 期。

蔡勤禹、江宏春、叶立国：《慈善捐赠机制述论》，《苏州科技学院学报》（社会科学版）2009 年第 1 期。

蔡勤禹、张家惠：《我国企业慈善发展现状与前瞻》，《文化学刊》2008年第 3 期。

曾桂林：《近 20 年来中国近代慈善事业史研究述评》，《近代史研究》2008 年第 2 期。

曾桂林：《中国古代慈善事业史研究概述》，《文化学刊》2009 年第 1期。

常思亮：《美国高校社会捐赠制度的路径依赖分析》，《教育与经济》2010 年第 1 期。

陈成文、谭娟：《税收政策与慈善事业：美国经验及其启示》，《湖南师范大学社会科学学报》2007 年第 6 期。

陈东利、邵龙宝：《当下中国慈善文化困境与原因探析》，《兰州学刊》2011 年第 11 期。

陈恩美：《〈公益事业捐赠法〉缺陷评析》，《西南民族学院学报》（哲学社会科学版）2000 年第 5 期。

陈宏辉：《战略性慈善捐赠探析》，《现代管理科学》2007 年第 2 期。

陈伦华、莫生红：《从问卷调查看我国公民的慈善价值观》，《现代经济》2007 年第 10 期。

陈勤、陈毅：《慈善组织社会营销与个人公益消费动机研究综述》，《人类工效学》2007 年第 1 期。

陈胜蓝、吕丹、刘玮娜：《激烈竞争下的公司捐赠"慈善行为"抑或"战略行为"——来自公司社会责任报告的经验数据》，《证券市场导报》2014 年第 5 期。

陈天祥、姚明：《个人捐赠非营利组织的行为影响因素研究——基于广州市的问卷调查》,《浙江大学学报》(人文社会科学版) 2012 年第 4 期。

陈新春:《开发我国个人慈善的途径初探》,《当代经济》2009 年第 19 期。

陈烨、高淑敏:《企业捐赠行为的动机及财务影响》,《企业导报》2013 年第 3 期。

陈瑜:《试论美国慈善组织监管机制》,《兰州学刊》2012 年第 11 期。

陈玉梅:《中美慈善事业比较研究》,《长沙民政职业技术学院学报》2012 年第 3 期。

陈玥、唐靖:《中国捐赠文化的现状及对策》,《云南财贸学院学报》(社会科学版) 2008 年第 2 期。

陈泽文:《社会资本视角下浙江省"富人治村"现象研究》,《中共南京市委党校学报》2011 年第 5 期。

陈支武:《企业慈善捐赠的理论分析与策略探讨》,《当代财经》2008 年第 4 期。

陈志琴、俞光虹、周玲:《影响中美高校募捐的社会因素比较》,《高教探索》2005 年第 5 期。

程芬:《"中国股捐第一人"牛根生到底捐了多少钱?》,《公益时报》2006 年 3 月 14 日。

程介明:《大学筹款与捐赠文化》,《上海教育》2005 年 07A 期。

代桂云:《青岛市慈善总会:打造慈善微基金品牌,开创慈善捐助新局面》,中国政协新闻网,http://cppcc.people.com.cn/n/2013/0310/c34948 - 20735565.html。

邓国胜:《个人捐赠是慈善事业发展的基石》,《中州学刊》2007 年第 1 期。

邓国胜:《中国 NGO 问卷调查的初步分析》,《中国 NGO 研究》2011 年第 3 期。

丁美东:《个人慈善捐赠的税收激励分析与政策思考》,《当代财经》2008 年第 7 期。

董煜坤:《美国 2013 年大额捐款达 34 亿美元 脸谱老板最慷慨》,中国新闻网,http://www.chinanews.com。

樊丽明、郭健：《国外社会捐赠税收政策效应研究述评》，《经济理论与经济管理》2008 年第 7 期。

房珊：《2006 年中国慈善事业研究综述》，《学海》2007 年第 3 期。

付园园、关叶萍：《美国高等学校捐赠资金管理体制探究及启示》，《牡丹江教育学院学报》2014 年第 2 期。

甘泉、刘翔霄：《慈善救助分配不均调查：有项目不缺钱缺患者》，新华网，http：//news. sina. com. cn/c/2014 - 11 - 06/082531103043. shtml/。

高功敬：《中国非公募基金会发展现状、困境及政策思路》，《济南大学学报》2012 年第 3 期。

高卉：《嵌入性制度：美国慈善基金会的运行机制探析》，《浙江师范大学学报》（社会科学版）2013 年第 4 期。

高鉴国、高功敬：《一个民间慈善组织的发展历程——"牛群裸捐"案例分析》，载杜红波、高鉴国主编《慈善事业与和谐社会》，济南出版社2006 年版。

高鉴国：《美国慈善捐赠的组织运行机制》，《学习与实践》2010 年第 4 期。

高力克、杨琳：《慈善中的社会与政府：温州与常州慈善模式比较》，《浙江学刊》2014 年第 5 期。

高瑞立：《未来的新型公益筹款模式——数据库（直邮）筹款》，《社会与公益》2012 年第 12 期。

葛道顺：《我国企业捐赠的现状和政策选择》，《学习与实践》2007 年第 3 期。

耿云：《西方国家慈善理念的嬗变》，《中国宗教》2011 年第 12 期。

龚明聪：《个人捐赠的模型与制度分析》，《社会科学家》2009 年第 2 期。

龚韵、陈纲：《浅析我国当代慈善事业的法律构建》，《法与实践》2008 年第 3 期。

郭鸿：《诺基亚与北京移动联手抗非典》，《国际商报》2003 年 5 月 26 日第 8 版。

郭建：《社会捐赠运行机制及其影响因素的经济学分析》，《经济学家》

2009 年第 7 期。

郭佩霞：《推动慈善捐赠的税收激励与政策完善》，《税收经济研究》2014 年第 2 期。

郭婉君、刘恩允：《中美高校社会捐赠制度环境比较研究》，《临沂大学学报》2014 年第 1 期。

郭霞、迟爱敏：《我国捐赠文化运行的平台分析》，《全国商情经济理论研究》2009 年第 11 期。

郭霞：《捐赠文化缺失的社会环境创生》，《山东师范大学学报》（人文社会科学版）2009 年第 3 期。

国家统计局：《国家统计局关于 2012 年 GDP（国内生产总值）最终核实的公告》，中华人民共和国国家统计局官网，http：//www. stats. gov. cn/tjsj/zxfb/201401/t20140108＿ 496941. html。

《国家统计局：全年城镇居民人均总收入 29547 元》，中国新闻网，http：//www. chinanews. com/gn/2014/01－20/。

韩冰：《国务院：落实捐赠减免税政策　增强慈善组织公信力》，《每日经济新闻》2014 年 10 月 30 日第 3 版。

韩建军：《美 2006 年慈善捐助创纪录》，新华网，http：//news. xinhuanet. com/world/2007－06/26/content＿ 6289796. htm/。

何光喜：《被动的自愿：对四城市个人慈善捐赠行为的多因素分析》，载孙立平等编《北大清华人大社会学硕士论文选编》，山东人民出版社 2004 年版。

何汇江：《慈善捐赠的动机与行为激励》，《商丘师范学院学报》2006 年第 3 期。

何兰萍、陈通：《关于当前发展慈善事业的几点思考》，《社会科学》2005 年第 8 期。

何卫卫：《准行政化——我国慈善组织运作的策略选择》，《学习与实践》2010 年第 4 期。

何艳玲：《街区组织与街区事件——后单位制时期中国街区权力结构分析框架的建立》，《中山大学学报》2007 年第 4 期。

何忠洲：《地方政府的爱心之困》，《中国新闻周刊》2007 年 8 月 20 日。

洪江、张磊：《私人慈善捐赠的经济学分析》，《上海市经济管理干部学院学报》2008 年第 3 期。

侯江江、徐明祥、张侃侃：《基于网络的非营利组织募捐模式研究》，《四川行政学院学报》2010 年第 6 期。

胡润研究院：《5·12 抗震救灾民营企业捐赠报告》，2008 年 5 月 20 日。

胡卫萍、刘婷婷：《保障我国社会公益捐赠机制顺利运行的思考》，《老区建设》2008 年第 12 期。

黄丹、姚俭建：《当代中国慈善事业发展的战略路径探讨》，《社会科学》2003 年第 8 期。

黄浩明：《加强民间组织能力建设的有效途径》，《杭州师范学院学报》2003 年第 5 期。

黄家瑶：《社会责任视野下的企业慈善捐赠分析》，《东方论坛》2011 年第 1 期。

黄少宏：《公务员将不得在社会组织中兼职》，《南方日报》2014 年 12 月 3 日。

黄西谊：《英国慈善及其创新》，载杨团主编《中国慈善发展报告 (2013)》，社会科学文献出版社 2013 年版。

霍淑红：《20 世纪以来美国慈善基金会对外援助的特征与动因分析》，《当代世界与社会主义》2013 年第 2 期。

基金会中心网：《基金会数量 （家）》，http：//www. foundationcenter. org. cn/。

基金会中心网：《中基透明指数 （FTI)》，http：//www. foundationcenter. org. cn/。

季云岗：《非典捐赠如何分配使用和管理》，《中国社会报》2003 年 5 月 31 日第 1 版。

贾留谦、任一明：《美国高等教育捐赠影响因素、主体分析与启示》，《重庆电子工程职业学院学报》2012 年第 2 期。

贾西津：《国外非营利组织管理体制及其对中国的启示》，《社会科学》2004 年第 4 期。

江希和：《有关慈善捐赠税收优惠政策的国际比较》，《财会月刊》（综合版）2007 年第 7 期。

姜士伟：《从公民社会理论看第三部门的合法性》，《湖北社会科学》2006 年第 9 期。

蒋建湘：《企业社会责任的法律化》，《中国法学》2010 年第 5 期。

蒋彦鑫：《民政系统今年收到个人捐赠 17 亿元退税率为零》，新华网，http：//www. xinhuanet. com。

金慧：《慈善捐赠法律关系研究》，《现代商贸工业》2008 年第 11 期。

金荣学、张迪、张小萍：《中美高等教育捐赠税收制度比较》，《教育研究》2013 年第 7 期。

靳环宇：《论慈善事业的管理方式及其转型》，《社会保障研究》2013 年第 3 期。

李朝阳：《繁荣社会主义文化中的慈善文化问题研究》，《河北师范大学学报》（哲学社会科学版）2012 年第 3 期。

李春燕：《美国慈善捐赠意图实现的法律保障演进及其启示》，《河北大学学报》（哲学社会科学版）2014 年第 5 期。

李华芳：《慈善》，《财经》2013 年第 17 期。

李晋、侯雪竹：《曹德旺捐赠股票考验政府智慧》，《京华时报》2011 年 5 月 9 日第 C02 版。

李骏：《慈善募捐与救助的一般数据特征——以上海市慈善基金会为例》，载上海市慈善基金会、上海慈善事业发展研究中心编《转型期慈善文化与社会救助》，上海社会科学院出版社 2006 年版。

李莉、陈杰峰：《协同治理：中国公募基金会与政府之间的现实博弈与关系走向》，《学会》2009 年第 11 期。

李莉、梁栋：《浅议公益捐赠的税收激励机制》，《中国乡镇企业会计》2007 年第 8 期。

李芹：《慈善捐赠的社区促进机制——基于一个村庄捐赠活动的考察》，《学习与实践》2007 年第 3 期。

李培林、徐崇温、李林：《当代西方社会的非营利组织》，《河北学刊》2006 年第 2 期。

李淑国：《贺铿认为"中产阶级"应成为小康社会主流公民》，中国新闻网，http：//www. chinanews. com/2002 - 12 - 15/26/253573. html。

李素丽、付春愔：《山东威海将单位募捐成绩纳入绩效考核引争议》，《新京报》2007 年 6 月 13 日。

李伟阳、肖红军：《企业社会责任的逻辑》，《中国工业经济》2011 年第 10 期。

李小健、白晓威：《2008 年外资企业在华捐赠期待升温》，《公益时报》2008 年 1 月 15 日。

李晓丽、杨帅：《〈公益事业捐赠法〉在中国实施陷入困境原因探析》，《法制与社会》2007 年第 11 期。

李怡心：《关于国外慈善事业的研究综述》，《道德与文明》2006 年第 2 期。

李亦亮：《公款捐赠之我见》，《北京观察》2004 年第 7 期。

李跃：《应急性募捐与经常性小额募捐的机制分析与完善策略》，《陕西理工学院学报》（社会科学版）2010 年第 1 期。

李珍刚、王三秀：《论非营利组织的筹资策略》，《社会科学》2002 年第 6 期。

刘澄、刘志伟、叶波：《改进中国慈善捐赠的制度安排》，《国际经济评论》2006 年第 5 期。

刘春生、王任达：《发展大学教育基金会，促进大学教育捐赠》，《北京科技大学学报》（社会科学版）2005 年第 10 期。

刘凤芹、卢玮静：《社会经济地位对慈善捐款行为的影响》，《北京师范大学学报》2013 年第 3 期。

刘继同：《转型期中国政府与慈善机构关系的战略转变》，《甘肃理论学刊》2007 年第 1 期。

刘琳：《善薪计划发布市民可用银行卡定期捐款》，《北京晚报》2012 年 5 月 28 日。

刘美萍：《当前我国慈善捐赠不足的原因及对策研究》，《行政与法》2007 年第 3 期。

刘能：《中国都市地区普通公众参加社会捐助活动的意愿和行为取向分析》，《社会学研究》2004 年第 2 期。

刘威：《反思与前瞻：中国社会慈善救助发展六十年》，《学术论坛》2009 年第 12 期。

刘武、杨晓飞、张进美：《城市居民慈善行为的群体差异——以辽宁省为例》，《东北大学学报》（社会科学版）2010 年第 5 期。

刘选国：《中国公募基金会筹资模式的发展和创新探析》，载清华大学公共管理学院 NGO 研究所编《中国非营利评论》第九卷，社会科学文献出版社 2013 年版。

刘洲鸿：《非公募基金会：使命与责任》，南都公益基金会网，http: //www. naradafoundation. org/html/2012 - 07/15197. html。

卢正文、刘春林：《慈善捐赠对企业绩效影响的研究——基于消费者视角》，《山西财经大学学报》2012 年第 2 期。

陆根书、陈丽：《美国高校社会捐赠特点探析》，《国家教育行政学院学报》2006 年第 11 期。

陆根书等：《美国研究型大学开展社会捐赠的实践及其启示》，《高等教育研究》2006 年第 12 期。

罗公利、肖强：《企业公益捐赠研究的回顾与展望》，《青岛科技大学学报》（社会科学版）2006 年第 4 期。

罗静：《鼓励慈善捐赠的税收优惠政策建议》，《法制与经济》2008 年第 7 期。

罗竖元、李萍：《论慈善意识的培育与慈善事业的发展》，《湖北社会科学》2009 年第 2 期。

马德峰：《慈善超市救助工程多维释义》，《成都理工大学学报》2013 年第 2 期。

马昕：《非公募基金会及其管理体制研究》，《中国民政》2004 年第 6 期。

蒙有华、徐辉：《美国高校教育捐赠制度探析》，《高教探索》2006 年第 6 期。

蒙有华：《民间慈善基金会组织对美国高等教育的影响》，《教育学报》2007 年第 6 期。

民政部：《2012 年社会服务发展统计公报》，http: //cws. mca. gov. cn/

article/tjbg/201306/20130600474746. shtml。

民政部：《2013 年社会服务发展统计公报》，http：//www. mca. gov. cn/ article/zwgk/mzyw/201406/20140600654488. shtml。

民政部：《中国慈善事业发展指导纲要（2011—2015 年）》，http：// www. mca. gov. cn/。

民政部慈善协调办公室、中民慈善捐助信息中心：《2007 年度中国慈善捐赠情况分析报告》，中国公益慈善网，http：//www. donation. gov. cn/jsp/。

民政部社会福利和慈善事业促进司、中民慈善捐助信息中心：《2009 年上半年全国慈善捐赠情况分析报告》，2012 年 2 月。

南都公益基金会：《关于我们》，南都公益基金会网，http：//www. naradafoundation. org。

南都公益基金会：《中国非公募基金会调查》，南都公益基金会网，http：//www. naradafoundation. org。

南锐、汪大海：《慈善环境对我国居民慈善捐赠影响的实证研究——基于 1997—2011 年的数据分析》，《当代财经》2013 年第 6 期。

尼克：《什么阻碍中国富豪行善》，《南方人物周刊》2007 年第 7 期。

NPO 信息咨询中心：《中国关于慈善捐赠的税收优惠政策汇编（1994—2004 年）》，NPO 纵横，http：//www. 12361. org. cn/fg4. htm/。

潘乾、尹奎杰：《英国慈善组织监管法律制度及其借鉴》，《行政论坛》2014 年第 1 期。

潘勤、姜涛：《扬州敲响全国市政工程冠名权慈善拍卖第一槌》，《扬州晚报》2014 年 5 月 29 日。

潘屹：《慈善组织和政府，谁做了谁的事情》，《中国社会报》2007 年 1 月 16 日。

潘屹：《从社会政策的角度看慈善组织的发展——一个简单的中西比较》，载杨团等编《和谐社会与慈善中华——中华慈善文化论坛暨市长论坛文集（无锡，2006）》，中国劳动社会保障出版社 2008 年版。

潘跃：《07 年中国慈善捐赠报告发布：我国平民慈善捐赠 32 亿》，《人民日报》2008 年 2 月 2 日。

彭迪：《基金会 2011 年度年检工作会议在京召开》，《社会与公益》

2012 年第 4 期。

邱洪斌、周文翠：《论高校捐赠文化建设中的价值认同》，《教育理论与实践》2013 年第 11 期。

秋风：《慈善活动是需要动员、需要组织的，由此就出现了"慈善企业家"》，《中国新闻周刊》2007 年 8 月 22 日第 30 期。

曲顺兰、张莉：《税收调节收入分配：对个人慈善捐赠的激励》，《税务研究》2011 年第 3 期。

任振兴、江志强：《中外慈善事业发展比较分析——兼论我国慈善事业的发展思路》，中华慈善文化论坛（无锡）暨首届市长慈善论坛，2006。

阮兴文：《现代西方慈善捐赠的法理基础及其中国意义》，《汕头大学学报》（人文社会科学版）2012 年第 6 期。

山立威、甘犁、郑涛：《公司捐款与经济动机——基于汶川地震后中国上市公司捐款的实证研究》，《经济研究》2008 年第 11 期。

上海社会科学院社会学研究所：《2008 年上海企业慈善与公益活动调查报告》。

沈富强：《当前慈善捐赠税收政策存在的问题和建议》，广东省地方税务局，http://www.gdltax.gov.cn/。

师璇、朱明雯：《改革税法制度促进我国慈善事业健康发展》，《中国商界》2010 年第 1 期。

石国亮：《中国居民的慈善意识及其影响因素——基于全国五大城市的调查分析》，《理论探讨》2014 年第 1 期。

时正新、陈日发、任振兴：《福利彩票——中国特色的社会募捐形式》，《中国民政》2001 年第 1 期。

史正保、王李娜：《试析我国慈善捐赠资金的监管》，《开发研究》2011 年第 3 期。

史正保、陈卫林：《我国企业公益性捐赠税收优惠制度研究》，《经济研究参考》2012 年第 65 期。

史正保：《我国捐赠税收制度研究》，《兰州大学学报》（社会科学版）2009 年第 3 期。

舒迪：《解读 2008"市民与慈善"调查报告》，《人民政协报》2009 年

1 月 13 日。

宋罡、江炎骏、徐勇：《企业捐赠行为的影响因素：社会资本视角下的实证研究》，《财经论丛》2013 年第 3 期。

宋宗合：《2012 年度和 2013 年度慈善捐赠分析报告》，载杨团主编《中国慈善发展报告（2014）》，社会科学文献出版社 2014 年版。

苏媛媛、石国亮：《居民慈善捐赠影响因素分析——基于全国五大城市的调查分析》，《社会科学研究》2014 年第 3 期。

孙岳兵、陈寒非：《困境与出路：对我国民间慈善捐赠现状的思考》，《长沙大学学报》2007 年第 1 期。

陶海洋：《慈善研究及其不同学术观点述评》，《学术界》2008 年第 4 期。

田凯：《机会与约束：中国福利制度转型中非营利部门发展的条件分析》，《社会学研究》2003 年第 2 期。

田凯：《组织外形化：非协调约束下的组织运作——一个研究中国慈善组织与政府关系的理论框架》，《社会学研究》2004 年第 4 期。

田利华、陈晓东：《企业策略性捐赠行为研究：慈善投入的视角》，《中央财经大学学报》2007 年第 2 期。

田雪莹、蔡宁：《企业慈善捐赠行为研究——基于上海企业的实证分析》，《科技进步与对策》2009 年第 20 期。

田雪莹、叶明海：《企业慈善捐赠行为的研究综述：现实发展和理论演进》，《科技与经济》2009 年第 1 期。

汪开寿、唐祥来：《美国高等教育捐赠与我国的政策建议》，《比较教育研究》2006 年第 6 期。

王传涛：《政府退出慈善是常识回归》，《新西部》2013 年第 8 期。

王俊秀：《灾难将平民慈善推向高潮》，《中国减灾》2008 年第 6 期。

王丽辉：《关于慈善捐赠激励的税收政策研究》，《北方经济》2013 年第 12 期。

王名、贾西津：《中国 NGO 的发展分析》，《管理世界》2002 年第 8 期。

王名、李长文：《中国 NGO 能力建设：现状、问题及对策》，载王名主编《中国非营利评论》第十卷，社会科学文献出版社 2013 年版。

王名：《改革中国民间组织监管体制的建议》，《中国改革》2005年第11期。

王名：《中国NGO的发展现状及其政策分析》，《公共管理评论》2007年第1期。

王汝鹏：《复兴中国红十字基金会》，《公益时报》2007年10月16日。

王锐：《慈善捐赠的财税激励政策缺陷探究——兼论民间慈善组织面临的"四大困局"》，《审计与经济研究》2009年第3期。

王锐：《慈善事业发展与经济增长关系实证研究》，《商业研究》2011年第1期。

王卫平：《论中国古代慈善事业的思想基础》，《江苏社会科学》1999年第2期。

王文龙、万颖：《中国高校社会捐赠问题研究》，《高教探索》2012年第5期。

王雯：《美国公益基金会兴盛原因的制度经济学分析》，《美国研究》2009年第2期。

王锡源：《论社会转型时期慈善捐赠机制的完善——以上海慈善捐赠事业为例》，《中共杭州市委党校学报》2007年第5期。

王兴梅：《感受非典募捐》，《时代潮》2003年第15期。

王雅：《深圳3年内将培育50—100个社区基金会》，《深圳晚报》2014年9月12日。

王振耀：《当慈善渗入文化　企业家怎么做》，《包头晚报》2014年7月17日。

吴桂英、李刚、黄元龙、陶澄滨：《慈善事业发展机制研究报告》，《浙江民政》2006年第10期。

吴桂英、李刚：《慈善事业发展机制研究报告》，浙江民政网，http://www.zjmz.com。

西安交通大学课题组：《国外民间组织评估理论与实践研究》，载国家民间组织管理局编《中国民间组织评估》，中国社会出版社2007年版。

夏子坚：《中国现行社会捐赠机制的制度困境与政策选择》，《中国青年研究》2006年第10期。

向常水、杨志军：《我国慈善事业发展的几个关键问题》，《求索》2008年第 10 期。

肖强、罗公利：《企业公益捐赠的影响因素研究——以青岛市企业为例》，《青岛科技大学学报》（社会科学版）2009 年第 2 期。

萧敬：《去年美国人慈善捐款接近三千亿》，智利华人网，http：//www. datochinos. com/news/world/2008 - 12 - 29/3832. html。

谢宝富：《当代中国公益基金会与政府的关系分析》，《中国社会科学院研究生院学报》2003 年第 4 期。

谢静：《论中国贫富差距的现状、原因及对策》，《首都师范大学学报》2006 年第 S1 期。

谢娜：《我国慈善捐赠税收优惠政策现状、问题及调整》，《中国经贸导刊》2012 年第 26 期。

谢遐龄：《复兴慈善事业及其文化基础分析》，载上海市慈善基金会、上海慈善事业发展研究中心编《转型期慈善文化与社会救助》，上海社会科学院出版社 2006 年版。

谢永超、杨忠直：《国际视角下的个人捐赠研究》，《东南亚纵横》2009 年第 5 期。

徐福海：《食品银行成就美国救助格局》，《中国减灾》2009 年第 10 期。

徐海屏：《小额募捐在中国》，《新闻周刊》2004 年第 6 期。

徐辉、杜志莹、王烨：《大额捐款：公募基金会"傍大款"时代或将终结》，《公益时报》，http：//www. chinadevelopmentbrief. org. cn/news - 3314. html。

徐辉：《慈善基金增值迎来成人礼》，《公益时报》2009 年 6 月 30 日。

徐兰君：《企业战略性慈善研究综述》，《科技经济市场》2008 年第 10 期。

徐龙晨：《深圳 3 年内拟培育 50—100 个社区基金会》，《南方都市报》2014 年 4 月 1 日。

徐新：《追求公义——论犹太人的捐赠思想》，《福建论坛》2006 年第 6 期。

徐雪松、任浩：《企业公益行为与利益相关者管理的关系》，《现代经济探讨》2007 年第 1 期。

徐永光：《八种形态基金会在中国》，基金会中心网，http：//www. foundationcenter. org. cn。

徐永光：《非公募基金会迎来春天》，《中国青基会通讯》2004 年第 20 期。

徐永光：《公募基金会改革转型：困境与创新》，载杨团主编《中国慈善发展报告（2012）》，社会科学文献出版社 2012 年版。

徐永光：《徐永光十问慈善会》，《中国财富》2013 年第 7 期。

徐永光：《中国第三部门的现实处境及我们的任务》，载中国青少年发展基金会编《处于十字路口的中国社团》，天津人民出版社 2001 年版。

徐宇珊：《非公募基金会发展刍议——以北京光华慈善基金会为例》，《学会》2006 年第 7 期。

徐宇珊：《社会组织结构创新：支持型机构的成长》，《社团管理研究》2010 年第 8 期。

许琳、张晖：《关于我国公民慈善意识的调查》，《南京社会科学》2004 年第 5 期。

许婷：《上市公司慈善捐赠影响因素实证研究——以 2006 年上市公司慈善排行榜为例》，《市场周刊》（理论研究）2008 年第 12 期。

许文文：《组织渠道型公众募款——美国 NGO 公众募款经验对中国的启示》，《兰州学刊》2013 年第 6 期。

杨方方：《慈善文化与中美慈善事业之比较》，《山东社会科学》2009 年第 1 期。

杨方方：《发展现代慈善事业应该认识的几个基础性问题》，《社会科学》2004 年第 3 期。

杨高举、王征兵、杨斑：《慈善捐赠：实验调查的计量分析》，《中国科技论文在线》2007 年第 6 期。

杨继武、张英等：《李连杰撞墙——难以突围的壹基金与民间慈善》，《南方周末》2010 年 9 月 23 日。

杨青：《北京开通"防治非典、奉献爱心"社会捐助热线》，新华网，http：//news. xinhuanet. com/newscenter/2003/04/27/content_ 851145. htm。

杨晴川：《美国善款管理：自律与监管并重》，《中国社会报》2008 年 6 月 23 日。

杨思斌：《我国慈善事业发展的法制困境及路径选择》，《法学杂志》2010 年第 3 期。

杨团：《中国慈善机构一瞥》，《中国社会工作》1998 年第 1 期。

杨团：《NPO 发展阶段界分》，中国社会学网，http：//www. sociology. cass. cn。

姚俭建、Janet Collins：《美国慈善事业的现状分析——一种比较视角》，《上海交通大学学报》2003 年第 1 期。

姚建平：《中美慈善组织政府管理比较研究》，《理论与现代化》2006 年第 2 期。

叶波、裴利芳：《中国大陆的个人慈善捐赠问题：一个制度分析框架》，中国经济学教育科研网，http：//www. cenet. org. cn/。

叶立国：《试论我国慈善捐赠激励机制的构建》，《内蒙古大学学报》（哲学社会科学版）2008 年第 5 期。

叶丽雅：《中国经济十大悬念之十：股权捐赠或将开闸?》，《IT 经理世界》2009 年第 24 期。

佚名：《慈善捐助：美国人为何比英国人慷慨得多?》，中国评论通讯社，http：//chinareviewagency. org/。

佚名：《上海公布市民与慈善万人问卷调查结果》，《社会福利》2009 年第 1 期。

阴猛：《当代中国慈善事业的立法状况述评》，《新余高专学报》2009 年第 1 期。

殷洁、张伟：《试论志愿者精神对慈善捐赠文化的影响》，《前沿》2007 年第 1 期

尤婧宏：《中美慈善税收立法比较研究》，《现代商贸工业》2012 年第 18 期。

由莉颖：《中美企业履行慈善责任状况分析》，《生产力研究》2007 年第 8 期。

于海峰、周浩杰：《我国公益慈善事业职业化发展探析》，《地方财政研

究》2007 年第 1 期。

俞祖成：《日本第三部门的"资源格差"困境及其对策创新——以京都地域创造基金为例》，载王名主编《中国非营利评论》第十卷，社会科学文献出版社 2013 年版。

余卫强：《奉献爱心 成都慈善一日捐首破千万元》，《成都晚报》2005 年 11 月 1 日。

俞李莉：《中美个人捐赠的比较研究》，《华商》2008 年第 20 期。

俞祖成：《日本第三部门的"资源格差"困境及其对策创新——以京都地域创造基金为例》，载王名主编《中国非营利评论》第十卷，社会科学文献出版社 2013 年版。

袁静、高红：《企业社会责任视阈下中美企业慈善捐赠比较》，《中共青岛市委党校·青岛行政学院学报》2009 年第 11 期。

袁磊：《捐赠免税需要更多可操作制度》，《深圳商报》2006 年 7 月 21 日 B 版。

詹正华：《异质化下的 NPO 及其相关税收政策的定位与选择》，《当代财经》2003 年第 11 期。

张传良：《中外企业慈善捐赠状况对比调查——在争做企业公民的道路上国内企业与跨国公司的差异何在?》，《中国企业家》2005 年第 17 期。

张淳：《美国赈灾捐赠财产运用的信托法考量及对我国的启示》，《甘肃社会科学》2013 年第 2 期。

张杰：《我国社会组织发展制度环境析论》，《广东社会科学》2014 年第 2 期。

张进美、刘武：《城市居民慈善认知状况及应对策略分析——以辽宁省 14 市数据为例》，《社会保障研究》2010 年第 6 期。

张磊：《新制度经济学视角下我国高校社会捐赠制度之建构》，《江苏高教》2013 年第 4 期。

张立洁：《翟美卿：香江社会救助基金会——编号 001 做中国的 NO.1》，《三月风》2006 年第 8 期。

张玲玲：《感恩生活，敬业工作》，山东慈善网，http：//www.sdcs.org.cn/eap/。

张木兰：《2013年多家基金会募款过5亿》，《公益时报》2014年4月15日第4版。

张木兰：《公益组织如何介入"个体救助"》，《公益时报》2014年11月25日。

张奇林、黄晓瑞：《国外企业慈善研究述评》，《社会保障研究》2013年第4期。

张小萍、周志凯：《中国高校捐赠收入现状、问题及对策》，《教育发展研究》2012年第23期。

张忻忻：《中国公募基金会名人专项基金合作模式探讨》，载王名主编《中国非营利评论》第十二卷，社会科学文献出版社2013年版。

张雪琳：《"非典"时期的运营商》，《通信产业报》2003年5月14日第15版。

张彦：《社区慈善超市如何做久做大——以上海的经验为例》，《社会科学》2006年第6期。

张宇峰：《大学应当引领我国的捐赠文化》，《江苏高教》2007年第1期。

章高荣：《募捐是公益慈善组织基本权利》，《京华时报》2014年3月31日。

赵海林：《论项目导向型的慈善筹资机制》，《学术论丛》2009年第40期。

赵顺盘：《慈善：亟待厘清的几个问题》，《中国民政》2006年第2期。

赵新彦：《浅析慈善文化建设之深层理念培育》，《社会工作》2008年第11期下。

赵英彬、李玲：《公司社会责任的经济学分析》，《产业与科技论坛》2008年第2期。

赵英彬：《公司承担社会责任的理性分析》，《产业与科技论坛》2008年第4期。

赵永林：《中国慈善捐赠现状及其原因分析》，《黑龙江对外经贸》2008年第12期。

褚莹：《美国募捐专业人士管理体系探析》，《社团管理研究》2012年第 8 期。

郑功成：《关于慈善事业的理论与政策思考》，全国第三次慈善工作经验交流学术报告，1997。

郑功成：《让慈善事业运行在法治轨道上》，新华网，http://news.xinhuanet.com/gongyi/2014-08/18/c_126884567.htm。

郑功成：《现代慈善事业及其在中国的发展》，《学海》2005 年第 2 期。

郑淑臻：《中美捐赠税收优惠政策比较研究》，《中国集体经济》2008 年第 25 期。

中国电信集团员工捐赠资金管理委员会：《援藏捐赠资金使用情况及专题报告》，中国电信网，http://www.chinatelecom.com.cn/。

中国非公募基金会发展论坛：《2008 年中国非公募基金会发展报告》，中国非公募基金会发展论坛网，http://www.cpff.org.cn。

中国互联网络信息中心：《CNNIC 发布第 33 次〈中国互联网络发展状况统计报告〉》，新华网，http://news.xinhuanet.com/tech/2014-01/16/c_126015636.htm。

中华慈善总会：《儿童为本区域发展项目》，中华慈善总会网，http://cszh.mca.gov.cn。

中民慈善捐助信息中心：《2009 年全国性慈善组织信息披露监测报告》，http://www.charity.gov.cn/fsm/html/files/2011-12/30/20111230154211734193395.pdf。

中民慈善捐助信息中心：《2010 年企业捐赠排行》，中国公益慈善网，http://www.charity.gov.cn/。

中民慈善捐助信息中心：《2014 年度中国慈善透明报告》，中国公益慈善网，http://www.charity.gov.cn/。

中民慈善捐助信息中心：《全国性慈善组织信息披露检测报告》、《2010 年度中国慈善透明报告》、《2011 年度中国慈善透明报告》、《2012 年度中国慈善透明报告》、《2013 年度中国慈善透明报告》。

中民慈善捐助信息中心：《2009 年度中国慈善捐助报告》、《2010 年度中国慈善捐助报告》、《2011 年度中国慈善捐助报告》、《2012 年度中国慈善捐助报告》、《2013 年度中国慈善透明报告》。

中民慈善捐助信息中心：《中国慈善迎来快速发展时代》，中国捐助网，http：//www.juanzhu.gov.cn/。

中民研究：《2014 中国慈善事业十大特点》，中国公益慈善网，http：//www.charity.gov.cn/。

《中侨互助会年度报告（2006—2007）》，http：//www.successbc.ca/。

钟国栋：《调整税前扣除——鼓励国内企业捐赠的重要机制》，《中国社会报》2003 年 5 月 22 日。

钟宏武：《正确看待慈善捐赠对企业的价值和作用》，《经济导刊》2007 年第 7 期。

钟宏武：《中、日企业社会贡献比较研究》，《中国发展简报》2008 年夏季刊第 38 期。

周其俊：《上海调查显示：96.5% 市民捐过善款 2 年人均 3.9 次》，中国新闻网，http：//www.chinanews.com/。

周秋光、孙中民：《政府在培育社会慈善理念方面的作用与责任研究》，载上海市慈善基金会、上海慈善事业发展研究中心编《慈善理念与社会责任》，上海社会科学院出版社 2008 年版。

周秋光：《关于慈善事业的几个问题》，《求索》1999 年第 5 期。

周中之：《当代中国慈善伦理的价值及其理论建构》，《齐鲁学刊》2013 年第 1 期。

朱健刚：《从计划慈善走向公民公益》，载杨团编《中国慈善发展报告（2014）》，社会科学文献出版社 2014 年版。

朱洁义：《我国高等教育经费结构现状与高校社会捐赠》，《高教研究与实践》2010 年第 3 期。

朱力、龙永红：《我国慈善资源的动员机制》，《南京社会科学》2012 年第 1 期。

朱宪辰、宋妍：《国外捐赠行为研究述评》，《理论学刊》2008 年第 11 期。

朱志刚：《以慈善意识为原动力推动慈善事业发展》，《学理论》2011 年第 1 期。

祝西冰：《中国慈善事业发展的精神动力机制——志愿精神与传统文化的融合与超越》，《社会工作》2009 年第 3 期下。

行政文件

北京市人民政府办公厅：《关于加强防治非典型肺炎社会捐赠款物管理工作的通知》（京政办发〔2003〕17号）2003年5月8日。

财政部、国家税务总局：《关于纳税人向防治非典型肺炎事业捐赠税前扣除问题的通知》（财税〔2003〕106号）2003年4月29日。

财政部、海关总署、国家税务总局：《关于支持汶川地震灾后恢复重建有关税收政策问题的通知》（财税〔2008〕104号）2008年7月30日。

财政部、海关总署、国家税务总局：《关于支持玉树地震灾后恢复重建有关税收政策问题的通知》（财税〔2010〕59号）2010年7月23日。

财政部、海关总署、国家税务总局：《关于支持舟曲灾后恢复重建有关税收政策问题的通知》（财税〔2010〕107号）2012年12月29日。

财政部：《关于加强企业对外捐赠财务管理的通知》（财企〔2003〕95号）2003年3月14日。

财政部：《关于企业公益性捐赠股权有关财务问题的通知》（财企〔2009〕213号）2009年10月20日。

广州市财政局：《关于印发〈广州市市属行政事业单位国有资产处置办法〉的通知》（穗财资〔2007〕104号）2012年9月27日。

广州市人民代表大会常务委员会：《广州市募捐条例》（广州市第十四届人民代表大会公告〔2012〕2号）2012年2月2日。

国务院：《基金会管理条例》（国务院令〔2004〕400号）2004年3月8日。

国务院：《民办非企业单位登记管理暂行条例》（国务院令〔1998〕251号）1998年10月25日。

国务院：《社会团体登记管理条例》（国务院令〔1998〕250号））1998年9月25日。

湖南省人民代表大会常务委员会：《湖南省募捐条例》（湖南省第十一届人民代表大会常务委员会公告〔2010〕45号）2010年11月27日。

民政部：《基金会年度检查办法》（民政部令〔2005〕30号）2006年1月12日。

民政部:《关于加强和创新慈善超市建设的意见》(民发〔2013〕217号)2013 年 12 月 31 日。

民政部:《中国慈善事业发展指导纲要（2006—2010 年）》，2005 年 11 月 20 日。

民政部:《中国慈善事业发展指导纲要（2011—2015 年）》，2011 年 7 月 15 日。

全国人民代表大会常务委员会:《中华人民共和国公益事业捐赠法》，1999 年 6 月 28 日。

山东省慈善总会:《山东省慈善总会章程》，2012 年 5 月 21 日。

山东省慈善总会:《山东省慈善总会慈善专项基金管理办法》，2013 年 5 月 27 日。

外文

American Association of Fundraising Counsel, 2006, *Giving USA 2005*, http：//www. aafrc. org.

American Association of Fundraising Counsel, 2007, *Giving USA 2005*, http：//www. aafrc. org.

American Association of Fundraising Counsel, 2008, *Giving USA 2008*, http：//www. aafrc. org.

American Association of Fundraising Counsel, 2014, *Giving USA 2013*, http：//www. aafrc. org.

Anderson, Albert, *Ethics for Fundraisers*, Bloomington, IN: Indiana University Press, 1996.

Barnes, Nora G. and Fitzgibbons, Debra A. , "Business Charity Links: Is Cause Related Marketing in Your Future?" *Business Forum*, 16, (4), 1991.

Boris, Elizabeth T. , *Philanthropic Foundations in the United States: An Introduction*, Council on Foundations, 2000.

Bremner, Robert H. , *American Philanthropy*. Chicago: University of Chicago Press, 1988.

Brown, Eleanor, "Patterns and Purposes of Philanthropic Giving", In

Clotfelter, Charles T. and Ehrlich, Thomas eds. *Philanthropy and the Nonprofit Sector in a Changing America*, Bloomington, IN: Indiana University Press, 1999.

Capek, Mary Ellen and Mead, Molly, *Effective Philanthropy: Organizational Success Through Deep Diversity and Gender Equality*, Cambridge, MA: The MIT Press, 2006.

CIF (The Creative Initiatives Foundation), 2007, http://www. creative – initiatives. org.

Cliff, Landesman, "The Voluntary Provision of Public Goods", *Doctoral Dissertation*, Princeton University, June 1995, http://perspicuity. net/sd/ vpopg/vpopg. html.

Cornes, Richard C. and Sandler, Todd, "Joint Production and Public Goods", *Economic Journal*, 1994.

CRA (Canada Revenue Agency), Tax Advantages of Donating to Charity, CRA Website, 2007, http://www. cra – arc. gc. ca/E/pub/tg/rc4142/rc4142 – e. html#P227_ 9659.

Cuninggim, Merrimon, *Private Money and Public Service: the Role of Foundations in American Society*, M. E. Sharpe, 1994.

Dove, Kent E., Spears, Alan M. and Herbert, Thomas W., *Conducting a Successful Major Gifts & Planned Giving Program: A Comprehensive Guide and Resource*, San Francisco, CA: Jossey – Bass, 2002.

Dunlop, David R., *Major Gift Programs in Education Fundraising Principles and Practice*, New York: American Council on Education Oryx Press, 1993.

Feiock, Richard C. and Andrew, Simon A., "Introduction: Understanding the Relationships between Nonprofit Organizations and Local Governments", *International Journal of Public Administration*, 2006.

Flanagan, Joan, *Successful Fundraising: a Complete Handbook for Volunteers and Professionals*, United States: Contemporary Books, 2002.

Foundation Center, *Key Facts on U. S. Foundations*, 2014 Edition, http://www. foundationcenter. org/media/news/20141105. html.

Foundation Center, *Highlights of Foundation Yearbook*, 2007, http://

foundationcenter. org/gainknowledge/research/pdf/fgt07highlights. pdf.

Frank, Robert, " Motivation, Cognition and Charitable Giving ", In Schneewind Jerome B. , *Giving*: *Western Ideas of Philanthropy*, Bloomington and Indianapolis: Indiana University Press, 1996.

Gersick, Kelin E. , *Generations of Giving*: *Leadership and Continuity in Family Foundations*, Lexington Books, 2004.

Gittell, Ross and Tebaldi, Edinaldo, " Charitable Giving: Factors Influencing Giving in U. S. States", *Nonprofit and Voluntary Sector Quarterly*, vol. 35, 2006.

Halfpenny, Peter, " Economic and Sociological Theories of Individual Charitable. Giving: Complementary or Contradictory?", Voluntas: *International Journal of Voluntary and Nonprofit Organizations*, 10 (3), 1999.

Hodgkinson, Virginia A. and Weitzman, Murray S. , *Giving and Volunteering in the United States*, Washington, DC: Independent Sector. 1996.

Hodgson, Fiona, " The Top Ten Trends in British Philanthropy ", *On Philanthropy*, 2007.

Hrywna, Mark, "Special Report", *The Nonprofit Times*, July 1, 2008.

IRS (internal revenue service), "Tax Information for Charities & Other Non − Profits", 2007, http: //www. irs. gov/charities/index. html.

Mesch, Debra J. , Rooney, Patrick M. and Steinberg, Kathryn, "The Effects of Race, Gender, and Marital Status on Giving and Volunteering in Indiana", *Nonprofit and Voluntary Sector Quarterly*, vol. 35, 2006.

Mitchell, Robert C. , " National Environmental Lobbies and the Apparent Illogic of Collective Action ", in C. Russell, *Collective Decision − Making*, Baltimore: Johns Hopkins University Press, 1979.

Mixer, Joseph R. , *Principles of Professional Fundraising*: *Useful Foundations for Successful Practice*, San Francisco: Jossey − Bass Publishers, 1993.

Moe, Terry M. , *the Organization of Interests*: *Incentives and the Internal Dynamics of Political Interest Groups*, Chicago University Press, 1980.

Pfeffer, Jeffrey and Salancik, Gerald R. , *the External Control of*

Organizations: *A Resource Dependence Perspective*, New York: Haiper MYM Row, 1978.

Prince, Russ A. and File, Karen M. , *Seven Faces of Philanthropists*: *A New Approach to Cultivating Major Donors* , San Francisco: Jossey – Bass Inc, 1994.

Ross, Gittell and Edinaldo, Tebaldi, "Charitable Giving: Factors Influencing Giving in U. S. ", *Nonprofit and Voluntary Sector Quarterly*, 35, 2006.

Salamon, Lester M. and Abramson, Alan J. , *the Federal Government and the Nonprofit Sector*: *Implications of the Reagan Budget Proposals*, Washington, D. C. : Urban Institute, 1981.

Sargeant, Adrian and Woodliffe, Lucy, *Individual Giving Behaviour*: *A Multidisciplinary Review*, New York: The Routledge Companion to Nonprofit Marketing, 2007.

Schaff, Terry and Schaff, Doug, *the Fundraising Planner——a Working Model for Raising the Dollars You Need*, CA: John Wiley & Sons, Inc, 1999.

Scherhag, Christian and Boenigk, Silke, "Different or Equal Treatment? Donor Priority Strategy and Fundraising Performance Assessed by a Propensity Score Matching Study", *Nonprofit Management & Leadership*, vol. 23, no. 4, summer, 2013.

Schervish, Paul G. and Havens, John J. , "Embarking on a Republic of Benevolence? New Survey Findings on Charitable Giving ", *Nonprofit and Voluntary Sector Quarterly*, vol. 27, 1998.

Srnka, Katharina J. , Grohs, Reinhard and Ingeborg, Eckler, "Increasing Fundraising Efficiency by Segmenting Donors", *Australasian Marketing Journal*, 11 (1), 2003.

The Foundation Center, *Foundation Giving Trends*, 2010, http: // foundationcenter. org/.

The Foundation Center, *Foundation Growth and Giving Estimates*, 2008, http: //foundationcenter. org/.

Tocqueville, Alexis de, *Democracy in America*. ed. by Mayer, J. P. , trans. by George Lawrence, Garden City, N. Y. : Anchor Books, 1969.

United Way of America, 2000 Campaign Results, http：// national. unitedway. org/aboutuwa/publications/2000campaignresults/.

UWA (United Way of America), The United Way System, 2004, http：// national. unitedway. org/aboutuw/.

Warwick, Mal Hart, Ted, Hart and Allen, Nick, editors, "Fundraising on the Internet: the Philanthropy Foundation", *Org's Guide to Success Online*, 2s ed, San Francisco, CA: Jossey – Bass, 2002.

White, Arthur H. , "Patterns of Giving", *Philanthropic Giving: Studies in Varieties and Goals*, edited by Magat, Richard, London: Oxford University Press, 1989.

Wikipedia, "Charity Shop", 2014, http：//en. wikipedia. org/wiki/Charity_ shop.

Wilhelm, Mark O. , "The Quality and Comparability of Survey Data on Charitable Giving", *Nonprofit and Voluntary Sector Quarterly*, vol. 36, 2007.

索　引

后　　记

　　慈善事业作为第三部门包括民间团体和公民个人自愿组织和参与的活动，是一个能够反映时代发展的重要领域。在经历了较长时期政府主导的慈善机构和活动体系之后，中国当代慈善事业开始进入新的转型期，正朝着民间化、法治化、专业化和行业化的方向发展。作为第三部门的慈善组织是现代慈善事业的运作主体，发挥着筹集和分配慈善资源、提供慈善服务的核心作用。作为慈善事业发展的中坚力量，慈善组织将进一步吸取市场资源和公共资源，在加强自我管理、规范募捐行为、做好信息公开、建立联合平台等方面发挥出巨大的自主性和能动性，从而有利于形成或建构一种相对独立的公共治理空间，推动整个社会的现代化和法制化建设。无疑，对慈善事业的研究在微观层面有益于促进慈善活动的普及和规范运作，从宏观层面有益于促进公共治理和社会转型。

　　慈善事业研究是一个互动过程，首先慈善事业自身经历着一个发育成长的过程，给人们认识慈善事业的功能、特点和规律提供了场域和机会；同时人们对慈善事业的研究也经历了一个由此及彼、由浅入深的过程，通过新的总结和发现不断推动和提升慈善事业的规范化、现代化水平。本研究的时间跨度历经十几年。早在 2001 年，本研究团队曾承担国家社会科学基金项目"我国民间组织的内在结构与运行机制研究"。而 2003 年 SARS 疫情期间慈善公益活动的高涨，为本研究团队进一步关注慈善捐赠事业提供了重要的契机。

　　本成果主体部分系本人主持的国家社会科学基金项目"中国慈善捐赠机制研究"的结项成果。该成果摘要被国家社会科学规划办《成果要报》刊载，并刊载于《光明日报》"国家社科基金"成果选登专栏。2014 年 6 月申报"国家哲学社会科学成果文库"时，申报成果加入由本人主持的山东省慈善总会 2013 年山东慈善理论研究课题项目"募捐救助的方式方法创新研究"的部分成果。除课题负责人外，先后参加研究的团队成员有李芹、高功敬、何卫卫、邓彦卓、董建军、任雪平、汪潇、吴运华、程艳彬、冯丽扬等。团队成员分头收集文献和实地资料，完成所分工的章节，一些章节是多人合作的结果。从课题研究到成果文库申报和出版，本成果前后经历了三轮撰写及修订过程。团队成员精诚之至、齐心协力，为本成果的完成做出各自重要的贡献。

衷心感谢国家社科规划办和评审专家的厚爱与认可，使项目成果荣幸入选 2014 年度"国家哲学社会科学成果文库"。同时对社会科学文献出版社童根兴主任和谢蕊芬编辑表示最诚挚的谢意，他们对本成果的申报和出版提供了巨大的支持与帮助，并在编辑过程中提出合理的建议。

慈善捐赠事业每年涌现许多新生事物，各种影响因素随时发生新的变化；研究本身的实践性、操作性强，涉及大量具体的法律、管理、经济学和社会学知识。因此本成果的有些观点以及对慈善捐赠机制的梳理和阐述难免有偏颇、疏漏和不足的地方，希望今后有机会继续对现有成果做修订补充。欢迎专家和读者们指正。

高鉴国

2014 年 12 月 30 日

于山东大学

图书在版编目（CIP）数据

中国慈善捐赠机制研究/高鉴国等著. —北京：社会
科学文献出版社，2015.4
（国家哲学社会科学成果文库）
ISBN 978 - 7 - 5097 - 7219 - 5

Ⅰ.①中…　Ⅱ.①高…　Ⅲ.①慈善事业 – 研究 – 中国
Ⅳ.①D632.1

中国版本图书馆 CIP 数据核字（2015）第 048037 号

·国家哲学社会科学成果文库·
中国慈善捐赠机制研究

著　　者／高鉴国 等

出 版 人／谢寿光
项目统筹／谢蕊芬
责任编辑／佟英磊　谢蕊芬

出　　版／社会科学文献出版社·社会政法分社（010）59367156
　　　　　地址：北京市北三环中路甲 29 号院华龙大厦　邮编：100029
　　　　　网址：www.ssap.com.cn
发　　行／市场营销中心（010）59367081　59367090
　　　　　读者服务中心（010）59367028
印　　装／北京盛通印刷股份有限公司

规　　格／开　本：787mm × 1092mm　1/16
　　　　　印　张：24.125　插　页：0.375　字　数：386 千字
版　　次／2015 年 4 月第 1 版　2015 年 4 月第 1 次印刷
书　　号／ISBN 978 - 7 - 5097 - 7219 - 5
定　　价／99.00 元